학계의 술책

연구자의 기초 생각 다지기

학계의 술책

연구자의 기초 생각 다지기

초판 1쇄 인쇄 2005년 2월 21일
초판 1쇄 발행 2005년 2월 25일

저 자 | 하워드 베커Howard S. Becker
역 자 | 이성용
펴낸곳 | 함께읽는책
펴낸이 | 양소연
주 소 | 156-713 서울시 동작구 신대방 2동 395-69
　　　　아카데미타워 3004호
전 화 | 02-835-7845~7
팩 스 | 02-847-7846

가 격 | 11,000원
ISBN 89-90369-34-7   03330

• 파본은 구입하신 곳에서 바꾸어 드립니다.

Howard S. Becker

학계의 술책

하워드 베커 저 | 이성용 옮김

연 구 자 의 기 초 생 각 다 지 기

함께읽는책
COBOOK

이 책의 많은 부분은 나의 강의 경험에서 나온 것이다. 우리는 공부한 것을 학생들에게 강의할 때 그것을 간략하게 설명해줄 수 있는 방식을 찾아야 한다. 추상적인 생각에 구체적인 형체를 제공하는 예를 발견하고, 학생들에게 배운 것을 새로운 방식으로 조작하고 생각하도록 훈련시키는 과제를 발견해야 한다. 학생들은 자신의 작업에서 발견하는 얼핏 보기에 개인마다 특유한 문제에 귀를 기울여야 하기 때문에, 가르치는 사람은(개인적으로 문제를 해결해 줌으로써 자신의 지식을 축적하는 시골 컴퓨터 교사와 같이) 그런 것 가운데서 가족 유사성family resemblances을 살펴보기 시작해야 한다. 우리는 특유한 것을 어떤 일반적인 문제의 변이variant로서 밝히는 것을 배워왔다. 그러나, 모든 새로운 문제는 일반적인 부문의 어려움을 이해하는 데 보탬이 되는 무언가를 주는 그 밖의 모든 것과는 상당히 다르다.

나의 특별한 발견의 흔적을 뒤밟기 시작했던 얼마 후에, 특정한 날의 수업 또는 특정 학생의 연구 문제에 필요한 것들을 만들었다. 그리고, 학계의 글쓰기 문제에 대한 책을 썼을 때Becker, 1986b, 나는 이미 가지고 있었던 '술책들tricks'의 파일에 있는 자료로 시작한다면 '생각하기thinking'에 관한 책을 연이어 하나 더 쓸 수 있다고 판단했다. 그런 생각의 일부는 이런 저런 글로 출판되어 먼저 빛을 보았고, 그래서 나는 이미 만들어진 것들을 이 책에 무상으로 차용했다(서문의 끝에 이 작업을 하는 데 빚진 출판물의 목록이 열거되어 있다).

명시적이건 아니건 간에, 나의 글 대부분은 자서전식으로 기술되어 왔는데, 특히 이 책은 더 그렇다. 나는 나 자신의 경험을 광범위하게 그리고 되풀이하여 이끌어내었다. 아마 가장 중요하게는, 내가 가르침을 받았던 방식, 사회학 작품이 될 수 있는 것과 사회학적 삶이 될 수 있는 것을 가르쳐주었던 사회학자들을 회상하고 있다. 어떤 방식에서, 이 책은 나에게 가르침을 주었던 사람들에게 경의를 표하는 것인데, 그들 가운데 많은 사람들은 내가 학교에서 교육을 받는 동안에 가르침을 주었고 다른 사람들은 학교 졸업 후에 가르침을 주었다(나의 배움은 멈추지 않았다). 나는 가르침을 주었던 사람들이 진술하는 것을 자주 말하려고 노력했고, 그들의 생각을 나 자신의 생각의 출발점으로 사용함으로써 존경심을 표하였다. 나는 그런 긴 세월에 걸쳐, 대부분의 사람들이 배운 것을 배워 왔는데, 이는 나의 스승들이 내가 간혹 생각했던 것처럼 바보가 아니었음을 말해준다.

또한, 이 책을 완성하는 동안 내가 장황하게 써온 것을 평가하기 위해 읽고 비평을 아끼지 않았던 수많은 사람에게서 많은 것을 배웠다. 그들 중 많은 분에게 이 원고의 초판을 읽고 덧붙여준 길다란 주석에 대해 감사를 표한다. 비록 그런 주석이 나에게 더 많은 일을 하게 만들었지만 말이다(그들로부터 나의 글이 더 나아졌다는 말을 듣는 것이 더 기분 좋은 것은 틀림없다).

그래서 나는 캐서린 아델손Kathryn Addelson, 일리어트 프리드손Eliot Freidson, 하비 몰로치Harvey Molotch, 찰스 라긴Charles Ragin의 사려 깊은 비평에 감사를 표한다.

덩 미첼Dong Mitchell은 저술가들이 함께 작업하기를 꿈꾸는 편집인이다. 그는 오랜 기간 인내로써 이 책을 기다려 왔고, 재미있고 유용한 생각들을 제공해 왔으며, 시들어가는 나의 관심과 자신감을 북돋아 주었고, 또한 일상적으로 이 프로젝트에 활기를 불어 넣어주었다.

다이애나 하게만Dianne Hagaman과 나는 지적인 삶뿐만 아니라 가족의 삶도 공유하고 있는데, 그녀는 온갖 종류의 연구와 개념적 문제에 대해 함께 탐구함으로써 이 책의 전반에 걸쳐 빠뜨리면 안 되는 것과 지적해야 할 것에 대한 정보를 주었다. 더불어, 그녀는 실질적으로 여기 있는 모든 것을 경청해주었고, 그녀의 반응과 생각은 최종본을 이루는 데 많은 도움을 주었다.

다른 출판물의 자료를 다시 출판하도록 허락해 준 많은 사람과 출판사에 감사를 드린다. 이 책의 상당 부분은 다음의 내 글에 처음 실렸던 것이다: Howard S. Becker, "Tricks of the Trade", in *Studies in Symbolic Interaction,* ed., Norman K. Denzin(New York: JAI Press, 1989). 이 외에, 각 장별로 참고한 문헌은 다음과 같다:

· 제2장

—르네 불레René Boulet의 사진: Bruno Latour, "The Pedofil of Boa Vista" *Common Knowledge* 4(1995): 165.에서 재인용.

—Howard S. Becker, "Foi por acaso: Conceptualizing Coincidence," *Sociological Quarterly* 25(1994): 183-194.

—Howard S. Becker, "The Epistemology of Qualitative Research," in *Ethnography and Human Development*, ed., Richard Jessor, Anne Colby, and Richard A. Shweder(Chicago: University of Chicago Press, 1996), 53-71.

— Howard S. Becker, "Cases, Causes, Conjunctures, Stories, and Imagery" in Charles C. Ragin and Howard S. Becker, *What Is Case?* (Cambridge: Cambridge University Press).

· 제3장

— Howard S. Becker, "Letter to Charles Seeger," *Ethnomusicology* 33(spring-summer 1989): 275-285. Ethnomusicology.

— James Agee and Walker Evans, *Let Us Now Praise Famous Men*(Boston: Houghton Mifflin, 1941), 125-126, 162-165.(발췌)

· 제4장

— Howard S. Becker, "Generalizing from Case Studies," in *Qualitative Inquiry in Education: The Continuing Debate*, ed., E. W. Eisner and A. Peshkin (New York: Teachers College Press, Columbia University), 233-242.

· 제5장

— Howard S. Becker, "How I Learned What a Crock Was," *Journal of Contemporary Ethnography* 22(April 1993): 28-35.

—Arthur Danto, "The Artworld," in *Journal of Philosophy* 61. 1964: 571-584.(발췌)

· 1장, 3장, 5장 : Everett C. Hughes, *The Sociological Eye*(New Brunswick, N.J.: Transaction Books, 1984)(발췌)

이 책은 사회과학 방법론으로, 특히 현장 연구를 통해 창의력을 발휘할 수 있는 술책들로 구성되어 있다. 우리는 흔히 창의성을 '순간재치'와 혼동하는 경향이 있다. 재치才致란 위기의 순간을 잘 넘기는 눈치 빠른 재주를 뜻한다. 대표적인 순간재치는 아마 TV 토크쇼에서 미처 예기치 못했던 엉뚱한 소리를 함으로써 좌중 혹은 시청자를 와르르 웃기는 개그맨의 말재주에서 볼 수 있을 것이다. 이러한 말재주는 그 순간의 즐거움을 줄 수 있을지 모르지만, 대개 우리의 가슴을 찡하게 하는 무언가를 남겨주지는 않는다. 순간재치는 위기에 대한 체계적인 연구가 부재한 상태에서 제시되었기 때문에, 흔히 위기의 순간을 일시적으로 넘기는 임시처방이 될지 모르지만 영구적인 근본 해결책은 되지 못한다. 위기의 근본을 모르는 상태에서 제시된 순간재치는 무에서 유를 창출한 것이므로, 누구든지 그것의 가치를 일시적이라 여기고 인정하지 않기가 쉽다.

반면, 창의성은 무가 아닌 유에서 유를 만들어내므로, 누구나 쉽게 그것의 가치를 인정하며 우리의 삶에 부가가치를 준다. 흑백텔레비전과 천연색텔레비전을 가지고 창의성을 이야기해보자(이 책의 저자인 베커도 많은 이야기와 예를 사용하여 자신의 술책들을 설명하고 있다). 우리는 흑백텔레비전 시절 천연색텔레비전이 매우 창의성이 있는 작품이었다는 사실에 쉽게 그리고 확실히 동의할 것이다. 천연색텔레비전은 흑백텔레비전의 다른 부품은 유지한 상태에서 화면만 흑백에서 천연색으로 나오게 하는 부품들로 교체하여 만든 것이다. 즉, 무가 아닌 유에서 유를 만든 것이다. 또한, 천연색텔레비전의 (경제적 그리고 시각적) 부가가치는 흑백텔레비전이라는 바탕이 없었다면 형성될 수 없었다. 라디오만 있던 시절에 천연색텔레비전이 덜컥 출현했다면 누가 그것의 진정한 부가가치를 인정할 수 있었을까?

하워드 베커는 『사회과학자의 글쓰기』(일신사, 1999)에서 "독창성[창의성]을 입증하는 가장 좋은 방법은 이미 문헌에서 탐구되어 왔던 전통적인 사고에 자신의 아이디어를 접목시키는 것(197쪽)"이라고 말한 바 있다. 창의성은 기존의 지식에 근거하여 그 부가가치를 설명해야 한다. 사회과학자 역시 사회적 동물이므로, 그의 창의성은 우선적으로 자신이 속한 사회조직을 통해 인정받기 쉽다. 만일 연구자의 창의성이 자신의 혼자 생각으로만 만들어지고 기존의 지식과 아무런 연계가 없다면, 아무도 그것에 관심을 갖지 않을 것이고, 부가가치는 생성되지 않을 것이다. 따라서, 베커는 이 책에서 자신의 술책을 설명하는 과정에서 시카고학파의 학자, 특히 자신의 스승과 동료들의 주장을 많이 인용함으로써, 그것이 전혀 아무런 근거가 없는 자신만의 아이디어가 아니라는 사실을 입증하고 있다. 기존의 지식은 연구자의 창의성을 다른 학자들과 의사소통하게 만드는 가교의 역할을 한다.

따라서, 창의성은 기존 지식이 미처 다루거나 생각하지 못한 부분이라

할 수 있다. 사회과학에서 가장 문제시되는 기존 지식은 어떤 유형의 것일까? 그것은, 베커가 이 책에서 분석 대상으로 삼고 포스트모던학파의 학자들이 주장하는 바와 같이, 아마 표준화와 일반화를 강조하는 정답형의 사회과학 지식일 것이다. 그런 표준화와 일반화 이론은 주로 양적방법론에 의해 생산되고 입증되고 있다. 게다가 우리는 사회과학 방법론하면 으레 설문조사를 하고 통계분석을 행하는 양적방법론으로 인식하는 경향이 있다. 이런 상황에서 어떻게 하면 표준화와 일반화 이론이 미처 다루거나 생각하지 못한 부문을 발견하고 기존의 이론에 접목시킬 수 있을까?(1997년 말 외환위기 이후 세계화의 과정에서 뒤쳐지지 않기 위해, 대다수 우리나라의 학자들과 지식인들은 우리의 것을 버리고 서구의 표준화된 원칙에 따를 것을 주장하였다. 그런데 표준화와 일반화를 강조하는 서구의 이론이 문제시되는 이유는 무엇인가? 그것은 우리의 현실과 맞지 않기 때문이다).

베커는 그 방법을 이 책에서 제시하고 있다. 그것은 일차적으로 연구자가 연구를 시작하기 전에 이미 그 연구 대상에 대해 가지고 있는 고정관념, 즉 집합심상에 대한 고찰로부터 시작된다. 사실 우리는 학계에서 주류를 형성하는 이론이나 연구방법을 거의 무비판적으로 받아들이고 있고, 심지어 그러한 이론이나 연구방법에 위배되거나 다른 방식을 취하는 연구에 대해서는 '정식 절차를 밟은 제대로 된 연구가 아니다'라고 말하거나 상당히 질이 떨어지는 연구로 취급하는 경향이 자주 있다. 이러한 경향은 서구의 최신 이론에 근거하거나 혹은 양적방법을 사용한 논문들이 주류를 이루는 학술지에서 엿볼 수 있다. 베커는 이 책에서 연구자의 집합심상 혹은 고정관념이 가지는 문제점들을 제시하고 또 그것을 극복함으로써 우리의 현실과 더 근접한 지식을 얻을 수 있는 술책들을 제시하고 있다. 표준화와 일반화를 강조하는 이론에서 예외적이라고 간주하여 저버리는 사례들(혹은 현상들)을 수집하고, 그러한 사례들에 근거해서 기존의 개념을 재정리하거나 논리적으로 분석하는 술책들이다. 이러한 술책들은 자료와의 대화를 통한 귀납적 방식을 특징으로 하며, 주로 연역적 방식에 근거하는 기존 지식의 한계를 지적해주며 보완하여 준다.

저자가 말한 바와 같이 이 책은 확실히, 아무런 생각도 없이 자신에게 익숙한 일상적인 방식으로 편안하게 작업해왔던 연구자들에게 고통의 일침을 가한다. 특히 특정 서구 이론이 우리 사회현상을 설명하는 데 있어 타당하다는 사실을 증명하고자 노력해 왔던 학자들, 서구 이론으로 우리 현실을 재단하여 무엇을 고쳐야 한다는 식의 주장을 피력해 왔던 학자들, 요컨대 우리의 현실을 진단하는 데 있어 우리의 현실에 대한 고뇌보다는 서구의 이론에 근거하여 임시처방을 내리는 데 급급하였던 학자들에게는 매우 파격적인(그러나 아무런 쓸모가 없다고 주장하고 싶은) 책일 것이다. 이제 우리도 서구 이론에 근거하여 우리의 현실을 설명하는 단계를 뛰어 넘어야 한다. 이 책에서 베커가 주장한 바와 같이, 서구의 이론들이 설명하지 못하거나 간과한 우리 고유의 현상이나 사례들을 발견하여 '한국의 사회이론'을 발달시켜야 할 것이다. 그러한 작업은 우리 연구자의 일을 힘들게 만들지만 보람되게 만들 것이다.

이 책을 번역하는 과정에서 나는 독자에게 익숙하지 않는 용어나 현상에 대해서는 주를 달아 설명을 첨부하였다. 하지만 역자가 설명할 수 없는 전문 영역에 대해서는 거기에 좀 더 정통한 학자들에게 설명을 부탁하였다. 그것의 하나가 비트겐슈타인의 '가족 유사성'이다. 따라서 옮긴이는 '가족 유사성'을 독자들이 잘 이해할 수 있게끔 설명해 준 김영건 선생님께 감사를 표한다.

이 책의 번역은 함께읽는책 출판사 유보열 사장님과 구길원 실장님의 추천으로 시작되었다. 이 책의 번역 작업은 나에게 방법론의 또 다른 측면을 확실히 일깨워 주었고, 나의 그런 깨달음은 독자들도 이 책을 읽음으로써 함께 할 수 있을 것이다. 영어 형태의 번역문을 우리말처럼 바꾸어 원고를 편집 해주었을 뿐 아니라 원서의 점검을 통해 더 나은 번역이 되도록 도와준 함께 읽는책 출판사 오경희 과장에게 감사를 표한다. 마지막으로 강남대학교 연구지원팀이 이 책의 번역 사업에 지원금을 제공하였음을 밝힌다.

2005. 2. 10

이 성 용

차례

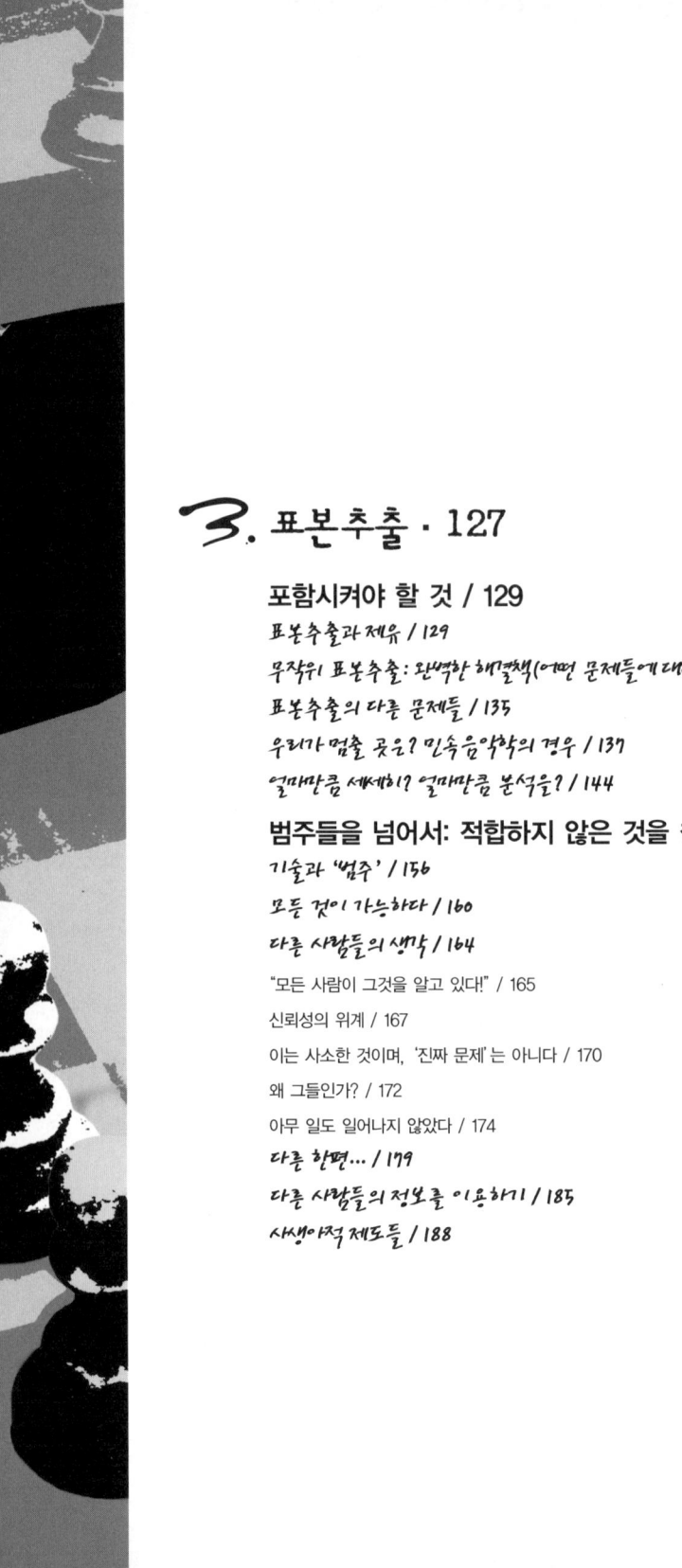

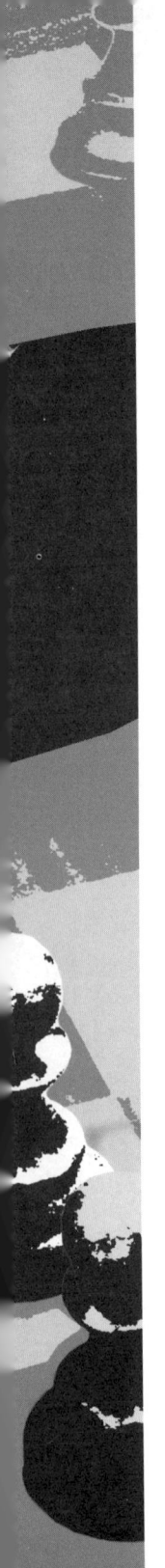

1 술책 術策

시카고대학의 학부시절, 나는 "음, 그 모든 것은 용어를 정의하는 방식에 달려있다"라고 권위주의적으로 말함으로써 모든 어려운 개념적인 문제를 처리할 수 있음을 배웠다. 그 말이 사실임은 분명하지만, 그다지 도움되는 것 같지는 않다. 왜냐하면, 어떻게 그 정의가 내려졌는지에 대해 구체적으로 아는 바가 없기 때문이다.

나는 시카고대학의 대학원을 다녔다. 거기서 지도교수인 에버렛 휴즈 Everett C. Hughes를 만났고, 후에 그와의 관계는 동료연구자로까지 발전되었다. 휴즈는 시카고 사회학파의 창립자로 간주되고 있는 로버트 팍Robert E. Park의 제자이다. 휴즈는 팍의 스승인 독일의 위대한 사회학자인 짐멜과 팍 그리고 휴즈와 나로 이어지는 사회학적 족보를 명심하라고 가르쳤다. 아직까지도 나는 그 족보를 자랑스럽게 여긴다.

휴즈는 추상적 이론을 좋아하지 않았다. 한 번은 우리 학생들이 안달이 나서, 수업 후 그가 생각하는 '이론'이란 무엇인가를 알기 위해 그에게 몰려

갔다. 그는 언짢은 표정을 지으며 '무엇에 관한 이론?'이냐고 되물었다. 그는 인종과 민족성 또는 일의 조직과 같이 어떤 특정한 것에 대한 이론은 존재하지만, 짐승과 같은 일반적 이론은 존재하지 않는다고 생각했었다. 하지만 그는 학생들이 무엇을 '이론적' 질문으로써 생각해야 할지—이를테면, 아이디어나 개념을 어떻게 정의하는지에 대하여—혼란스러울 때 무엇을 해주어야 하는지는 알고 있었다. 예를 들어, 우리는 '소수민족 집단'의 개념을 정의하는 방식에 궁금해하곤 했다. 어떤 집단이 어디에 속했는가, 어떻게 우리는 알았는가? 휴즈는 캐나다 내 소수민족의 관계에 관한 글에서 우리가 만성적으로 저지르고 있는 실수를 이렇게 밝히고 있다:

> 그 용어[소수민족 집단]를 사용하는 사람들은 거의 모두가 그 용어를 신체적 특성, 언어, 종교, 관습, 제도 또는 '문화적 흔적cultural traits'과 같은 것으로 인해 다른 집단과 구별되는 집단이라고 진술할 것이다 (Hughes, [1971]1984: 153).

즉, 우리는 '소수민족' 집단을 아마 다른 '비소수민족' 집단과 차별화시켜주는 흔적들로 정의할 수 있다고 생각했을 것이다. 소수민족 집단이 된 이유는 그 흔적이 달랐기 때문이다.

그러나, 휴즈는 우리가 완전 잘못 이해하고 있음을 설명했다. 간단한 술책trick으로 그런 정의에 있는 수수께끼는 해결될 수 있다. 즉, 설명하는 순서를 거꾸로 하는 것인데, 이를테면 두 집단 간의 차이점은 사람들이 집단 관계라는 연결망에서 규정한 정의의 결과라고 파악하는 것이다(반면, 앞의 설명은 차이점을 원인으로 파악하였다—옮긴이).

소수민족 집단이 되는 것은 다른 집단과 구별될 수 있는 척도 또는 관찰 가능한 차이의 정도 때문인 것은 아니다. 오히려 소수집단이 되는 것은 소수집단 내의 사람들과 소수 집단이 아닌 사람들이 소수민족 집단에 속하는 사람을 알고 있기 때문이다. 즉, 소수민족 **내의** 사람들과 **밖의** 사람들은 마치 구분된 집단처럼 말하고, 느끼고 행동하기 때문이다(Hughes, [1971]1984: 153-154).

그래서, 프랑스계 캐나다인은 영어로 말하는 다른 캐나다인과 달리 불어로 말한다거나, 대부분이 신교도인 영국계 캐나다인들과 달리 대개 천주교도라는 **이유로 인해** 소수민족이 된 것은 아니다. 그들이 소수민족 집단이 된 **이유**는 프랑스계 집단과 영국계 집단 모두가 두 집단을 다르게 간주했기 때문이다. 언어의 차이, 종교의 차이, 문화의 차이, 그리고 민족성을 정의하는 기타의 것들이 다르다는 것은 중요하다. 하지만 그것은 단지 중요하기만 할 뿐인데, 왜냐하면 "그 집단에 속하는 사람들과 속하지 않는 사람들이 말하는 방식이 다르고, 그리고 자신이 속한 집단에 대해 어릴 적부터, 마음 속 깊이, 변할 수 없는 것을 배우는 경우에만" 비로소 두 집단은 서로를 다르게 취급하기 때문이다. 다른 모든 종류의 정의의 문제(예를 들어, 나중에 이 책에서 살펴볼 일탈의 문제)에도 적용될 수 있는 이 술책의 핵심은, 소수민족 집단만으로는 소수민족 집단을 연구할 수 없다는 사실과, 그 대신 소수민족의 '민족성'을 그 소수민족 집단과 다른 집단이 제기하는 관계의 여결망에서 추적해야 한다는 사실을 인식하게 하고 있다. 휴즈는 다음과 같이 말했다:

소수민족 집단의 관계를 형성하기 위해서는 두 개 이상의 소수민족 집단을 택해야 한다. 한 요소만을 연구하여서는 화학적인 결합물을 이해할 수 없듯이, 또 단지 한 명의 권투 선수를 관찰하여 권투시합을 이해할 수 없듯이, 그 관계도 어느 한 집단 또는 상대되는 다른 한 집단만을 연구함으로써 이해될 수 있는 것이 아니다(Hughes, [1971] 1984: 155).

바로 이러한 것은 술책이 무엇인지를 말해준다. 술책은 어떤 문제를 해결하는 데 있어 도움을 주는 간단한 고안물이며, 이 경우 정의는 제기되고 사용되는 연결망을 찾는 고안물이 된다. 모든 업계trade는 나름대로의 술책을 가지고 있다. 그 술책들은 각 업계의 고유한 문제를 해결하는 방식이자, 일반인들의 많은 어려움을 쉽게 해결해 주는 방식이기도 하다. 연관공사일이나 목수일과 마찬가지로, 여러 사회과학 업계도 그들의 독특한 문제를 해결하도록 고안된 그들만의 술책을 가지고 있다. 그 일부는 경험에서 얻은 단순한 일반 원리인데, 이를테면 설문지의 반송 봉투에 화려한 감사 우표를 동봉하면 많은 사람들이 회신할 것이라는 충고 같은 것이다. 그 밖의 술책은 문제가 제기되는 입장situation을 사회과학적으로 분석한 것에서 나온다. 그것의 한 예는, 연구자가 조사 면접원들이 속임수를 쓸 때, 그 문제를 무책임한 고용인에게 윽박지르는 것처럼 어떤 단속의 문제로 간주할 것이 아니라, 오히려 자신의 일에 관심이 없는 사람들에게 경제적 동기를 부여함으로써 행동하게 할 방식을 검토하라는 로쓰Roth, 1965의 제언에서 볼 수 있다.

이 책의 내용을 채우고 있는 술책은 생각하기thinking의 문제, 즉 사회과학자들이 대개 '이론적'인 것으로 보는 유형의 문제를 해결하는 데 도움을 준다. 용어의 의미가 관계의 연결망에서 제기되는 방식을 살펴봄으로써 그 용어를 정의하는 것은 단지 내가 이야기하려고 하는 술책의 한 유형일 뿐, 이론적 질문을 해결하는 일상적인 방식은 아니다. 사회과학자들은, '이론'이 전형적으로 우리의 연구 방식과 당연히 잘 조화를 이루어야 하는 주제라고 세련되게 이야기하고 있지만, 실제로는 그렇지가 않다. 머튼Merton 1957: 85-117 은 이론과 연구 간의 필수적인 긴밀한 관계에 대한 윤곽을 그렸는데, 사실 시험을 치르는 학생들이 연구자보다 그것을 더 많이 이용했다. 휴즈는 자신의 방법론적 작업을 이 세상의 것을 발견하는 실용적인 문제로 지향했다. 그는 항상 자신의 이론적 입장의 본질을 밝히는 '이론에 관한 소책자'를 저술하겠다고 으름장을 놓는데, 그것은 그의 논문과 저서에 흩어져 있는 일반 사회학 서적과는 좀 다른 무언가를 포함해야 했다.

나를 포함한 휴즈의 제자들은 휴즈가 그러한 이론서를 저술하기를 희망했다. 왜냐하면 그의 강의를 듣고 그의 글을 읽을 때 어떤 이론을 배우고 있다는 사실은 알았지만, 막상 그것이 무엇인지에 대해서는 말할 수 없었기 때문이다(샤풀리Chapoulie, 1996는 휴즈의 사회학적 진술이 가지는 기본적인 생각을 통찰력 있게 분석하였다). 그러나, 휴즈는 그러한 이론서를 저술하지 않았다. 내 생각에는, 휴즈가 파슨스 유형의 체계적인 이론이 없었기 때문에 그랬던 것 같다. 굳이 그러한 구분이 무엇인가를 말한다면, 그는 오히려 작업상의 이론적 정보를 알려주는 방식을 가지고 있었다. 휴즈의 이론은 세상이 반드시 끼워맞추어야 하는 개념적 상자 모두를 제공하고자 기획된 것은 아니었다. 오히려 그의 이론은 자신이 사회를 생각할 때 사용했던 일반적인 술책, 즉 자료를 해석하고 그것의 일반적 의미를 이해하는 데 도움을 주었던 술책의 모음으로 구성되어 있었다(이런 취향은 그의 글을 모아놓은 ≪Hughes, [1971]1984≫에서 가장 잘 전달된다). 그의 이론은 어떤 하나의 이론Theory이라기보다는 그러한 분석적 술책들로 구성되어 있기 때문에, 학생들은 휴즈 곁에서 술책을 사용하는 방식을 배움으로써 공부해야 했다. 그 방식은 도제들이, 술책을 사용하여 실제 생활문제를 해결하는 장인을 주목함으로써 장인의 기술을 배우는 것이었다.

휴즈와 마찬가지로, 나도 추상적인 사회학적 이론화에 깊은 회의심을 가진다. 나는 그것을 기껏해야 필요악으로 간주한다. 요컨대, 그것은 우리의 작업을 완성하는 데 필요하지만, 그와 동시에 사회학적 과학을 조성하는 일상적인 사회생활에서의 발견과 크게 격리된 일반화된 담론을 이끌기 때문에 통제할 수 없는 도구가 되기도 한다. 나는 이론을 술책의 모음으로, 즉 구체적인 연구문제에 직면하고 있는 연구자에게 연구를 진척하도록 도와주는 생각하기의 방식으로 간주함으로써 나 자신을 위한 이론을 만들고자 시도해 왔다.

부연하자면, 술책은 어떤 방식에 공통적인 어려움이 산재해 있음을 보여주고, 다루기 어렵고 지속적인 문제처럼 보이는 것을 비교적 쉽게 해결해주는 절차를 제시하는 특별한 조작법이다. 이 책에서 보여주는 술책들은 여러 영역의 사회과학 작업에서 발생하는 문제들을 처리한다. 나는 집합심상imagery, 표본추출, 개념, 그리고 논리라는 큰 제목으로 이를 설명하겠다.

술책에 대한 나의 기술은 자주 예시로 이루어지는데, 그 예를 확대 해석하면 쿤주의자Kuhnian가 의미하는 본보기, 즉 그와 비슷한 문제로 빠져들 때 모방할 수 있는 모델과 같은 역할을 수행할 수 있다. 나는 강의 경험을 통해 일반적인 정의에 대립되는 예를 선호하게 되었다. 예술사회학을 강의할 당시, 강의와 병행하여 1982년 발행된 ≪예술세계Art Worlds≫(Becker, 1982)라는 책을 저술하고 있었다. 그 때 나는 예술을 사회적 산물로 이해하는 나의 이론적 뼈대를 학생들과 함께 공유하기를 갈망했다. 물론, 수업시간을 채우기 위해 많은 이야기를 해야 하는 것은 당연했다. 나의 강의 중 최고의 것은 와트타워Watts Towers에 관한 것인데, 그것은 한 이탈리아 석공이 1930년대 로스앤젤레스에 축조한 놀라운 건축물로 그 이후 그대로 방치되어 있었다. 나는 그

석공에 대한 이야기를 하면서 그 작품을 슬라이드로 보여주었다. 나는 예술 세계의 사회적 특성을 제한하는 사례로 그것을 들었다. 그 타워를 건축한 시몬 로디아Simon Rodia는 어느 누구의 도움도 받지 않고 정말 혼자서 그것을 완성하였는데, 예술 이론이나 예술적 사고, 예술적 역사, 예술품 가게, 박물관, 백화점, 또는 예술적으로 조직화된 어떤 것에도 의존하지 않았다. 나는 그 작품이 어떻게 그런 독립성을 보여주는지를 설명했고, 대부분의 작품은 제작 시, 앞서 언급한 예술이론과 같은 것에 얼마나 의존하는지, 그 의존의 표시는 어떻게 찾아낼 수 있는지를 학생들에게 알려주었다. 나의 논점은 그 주변적인 사례로 그 밖의 모든 사례를 설명하는 방식이었다. 따라서, 나중에 학생들이 그 수업에서 실제로 기억에 남는 것은 와트 타워뿐이라고 말했을 때, 그 말은 완전히 뒤통수를 치는 것이었다. 그 이야기를 기억하고 있는 일부 학생들은 내가 그 타워를 통하여 애써 전하고자 했던 나의 취지를 기억하긴 했지만, 대부분의 학생들은 단지 그런 타워가 존재한다는 사실, 그 광적인 사람과 그의 광적인 예술작품에 관한 이야기만을 기억하고 있었다. 이런 경험에서 나는, 사람들이 주의를 기울이고 기억하는 것은 바로 이야기와 사례라는 사실을 배웠다. 그래서, 이 책에는 많은 이야기와 사례가 있다.

(어떤 독자들은 나의 많은 예들이 정확하게 최신의 것, 즉 가장 최근의 발견물이나 생각이 아니라고 지적할 것이다. 나는 일부러 그런 선택을 하였다. 과거의 많은 훌륭한 작품들이 훌륭하지 않아서가 아니라, 학생들이 그것에 대해 전혀 들은 바가 없기나 학생들의 주목을 이끌어내지 못한 이유 때문에 잊혀지고 있다는 사실은 내게는 놀라운 일이었다. 그래서 나는 과거의 작품도 가치가 있는 새로운 삶을 제공할 수 있다는 희망에서, 30년 전, 40년 전, 심지어는 50년 전 작품들까지 나의 예로 자주 사용하였다).

예와 이야기를 제시하는 술책은 알거나 알고 싶은 것에 대해 사고하는 방식인데, 이 방식은 자료를 이해하고 발견한 것에 근거하여 새로운 질문을 공식화하는 데 도움을 준다. 이 술책은 우리가 이미 생각하고 있던 현상의 측면이 아니라 연구 중인 현상의 측면을 드러내 줌으로써 자료로부터 얻을 수 있는 이득 모두를 획득하는 데 도움을 준다.

과학 사회학자들Latour and Woolgar, 1979; Lynch, 1985은 자연 과학자들이 어떻게 공식적인 방법에서 전혀 언급된 바가 없는 방식으로 작업하는지를 보여준다. 공식적으로 진술된 방법에는 '작업 현장 관행shop floor practice', 즉 과학자들이 진짜로 실행하는 것이 숨겨져 있었다. 사회과학자 역시 실제로 사회과학의 일을 할 때 평범한 이론적 술책들을 모아서 사용하는데, 이는 추상적인 이론Theory에 관해 말하는 것과는 대립되는 것이다. 이 책은 사회과학자들이 사용하는 술책, 즉 사회과학의 작업 현장 관행을 목록으로 만들고 분석함으로써, 우리가 흔히 이론적 문제로 생각하여 왔던 것을 다룬다. 나는 내가 즐겨 쓴 술책뿐만 아니라 휴즈에게서 배운 술책도 기술할 것이다. 그런 과정에서 그 술책들이 이론적으로 관련되고 있는 측면을 지적할 것이다. 나는 때때로 기억을 돕고자 술책에 이름을 부여할 것인데, 그로 인해 독자들은 기계 술책Machine Trick, 비트겐슈타인 술책Wittgenstein Trick 등 새로이 고안된 명칭들을 많이 접하게 될 것이다.

『학계의 술책*Tricks of the Trade』이라는 이 책의 제목은 좀 모호성을 생성하지만, 그 모호성은 곧 해소될 것이다. 이 제목은 여러 잠재적인 의미를 지니지만, 그것들 대부분은 내가 의도하는 바는 아니다. 어떤 이들은 내가 학계academia에서 성공할 수 있는 술책들, 이를테면 어떻게 취직하고, 어떻게 종신

보다 더 정확한 말은 '업계의 술책' 일 것이다. 하지만, 우리의 업계는 '학계' 이므로 '학계의 술책' 으로 번역하였다-옮긴이.

직을 받고, 어떻게 보다 좋은 직장을 구하고, 어떻게 글을 출판하는지를 말해 주기를 희망할 수 있다. 나는 언제든지 그런 것을 기꺼이 논의할 수 있다. 나는 학계에서 교수로 완전하게 자리잡기 전, 수년간 소위 '방랑 연구research bum' 라고 불리던 일에 시간을 보낸 특이한 경력을 가지고 있다. 이런 특이한 경력으로 인해, 나는 주변인들이 가지는 특별한 통찰력을 지니게 되었다. 그러나 시대가 변하고 대학들의 경제적, 정치적 입장들도 상당히 변함에 따라, 내가 더 이상 그런 위태위태한 과정의 정보를 가지고 있는지조차 의심스럽게 되었다. 어쨌든 그런 학계는 내가 생각하고 있는 업계가 아니다(와일다브스키Wildavsky, 1993는 이런 견해들을 많이 다루고 있다).

또, 어떤 사람들은 글을 쓰거나 계산하는 기술적technical인 술책, 혹은 '방법론' 이나 통계(물론 많은 이들이 나에게 통계 술책을 기대하지는 않을 것이지만)를 의미한다고 생각할 수 있다. 나는 『사회과학자의 글쓰기(1986b)』 라는 책에서 내가 아는 기술적인 글쓰기 술책에 관해 말한 적이 있다. 아마 이와 비슷하게, 사회과학의 다른 영역에서도 암암리에 전해지는 관행에 관한 민간전승적인 비밀정보의 모음이 있을 것이다. 그러나, 그것은 우리 사회과학 업계의 술책이긴 하지만 너무 특정화되어 있어, 장시간의 논의에서 정당성이 보장될 정도의 일반성은 결핍되어 있다. 그것은 구전으로 전달하는 전통에 적합하게 되어 있다.

그래서 나는 사회학자의 업계 또는(매우 많은 사람들이, 비록 자신을 어떤 계통의 사회과학자나 인문학자라고 생각할지라도, 나의 생각에는 제국주의적이라고 여겨지는 방식으로 사회학을 행하기 때문에) 사회를 연구하는 업계에 관해, 내세운 학문적 명칭에 개의치 않고 말할 것이다. 내가 마음에 두고 있는 술책은 그런 종류의 일을 하는 사람들—전공학문이 무엇이든 간에 상관없이—의 일을 진척시키는 데 도움을 주는 술책이다. 그 결과, 나

29

는 거리낌없이 '사회학'과 '사회과학'을 교환하여 사용하고 있다. 비록 그런 사용이 심리학과 같은 주변학문에 관련해서는 애매함을 창출하지만 말이다.

내가 명료하게 하고 싶으면서 아마 명시적으로 말할 필요가 있는 또 다른 것은 나의 생각들이 일상적으로 '질적qualitative' 연구라고 칭하는 것에 국한되지 않는다는 사실이다. 질적 연구는 내가 행했던 종류의 연구이지만, 그것은 이념적이기보다는 실용적인 선택이었다. 질적 연구는 내가 행하는 방식을 아는 것이었고, 나는 그 안에서 개인적인 즐거움을 발견했고, 그래서 그것을 계속해서 실행했었다. 그러나, 나는 항상 다른 가능한 방법에도 귀를 기울였고(그것들이 종교적인 신념에 관한 문제로 나에게 압박을 가하지 않는 한●), 조사방법 또는 수학적 모형화와 같이 다른 작업방식에서 나오는 용어에서 내가 했던 것을 생각하는 것은 특히 유용하다는 사실을 발견하였다. 그래서 이 책에 포함된 여러 아이디어는 단지 인류학적 유형의 현장연구 입문자를 위한 것은 아니다. 하지만 그들은 이 책에서 반갑지는 않을지라도 눈에 익은 내용을 발견할 수 있을 것이다. 이 책은 현대 사회과학을 형성하고 있는 다양한 형태와 전통 속에서 일하는 사람들을 위한 것이다.

'술책'이라는 단어는 대개 기술된 장치나 조작이 일을 쉽게 만들어 줄 것이라는 사실을 암시한다. 이 책의 경우, 그러한 암시는 그릇된 것이다. 솔직히 말해서, 이 책에 기술된 술책들은 연구자를 특별한 의미에서 아마 더 어렵게 만들 것이다. 보편적인 작업을 쉽게 만드는 대신에, 연구자가 수행해야 하는 '올바른right' 방식을 만듦으로써 학계가 조장하고 유지해 왔던 편안한

● 베커는 유태인이므로, 자신이 행하는 방식이 유태교 교리에 벗어나지 말아야 했을 것이다—옮긴이.

30

일상적 사고방식을 방해하는 것들을 제시하고 있다. 이는 '올바름' 이 좋음 good의 적이 되는 경우이다. 술책이 행하는 것은 어떤 일을 뒤집어 봄으로써 그것을 다르게 보는 방식을 제안하는 것이다. 그럼으로써 연구를 위한 새로운 문제와 사례를 비교하고 새로운 범주를 창출하거나 그럴 수 있는 새로운 가능성을 생성할 수 있다. 그 모든 것은 일이 된다. 그런 일은 재미있을 수도 있지만, 일상적 방식에서는 전혀 생각하지 않았던 일을 수행하게 만들기 때문에 더 많은 일을 요구한다.

크리포트 기어츠Clifford Geertz는 그런 술책이 수행할 작업을 다음과 같이 잘 묘사하고 있다:

> 그것[어떤 민속지학적 결과를 묘사하는 '형상화']을 권하거나 아니면 거부하는 것은 원래의 것보다 더욱 진척된 형상이 된다. 형상화는 다른 문제에 대한 다른 설명을 교차시킴으로써 그것의 의미를 넓히고 이해력을 깊게 만듦으로써 확대된 설명으로 이끌 역량이 있다. 우리는 그 밖에 발생하는 어떤 것, 또 다른 번뜩이는 경험, 절반쯤 목격한 사건에 언제나 의존할 수 있다. 우리가 의존할 수 없는 것은 어떤 일이 일어날 때 그것에 관해 말하는 유용한 어떤 것이 있을 거라는 사실이다. 우리가 현실 밖으로 도망치는 데는 전혀 위험이 없지만, 기호 signs로부터 도망치거나 최소한 우리에게서 사라진 낡은 것들을 소유하는 데는 부단한 위험이 있다. 인류학에서 사후事後, ex post, 즉 일반적으로 의식의 상태에서 삶을 추적하는 본성—일의 발생이 먼저, 형식화는 나중—은 아마 계속 진행될 것을 가지고, 어느 정도 지속할 담론 체계를 궁리해내려는 지속적인 노력으로써 나타난다(Geertz, 1995: 19).

31

따라서, 이 책의 모든 단원은 사회학적 사고의 주적^{主敵}인 관례—사회적 관례와 과학적 관례—에 대한 논제^{theme}로 시작된다. 우리가 검토하는 모든 주제는 이미 많은 사람들이 그들의 생각으로 연구해 왔던 것이며, 그리고 그 학문세계에 실제로 거주하고 있는 사람들의 영역을 확장시키는 것으로, 그들은 주제가 무엇에 관한 것인지, 그리고 주제에 있는 객체와 사건이 의미하는 것이 무엇인지에 대한 나름의 생각을 가지고 있다. 이러한 전문가 혹은 그 집단 성원은 대개 '자신의' 연구주제에 대해 독점적인 아이디어를 가지고 있는데, 그것은 점검되거나 문제된 적이 없었다. 그 주제—그것이 무엇이든지 간에—를 새로이 연구하는 사람들은 그런 보편적인 아이디어를 검사하지 않은 상태에서 쉽사리 자기 연구의 기본 전제로 채택하려는 유혹에 빠진다. '문헌을 검토하는^{reviewing the literature}' 평가할 만한 행동은, 박사학위 심사위원단에게는 매우 소중하지만, 그러한 유혹의 위험 속에 우리를 노출시킨다.

그래서 우리는 사고 범위를 확장하는 방식, 우리가 생각하고 질문할 수 있는 것 이외의 것을 보는 방식, 세상의 다양함을 다룰 수 있는 사고 능력을 향상시키는 방식이 필요하다. 내가 기술하는 대부분의 술책은 이런 진취적인 시도에 충실하고 있다.

이 책의 여러 단원은 사회과학연구의 주된 양상에 관련되어 있다. '집합심상^{Imagery}'은 우리가 실제로 연구를 시작하기 전 우리가 연구하려는 것에 관해 생각하는 방식, 우리가 사회세계의 그림을 그리는 방식과 사회과학자의 작업을 그리는 방식을 다룬다. 이것은 사회에 관하여 집합심상이 취하는 다양한 형태들을 논하고, 어떤 사안을 파악하는 방식을 점점 조절해 나가는 방식을 암시한다. 그럼으로써, 그저 관습적인 세상의 사고를 전달하는 무지인^{無知人}이 되지는 않는다.

다음 단원인 '표본추출^{sampling}'은, 우리의 일반적인 사고는 고려해야 할 다수의 사례에서 추출된 사례들을 반영한다는 사실을 인식시킨다. 이 단원은 우리가 실제로 조사하는 것, 즉 우리의 일반적인 생각을 명백히 공식화할 때 생각할 사례를 어떻게 선택하는지에 대한 질문으로 시작한다. 이 단원은 우리의 생각에 불쾌감을 주고, 우리가 안다고 생각하는 것에 의문을 제기하는 사례를 최소한 몇 개라도 발견할 수 있는 기회를 극대화시키는 방식으로 선택할 필연성을 제시한다.

이 책의 세 번째 단원인 '개념concepts'은 아이디어 만들기로 시작한다. 어떻게 표본에서 배운 것을 좀 더 일반적인 생각의 형태로 구성할 수 있을까? 어떻게 하면 우리의 집합심상과 표본추출을 개선하려는 노력이 우리에게 가져다준 세계의 다양성을 이용하여, 여러 사안에 대해 생각하는 방식을 더 낫고 유용하도록 새로이 만들 수 있을까?

마지막으로, '논리logic'의 단원은 약간(대개는 덜) 공식적인 논리의 방법을 통해 생각을 조작화하는 방법을 제시해 준다. 이 단원은 다른 사람들(특히 폴 라자스펠드Paul Lazarsfeld, 찰스 라긴Charles Ragin, 그리고 알프레드 린드스미스Alfred Lindesmith—믿기 어려운 트리오)이 이미 구축했고 유포했던 자료들을 많이 차용했다. 여기서 라긴에게 빌린 주요 논제는 변수 내의 변이보다 사례의 다양성에 초점을 맞추는 유용성이다(이에 대한 간략한 설명이 '논리'의 단원에서 이루어질 것이다). 나는 빌려온 것에 대해 사과하지는 않겠다. 하지만, 나는 최고의 것만을 취하였고, 내가 취한 것에 대해 기억할 수 있는 한 최대의 점수를 주었다는 사실은 말할 수 있다.

독자들은 쟁점이 될 만한 화제가 논의된 곳에는 어떤 자의성이 있음을 금방 발견할 것이고, 나 역시 그렇다고 고백하겠다. 대부분의 그러한 화제들은 두 군데 이상에서 채택되었을 수 있다. 여러 단원의 서두는 단지 그 단원 내용에 대한 간략한 안내일 뿐이다. 여러 생각은 이음새 없는 논리적으로 연

33

결된 명제들의 망(이렇지 않기를 바란다!)이 아니라, 유기적인 총체이다. 다시 말하면, 그것들 모두는 서로 많은 것을 함축한다. 이 책은 직선이라기보다는 오히려 연결망이나 거미줄이다.

각 단원은 또한 일종의 대략적인 시간적 순서를 가지는 것처럼 보인다. 연구자는 당연히 연구하고자 하는 것에 관한 다양한 종류의 심상image을 가짐으로써 시작할 것이라고 생각할 수 있으며, 또한 그런 심상에 근거하여 연구하려는 것과 사례를 선택하는 방식(다른 말로, 표본추출 계획을 기획하는 방식)에 관한 사고를 발전시킨다고 생각할 수 있다. 더 나아가, 연구해야 할 사례를 선택하여 그것을 연구하고 나면, 연구자는 자신의 분석에 사용할 수 있는 개념을 발전시키고, 자신의 사례에 그런 개념을 적용하는 과정에서 논리를 적용한다고 생각할 것이다. 사람들은 이 모든 것들을 합리적이라고 생각하는데, 왜냐하면 이론 구성과 연구방법론에 관한 대부분의 책들이 그런 순서를 유일한 '올바른 방식'으로 특정화하고 있기 때문이다. 하지만 만약 그렇게 했다면, 그건 잘못된 것이다. 다양한 작용은 상호간에 일종의 논리적 연계성을 가지고 있지만,—어떤 의미에서 분명 어떤 집합심상이 기초가 되고, 그것이 일종의 표본추출을 지령하는 것 같다—그런 순서로 연구하라는 뜻은 아니다. 다만, 어떤 진지한 작업을 하고자 한다면 그렇게 하라는 뜻이다.

진지한 연구자는 이러한 네 가지 사고 영역에서 앞뒤로 반복하여 왕래하고, 각 영역은 다른 영역에 영향을 미친다. 나는 내가 생각하는 것의 심상을 고려하는 방식으로 표본을 선택할 것이지만, 그 표본이 보여주는 것을 기초로 분명 나의 심상을 수정할 것이다. 그리고, 몇몇 작업의 결과를 바탕으로 수행되는 논리적 작용으로 인하여 아마 여러 개념을 바꾸게 만들 것이다. 이런 작업 과정이 산뜻하고, 논리적이고 번잡하지 않으리라고는 상상할 수 없다. 기어츠는 다시 다음과 같이 말한다:

어떤 이는 3주의 대학살에 수천 년의 역사를, 도시의 생태학에 국제 간 갈등을 이어 맞춤으로써, 특별하면서도 잠정적인 작업을 한다. 쌀 또는 올리브의 경제학, 소수민족성 또는 종교에 대한 정치학, 언어 또는 전쟁의 작업장은 반드시 어느 정도 최종적인 구성물 속에서 땜질되어야 한다. 지리학, 무역, 예술, 그리고 첨단기술도 그렇게 해야만 한다. 결과는 어쩔 수 없이, 불만족스럽고 너무 무겁고 위태위태하며 엉성하다. 거대한 새로운 장치인 것이다. 인류학자, 최소한 자신의 새로운 장치로써 머리를 복잡하게 만들고자 하는 사람들은 자신을 스스로 가두어두지는 않지만, 자신의 꾀에 빠져 어찌할 바를 모르게 되는 병적인 땜장이가 된다(Geertz, 1995: 20).

이 책의 사고의 술책 중 그 어떤 것도 그런 새로운 장치를 세우는 시간표에 '마땅한 적소'는 없다. 이 술책들이 여러분의 작업을 시작에서, 중간에서 혹은 종결을 향해 움직이게 할 수 있을 것 같을 때 그것을 사용하기 바란다.

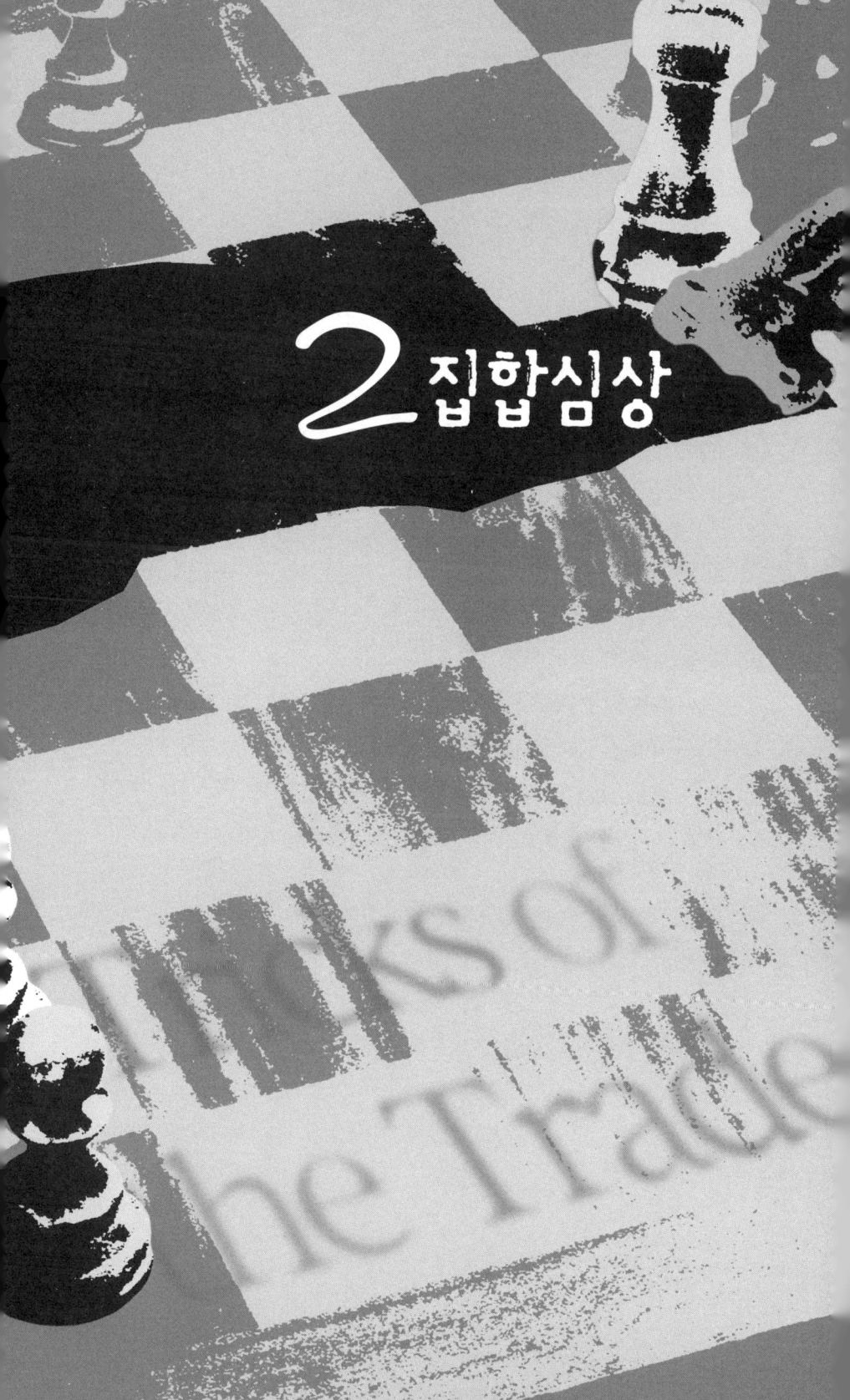

2 집합심상

허버트 블루머Herbert Blumer는 시카고 대학에서 만난 또 한 명의 스승이다. 그는 거구巨軀로, 과거에 미식축구 선수였다. 그는 어떤 추상적인 이론적 논점에 흥분했을 때는 어울리지 않게 매우 카랑카랑한 목소리로 말했다. 그는 사회심리학 과목과 자신의 독특한 방법론적 견해를 가르쳤다. 그의 방법론적 견해의 한 측면은 습관화된—심지어는 강박관념에 사로잡힌—방식에 관한 것인데, 사회학자에게 그가 연구하는 현상에 접근하게끔 만드는 내재된 집합심상underlying imagery에 주의를 환기시키는 방식이다. 그 사회학자가 조사하고 있다고 생각하는 것은 무엇인가? 그 특성은 무엇인가? 특히, 사회학자들은 그들이 생각하는 것이 무엇인지 정해지면 그 특성에 맞는 방식으로 연구하고 그들이 발견한 것을 보고하는가? 그는 자주 그러한 논지를 강력히 피력했다.

경험 세계는 단지 그 세계에 대한 도식이나 심상image을 통해서만 알 수 있다. 과학적 연구의 **총체적인 행위**entire act는 경험 세계를 그릴 때

사용되는 내재된 그림underlying picture에 의해 방향이 결정되고 형성된
다. 이런 그림은 문제를 선정하고 공식화하며, 자료를 결정하고, 그리
고 그 자료를 획득하는 데 사용될 수단과 자료 사이의 관계의 종류와
명제가 형성될 형태들을 정한다. 그 그림은 경험 세계를 그리기 시작
할 때부터 내재되고 과학적 연구의 총체적 행위 곳곳에 침투하여 근
본적인 영향력을 미치기 때문에, 그것을 무시한다는 것 자체가 웃음
거리이다. 내재된 경험 세계의 그림은 항상 일련의 전제라는 형태로
동일시될 수 있다. 그 전제는 그림을 이루고 있는 주된 객체들에 명시
적으로 또는 암시적으로 부여된 본질에 의해 형성된다. 진정한 의미
의 방법론에서 꼭 해야 하는 작업은 이런 전제를 밝혀내고 평가하는
일이다(Blumer, 1969: 24-25).

블루머의 일차적인 관심사는 사람들이 아는 것과 너무나 뻔하게 모순
되는 집합심상에 근거하는 사회학자에 대한 꾸짖음이었다. 자신의 일상 경
험이 말하는 방식과 반대되는 사회의 심상으로 연구하는 사회학자들에게
는 특히 더 그러했다. 블루머의 제자였던 나는 그의 과제—어떤 것이든 자신
의 10분 동안의 경험을, 현재 유행하는 사회심리학 이론 중 하나를 사용하여
설명하라—를 통해 그의 꾸짖음이 왜 중요한지를 배웠다. 아침에 일어나서
식사를 하는 것과 같은 평범한 활동에 자극—반응 심리학(그 당시 매우 유행
했던)을 적용했을 때, 우리는 자극을 확인할 수 없었고 또 그 자극을 어떤 확
실한 방식으로 우리가 '반응하고 있는' 방식에 연결시킬 수 없음을 알았다.
블루머의 논지는 충분히 파악되었다. 어떤 유용한 이론도 우리가 보고 듣고
느끼고 행했던 수많은 것들을 정당하게 평가할 수 있는 낱말과 아이디어, 집
합심상을 제공해 주지 않는데, 왜냐하면 우리는 우리의 삶을 이루고 있는 것

에 대해 끊임없이 일을 해야 하기 때문이다.

그런데, 일단 우리가 사회과학의 일상적인 집합심상에 무언가가 결핍되어 있다는 생각을 받아들인다면 어떻게 해야 할 것인가? 왜 그런 집합심상이 잘못됐나? 그러한 집합심상을 어떻게 개선시켜야 하는가? 다른 학생들과 마찬가지로 나도 문제만 보이고 해결책은 보이지 않는 어려움을 경험했다. 블루머는 우리를 그런 곳에 빠지게 하였다. 그는 "자아self들이 상호작용하는 과정은 사회생활에서 변하지 않는 특성"이라고 늘 주장해온 것을 존중하거나, 심지어는 보다 더 잘 인식하도록 하기 위해, 사회학자의 실패를 무자비하게 보여주었다.

연구자에게는 연구하고자 하는 사회생활의 측면에 대한 직접 경험의 지식이 없다는 사실은 거의 자명하다. 연구자가 그런 사회생활의 영역에 직접 참여한 경우는 매우 드물며, 보통은 그런 영역에 관련된 사람들의 행위와 경험에도 근접해 있지 않다. 연구자의 위치는 거의 항상 주변인outsider의 위치이다. 그러기에 그의 지식은 두드러지게 주어진 삶의 측면에서 일어나는 단순한 지식에 제한된다. 범죄, 남미의 학생 소요, 아프리카의 정치적 엘리트를 연구하고자 하는 사회학자 또는, 청소년의 마약 사용, 흑인 학생의 성취욕구, 비행자의 사회적 판단을 연구하고자 하는 심리학자들은 생활 영역의 고찰에서 직접 경험의 지식이 불가피하게 거의 부재함을 잘 보여주고 있다(Blumer, 1969: 35-36).

블루머는 결코 특별한 치료 방책을 제공한다고 말할 정도의 사고 노선을 추구한 적이 없다. 그는 우리가 작업하는 데 좋은 심상이 될 수 있는 것이 무엇인지—가장 추상적인 수준을 제외하고—를 말해주지 않았고, 또 사회생활의 관심 영역에서 직접 경험한 지식이 아닌 다른 방법으로 어떻게 그런 좋은 심상을 창출할 수 있는지도 말해 주지 않았다. 그런 것이 필요한 것은 분명하지만, 우리들을 위한 충분한 지침은 되지 못했다. 이 장에서 나는 그런 전문적 지식의 문제점을 치료하려 할 것이고, 사회과학자들이 사용하는 심상에 대해 검토하고, 그런 심상의 출처를 조사함으로써, 개선시킬 수 있는 특정 술책을 제공하겠다.

실재적인 집합심상

다시 시작하자면, 블루머—나의 생각도 마찬가지다—가 사회를 연구하는 기본 작전—우리는 심상으로 시작하고 심상으로 끝난다—은 우리가 연구하고 있는 것의 심상을 생산하고 재련하는 일이다. 우리는 관심을 가지는 무언가에 대해 조금(어쩌면 많이) 배운다. 그 조금에 근거하여, 그 현상에 관한 매우 복잡한 이야기를 구성(또는 상상)한다. 도시 이웃을 연구하기로 결정했다고 가정해 보자. 아마 그곳에 어떤 사람들이 살고 있는가를 보기 위해 지역통계서—『시카고 지역사회 실태서』 또는 그에 관련된 인구총조사census 관련 서적—를 참조함으로써 시작해야 할 것이다. 남자의 수는? 여자의 수는? 그들의 연령은? 중간 값의 교육수준은? 중간 값의 소득은? 이런 기본적인 정보를 가지고, 이웃에 관한 하나의 완성된(잠정적일지라도) 머리 속의 그림—하나의 심상—을 작성할 수 있고, 소득과 교육에 관한 숫자에 근거하여 이웃이 노동자 계급이라는 것을 판단하며, 연령분포로써 가족생활의 상태를 추측하고, 그 지역이 은퇴자나 은퇴 준비자들이 많이 사는 곳인지, 아니면 이제야 막 가족을 꾸린 젊은 사람들로 꽉 찬 지역인지를 살펴본다. 여기에, 인종과 소수민족성에 관한 변수들을 첨부하면, 그림은 좀 더 복잡해질 것이다.

나의 그림은 통계치를 편집한 것 이상이다. 그것은 내가 참조한 책과 표에는 없는 세부사항들을 포함한다. 그 세부사항은 참고자료에 근거하여 내가 고안해낸 것이다. 이로써 다음과 같이 사회과학자들의 집합심상에 대한 블루머의 두 번째 비판에 이르게 된다:

이런 직접 경험의 지식이 없음에도 불구하고, 연구자는 부지중에 자신이 연구하고자 하는 생활 영역에 대해 어떤 유형의 그림을 가지고 있을 것인다. 연구자는 이미 그 생활 영역에 다소 지적인 견해를 형성시켜 왔던 자신의 믿음과 심상을 끌어와 활용할 것이다. 이런 점에서 연구자도 다른 모든 인간과 같다. 평범한 사람이건 학자이건 간에, 우리는 불가피하게 이미 가지고 있는 심상을 통해 낯선 영역의 집단생활을 조망한다. 우리는 비행자 집단이나 노동 조합, 집행위원회나 은행 간부 혹은 어떤 종교 예식에 대해 직접 경험의 지식은 없을 수 있다. 하지만 실마리가 조금만이라도 주어진다면, 우리는 그런 삶에 유용한 그림을 쉽게 만들 수 있다. 바로 이것이, 모두가 아는 바와 같이, 고정 관념화된 심상이 우리를 통제한다는 논지이다. 학자로서 우리 모두는 공통의 고정관념을 공유하고 있고 그것을 이용하여 우리가 잘 알지 못하는 사회생활의 경험적인 측면을 바라보곤 한다(Blumer, 1969: 36).

43

그래서 연구하고자 하는 이웃에 관한 예비적인 사실을 몇 가지 모은 후에, 그런 사람들이 거주하는 종류의 집이 무엇인지—이를테면 나는 거의 사진을 보는 것처럼, 플라스틱 홍학이 서있는 산뜻한 잔디, 할인점에서 일괄 구입한 가구들, 그리고 나의 고정관념에서 그런 인구 집단이 보여준다고 생각되는 그 밖의 어떤 것들을 볼 수 있다—를 '안다'. 이런 것 중 어느 것도 그 지역의 진짜 지식에 근거한 것은 아니다. 그것은 블루머가 정확하게 지적했듯이, 몇 가지 사실과 사회 경험에서 얻은 고정관념으로부터 상상적으로 구축한 집합심상인 것이다. 만약 상상력이 매우 풍부하다면, 거리의 모습과 부엌의 냄새("이탈리아인이라면? 마늘냄새!")가 거기에 포함된다. 만약 사회과학 서적을 잘 탐독했으면, 저녁 식사의 식탁에서 지껄일 대화에 대한 의견("노동 계급이라면? 한정된 어법"—바질 번슈타인Basil Bernstein이 기술한 바와 같이 수많은 불평과 단음절어)까지 나의 그림에 첨가시킬 수 있다.

상상력이 풍부하고 박식한 사회과학자는 조그만 사실을 가지고도 크게 떠벌릴 수 있다. 하지만, 우리 모두가 **사회과학자**라고 주장하는 이상, 소설가나 영화제작자 마냥 상상과 추정의 수준에 머물 수는 없다. 왜냐하면, 우리는 우리의 고정관념이 단지 그러한 수준이고, 부정확할 수 있음도 알고 있기 때문이다. 여기서 블루머가 또 다른 매서운 회초리를 가지고 우리를 기다리고 있음을 발견한다.

사회과학 연구자는 또 다른 일련의 기존 심상을 가지고 있고 그것을 사용한다. 그런 심상은 자신의 이론, 자신이 속한 전문집단 내에 널리 퍼진 믿음, 그리고 자신의 연구절차가 진행되기 위해서 경험 세계가 어떻게 설정되어야 하는지에 대한 생각으로 이루어진다. 어떤 신중한 관찰자도 이것이 사실임을 솔직히 부정할 수 없다. 우리는 자신의 이론에 맞도록 경험 세계에 대한 그림을 형상화하고, 그런 그림을 동료 학자 사이에서 널리 인정받는 개념과 믿음으로 조직화하고, 그 그림을 과학적 형식 절차가 요구하는 대로 짜맞추는 데서 그런 사실을 명확하게 볼 수 있다. 우리는 사회과학 연구자가 직접 경험이 없는 어느 특정 영역의 사회생활을 연구할 때 기존 심상을 통해 그런 영역의 그림을 만든다는 사실을 솔직히 인정해야 한다(Blumer, 1969: 36).

블루머가 말한 바와 같이, 이런 차원에서 우리의 집합심상은 우리 연구의 방향—처음의 아이디어, 그 아이디어를 점검하기 위해 물어보아야 할 질문, 그럴싸한 대답—을 결정한다. 그리고 우리는 이에 관해 그다지 생각하지 않은 상태에서 연구를 행하는데, 그런 것은 거의 모르지만 '안다'고 생각하는 것이다. 그것은 단지 일상생활의 장비의 일부에 불과하며, 우리가 과학자이고자 하지 않을 때, 또한 저명한 학술지에 글을 올릴 수 있는 특정의 과학적 방식으로 사건을 알 필요는 없다고 느낄 때 의존하는 지식이다.

일부 사회과학자는 여기서 내 말을 막을지도 모른다. 그리고 자신은 근거 없는 것에 대해서는 결코 이야기하지 않는다고 할 것이다. 하지만 나는 그 말을 믿지 않는다. 그러면 이제, 허버트 블루머와 그 이후의 많은 학자들이 상당히 주목하였던 명료한 사례, 즉 사회적 행위자에게 의미와 동기를 전가하는 것에 대하여 검토해보자(비슷한 문제가 다소 모호해 보이는 사건이나 좀 더 난해한 사실에서 발생한다. 이런 것들은 이후 여러 단원에서 다루겠다). 우리 사회학자는 항상 명시적 또는 암시적으로, 관점과 시각, 그리고 동기를 우리가 분석하는 행위의 주체자에게 돌린다. 이를테면, 우리는 **항상** 우리가 연구해온 사람들 자신이 현재 참여하는 사건에 부여하는 의미를 기술하고, 그래서 유일한 질문은 우리가 그렇게 해야만 하는지 여부가 아니라 어떻게 우리가 그것을 정확하게 하느냐가 된다. 우리뿐만 아니라 다른 많은 사회과학자들도 사람들이 사건에 부여하는 의미에 관한 자료를 수집할 수 있고, 또 실제 그렇게 한다. 우리는 그들 자신이 하고 있다고 생각하는 것과, 생활과 경험 속에서 사물과 사건 그리고 사람을 해석하는 방식을 발견한다─완벽하게 정확하지는 않지만 아주 근거 없는 것은 아니다─. 공식적 또는 비공식적 면접에 참여하면서 그들의 일상적 행위를 관찰하는 동안 신속한 논쟁으로 대화함으로써, 또한 그들이 열심히 일을 할 때는 관찰하고 그 말을 주의 깊게 들음으로써 전가를 한다. 심지어 우리는 질문지를 나누어주고 그들이 말하고자 하는 바를 적게 하거나 혹은 가능한 답변들을 제공하고 그 중 하나를 선택하게 함으로써 전가시키기를 행할 수 있다. 그들이 의미를 사물이나 사건의 탓으로 정확하게 돌리는 조건에 우리가 다가갈수록, 그 의미에 대한 우리의 기술은 더욱 정확해질 것이다.

사람들이 사건과 자기 자신 또는 타인의 행동에 실지로 부여하는 의미가 무엇인지를 직접적으로 발견하지 못하면 어떻게 되는가? 과학적 금욕주의라는 경직된 사고에 기초하여, 동기와 목적, 그리고 의도에 대한 어떤 토의도 엄격하게 금해야 하는가? 그럴 것 같지는 않다. 아니, 우리는 여전히 그런 의미에 대해 이야기할 것이다. 그러나 우리는 무지에서 비롯되는 욕구로 인해, 그 의미를 우리의 일상생활에서 비롯되는 지식을 사용하여 보충해야 할 것이다. 그리하여, 우리의 글쓰기 대상은 분명 이렇게 혹은 저렇게 생각한다고 주장하거나 혹은 그가 했던 일을 하지 않았을 것이라고 주장한다. 그러나, 좀 더 직접적으로 알 수 있는 것을 추측하는 것은 당연히 위험하다. 왜냐하면, 우리는 잘못 추측할 수 있고, 또한 우리에게는 합리적으로 보이는 것이 그들에게는 그렇지 않을 수도 있다는 사실 때문이다. 우리는 항상 이런 위험을 감수해야 하는데, 주된 이유는 블루머가 지적한 바와 같이, 우리는 그들이 아니고 그들의 입장에서 살고 있지 않기 때문이다. 우리가 그들의 입장이라고 이해한 지점에서 우리가 마음속으로 생각했을 것을 그 사람들의 속성이라고 돌리는 쉬운 길을 택하기 쉽다. 이를테면, 10대 행위를 연구하는 학자들(십중팔구 중년의 남자)은 임신율과 그 상관 계수를 조사하고, 미혼모들이 그러한 곤경에 빠지려면 어떤 생각을 했어야만 했는지를 결정한다. 진짜 지식이 없는 곳에서는, 우리의 집합심상이 이를 대신한다.

마약 사용에 관한 연구는 그런 오류로 가득 차 있다. 전문가와 일반인이 공통적으로 비슷하게 해석하는 것은 마약 사용자들은 압제적이거나 참을 수 없다고 생각하는 현실로부터 '도피'하기 위해 마약을 사용한다는 것이다. 그들은 마약 중독을 현실의 모든 고통스럽고 원하지 않는 측면이 뒷전으로 물러나서 그것을 상대할 필요가 없게 되는 경험으로 인식한다. 마약 사용자는 현실을 찬란함과 안락함, 문제없는 쾌락과 왜곡된 성적 전율, 그리고 환상이 가득 찬 꿈으로 대치한다. 현실은 당연히 뒷전에 숨어 마약 사용자가 나오는 순간 벌을 줄 준비가 되어 있다.

이런 종류의 집합심상은, 아마 드 깽세De Quincey, 1971의 《한 영국인 아편 중독자의 고백Confessions of an English Opium Eater》에서 흘러나오는, 오랜 문학 역사를 가지고 있다(19세기 미국의 견해로는 피츠 휴 루드로우Fitz Hugh Ludlow, 1075의 《마리화나 중독자The Hashish Eater》에 매우 잘 나타나 있다). 이런 작품들은 에드워드 사이드Edward Said, 1978의 오리엔탈리아Orientalia 연구인 《신비스러운 이빙 인, 동상》(Said, 1978)에서 분석된 집합심상에 기초하고 있다. 좀 더 최근 견해이면서 더욱 공상과학적이며, 덜 동양적이고 덜 온건한 것으로 윌리엄 버러프William Burroughs의 《벌거벗은 점심식사Naked Lunch》에서 찾아볼 수 있다.

마약 사용에 대한 이러한 기술들은, 여러 세대의 연구자들이 의문을 제기해 왔듯이, 그런 것들을 출판한 연구자들에 의해 창출된(내가 인용한 문학의 도움을 받아) 완벽한 환상이다. 그 환상은 마약 사용자들의 경험이나 스스로 마약 사용을 실험한 연구자들의 경험에 상응하지 않는다. 그런 것은 일종의 의도적인 무지로부터 날조된 것이다. 사람들의 경험과 의미에 대한 오해는 비행과 범죄에 관한 연구, 성적 행위에 관한 연구, 학자들의 일상적인 경험과 생활양식 밖에 있는 일반 행위에서 흔히 볼 수 있다.

우리의 문외한적 집합심상은 우리의 작업에 많은 영향을 미치기 때문에, 그것이 정확한지에 주의를 기울여야만 한다. 그러면 어떻게 그렇게 할 수 있을까? 집합심상은 일상생활 경험의 잔재로서 우리의 머리에 들어간다. 그 일상에서 좀 더 나은 집합심상을 얻기 위해, 우리는 일상생활의 특성에 대하여 무언가를 해야만 한다. 바로 그것이 블루머가 지루하게 그리고 추상적으로 암시했던 것이다.

하비 몰로치Harvey Molotch, 1994는 블루머의 진단과 처방을 실감나게, 그리고 효과적으로 확장시켜 짜임새를 제공하였다. 그는 학자들이란 고등학교에서 아무도 같이 춤을 추고 싶어하지 않는 사람이라는 리메릭Limerick의 주장을 인용하면서 시작한다. 또한, 학자들이란 체육 시간에 마지막까지 야구팀에 선발되지 않는 사람이라고 덧붙인다. 그는 젊은 이미지의 사회학을 "변두리—일탈자, 거슬리는 자, 고약한 독설가—를 통해 세상을 이해했던 모든 영웅"인 라이트 밀스C. Wright Mills, 잭 케루악Jack Kerouac, 레니 부루스Lenny Bruce, 헨리 밀러Henry Miller를 혼합한 유형의 작품이라고 기술하였다. 다시 말하면, 사회에 관한 글을 쓰고 싶다면, 거기에 관한 직접 경험의 지식이 있어야 하고, 그리고 특히 점잖은 사람들이 거의 경험하지 못한 곳—"댄스홀, 주택단지, 시위 행군, 청소년 폭력단, 대부분의 사람들이 단지 머리 속에서만 가능하다고 생각하는 어두운 장소"—에 대한 지식도 가지고 있어야만 한다.

그러나, 몰로치는 사회학자들이 다 케루악Kerouac은 아니며, 더욱이 루이스 워쓰Louis Wirth나 허버트 갠스Herbert Gans(각각 유태인 게토와 이탈리아인 거주 지역을 연구했다)는 아니라고 하며, 또한 그들은 "정해진 구역 밖의 일상에서는 어떤 도전적 유형을 감당할 수 없다고 말한다. 사회학자들은 흔히 자신이 속한 학계와 가족의 일상 이외의 세상에 대해서는 모른다. 그들은 상품 무역 거래장이나 선교 교회, 상류층의 골프 클럽 주위도 어슬렁거리지 않는다. 학술위원회 모임, 가르치는 일, 동료 평가, 글쓰는 일 같은 것이 직업이고, 처세를 위한 공간은 거의 남겨 두지 않는다." 사회에 충분히 가담하지 않고 서는(몰로치의 논문 제목은 ≪세상에 나가기Going Out≫이다), 어리석은 실수를 방지할 우선책은 찾을 수 없다.

(몰로치는 또 다른 흥미로운 점을 지적하였다. 그것은 이 글의 논지와는 약간 어긋나지만 주목할 가치가 있다. 우리의 집합심상을 교정해줄 만한, 직접 경험에 근거한 지식 없이는, 어디서 흥미로운 자료를 찾아야 하는지, 집중적인 조사와 증명이 필요한 일은 무엇인지 알지 못한다. 그러한 직접적인 지식이 부족한 상태에서는, 많은 일상사들이 엄청난 연구와 수많은 자료에 의해 해결되어야 할 거창한 사회과학적 신비 속에 있다고 추정할 수 있다. 몰로치는 어떤 초기 분석에서, 사회학자란 택시 운전사라면 누구나 말해줄 수 있는 것을 발견하기 위해 매춘연구에 수십만 달러를 허비하는 사람이라고 규정하였다. 수년 전 나의 경험에서도 이런 놀라운 예를 발견했다. 그때 나는 미이클 맥콜과 함께 미국의 지역 극장에 관한 연구Becker, McCall and Morris, 1989를 기술하고 있었는데, 우리는 마침 뉴욕 시에서 태어나고 자란 매우 똑똑하고 저명한 한 사회학자에게 그것을 해주기를 바랬다. 극장계의 중심으로서 뉴욕을 대체한 지역 극장들의 네트워크를 연구하고 싶다고 설명했을 때, 그는 극장계의 중심으로서 뉴욕이 다른 도시로 대체되었다는 사실을 증명하는

선결 연구를 수행하지 않고서는 그 연구를 진행할 수 없을 것이라고 주장하였는데, 그의 지역에 대한 자부심은 그것이 사실일 수가 없다고 말했던 것이다. 나는 반박하기 어려운 통계치를 인용하면서 의견을 표명했다. 즉, 옛날인 대략 1950년경에는 미국 내의 거의 모든 극장 관련 직업이 뉴욕에 있었지만, 1980년대 후반에는 극장의 유급 일수의 절반이 뉴욕의 외부에서 발생했다고 말했다. 뉴욕 사람은 자기 도시가 격하되는 것을 가볍게 취급하지 않는다).

과학적인 집합심상

우리는 결국 **사회과학자**scientists 이기 때문에, 일상생활에 대한 집합심상이 아무리 세세하고 창의적인 것이라 할지라도 그것을 새로운 연구 대상에 가져가는 것만으로는 만족하지 않는다. 우리는 우리가 옳은지 알기 위해 다소 점검한다. 그리고 연구한다. 자료를 모으고, 여러 가설과 이론을 세운다.

우리는 이제 좀 더 추상적인 영역의 집단심상으로 진입하는데 반해, 블루머는 우리의 직업적 삶과 삶에 깊이 관여하는 집단에서 그 집합심상의 근원을 추적하고 있다. 그 집합심상은 '과학적scientific' 이다. 어쩌면 그냥 전문적이라고 하는 편이 덜 뻔뻔스러울 것이다. 말하자면, 그것은 내가 앞서 말한 일상적인 고정관념("이탈리아인 하면? 마늘!")에서 형상화되는 집합심상이 아니다. 그것은 전문가 집단에 의해 공유되는 집합심상이며, 집단의 성원들은 동료 전문가의 계몽과 심판을 위해 그러한 문제에 관해 연구하고 글을 쓰면서 자기 삶을 영위한다.

학계의 술책

전문적인 집합심상은 마늘과 같이 특정한 어떤 것에 매어 있지 않는다. 물론 어떤 사회과학적 심상은 특정적이다("노동계급이라면? 제한된 어법이 있다!"). 그러나, 지금 내가 가장 관심을 가지는 집합심상은 추상적이다. 런던의 노동계급과 같은 특정한 것이 아니라, 대신 오직 전문적인 방식으로 세상을 보도록 훈련된 사람들에 의해서만 인식된 추상적인 실체를 떠올리는 것이다. 우리는 이러한 심상을 이용하여 광범위하고 추상적으로 정의된 부류의 것—그 부류에서 하나의 구성부문이 아니라—에 대한 지식과 이해를 구체화하고 또 산출해내는 데 도움을 받는다. 사회과학자들은 대개 이런 심상을 어떤 것에 대한 이론이나 설명으로 생각하거나, 어떤 현상과 사람들이 어떻게 현재의 방식처럼 존재하게 되었는지에 대한 이야기로 간주한다(이 말이 추상적이고 약간 비현실적인 것으로 들린다면, 그것은 바로 내가 말하고 있는 그런 종류의 지식을 직접적으로 모방하는 것이다). 당분간 나는 '이야기story'라는 낱말을 이런 설명과 기술을 총칭하는 용어로써 사용할 것이다. 왜냐하면 설명과 기술이라는 것은 거의 항상 어떤 것이 과거에, 현재에, 그리고 미래에 어떻게 일어나는가에 대한 일종의 서사narrative로서 이해될 수 있기 때문이다. 그런 것을 전문적인 청중에게 말하게 되는 한, 그러한 이야기는 어떤 포괄적인 특성과 문제를 지니게 된다(나중에 어떤 특정 과학의 이야기를 기술하기 위해 '이야기' 또는 '서사'라는 낱말을 사용할 것이다).

과학적인 이야기 하기

어떤 현상에 대한 설명 혹은 이론이 과학적이라고 용납되자면 이야기 방식은 두 가지로 제한되어야 한다. 먼저 이야기는 여러 줄거리가 하나의 작품이 될 수 있는 어떤 방법으로든 일관성이 있도록 '진행되어야' 한다. 그것은 진정 끝났다고 할 수 있는 지점까지 도달하는 때와 같은 방식으로, 즉 끝맺음을 해야 하는 방식으로 우리를 여기에서 저기로 데려가야 한다. 그래서 우리는 우리의 화제topic에 관한 이야기를 만들어가려 하고 있는데, 그 이야기는 포함해야 한다고 생각하는 모든 것을 포함하고 있고 (그렇지 않으면, 그 이야기는 결정적으로 불완전한 것이 된다), 그것을 "의미가 통하는" 방식으로 결집하는 것이다. 여기서 '의미가 통한다'가 뜻하는 바는 분명하지 않다. 어쨌든 말하고자 하는 것은, 이야기란 독자 (그리고 저자)에게 여러 사안의 연결 방식을 이치에 맞는 것으로 수용하게끔 하는 몇 가지 원칙에 따라 구체화되거나 조직되어야 한다는 것이다. 로버트 팍은 **인종 관계의 순환주기** race relation cycle에 관한 이야기를 했는데, 그 이야기는 흑인과 백인 사이의 관계 유형이 어떻게 서로 다른가에 관한 것이다. 그 이야기가 부분적으로 사람들에게 수용될 수 있었던 것은, 순환주기에 관한 개념은 일련의 사건이 다음 단계가 일어날 수 있는 조건을 창출한다는 것으로 사람들에게 그 의미가 통했기 때문이다.

과학적인 방식으로 수용되기 위한 또 다른 제한으로, 이야기는 우리가 찾아낸 사실과 반드시 일치해야 한다는 것이다. 마찬가지로, 이야기와 사실이 일치해야 한다는 것이 무엇을 의미하는지에 대해서는 논란의 여지가 있다고 생각한다. 토마스 쿤은, 우리의 관찰이란 '순수pure'하지 않다는 사실을 가르쳐 주었다. 관찰은 우리의 개념에 의해 형성되는 것으로, 우리가 거기에 대해 어떤 개념을 가지고 있을 때 알 수 있는 것이지, 거기에 대한 개념이나 표현, 그 어느 것도 모르는 것은 알지 못한다는 것이다. 그러므로 엄밀한 의미에서, 어떠한 '사실fact'도 그것을 기술하는 데 사용된 생각과 독립적으로 존재하지 않는다. 이것이 옳은 말이기는 하지만 여기에서는 부적절하다. 우리의 지각이 개념을 형성한다는 사실을 인식했을지라도, 원칙적으로 개념이 우리에게 보도록 만드는 모든 것이 우리가 조사한 것에 실제로 나타나지는 않는 것은 여전히 사실이다. 그래서 우리는 인구총조사에서 남자와 여자만을 '볼see' 수 있게 된다. 왜냐하면, 그것은 그 두 가지 성性 범주만을 제공함으로써 어떤 다른 개념이 보여줄 수 있는 다양한 범주의 성 형태를 보지 못하게 하기 때문이다. 인구총조사는 '성전환자transgender'와 같은 그런 복잡한 범주는 인정하지 않는다. 그런데, 만약 인구총조사의 집계 방식으로 계산된 미국의 인구가 남자 50%, 여자 50%로 구성된다고 한다면, 인구총조사의 보고서는 그 이야기가 틀렸음을 분명히 알려줄 것이다. 우리는 알고 있는 사실에 비추어 유효하다고 판명되지 않는 이야기는 받아들이지 않는다.

"어떤 이야기를 받아들이지 않는 것"은 그런 일이 실제로 일어나는 방식에 대한 그이야기의 집합심상이 어떤 중요한 점에서 틀렸다고 믿는 것을 의미한다. 그 이야기를 이해할 수 없거나 혹은 그것이 참이 아니라고 하는 것은, 몇 가지 사실들이 그 이야기와 불편할 정도로 어울리기를 거부하기 때문인 것이다. 그런 일이 발생할 때, 또한 그것을 회피하거나 술책을 쓸 수 없을 때 우리는 그 이야기를 바꾸려고 시도한다.

여기서, 더욱 논리적으로 만들기 위하여 이야기를 바꾸는 것과 사실의 더 나은 설명을 위하여 이야기를 바꾸는 것이 팽팽하게 맞선다. 어느 편을 선택해야 할까? 어떻게 해야 하는가? 이것은 당연히 어리석은 질문이다. 우리는 둘 다 해야 하고 또 그렇게 하고 있다. 더 이치에 맞는 질문은 우리는 언제 전자와 같이 해야하는가 혹은 언제 후자와 같이 해야하는가 하는 것이다. 가끔 우리는 매우 복잡한 이야기를 만들어내고 싶어하면서도 치밀하지 않은 마무리에 대해서는 별로 걱정하지 않고 또한 이야기의 일관성에 대해서도 그다지 신경을 쓰지 않는다. 그런 경우, 여러 사실에 몰두함으로써—신경생리학에 관한 독서를 아주 많이 하거나, 많은 극장 사람들을 면접하거나, 헝가리인 철강 노동자 집단을 관찰한다—, 우리 이야기의 화제에 관한 많은 사실들이 각기 제각기 놀고 있음을 안다. 그것이 의미하는 바는, 우리가 충분히 주목해서 본다면 언제라도, 우리가 이미 가지고 있는 신경생리학이나 철강업 등과 같은 것의 그림에 있는 부자연스러운 그 무엇을 발견할 수 있다는 사실이다. 그렇게 할 때, 우리는 우리의 생각과 심상을 확장시켜 보통 '실제 세계'라고 하는 곳에 대한 더 많은 것들을 수용하도록 노력한다.

때로, 우리는 어떤 멋지고 산뜻한 이야기를 찾으면서도, 그것이 과학적이라고 생각한다면 이 세상에 관하여 이야기될 수 있다. 우리는 자신의 학문 집단 내의 사람들이 이미 발견하고 명명한 것을 통해 자신이 발견한 것의 일부를 밝히고자 노력하고, 우리가 발견한 것과 우리와 같은 유형의 과학자들이 이미 만들어 놓은 이야기 사이의 상관성을 찾고자 한다. 이 때 우리는 이미 알려진 그러한 이야기에 또 다른 사례가 있음을 그저 보여줄 필요가 있고 모든 사람들, 특히 우리는 행복하고 안심하게 될 것이다. 이런 방식으로 작업함으로써 우리는 더욱 정교해지려고 노력하게 되며, 우리가 말하고 있는 것들을 서로 비정상적인 것이 제거되는 교묘한 방식으로 연결하고, 우리의 밑그림을 단순하고 깔끔하며 직관적으로 이해 가능한 '분명한' 것으로 만든다. 그런 식으로 이야기를 한다면, 우리는 단지 몇 가지 사실을 인용하기만 하면 되고 모든 사람들은 그것을 믿을 것이다. 우리 스스로도 그것을 믿을 것이고 결국 이 세상의 몇 가지 질서를 발견했다고 안도할 것이다. 우리는 어떤 산뜻한 이야기나 심상을 가지고 있다. 불행하게도, 그런 이야기나 심상은 거북한 사실에 의해 쉽사리 중단된다.

그러한 문제에 대한 우리의 해결책들이 생성한 범위 내에서, 우리는 여러 유형의 집합심상을 광범위하게 선택한다. 일반적으로 말해, 전문화된 집합심상은 어떤 인과성 같은 것이 관련되어 작용할 것으로 여겨진다. 우리가 연구하고 있는 현상이 전적으로 우연에 의해 지배되기 때문에, 어떤 무작위적 행위의 모델이 적절하다고 생각하는가? 그 현상이 부분적으로는 우연이고 또한 부분적으로는 보다 결정된 것이라고 생각하는가? 그 현상은 어떤 이야기처럼 말해지는 서사narrative로서 가장 잘 기술된다고 생각하는가? 달리 말하면, 그 현상에 관해 생각할 때, 우리는 우리가 세워놓은 그림 안에 그 현상에 관하여 도출해낼 어떤 결론 같은 것에 대한 관념을 포함하고 있는데, 그것은 그 현상에 일치시킬 어떤 패러다임적 사고 같은 것이다. 그런 패러다임은 우리가 어떤 전문사회과학자들의 세계에 참여함으로써 얻어지는 것이다(이 부분은 분명히 쿤Kuhn, 1970에게 빚지고 있다).

이렇게 특수 전문화된 직업 세계는 그 사회계가 일반적으로 작동하는 방식에 대한 많은 심상들을 준다. 사회가 상호 작용하는 자아로 이루어진다는 블루머의 관념도 그 하나이다. 또 다른 심상으로는 무작위적 행위에 의해 지배되는 세계, 우연의 일치로서의 사회계, 기계와 같은 사회계, 유기체와 같은 사회계, 이야기로서의 사회계 등이 있다. 이러한 각각의 심상은 어떤 것을 얻는 데는 도움을 주지만 다른 것을 얻는 데는 방해가 된다. 나는 그러한 심상을 차례차례 자세히, 예를 들어 그 특성을 설명하겠고, 동시에 그것을 가능하게 만드는 어떤 분석적 술책들을 기술하겠다.

귀무가설 술책

우리의 집합심상이 항상 정확할 필요는 없다. 그 점에 관해서는 블루머가 틀렸다. 어떤 부정확한 심상이라 할지라도 그것이 궁극적으로 현실에 기대어 점검된다면, 우리가 그렇지 않다고 매우 확신하는 것이 어떻게 그런 것인지를 보여줌으로써 아주 유용할 수 있다.

무작위 할당

이 술책의 고전은 귀무가설null hypothesis로서, 이는 연구자가 믿는 가설이 참이 아니라고 주장한다. 귀무가설이 틀렸음을 증명함으로써 그 외의 것이 반드시 옳아야 한다는 것을 증명해주지만, 그것이 무엇인지는 말해주지 않는다. 그것의 가장 단순한 형태는 통계학자와 실험주의자에게 잘 알려진 것으로, 두 변수가 단지 우연chance에 의해 관계되어 있다는 주장이다. 그 심상은 눈을 가린 사람이 단지에서 번호가 매겨진 공 하나를 끄집어내는 것인데, 여기서 각 공은 뽑힐 가능성이 동일하다. 또는, 폐쇄된 공간의 여기저기서 충돌하는 미립자particle들의 하나라는 것인데, 여기서 각 미립자가 다른 미립자와 충돌할 가능성은 동일하다. 어떤 것도 결과물이 '어긋나도록bias' 작동되지 않는다. 어떤 영향력도 어떤 결과물이 다른 결과물보다 더 많은 가능성을 갖도록 하지 않는다.

실험을 하는 과학자들은 귀무가설—같은 재료를 두 가지 다른 방식으로 취급할 때 나오는 다른 결과는 무작위라는 것, 실험의 입장에 도입한 "처리 변수"는 아무 영향을 미치지 않는다는 것—을 말하지 않는데 왜냐하면 그것이 참이라고 생각하기 때문이다. 반대로, 그들은 자신이 틀려서, 귀무가설이 반증되기를 바라고 또 그렇게 믿는다. 그들이 어떤 관계를 발견할 때 (즉, 주어진 유의도 수준에서 관계가 없다는 귀무가설이 부정될 때), 그 관계는 그들이 제시하는 이론이 무엇이든 간에 그것에 대한 추정적 증거가 된다. 이것은 연구자들에게 그들의 이론이 참이 아니라면 그런 결과가 일어날 가능성이 거의 없다는 사실의 근거를 제공한다. 연구자들은 전혀 관계가 없다는 사실을 결코 믿은 적이 없으며, 그저 조사에 초점을 맞추고 어떤 결과를 진술하는 방식을 얻기 위해 그렇게 하는 것이다. 세상이 무작위 숫자에 의해 작동한다는 가설은 정말 그럴 경우 세상이 어떤 모습일지를 보여줌으로써 연구자에게 분석적인 도움을 준다. 실험은 세상이 정확하게 그와 같지 않다는 사실을 보여주는 데서 그 의미와 힘을 얻는다.

(여기에는 어떤 문제가 있으며, 아나톨 벡Anatole Beck은 이를 수년 전에 나에게 보여주었다. 그 장치는 어떤 이론이 참이라는 조건 하에서 어떤 특정 결과를 얻을 가능성을 말해준다. 그러나, 우리가 알고자 하는 바는 그게 아니다. 이미 우리는 그런 결과들이 **있어 왔다**는 사실을 알고 있기 때문에, 그런 결과를 획득할 확률에 대해 말하는 것은 어쩌면 어리석은 일이다. 정말 알고 싶은 것은 그런 결과를 획득한 조건 하에서 그 이론이 참이 될 확률이다. 벡에 따르면, 우리가 **얻을 수 있는** 결과를 **얻고자 하는** 결과로 바꾸는 수학적 방식은 없다).

나의 귀무가설 술책은 통계적 고안물에 대한 질적 혹은 이론적 견해이다. 우리는 어떤 사회적 사건이라도 많은 사람들의 연대 활동으로 이루어진다는 사실을 관찰함으로써 시작한다. 전형적으로, 선택되었거나 자발적으로 나섰거나 혹은 이와는 다른 방식으로 그 사건에 참여하게 된 사람들의 활동을 이해하고자 하는데, 그들은 어떤 의미에서 참여에 '적격' 이었거나 참여가 '가능' 했거나 혹은 참여 '후보자일 것 같은' 훨씬 더 큰 집단에서 나온 사람이다. 다시 말하여, 선택될 수 있었거나 선택되었던 많은 사람의 무리 pool 중 단지 일부일 뿐이다.

귀무가설의 술책은 참여자 추출이 무작위**였음을** 가정하는 것으로, 더 큰 무리의 잠재적인 참여자 모두는 똑같이 선택될 가능성이 있고, 어떤 사람이나 심지어 사회 구조의 작동에 의해서는 아무런 '추출' 도 일어나지 않는다. 모든 사람에게 번호를 부여한 다음 요청된 배역을 모으기 위해 난수표[a] table of random numbers의 숫자를 사용하는 아날로그 방식으로 참여자들은 수집된다. 청소년 비행률이 높은 동네에서 천 명의 아이들은 모두 똑같이 비행자가 될 가능성이 있다. 하지만, 그 중 일부의 아이들의 번호만 선택되었고 다른 아이들의 번호는 선택되지 않은 것이었다. 그것이 전부다.

물론, 사회 현실상 어떤 특정 사건에 참여하는 데 모든 사람이 '적격'인 것은 아니고, 또는 다 똑같이 '적격'인 것도 아니다. 사회생활의 여러 상황에서 거의 언제나 아주 소수의 고도로 선출된 사람들만이 추출되거나 그럴 자격이 있다는 것은 확실하다. 바로 이것이 이 술책의 논점이다. 통계학에서와 같이, 우리는 참여되도록 선출된 모집단이 무작위 추출random selection로 산출되었을 모집단과 어떻게 다른지를 알기 위해 정확히 무작위 추출된 것으로 추정한다. 우리는 두 모집단이 상당히 **다를** 것이라고 가정하고, **어떻게**how 다른지를 알고자 한다. 그럼으로써 어떠한 사회적 관행이나 구조들이 무작위 할당에서 그런 일탈deviation을 일으켰는지를 알아볼 수 있게 된다.

여기 한 예가 있다. 로리 모리스Lori Morris, 미첼 맥콜Michal McCall, 그리고 나는 무엇보다, 어떻게 극장 공동체의 사회 조직이 연극 애호가들로 하여금 결국 그 작품을 관람하도록 이끄는지를 알고자 했다Morris 1989; Becker, McCall, and Morris 1989; Becker and McCall 1990. 그 과정의 한 측면은 연극의 배역 정하기이다. 귀무가설의 술책을 사용하자면, 연출자가 출연 가능한 배우의 목록에서 난수표를 이용하여 배우의 배역을 정한다고 가정(논쟁의 편의상임을 기억하라)할 수 있다. 이같이 완벽하게 '눈가린blind' 배역 정하기에서, 그런 선택을 행하는 사람들은 연령, 성, 인종, 신체 조건이나 그 밖의 것에 대해 걱정하지 않을 것이다. 70세 흑인 여자가 로미오Romeo 역을 할지도 모른다. 약간 덜 엄격한 규칙 하에서 감독은 그런 여러 변수를 고려할 수 있지만, 단지 그뿐이다.

　내가 방금 아무렇지 않게 언급한 그런 '덜 엄격한 규칙들' 이 실상 이 분석의 시작이 된다. 왜냐하면(이런 기본적인 사회적 변수들을 무시하고 배역을 정하는 연극은 극히 드물기 때문에), 그것은 어떠한 유형의 사회적으로 규정된 사람이 어떠한 유형의 연극적으로 규정된 역할을 할 수 있는지를 좌우하는 규칙을 감독들이 다소(**많을 수도 있고 적을 수도 있음**을 의미한다) 무의식적으로 받아들임으로써 배우 선택의 폭이 실지로 제한된다는 것을 보여주기 때문이다. 따라서, 감독은 특별히 어떤 특정 목적 때문에 초래될 효과를 원하지 않고서야, 여성의 배역에 남성을 맡기지는 않을 것이다. 아니면, 좀 더 현실적으로 분석하자면, 그들은 '부적합한' 사람에게 배역을 맡기기도 하는데, 그것은 선택의 여지가 없거나 신체적으로 '적합한right' 유형의 사람이 없기 때문이다. 수많은 소극장에서, 리어왕Lears의 역할을 하기에는 명백히 너무 젊은 사람에게 그 배역을 맡기는 이유는 나이든 배우보다 젊은 배우들이 훨씬 더 많기 때문인데, 특히 보수가 전혀 없거나 적은 곳에서 더욱 그러하다.

　매우 빈번히, 특히 내가 제시한 문제와 같은 '잘 규정된' 문제에서 우리는 이런 류의 사전 추출은 명백한 것이라 하여 대수롭지 않게 여기다가, 우리가 연구하고 있는 세계의 사람들이 그런 것을 의식의 쟁점으로 돌리게 될 때(대부분은 인종에 관한 것이나 그뿐만 아니라, 사회적으로 편견화된 역할부여가 '비전통적인 역할부여' 라는 이류으로, 결국 어떤 쟁점이 되는 것처럼) 비로소 그것을 주목하게 된다. 다시 말하여, '잘 규정된 문제' 라는 것은 잠재적으로 매우 흥미로운 많은 과정을 우리가 이미 고려 대상에서 배제해 버렸다는 것이다.

　그래서, 연극 배역에 관한 우리의 '잘 규정된 문제' 는 우리에게 공동체 조직에서 자연스럽게 성장해온 여러 과정과 그 조직이 무작위 추출을 방해했던 방식에 초점을 맞추도록 만든다(결국 로리 모리스의 현장작업Morris, 1989은 우리에게 이와 같은 다른 가치에 주목하게 만들었다). 조직화된 극장 공동체 내에서, 선별적인 상호작용은 서로를 잘 아는 사람들 사이에서, 배역을 결정하는 사람들이 배우가 무엇을 할 수 있는지 그리고 어떤 방식으로 함께 작업할 수 있는지를 충분히 '아는' 방식으로 이루어진다. 이것은 주로 감독이 과거의 공연에서 배우와 이미 작업한 경험이 있을 때 발생한다. 그래서 배역 정하기 과정은 감독들에게 아주 많은 사람에 관하여 많이 알지 못하게 하거나(견고하게 조직된 극장계의 경우가 해당될 것인데, 거기에서는 얼마 안 되는 소수의 사람이 그 집단의 외부인과는 전혀 일해 본 경험이 없는 같은 감독과 항상 함께 일한다), 또는 많은 사람에 관하여 많이 알게 하거나(매 공연마다 잘 준비된 오디션을 통하여 엄격하게 배역을 캐스팅하는 경우), 아니면 자연스럽게 그 사이의 모든 경우가 가능하다.

요컨대, 모리스는 누가 배역을 얻는지를 조사했고, 무작위로 추출되었는지 여부를 알아보았다(그 대답이 '아니다' 라는 것은 이미 알고 있었다). 대답은 물론 '아니다' 였다. 이로써 모리스는 그런 추출이 무작위 추출과 어떻게 다른지, 그런 결과가 어떻게 일어나는지를 발견하려 애썼고, 또한 우리가 찾고자 해왔던 전문직 공동체 조직의 과정에 주목하게 되었다.

그럼 우리는 정말 바보였을까? 그 추출이 무작위가 아니라는 것을 그런 순진한 실험을 하기 전에는 몰랐을까? 아니다. 우리는 물론 그것을 알고 있었다. 위의 이야기는 우리가 실제로 일을 했던 방식을 말해주는 우화에 지나지 않는다. 실제 생활에서, 우리는 작업하는 어느 단계에서나, 심지어 무엇이 진행되고 있는지를 안 후에조차 이와 같은 술책을 사용한다. 우리가 이런 술책을 사용하는 이유는 그 술책을 사용하지 않는다면 상상할 수 없을 결과를 얻기 때문이 아니라, 그 술책이 우리의 사고를 공식화하는 데 도움을 주고 우리가 주목하지 않았거나 진지하게 고려하지 않았을 어떤 연계성을 볼 수 있게 하기 때문이다.

이제까지, 나는 사람들이 어떻게 사회적 사건에 참여하도록 추출되는지—일종의 집단 행동—에 대해 이야기하였다. 그러나, 이 술책을 사람의 추출에 국한시켜 사용할 하등의 이유는 없다. 사람들은 단독이건 공동이건 자신이 할 일을 선택하고, 그들이 선택할 수 있는 많은 일 중 특정 입장에서 하는 일을 선택한다. 그 밖의 다른 선택 가운데 약간은 가능하다는 것은 알지만, 잘 알려진 이유—원한다면 캐묻기를 좋아하는 사회학자에게 기술해 줄 수 있는—때문에 선택하지 않는 것들이 있다. 그런 가능한 것들의 일부는 아주 한순간에 일어나 순식간에 거부될 수 있어, 잠재적인 선택으로도 여겨지지 않는 것들이다. 그리고 아주 잠깐 동안도 가능한 것처럼 보이지 않는 것도 있다.

이 세 가지 가능성이 조합하여 어떤 사례가 되든 간에, 우리는 앞서와 같이 동일한 술책을 사용할 수 있다. 우리가 연구하려는 대상이 무작위 숫자를 사용하여 가능한 행위들의 완벽한 목록에서 선택되어 만들어졌다는 귀무가설에서 시작할 수 있다. 다시, 우리는 그런 방식이 사실이 아니라는 것을 알지만, 그런 비현실적인 가정을 만듦으로써 무언가를 배울 수 있다고 생각한다.

그리고 우리는 할 수 있다. 첫 번째 사례에서와 같이, 우리는 그런 특정 선택을 여하튼 최선의 선택이나 유일한(실용적인) 선택이라고 생각하게 만드는 강제들이 무엇인지 배울 것이다. 그러한 강제는 사회과학이 연구해야 하는 주된 것 중의 하나이다. 조셉 로만Joseph Lohman은 사회학이란 사람들이 **반드시** 해야 했던 것, 즉 좋아했건 아니건 간에 행했던 일들을 연구하는 것

61

이라고 늘 말하곤 하였다(이 말은 완벽하게 옳은 말은 아닌데, 흔히 사람들은 어떤 일을 좋아하도록 학습되기 때문이다. 하지만, 이것은 별개의 문제이다). 어쨌든, 이 술책은 무작위성에서의 일탈을 조명해줌으로써, 어떤 강제들이 작동하고 있고, 그리하여 우리가 연구하는 사회 조직이 어떤 상태에 있는지를 보여준다.

이런 사실은, 어떤 입장에 대한 과학적이고 적합한 분석이 작동되고 있는 모든 범위의 강제들을 펼쳐 보여줄 수 있다는 사실을 의미한다. 그런 모든 범위를 얻기 위해, 우리는 관찰하는 선택들이 선출되었던 여러 가능성들의 범위를 완벽하게 알 필요가 있고 또한 알아야 할 것이다. 그것을 알기 위해, 일어난 것들이 선택되었던 세계의 모든 가능성을 우리 스스로 인식해야만 하고 인식할 수 있어야 한다. 우리는 불가능할 것 같은 가능성에 대해 생각할 수 있는 기회를 갖기 위해 무엇이든 할 필요가 있다. 또한, 우리의 분석에서 단지 불가능해 보인다거나 조사하는 데 많은 문제가 있다고 어떤 가능성을 생략하는 것은 엄격한 주의가 필요한 일이다. 이 문제는 나중에 '표본추출'이라는 단원에서 이야기할 것이다.

당신과 같이 참한 여자가 이런 곳에?

무작위 할당 모형 이외에 다른 가능하고 유용한 귀무가설이 있다. 귀무가설은 참이 아니라고 생각하기 때문에 착수하는 가설로, 그 가설을 부정하는 것을 찾아냄으로써 참이 되는 것을 얻을 수 있다고 생각한다. 예를 들어, 사람들은 흔히 그것은 미친 짓(이와 동일한 의미를 좀 더 맵시 있는 낱말이나 구절로 표현하면, '심리적으로 혼란스러운 상태' 또는 심지어 '사회적으로 무질서한 상태' 같은 것이다)이라고 말함으로써 자신이 좋아하지 않거나 이해하지 못하는 행동을 설명한다. 그 행동을 미친 짓이라고 표현하는 것은 그 행동이 분석자가 상상할 수 있는 어떤 유용한 목적을 제공하지 못한다는 사실을 뜻한다. 매춘에 관한 민속학 연구에서 보면, 손님들은 자신을 상대하고 있는 참하게 보이는 여자가 왜 이런 일을 하고 있는지를 항상 질문한다. "당신과 같이 참한 여자가 왜 이런 일을 하는지"에 대한 이런 고전적인 질문은 어떤 문화적 모순을 반영하고 있다. 그 여자는 참하게 보인다(비정상적이지도 별나지도 않고, 다른 족속의 사람도 아니다). 그러나 '참한' 여성은 몸을 팔지 않는다. '정상적인' 여성의 행동을 설명해 주는 동기들이 이런 행동을 설명해 주는 것처럼 보이지는 않지만, 그 여자는 정상적으로 보이고 그렇게 행동한다. 정상적인 행동 이면의 동기와는 다른 비정상적인 동기를 찾고자 하는 사회학적 분석가는 그런 설명을 요구하고 있는 손님의 순진함을 배신하고 있다.

또 다른 예로, 마리화나를 피우는 것은 어떤 유용한 목적도 제공하지 않는다는 가정이 있다. 그럼에도 불구하고 왜 마리화나를 피우는지 이해하기 위해, 어떤 행위는 이해되지 않는다는 귀무가설을 사용할 수 있다. 여기서 마리화나를 피우는 것 같은 행위는 좋은 예가 된다. 우리는 미친 것처럼 보이거나 고상하고 변덕스럽게 보이는 것이 이해될 수 있다는 것—만약 그런 것에 대해 많이 알고 있다면—을 보여줌으로써 귀무가설이 잘못되었다는 사실을 증명하려고 시도한다. 이 경우에 우리는 마리화나를 피우는 것이 왜 마리화나 흡연가에게 완벽하게 납득되는지에 대한 이유를 조사한다. 가능한 대답 하나는 마리화나를 피우는 것이 마리화나 흡연가에게 커다란 사회적 제재가 없는 값싼 쾌락을 준다는 사실일 것이다.

마리화나 흡연만이 그런 방식으로 이해될 수 있는 것은 아니다. 일반적으로 미친 짓의 귀무가설이 훌륭한 사회학적 대안이 되는 때는 연구되고 있는 행위가 단지 우리에게만 이해되지 않는다고 가정하는 경우이다. 내가 고등학교에 다닐 때 매우 유행했던 표현을 변형해 사람들이 했던 어리석은 짓을 설명하면, "그것은 그 당시에 좋은 생각처럼 보였다"라고 할 수 있다. 사실상, 이것은 아마 외관상 이해하기 어려운 행동에 대한 매우 훌륭한 가설이 될 수 있는데, 그 행동은 과거에 그렇게 할 당시에는 훌륭한 생각처럼 보였던 것이다. 이런 사실은 행위자로 하여금 그것이 훌륭한 생각이라고 판단하게 만들었던 환경을 발견하여 분석하도록 만든다.

이런 분석을 알기 쉽게 시작하는 방법은, 어떤 일의 행위가 시작되었을 때 그 결과를 잘 알지 못하기 때문에 흔히 그것이 좋은 생각처럼 보인다는 사실을 살펴보는 것이다. 그것은 오직 지나고 나서야 알게 되는 것으로서, 가령 자신뿐만 아니라 누구든지 집값이 오를 것이라고 확신하였는데 그 집값이 내려간 이후에야, 그 집을 구매한 것이 결코 좋은 생각이 아니었음을 알게 되는 것이다. 어떤 누구도 완벽한 확신을 가지고 인간 행동의 결과를 예측할 수 없다는 사실은 기억할 만한 가치가 있다. 따라서 가장 안전하게 보이는 선택조차 나쁜 결과를 가져올 수 있음을 기억해야 한다. 합리적인 사람이나 전문가는 예상되는 행동의 결과와는 다른 의견을 가지고 있고, 실제로 훌륭한 것으로 보였던 많은 생각이 종국에는 어리석었던 것으로 판명되기도 한다.

(미친 짓의 귀무가설이 흥미로운 이유 중에 하나는 다른 학문 분야—특히, 심리학의 입장—에서는 어떤 행위가 **정말로** 이해되지 않고 사실상 어떤 정신적 무질서의 결과라고 주장함으로써 학문의 생존을 유지하고 있다는 사실이다. 그래서, 우리는 단지 가설적인 귀무가설하고만 싸우고 있는 것이 아니라, 말하자면 다른 학문에서 실존하고 있는 가설과도 싸우고 있는 것이다).

또한, 어떤 일은 흔히 우리가 단순히 이해할 수 없는 것처럼 보이기도 하는데, 그것은 우리가 그 행동이 선택되어 실지로 일어난 우발적 사건의 입장에서 너무 멀리 떨어져 있기 때문이다. 좀 저속하지만 흥미로운 예인 성전환 수술을 가지고 이야기해 보자. 다음과 같이 질문을 던지는 것은 가능하다.

무엇 때문에 멀쩡해 보이는 미국 남성이 자신의 성기와 고환을 절단하는가? 이 말을 그 행위가 완전히 이해되지 못한 상태의 표현으로 바꾸면, "야! 너 자지 짜를래?", "아니!"

그러나, 제임스 드리스콜Driscoll, 1971의 연구(성전환 수술 역사의 초기 연구)가 보여준 바와 같이, 그런 방식으로 성전환 수술이 일어나지는 않는다. 남자들은 숨겨진 동기나 충동 속에 사로잡혀있건 아니건 간에, 갑작스럽게 그런 수술을 결정하지는 않는다. 최종 결정은 그 이전의 여러 결정으로 형성된 긴 선분의 끝에 있고, 각각의 사전 결정—이것이 핵심 논점이다—은 본질적으로 그렇게 기괴해 보이지 않는다. 여기 하나의 전형적인 궤도가 있다—반드시 하나의 궤도만 있는 것은 아니다—. 처음에, 젊은 남자는 아마 동성애적 행동에 끌리는 자신을 발견할 것이다. 그의 최초의 충동은 아마 동성애적 행동에 난색을 표하거나 이상하게 생각하지 않는 사회로 나가고 싶다는 것일 것이다(그리고, 이런 우연한 각각의 일은 금번 단계를 취했던 집단의 일부가 우리가 조사하지 않을 다른 방향으로 바꾸는 어떤 부수적인 논점을 나타내는데, 왜냐하면 우리는 단지 성전환 수술로 향하는 경로를 취하게 하는 것에만 관심이 있기 때문이다).

잠재적인 수술 지원자는 전에 알지 못했던 행동, 그가 흥미롭고 즐겁다고 생각할 행동을 제시하는 사람들 사이에 있는 자신을 발견한다. 이러한 새로운 동료들은 지원자가 자신의 제안을 즉각적으로 받아들이지 못하게 만드는 두려움과 의심을 예상하기 때문에, 지원자를 주저하게 만드는 생각이 왜 틀렸는지를 설명할 수 있는 이념과 합리적 근거를 가지고 있을 것이다. 그는 추천받은 것 중 몇 개의 가능한 것을 시도하기로 결정하고, 아마 자신이 그런 새로운 일을 좋아한다는 사실을 알게 될 것이다(물론, 아닐 수도 있다). 그는 이제 몇 가지 새로운 동기를 획득하게 된다. 하고 싶은 몇몇 새로운 일

65

2. 집합심상

이 생기고, 그 명칭과 관례를 알게 되고, 다른 많은 사람과 그것을 공유한다. 그래서 그런 행위를 하는 것이 비교적 편안해지고, 더 이상 두렵거나 무지한 상태에 있지 않게 된다.

만약, 즉석에서 당신이 이 젊은 남자에게 성전환 수술을 받고 싶지 않은 지를 묻는다면, 아마 그는 당신을 완전히 미친놈이라고 생각할 것이다. 만약, 그에게 자신을 여자라고 생각하는지 묻는다면, 그때도 똑같이 완전히 미친 놈이라고 생각할 것이다. 그러나, 자신의 새로운 능력과 동기의 결과를 가지고 자신에게 그런 문제를 제기하는—자신이 행하고 있는 것을 좋아하는지를—어떤 사람을 만난다면, 그는 자신이 실제로는 어떤 면에서 여성이 아닌지를 고려하기 시작할 것이다. 그리고, 그런 역할을 수행하는 것이 믿을 수 없을 정도로 재미있다는 사실을 발견할 수도 있고, 심지어는 여자처럼 옷 입는 것을 좋아할 수도 있다. 비록 스스로는 그렇게 행동하고 있다고 생각하지 않을 수 있지만(다른 사람들이 하는 것은 매우 잘 인식하면서), 현재 그렇게 하고 있고, 새로운 기술과 동기를 배우고 있는 자신을 발견한다. 예를 들어, 남자가 입을 수 있는 큰 여자옷을 사는 방식을 배운다. 화장술과 여성들 사이에서 유행하는 머리 손질법도 배울 것이다. 그는 전형적인 여성처럼 되기 위해 취해야 하는 신체적 버릇을 관찰하고 모방하고자 시도하기 시작할 것이다.

다시 말하여, 그는 복장 성도착자transvestite가 될 것이다(모든 복장 성도착자가 게이가 아니고, 모든 게이가 성도착자가 아니라는 사실에 주목하라. 그럼에도 불구하고, 이것은 드리스콜의 면접에서 한 유형이었다). 그러나 그는 이제 놀랄 만큼 뒤얽힌 역할을 발견하고 평생을 여성처럼 살아가고 싶어한다. 아마 그는 그렇게 할 것이고, 그 결과 헤롤드 가핑켈Harold Garfinkel, 1967: 116-185에 의해 사회학적으로 유명해진 성전환자인 아그네스Agnes와 같은 입장에 있는 자신을 발견할 것이다. 이제 그는 단지 자신의 신체적 행동이 아니라 자신의 과거 전체를 바꿔야 한다.

이런 각각의 논점에서, 이 가공의 젊은 남자는 과거에 전혀 들어본 적이 없었고 상상조차 해보지 않았던 어떤 일을 행하고 있는 자신을 발견한다. 그가 취한 단계들은 결코 급진적이지 않다. 각 단계는 그가 언제라도 방향을 바꿀 수 있는 많은 길 가운데 있는 작은 단계에 불과하다. 각 작은 단계는, **일단 상황이 자신에게 납득되면,** 이 젊은 남자와 전혀 비슷한 바가 없는 사람들도 지적으로 그리고 감정적으로 이해할 수 있는 것이다. 만약 계속한다면—나는 그렇게 하지 않겠지만—, 결국 성전환 수술이 일어날 때를 보게 될 것이고, 이 젊은 사람은 그 길에 있는 다른 모든 단계와 별반 다르지 않는 비교적 작은 단계를 취했을 뿐이라는 사실을 알게 될 것이다.

요컨대, 그는 아무런 이유도 없이 또는 어떤 내적인 충동으로 단 하루만에 수술 결정을 한 것은 아니다. 만약 그런 식으로 성전환 수술이 이루어졌다면 이해되기 어려웠을 것이다. 하지만, 그렇지 않다. 그는 비교적 수많은 작은 단계를 취했고, 각 단계는 어떤 정교하거나 특이한 설명을 요구하지 않을 정도로 충분히 작은 것이었다. 만약, 우리가 진짜로 모든 상황과 과정을 조사한다면, 그런 단계 모두가 납득될 수 있었고 그 당시에 좋은 생각처럼 보였다는 것을 알 수 있다.

이 술책이 의미하는 바를 분석적으로 말하자면, 너무 기이하고 무지하여 '그들이 미친 것이 틀림없어'라는 설명밖에 할 수 없는 어떤 것의 발견은 우리가 연구 중인 행위에 관해 충분히 모르고 있음을 경고하고 있다는 것이다. 더 좋은 것은 이 술책이 어떤 유형의 의미를 만든다고 가정하고, 그 의미를 조사하는 것이다.

우연의 일치

또 다른 종류의 유용한 집합심상—아마 귀무가설이 대개 현실적이 아니라는 방식으로 매우 현실적이 되는 것—은 '우연의 일치coincidence' 라는 관념이다. 즉, 어떤 일은 정확하게 무작위이지 않지만, 완벽하게 결정되지도 않는다. 어떤 일에는 소위 우연의 일치적 성질이라는 것이 있다. 우리가 설명하고자 하는 특정 사건에 관련된 어느 특정 행위는 무작위적이지 않고, 그 각각의 행위는 사회학적 방식으로 상당히 잘 설명할 수 있지만, 그것들이 교차하는 지점은 설명할 수 없다. 이는 내가 그 날 🍁 정부청사로 일하러 가기로 결정한 사실을 통해 설명할 수 있을 것이다. 결국 그것이 나의 일이었고, 만약 내가 가지 않는다면 사회학자들이 말하는 바와 같이 부정적인 제재를 경험할 것이어서 나는 날마다 일하러 갔다. 훌륭한 사회학적 이유 때문에, 나는 그 날도 일하러 갔던 것이다. 이는 그 두 사람이—내가 성전환 수술 지원자를 기술한 것과 다르지 않은 연속적인 전환을 통하여—미국정부에 대하여, 정부 청사를 폭파시킴으로써 처리할 수 있고 또 그렇게 해야만 하는 적으로 판단하게 했던 사실을 설명할 수 있다. 그리고, 사회적으로 결정된 근접성과 특정 지역에 대한 지식이 결합해 그들은 내가 일하는 건물을 목표대상으로 설정하게 되었을 것이다. 그러나, 어떤 인과적인 사회 과정의 결과로도 설명될

🍁 이 날은 1995년 4월 19일 오클라호마 정부청사 폭탄참사 사건 날을 말한다. 걸프전 참전 용사인 티모시 맥베이는 미연방정부에 환멸을 느끼고 전역한 후 무정부주의 사상에 빠졌다. 그는 1993년 4월 19일 미연방수사국(FBI) 요원들이 텍사스주 웨코의 신흥종교단체 다윗파 신도를 공격함으로써 신도 72명이 희생당한 것을 보고, 이에 몹시 분개했다. 맥베이는 다른 한 명의 동료와 공모해서 웨코 사건 2주년 되는 날 오클라호마시 연방정부 건물을 폭파시켜 어린이를 포함해 168명을 죽게 했다. 그는 2001년 6월 11일 미국 인디애나주 테러호트군의 연방교도소에서 공개사형—사형방법은 독극물 주사—되었다.—옮긴이.

학계의 술책

수 없어 보이는 것은 그들이 폭탄을 던지고자 선택한 건물이 어떻게 내가 일하는 건물과 우연히 일치했는가 하는 점이다. 하필이면 내가 그들의 희생자 중 한 명이 되었는지 어떻게 설명할 것인가?

우연의 일치는 연루되어 있는 것이 무엇인지를 잘 설명할 수 있는 단어처럼 보인다. 나는 실제로 과정을 구체화하는 방식에서 이 문제에 관심을 가지게 되었다. 그때의 일은 다음과 같다.

1990년 4월, 나는 홀브라이트Fullbright 재단의 지원을 받아, 브라질 국립박물관의 사회인류학과 대학원 프로그램Programa de Pós-Graduação em Antropologia Social at the Museu Nacional에 강의를 하기 위해 리오 데 자네이로(브라질의 옛 수도)에 갔다. 그것은 세 번째 방문이었고, 같은 프로그램에서 두 번 강의한 경험이 있었다. 처음 그 곳에 가게 된 것은 기이하게 연결된 상황 때문이었다. 샌프란시스코에 있는 하이트 애쉬버리 무료 의료 임상실Haight-Ashbury Free Medical Clinic의 일로 만나곤 했던 한 친구가 그 당시 포드 재단의 브라질 사업에서 고등 교육을 담당하게 되었다. 그 친구를 통해 길버트 벨호Gilberto Velho를 만나게 되었는데, 길버트는 그 프로그램의 대학원 강좌에서 강의를 했었고 전공이 도시인류학이었다. 길버트는 나의 책인 ≪주변인Outsider≫을 읽었고, 그의 많은 제자들이 일탈 현상을 공부하고 있었다. 그래서, 라이히 크라스노Richie Krasno는 나에게 연락하여, 그 박물관에 있는 포드재단 지원 프로그램의 일환으로 리오에 와달라고 부탁한 것이었다.

이것은 불시에 닥친 일이었다. 내가 브라질에 대해 유일하게 아는 것은 보사노바bosa nova(브라질 고유의 춤)였고, 그나마 그것을 아는 것도 과거에 음악에 관한 일을 했기 때문이었다. 그러나, 나는 나 자신에게 설명하거나 해명할 수 없는 몇 가지 이유에도 불구하고, 그 일은 내가 해야 하는 것이라고 결정했다. 나는 일년 동안 포르투칼어를 공부했고, 길버트가 보내준 그의 두 권의 책Velho, 1973; 1974을 (너무나 힘들게)읽었고, 1976년 가을에 그곳에 갔다. 나는 매우 좋은 시간을 보냈고 좋은 관계를 유지해 왔다. 거기서 만난 사람들이 보내준 책을 읽었고, 나도 그들이 읽을만한 내 책들을 보내주었으며 한 번 더 방문하였다. 또한, 미국에 오는 브라질 사람들을 만나보았고, 더 높은 학위를 받기 위해, 또는 단지 1년 연수를 하기 위해 온 여러 명의 브라질 학생들과 같이 일을 하였다.

나는 오랫동안 갚지 못한 빚처럼 느끼고 있던 것을 갚기 위해 1990년 다시 리오에 갔다. 길버트와 나는 대략 '시카고 학파의 사회학' 이라는 내용의 과목을 함께 가르쳤다. 그 강좌는 길버트가 오랫동안 관심을 가져왔던 것이고, 파리에서 유행하고 있다는 이유 때문에 리오 사람들이 더 관심을 보이는 화제였다. 나는 나의 상관인 길버트의 사무실을 사용하고 있었기 때문에, 그의 책상에 놓여진 잡동사니―상당한 양의 잡지, 학술지, 신문, 책, 논문 원고―를 살펴볼 시간이 많았다. 나는 브라질에 도착하고 나서 포르투칼어로 쓴 글을 많이 읽었는데, 내가 읽은 것 가운데 하나는 길버트가 전에 나에게 주었던 안토니오 칸디도Antonio Candido의 논문이었다. 안토니오 칸디도는 내가 전혀 들어본 적이 없는 인물이었지만, 실제로는 브라질에서 가장 중요한 저술가 중의 한 명이었다. 그 논문의 세련됨과 문체적 우아함은 나에게 깊은 감명을 주었고, 그에 대해 더 알고 싶게 만들었다.

칸디도가 사회학을 공부했고 비교 문학 교수가 되기 전 실로 수년 동안 사회학을 강의하였다는 사실이 드러났다. 그의 박사학위논문Candido, [1964]1987은 상파울로São Paulo주 농촌 주민의 생활 방식에 대한 연구였다. 그리고 그 결과, 브라질 인류학의 발전에 관심을 가졌던 인류학자인 마리자 피라노Mariza Peirano는 박사학위 논문을 쓰기 위해 칸디도를 면접하게 되었다. 칸디도에 관한 나의 관심이 점점 커지자, 길버트는 피라노가 그 면접에 근거해서 쓴 칸디도에 관한 논문Peirano, 1991: 25-49과 피라노가 조사하는 동안 발견한 흥미로운 현상을 연구한 논문Peirano, 1995: 119-133을 나에게 주었다.

나는 그 논문이 다음과 같이 첫 단락부터 매우 흥미롭다는 사실을 발견했다:

> 11년 전, 나는 사회과학자들과 일련의 면접을 하면서 호기심을 끄는 어떤 현상에 주목하게 되었다. 그 당시 나의 연구 목표는 브라질 사회과학 발달을 이해하는 데 필수인 저자들의 글을 읽고, 그들의 지적 생애를 연구한 후에도 애매한 상태로 남아있던 문제들을 명료하게 하는 것이었다. 대부분의 저자는 1920년대에 출생하여 현재 50~60대가 되어 있었다. 그 중에는 플로레스탄 페르난데스Florestan Fernandes, 안토니오 칸디도Antonio Candido, 달시 리베로Darcy Ribeiro, 그리고 가장 젊은 저자인 로베르토 칼도소 데 올리베이라Roberto Cardoso de Oliveira 등이 포함되어 있었다. 이들과의 면접—각 면접은 약 2시간 정도 소요되었다—에서, 내가 깜짝깜짝 놀란 것은 그들 생애의 특별한 인생 전환점을 설명하는 '그것은 우연이었어' 또는 '그것은 우연적인 현상이었어'라는 표현이었다. 그들 모두는 우리의 대화에서 '우연chance' 또는 '우연의 일치coincidence'라는 설명을 사용하였다(Peirano, 1995: 119-120).

피라노도 놀랐다고 히 였는데, 왜ㅑ하면 이 모든 저자의 작품들은 매우 결정론적인 사회적 인과성 모형을 단호하게 언급하고 있기 때문이다. 결정론적인 이론에 맞게 설명하지 못하는 부분은 오직 그 자신의 삶에 대한 논의에서였다. 그들이 다른 사람에 대해 말할 때는 좀 더 보편적인 사회과학 담론이 매우 잘 적용되었다.

그녀는 그런 학자의 삶이 어떻게 우연한 사건을 반영하는지에 대한 여러 가지 예를 제시하였다. 그 중 하나는 브라질의 전문 인류학이 발달하는 데 선구자적 역할을 한 로베르토 칼도소 데 올리베이라를 인류학자가 되게 만든 과정에 관한 것이다.

1953년 말, 달시 리베로[브라질 인류학의 창시자]가 상파울로 시립 도서관에서 강연을 하였다. 그는 인디언 박물관에서 하게 될 강의를 위해 조교를 구하고 있었는데, 친한 친구가 소개했던 로베르토가 그 일에 가장 유능하고 지적 능력이 있는 사람이라고 생각했다. 로베르토는 자기가 공부한 것이 철학과 사회학이어서 그 일을 그다지 내켜 하지 않았다. 그런데, 달시는 그것을 납득하지 못했다. 달시는 레비 스트로스 역시 정규 교육을 끝마친 후에 민속학을 배웠던 만큼, 로베르토가 못할 이유가 없다고 설득했다. 즉, 이런 '완전히 우발적인' 시작—시립 도서관에서의 만남—으로 인해, 로베르토 칼도소 데 올리베이라는 사회학에서 인류학으로 전환했고, 달시로부터 '토착주의 indigenism' 수업을 받았고, 또한 플로레스탄 페르난데스와 함께 했던 사회학적 훈련에서는 이론적인 야심까지도 품게 되었다. 그 결과 사회학적 인류학이 탄생하였다. 사회학적 인류학에서 사용되는 '인종간 마찰interethnic friction'의 개념은 로베르토 칼도소가 상파울로 대학에서 가르친 독특한 사회학에서 가져온 갈비뼈를 가지고 '이브'를 창출하였다는 증거를 보여준다(Peirano, 1995).

나 자신 역시 최근 결혼에 이르게 된 여러 가지 상황을 통해, 사회 생활에서 '우연chance'적 요소라고 생각했던 것에 대한 인식을 각별히 받아들이게 되었다. 자신의 배우자를 어떻게 만났는지 곰곰이 생각해 보는 많은 사람들처럼, 나도 다이애나 하게만Dianne Hagaman과 만났던 날에 미주리주 콜롬비아가 아닌 다른 지역에 있었을 경우 다르게 일어났을 수많은 상황을 잘 알고 있다. 나는 우리 부부가 만나지 않게 될 방향으로 상황이 전개될 가능성이 얼마나 컸는지를 끊임없이 강의할 수 있다. 그래서 나는 피라노의 글을 상당한 관심을 가지고 주의 깊게 읽었다.

나는 다이애나와 내가 어떻게 만났는지, 길버트가 하루 종일 들어줄 만큼 이야기했고, 리오에 머무르는 나머지 주 동안 그 화제를 토론하는 것으로 방문을 끝냈다. 즉, 자신이 그런 일탈의 좋은 예가 되는 것으로 종결짓기 위해, 나는 아주 우연히 사회생활에서 우연과 우연의 일치가 가지는 역할의 문제에 대해 관심을 가지게 되었다.

나는 우연의 일치에 관해 관심을 가질수록, 모든 사람이 그와 같은 이야기를 '정말로 사건이 일어난 방식' 이라고 인식하는 반면, 모든 사람들이 알고 있는 그것을 논의할 수 있는 개념적 언어가 없다는 사실에 주된 문제가 있는 것처럼 보였다. 전문적인 사회과학자의 입장에서 '원인' 을 말할 때, 우리는 일상 생활에서 인식하지 않는 방식으로 말한다. 다른 많은 사회과학자들은 이런 불일치로 고민하지 않을지 모르지만, 나는 고민하게 된다.

실제로 위의 토론은 확실히(그리고 내가 막 하려는 말과 같은 석연치 않은 개념에 대한 연중 계속되는 나의 불평에도 불구하고), 어떤 일은 그냥 발생히는 것이 아니라 일련의 단계 속에서 일어난다고 생각하게 만든다. 우리 사회과학자들은 일련의 단계를 '과정' 이라고 칭하는 경향이 있지만, 단지 '이야기' 라고 불러도 되는 것들이다. 잘 구성된 이야기는 어떤 사건의 설명으로써 우리를 만족시킬 수 있다. 그 이야기는 어떤 일이 어떻게 발생했는지—그 일이 처음에 어떻게 일어났고, 그리고 합리적으로 보이는 방식에서 그 다음의 것을 어떻게 이끌었으며…, 그리고 계속하여 끝까지 어떻게 이끌었는지—를 말한다. 물론, 만약 이 모든 것들이 일어나지 않았다면, 우리가 관심을 가지는 사건 역시 일어나지 않았을 것이다. 우리는 어떤 사건(우리는 이것을 **사건**이라 칭한다)이 일어나기 위한 필수적인 조건들을 이 **사건**이 일어날 것이 거의 확실할 때까지 어떻게 차례로 일들이 일어나는지에 대한 이야기로 기술할 것이다. 교향악 연주회symphony concert에 필요한 모든 구성 요소를 집합시키는 것이 연주회가 열리는 원인이 되지는 않으며, 연주회가 열릴 것이라는 사실을 결코 장담하지도 못한다. 그러나, 우리가 교향악 연주회가 가능하도록 모든 음악가를 모으고, 청중들이 찾아오고, 화재나 폭풍 또는 예상치 못했던 자연 재해가 일어나지 않는다면, 그 연주회의 개최를 방해하는 것을 찾기 힘들 것이다.

두 사람이 만난다고 해서, 그들이 사랑에 빠질 것이라고 확신할 수는 없다. 그런 것과는 상당히 다르다. 대부분의 사람들이 우연히 만난 사람들과 사랑에 빠지지는 않는다. 친구들이 음모를 꾸며 가능성 있는 쌍을 만들어 주지만, 그들의 계획은 수포로 돌아가고 만다. 그래서 한 곳에 모든 전제조건이 있다는 사실만으로 **사건**이 일어날 것을 의미하지는 않는다. 인류학자 로이드 워너Lloyd Warner는 호주의 토착 사회를 조사한 것에 대해 말하곤 했다. 초기의 인류학적 설명에 의하면, 그 사회의 성원들은 임신의 생리적인 근거를 이해하지 못했다고 한다. 워너가 아기는 어디서 나오는지를 물었을 때, 그들은 초기의 조사가들에게 했던 것과 같은 대답을 했다. 아기는 어떤 여성이 특별한 꿈을 꿀 때까지 씨족의 영혼 안에서 잘 기다리고 있다가 그곳을 떠나 꿈을 꾼 여성의 배 속으로 들어간다는 것이다. 워너는 그 이야기를 속행했다. "당신도 알다시피, 남자와 여자가 성관계를 가질 때는 어떻게 되는 것입니까? 성관계는 아이를 낳는 것과 어떤 관계가 있는 것이 아닙니까?" 원주민들은 마치 우둔한 어린애를 쳐다보는 것 같이 애처롭게 그를 쳐다보면서, "물론 그것은 아이를 만드는 것입니다"라고 말했다. 그러나, 그들은 남자와 여자가 항상 그런 관계를 맺지만, 여자만이 이따금 임신한다는 사실을 상기시켰다. 그들은 바로 그 때가 엄마가 특별한 꿈을 잘 꾸었을 때라고 의기양양하게 주장했다.

나는 에버렛 휴즈에게서 크게 영향을 받아, 이와 같이 한 사건이 다른 사건에 의존하고 있는 상태를 '(우발 사건에 따른) 부수적 사건contingencies' 으로 생각하도록 배웠다. 사건 A가 발생할 때, 그것에 연루되어 있는 사람들은 여러 사건 중 하나가 다음에 발생할 수 있는 입장에 현재 있는 것이다. 내가 고등학교를 졸업하고 갈 수 있는 다음 단계로는 대학, 군대, 전문학교, 감방 등이 있을 수 있다. 다음 단계에 가능한 것들은 많이 존재하지만 무한한 것은 아니며, 대개 비교적 소수만이 얼마간의 가능성을 가진다(비록 불가능할 것 같은 것들도 발생할 수는 있지만). 그런 연결점에서 어떤 경로가 선택되는 데는 많은 사건에 의존한다. 우리는 다음 단계가 의존하는 것을 '부수적 사건' 이라고 칭할 수 있고, C나 D보다는 B에 의해 뒤따라 일어나는 A는 그 밖의 어떤 것 X에 부수적이라고 말한다. 내가 대학에 진학하는 것은 내가 지망하는 대학이 입학허가를 줄 수 있는 높은 수능점수를 받았는지, 학교에 다닐 수 있는 충분한 돈이 있는지, 대학에 다님으로써 나타나는 불편사항을 인내할 수 있을 정도로 대학의 진학 욕구가 강한지, 기타 등등에 따라 좌우된다.

(생물학자인 스테판 제이 고울드Stephen Jay Gould는 이것을 역사와 모든 역사적 설명에서의 근본적인 특성이라고 설명했다. "역사적 설명은 자연의 법칙과 같이 직접적인 연역법에 의존하는 것이 아니라, 예측 불가능한 연속선상의 선행 상태—연속선상에 있는 어떤 단계의 주요 변동이라도 최종 결과를 바꿀 수 있는—에 의존한다. 그러므로, 이런 최종 결과는 그 전에 오는 모

든 것—지울 수 없고 결정적인 역사의 흔적—에 의존하거나, 거기에 부수적이다."(Gould, 1989: 283).

그래서, 어떤 사건이 일어나게 되는 경로는 이런 방식으로 서로에게 부수적인 사건의 연속이라고 간주될 수 있다. 아마 그것을 수형도처럼 상상할수 있다. 수형도에서는, 출발점으로부터 멀리 떨어질수록 특정 목표지점에도달할 확률이 작아지는 것이 아니라, X점에 도착할 확률은 그 점에 가까이갈수록 커진다(본 라이트Von Wright, 1971는 그의 분석에서 수형도를 효율적으로 사용하였다).

내가 자세히 설명하고자 하고 중요하게 생각하는 것은 결국 그 사건이발생하도록 이끄는 여러 사건의 연쇄이며, 거기에는 많은 사람들이 연루되어 있다. 그래서 내가 그런 문제에 관심을 갖게끔 인도했던 사건의 연쇄는,특히 마리자 피라노가 상당 수의 브라질 사회과학자를 면접한 것, 그들 모두가 이런 형태의 설명을 사용한 것, 피라노가 그런 것에 관한 논문을 쓴 것, 그논문은 내 눈에 띄도록 길버트 벨호의 책상 위에 있었다는 것(이는 연이어서그가 피라노를 안다는 것과, 피라노가 그 당시 완성되지 않은 원고를 길버트에게 보냈다는 것을 요구한다), 그리고 기타의 것을 요구했다. 이 사람들 중누구라도 이와 달리 했더라면, 나의 관심이 그런 방식으로 야기될 수 없거나야기되지 않았을 것이다.

스위스 극작가 막스 프리쉬Max Frisch는, 그의 연극 "일대기Biography: 게임한 편"을 통해, 이런 생각을 흥미로운 극적인 입장에서 구체화시켰다. 신비인("기록자")이 어느 날 주연 배우 한네스 쿠르만Kürmann 앞에 나타나서, 자신의 삶을 회고해 볼 기회를 제공한다. 그의 세세한 삶들은 연극 내내 무대 오른편에 있는 컴퓨터 화면을 통해 볼 수 있으며(이 장면은 내가 미니아폴리스에서 본 연극 무대인데, 출판된 책에는 없는 장면이다), 그것들은 쿠르만이 원하는 것으로 바뀐다. 남자 주인공은 자신의 삶에서 수많은 중요한 순간을 재생한다. 그 연극은, 그가 나중에 결혼하고 결국 죽이게 될 앙투와네트 슈타인Antoinette Stein을 처음 만나 같이 잠을 잤던 파티의 에피소드를 바꾸려는 시도로 시작된다. 파티장소에서 그녀의 집까지 데려다 줄 택시 운전사가 초인종을 눌렀을 때, 그들 둘 다는 초인종을 무시한다. 이제 그는 과거를 회상하면서, 그녀를 유혹하는 대신에 그녀를 정중히 돌려보내고자 한다. 그러나, 그는 궁극적인 결과를 바꿀 수 있는 행동을 할 수 없다─그의 성격으로는 그렇게 할 의도가 없다─는 사실을 발견한다. 마침내 기록자가 그에게 살인자가 되고 싶은지를 물었을 때, 그들은 다음과 같은 말들을 주고받는다.

- 쿠르만 : 나는 그 일이 어떻게 일어났는지 압니다.
- 기록자 : 우연이었나요?
- 쿠르만 : 그것은 피할 수 없는 일이었습니다.

이런 유형의 설명은 나의 첫 번째 논점인, 사건은 무작위적이나 결정적인 것으로 인식되지 않는다는 것을 매우 잘 표현하고 있다.

그러나, 살인자가 되지 않으려는 선택을 행함으로써 쿠르만은 감옥에서 12년 간을 보내는 대신에, 자신이 암에 걸려있고 비참한 죽음으로 가는 길에 있으며, 그에게 이런 새로운 선택을 함으로써 새로운 삶을 주고자 했던 부인은 지금 그를 종교적으로 방문하도록 운명지어져 있다는 것을 배운다.

지금까지는 부수적 사건에 대해 이야기했다. 이제 기록자는 쿠르만의 부인, 앙투와네트에게 시선을 돌린다.

· 기록자 : 쿠르만 부인

· 앙투와네트 : 네?

· 기록자 : 당신은 그와 함께 한 7년을 후회하지 않습니까?[앙투와네트는 기록자를 쳐다본다]. 만약 당신에게 새로운 삶의 선택이 주어진다면, 어떻게 달리 행동했어야 하는지 알고 있습니까?

· 앙투와네트 : 네.

· 기록자 : 정말입니까?

· 앙투와네트 : 네.

· 기록자 : 그러면, 시작하십시오. 당신 역시 새로운 선택을 할 수 있습니다.

그리고 나서 그들은 그녀가 쿠르만을 처음으로 만난 개막 장면을 재연한다. 그런데, 택시 운전사가 초인종을 누를 때 그녀는 작별인사를 하고 쿠르만의 아파트를 떠난다. 그것으로 그들의 인연은 끝이 난다.

· 쿠르만 : 이제는 어떻게 되는 거죠?

· 기록자 : 그녀는 떠났습니다.

· 쿠르만 : 그럼 어떻게 되는 거죠?

· 기록자 : 이제 당신은 자유입니다.

· 쿠르만 : 자유라…

그래서, 우리는 쿠르만의 삶에서 일어났던 모든 일이 그의 선택과 행동은 물론, 그와 연루된 모든 사람의 행동에 의존하고 있음을 알게 된다. 만약 앙투와네트가 그녀의 인생을 바꾼다면 필연적으로 그의 미래도 바뀔 것이다. 그는 그렇게 분명하게 그의 삶에서 퇴장해버린 그녀와 결혼도 살인도 할 수 없다. 우리는 그의 행위가 그녀의 행위에 의존하는 상태를 **상호부수적 사건**intercontingency이라고 칭할 것이다.

피라노는 매우 비슷한 의견을 가진 노버트 일리아스Norbert Elias를 인용하고 있다.

> [결정론과] 반대로 비결정성 또는 개인의 '자유'가 강조될 때는, 동시에 서로 의존하고 있는 개인들이 많다는 사실을 대개 잊어버린다. … 만약 그런 문제들이 해결되고자 한다면, '결정론'과 '자유'보다 더 미묘한 사고의 틀이 필요하다(Elias, 1970: 167).

이러한 집합 심상은 현재 사회과학자들이 유용한 개념적 도구를 갖지 못한 유형이다. 그러나 이것은 어떤 사례에 적합한 설명적 심상으로써 고려될 가치는 있는 것이다.

기계와 같은 사회

사회과학적 사고의 기본 형태가 본질적으로 잘못된 것은 아니다. 단지 사회과학자들이 그런 형태를 이용해야만 할 때 실지로 그렇게 하지 않는다는 것이 문제이다. 그들은 작업하는 방식을 잊어버렸을 때 가장 심한 곤란에 빠지고 가장 큰 실수를 저지르게 된다. 그것을 잊어버리는 이유는, 어떤 정치적인 또는 기질적인 몰두로 인해 어떤 문제를 좁게 보는 것이며, 주의를 기울이지 않음으로써 자신의 기본 이론을 가지고 초점을 맞추어야 했을 것의 모든 범위full range of things를 잊어버리게 되었기 때문이다. 사회가 커다란 기계 술책이라는 것은 이런 것에 조심하도록 기획된 것이다. 우선적으로 나는 이 술책이 극복하고자 의도하는 어려움이 무엇인지를 설명하겠다.

우리는 이런 기억 착오를 경험하는데(나도 예외가 아니다), 특히 민주주의나 중산층, 정직하게 법을 준수하는 시민과 정신병 환자 등을 위해 보다 좋은 세상으로 변화시키고자 할 때 더욱 그러하다. 우리가 어떤 상황을 개선시키고자 할 때마다, 변화시키고자 한 결과에 공헌한 많은 사람과 집단, 또는 많은 일을 잊어버릴 가능성이 있다(편의상 천문학적이라고 표현되는 귀찮은 결과를 제외하고는 이렇게 말할 수 있다). 만약, 정신병 환자가 제대로 치료받지 못하고 정신병원에서 받는 소위 치료라는 것이 어떤 점에서도 도움이 되지 않는다면, 만약 병원이 환자들에게 가장 기본적인 권리와 존엄조차 박탈한다면, 우리는 반드시 그들을 퇴원시켜야 한다. 고프만Goffman, 1961, 푸코Foucault, 1965, 싸쯔Szasz, 1961의 정신질환과 입원에 대한 뛰어난 분석은 이런 것을 분명하게 보여 준다.

이런 분석에서 고려되지 않았던 것은 그런 환자가 퇴원했을 때 갈 수 있는 곳은 어딘가 하는 점이다. 나파Napa에 있는 주립 병원의 문을 닫게 했을 때, 부당하게(고프만, 푸코, 싸쯔의 이 표현에 나도 동의한다) 감금되어 있던 모든 사람들은 어디로 갔는가? "공공시설 수용반대deinstitutionalization" 이론에 의하면, 그들은 '공동체' 내로 흡수될 것이고, '정신병자'라는 낙인에 의한 굴욕은 더 이상 느끼지 않을 것이다. 시민으로서의 모든 권리를 되찾았기 때문에, 그들은 다른 사람과 같이 자신의 일을 열심히 하려고 애쓸 것이다. 그들은 직장을 얻고, 아파트를 구하고, 요리 재료를 사서 음식을 만들어 먹고, 결혼하여 아이를 기르는 등, 요컨대 정상인이 일반적으로 하는 그런 일을 하게 된다. 물론, 그들은 정신질환이 심해 이러한 일 가운데 아무 것도 할 수 없을 수 있고, 내면적인 관심에 지나치게 빠져 있어 자기 행동의 결과를 정확히 계산할 수 없거나, 너무나 충동적이어서 자신의 일과 남들의 일을 조화시킴으로써 형성되는 사회의 일을 할 수 없을 수도 있다. 비록 그들이 극복해야 할 이런 어려움을 가지고 있지 않다고 하더라도, 그들은 대개 오랜 기간 시민 사회로부터 쫓겨나 있었고 그들의 기술과 지혜는 이미 일상적인 일에 적합하지 않게 되었다. 공공시설 수용반대 이론은 이런 가능성을 설명하지 못했다.

새로이 석방된 정신병 환자들은, 밝혀진 바와 같이 병원에 수용되기 전에 살았던 공동체에 돌아가지 않았다. 그 공동체—더 정확히 말하면, 환자들의 가족—는 그들이 돌아오는 것을 좋아하지 않았다. 환자들은 대개 그들이 야기하는 분열 상태를 가족과 친구가 더 이상 참을 수 없을 때 환자가 된다. 그래서, 새로이 석방된 환자들은 사회 복귀를 위한 시설에서 살게 된다. 사회 복귀를 위한 시설은 주정부가 환자를 보호하는 대가로(그래도 큰 병원의 비용보다는 싸다) 지불하는 돈을 받고자 하는 기업가에 의해 운영된다. 그런 시설은 그 설립을 막지 못하는 동네에 들어서게 된다. 단기간에 많은 대도시에는 정신병 환자 강제거주지—시카고나 산요세San Jose의 산동네 지역—가 생기게 된다. 이런 강제거주지는 공공시설 수용반대 이론의 자유주의 사고가 의도하는 환영받는 '정상적' 공동체는 아니다(비록 캘리포니아 주지사였던 도널드 레이건 같은 정치가는 그것이 돈을 절약할 수 있는 확실한 방법이라고 예견했지만). 그 석방된 환자—현재 '정상 시민'인—는 그 이론이 기대하듯이 정상적인 삶을 살거나 자급자족할 수도 없고 그럴 의도도 없다. 그 대신, 사회에 재진입하는 데 편리를 제공하는 서비스 체계에서 부당 이득을 취하는 법과, 느슨한 도시 사회 조직에 의해 제공되는 공간과 기회를 이용하는 법을 배운다. 그들은 '부랑아homeless'로 알려진 집단에서 주목받는 부류가 된다.

그 누구도, 어떤 정치가도, 어떤 사회과학자도 이것을 예견하지 못했다. 왜 그랬을까? 사회학 입문 강의에서 우리는 이와 같은 일에 대해 경고를 받았고, 그래서 그 입장에 관련된 모든 것—단지 환자들만 아니라 가족, 그리고 단지 추상적 의미의 '공동체' 뿐 아니라 특정한 사회·정치적 조직체로서의 공동체—을 발견해야 한다는 사실을 배웠다. 그런 배움에 따라, 우리는 그런 사람이 어떻게 조직되는지, 그들이 자신의 이해와 관계된다고 생각하는 것은 무엇인지, 그런 이해를 방어하기 위해 가지고 있는 자원은 무엇인지를 조사해야 할 것이고, 그러한 것은 우리의 표준적 절차의 일부로 간주해야 한다. 그리고 나면 중간 계급의 공동체가 자기 동네에 사회 복귀 시설이 들어오지 못하도록 정치적 권력을 사용하는 것에 놀라지 않을 것이다. 실지로, '방어적인 공동체defended community'를 분석한 서틀Suttle, 1970의 글을 읽었더라면, 다가올 전반적인 일들을 볼 수 있었을 것이다.

그래서 사람이 연루된 모든 것을 생각하지 못한 결과—사회의 가장 기본적인 관념이 요구하는 것임에도 불구하고—, 우리는 그 입장을 매우 잘못 이해하게 되었고, 그들이 의도했던 것을 전혀 성취할 수 없는 정책으로 만들게 되었다.

일탈 이론을 또 다른 예로 들자. 소위, '낙인이론labeling theory' 혁명은 결코 요청되어서는 안 되는 것이었다. 그 혁명은 지적 또는 과학적 혁명이 아니다(반면, 관련된 전문적 영역 내의 조직과 기회에 대한 충성심을 변화시키기 때문에 정치적 혁명이라고는 말할 수 있다). 사회학적 사상에 대한 어떤 기본 패러다임이 뒤바뀐 것은 아니다. 예를 들어, '입장의 정의definition of the situation'—토마스W. I. Thomas가 사회학 용어와 사고방식에 커다란 공헌을 한 것—는 그 입장이 입장에 처한 행위자에게 어떻게 보이는지를 이해하도록 만든다. 즉, 행위자에게 무슨 일이 일어나고 있다고 생각하는지를 발견하여 무엇이 그들 행동의 원인이 되는지를 이해하도록 만든다. 만약 범죄학자와 나중에 일탈이라고 명명된 것을 연구하는 학자들이 이런 것에 주의를 기울였다면, 그들은 인성 장애나 병리학적인 환경으로 범죄자가 생긴다고 가정하는 대신에 범죄자들의 관점에 관해서 묻는 것을 일상화했을 것이다. 그들은 법 시행을 당연한 일로 생각하는 대신에, 법 시행이 사람들에게 해결 곤란한 상황을 만든 것을 연구해야 한다는 사실을 이해했을 것이다.

낙인이론은 혁명은커녕 오히려 반혁명counterrevolution이라고 할 수 있다. 그것은 어쩌면 사회학의 관행에서 사라졌던 사회학적 기본 사상으로의 보수적인 회귀이다.

그러나, 그 '어쩌면'을 문제시하지 않고 넘어가서는 안 된다. 이런 근본적인 사회학적 사고가 우연히 상실된 것은 아니다. 그것은 사회학자가 일탈의 드라마에서 가장 중요한 배역 중 일부를 빠뜨리는 방식으로 문제를 정의하게 만드는 언질을 받아들였기 때문이다. 이런 사회학자에게 있어 어떤 활동의 정의가 '틀렸다(이런 판단을 나타내는 용어가 무엇이든지)'는 사실은 연구의 대상이 되지 않는다. 누가 어떤 행위를 용케 일탈로 정의했는지와 어떻게 그들이 그렇게 했는지는 논의될 수 있는 문제가 아니었다. 인습적인 사회과학자는 이런 정의를 명백하거나 신이 정한 것으로 취급했다. 바보가 아닌 이상 살인자, 아동 매춘, 마약 사용이 나쁜 행위인지 아닌지를 그 누가 의문시하겠는가?

마찬가지로, 교육학 연구도 종종 학생이 학교에서 배워야 하는 것을 왜 배우지 않았는지에 초점을 둔다. 연구자들은 전형적으로 그 해답을 학생의 그 무엇—인성, 능력, 지능, 그리고 과거뿐만 아니라 현재에도 여전히 비난의 대상이 되고 있는 사회계급적 문화—에서 찾는다. 그들은 결코 교사나 학교생활의 조직에서 해답을 찾지 않는다. 이 사례는 앞의 예와 마찬가지로, 돈이 어디서 나오는지 보여주고 있다. 결국, 어느 누구도 자신이 불평하고 있는 것이 자신의 과오 탓이라는 것을 밝히라고 연구자에게 돈을 주지 않는다. 교육자는 자신의 학교문제가 학생, 학부모, 또는 공동체의 잘못이 아니라 교육자 자신의 행동에서 기인한다고 말하는 연구자를 좋아하지 않는다. 그들은 그런 결과가 드러나지 않도록 잘 조직화된 연구를 보고 싶어한다. 그들은 자신이 연구의 대상이 되지 않는다면 그런 결과가 드러나지 않을 것을 확신한다(내가 연구했던 학교의 한 선생님은, 내가 자신을 면접하고 있는 사실을 알고 놀라서 화를 내며 "당신은 나도 연구하고 있는 겁니까?"라고 하면서, 내가 그러한 것이 필요하다고 생각한 것을 이해할 수 없다고 말했다. 왜냐하면, 그의 생각에 자신은 '문제'가 아니었기 때문이다).

요컨대, 사회학자들은 중요한 어떤 것이 문제가 될 때 자신의 이론을 망각한다. 그들의 과오는 자신의 이론이 함축하는 명확한 지침을 따르지 않고, 어떤 결과에 기여하는 사람과 조직 모두를 조사하지 않는 것에 있다.

기계 술책Machine Trick은 이런 문제를 다루고자 하는 것으로, 그 입장의 중요한 요소들을 빠뜨리지 않도록 하기 위한 것이다. 이 술책은 우리에게 자신이 기대하는 것을 실행할 수 있도록 설계한 기계를 원하는 기술자처럼 생각할 것을 요구하고 있다. 이것이 그 술책이다:

당신의 분석이 가리키는 결과가 당신이 연구하고 있는 입장에서 일상적으로 일어난다는 사실을 산출할 수 있는 기계를 설계하라. 모든 부품―모든 사회적인 기어, 크랭크, 벨트, 단추, 그 외의 작은 연장―과 원하는 결과를 얻는 데 필요한 재료와 재료의 속성에 관한 명확한 설명서를 가지고 있는지를 확인하라. 사회과학자는 흔히 '문제 입장들'

을 연구하기 때문에, 기계의 생산물은 종종 실지로 만들고 싶지 않았던 어떤 것일 수 있고, 그것이 어떻게 만들어졌는지 밝혀내는 일은 필시 기분 나쁜 것이지만, 그로 인해 우리가 그것을 진지하게 생각하는 것을 방해받으면 안 된다.

자, 우리가 좋아하지 않는 어떤 현상에 이 술책을 적용해보자. 이를테면, '학생들은 우리가 가르치는 것을 배우려고 하지 않는다', '국회의원들은 부패되어 있다', '의사들은 질병 근절보다는 돈을 벌고 골프를 치는 데 더 관심이 있다' 같은 것들이다. 이제는 이런 현상들을, 원하지 않는 결과가 아니라 바로 전지전능한 창조주가 의도한 것이라고 가정한다. 창조주는 신중하고 교묘하게 우리 인류가 가졌던 결과를 정확하게 생산할 수 있는 정교한 기계를 만들었다. 우리도 그런 기계를 재생산해야만 부패한 정치인이나 공부하지 않는 학생, 골프를 좋아하는 의사 등을 생산할 수 있다. 불행히도, 창조주가 점심을 먹으러 밖에 나갔거나 전화 연락이 안 되면, 그 계획은 우리에게 무용지물이 된다. 그래서 컴퓨터 업에 종사하는 사람들이 일컫는 '역설계 reverse engineering(타사 신제품을 분해하고 구조를 분석하여 그 설계를 역으로 탐지하는 기술—옮긴이)'를 해야만 한다. 우리는 그 기계를 분해하고, 그것이 어떻게 작동하는지, 그 부품들은 무엇이고 어떻게 연결되어 있는지, 그리고 블랙박스(그 기능은 알고 있으나 내부 구조는 알 수 없는 기계 장치—옮긴이) 내부는 어떻게 진행되고 있는지를 알아내어, 이 놀라운 결과를 정확하게 일어나게 할 수 있다.

현재 학교는 학생들이 배워야 할 양을 정확하게 가르쳐 주고 있으므로 학교에서 요구하는 최저 수준의 역량을 보여주지 못하는 학생은 학교를 떠나야 할 것이라는 사실을 확신한다고 가정해 보자. 어떤 유형의 학생을 모집해야 하는가? 어떤 유형의 선생님이 필요한가? 학생에게 선생님이 가르치는 만큼만 공부하고 싶어하도록 하기 위해 선생님은 무엇을 해야 하나? 더 많이 배우고자 하는 학생에게 그렇게 못하도록 하기 위해서는 어떻게 해야 하나? 학부형이 우리가 원하는 결과를 얻는 데 방해가 되지 못하도록 통제하는 방식은 어떤 것이 있나? 우리가 원하지 않는 방식으로 결과에 영향을 미칠 수 있는 일에 예산을 쓰지 않도록 학교 예산을 제한할 수 있는 방법에는 어떤 것이 있나?

우리는 학교에서 행해진 많은 연구에서 이런·질문에 대한 답을 찾을 수 있다. 예를 들어, 선생님은 학생이 아무 것도 배우지 않은 채 오랜 기간 기다리게 함으로써 학교에 대한 관심을 죽일 수 있다Jackson, 1990. 학생이 단순히 암기한 것을 말할 때 상을 주고, 스스로 생각하는 것에 대해서는 벌을 줄 수 있다Holt, 1967; Herndon 1968. 그 밖에도 여러 사례가 있다. 이런 것은 학교에 관한 연구에서 얻을 수 있는 것 중 매우 편향된 것을 요약한 것이지만, 논점은 명확하게 해준다.

유사한 훈련을 통해 헤로인 중독을 초래하는 중독 과정을 분석하기 위해 알프레드 린드스미스Alfred Lindesmith, 1947가 사용한 기계를 설계하게 할 수 있다. 또, 에버렛 휴즈Hughes, 1943나 스탠리 리버슨Stanley Lieberson, 1980의 글에서 발견되는 과정의 분석에 근거하여, 인종적으로 편향된 노동력 분포를 생산하는 기계를 설계할 수 있다.

그런 기계를 상상함으로써, 우리는 그렇게 하지 않았으면 빠뜨렸을 것, 즉 감정, 언질, 관심사로 우리가 잊어버리거나 무시하였던 것을 포함하게끔 만드는 훌륭한 근거를 가질 수 있다. 우리의 기계는 작업을 완성하는 데 필요한 모든 것을 가지고 있지 않으면 작동하지 않을 것이다.

그런 기계를 설계하는 것이 항상 쉽지는 않을 것이다. 우리는 기계가 하기를 원하는 것이 무엇인지, 우리가 보고자 하는 결과가 무엇인지를 좀처럼 확신하지 못한다. 그리고 우리가 확신할 때에도, 적어도 몇 명의 동료는 그것에 동의하지 않을 것이다. 우리가 그런 합의에 도달했을지라도, 그 일을 실지로 실행할 수 있는 기계를 설계하기 위한 부품과 재료에 대한 설명서를 충분히 갖추고 있는 사회 현상은 거의 없다. 대부분의 사회 현상은 수많은 주위환경 조건들에 수많은 방식으로 연계되어 있어, 우리는 결코 적합한 설계를 얻을 수 없을 것이다. 이런 딜레마를 벗어나는 고전적 방식은 작업을 계속 되풀이하면서 주의를 기울이고 보완해 나가면 그 기묘한 고안물의 설계에 접근할 수 있다는 것이다. 즉, 그 작업의 일부가 되는 작은 부문을 형성하고, 그 부문을 이미 설계된 다른 부문에 보태고, 아직도 필요한 것이 무엇인지를 살펴보고, 그것의 설명서를 나가서 찾고, 그것을 설계하고 시험해 보며, 그리고 우리의 기계가 우리가 원하는 생산품에 상당히 근접한 것을 산출할 때까지 이런 과정을 되풀이하는 것이다(기어츠Geertz, 1995는 이 과정을 매우 잘 기술하고 있다). 기억해야 할 사실은 우리가 실지로 원하는 것이 그런 결과가 아니며, 우리는 그런 결과의 발생에 공헌하는 모든 것을 체계적으로 찾고자 하는 방식으로써 그와 같은 기계―설계 훈련에 참여하고 있다는 것이다.

유기체와 같은 사회

기계의 심상이 항상 유용하거나 타당한 것은 아니다. 그것은 사회 세계가 반복적인 방식으로 움직이면서 체계적인 절차에 의해―그것이 아무리 복잡할지라도―본질적으로 유사한 결과를 배출해낼 때 가장 잘 작동한다 (우리가 기대하지 않는 유형의 학생을 학교가 기계적이고 막무가내로 졸업시키는 방식을 통해 이러한 것을 말할 수 있다). 또한, 이것은 연구하고 있는 것의 반복적인 측면에 대해 생각하기로 했을 때 좀 더 잘 작동한다. 대부분 사회조직은 이러한 반복적인 측면을 가지고 있다. 그것은 실지로 우리가 사회 조직에 의해 의미하는 것, 즉 대부분의 사람이 대부분의 시간 동안에 상당히 비슷한 방식으로 동일한 일을 꽤 많이 하는 입장을 이해하는 방식이다.

에버렛 휴즈가 즐겨 제안했던 것처럼, 사회학자들이 가장 즐겨 연구하는 프랑스 혁명이나 중국 혁명과 크기나 규모 면에서 엇비슷한 대혁명이 내일 일어날 것이라고 가정해보자. 변할 것은 무엇이고 변하지 않고 남아 있을 것은 무엇인가? 신문은 달라질 것이고, 텔레비전 방송 프로그램도 바뀔 것이 거의 확실하다. 쓰레기 수거 체제는 변할까? 아마도 그럴 것이다. 수돗물 공급 체제는 변할까? 거의 확실히 변하지 않을 것이다. 그러나 이런 것은 이론적 분석에 의해 판단되는 문제가 아니다. 그런 일은 혁명이 일어날 때 판단될 것이고 우리는 바뀐 것을 보게 될 것이다.

그럼에도 불구하고, 그런 훈련은 우리에게 모든 것이 변하지는 않을 것이라는 사실을 보여준다. 많은 일이 이전의 방식대로 계속해서 일어날 것이다. 그리고, 그런 일은 기계 모형에 가장 적합한 사례이며, 우리의 일상 일과에서 기계 모형을 적용할 수 있는 것들이다.

그러나, 우리는 때때로 사회생활을 또 다른 방식, 즉 일련의 상호 연계된 과정으로 생각하고자 한다. 그 방식으로 생각할 때, 기계 심상인 반복보다는 연계를 강조하게 된다. 어떤 일이 항상 동일할 수는 없지만, 매일 상당히 비슷한 방식으로 연계될 수는 있다. 그것은 심장과 혈관, 허파 그리고 중앙신경계가 서로 영향을 주고받는 방식으로 동물의 순환기 조직이 연결되는 방식과 동일하다.

'연계성connection'은 모호한 낱말인데, 이 낱말은 '영향influence'이나 '인과성causality' 혹은 '종속dependence' 과 같은 여러 개념을 내포하고 있기 때문에 나는 이 낱말을 쓰고 있다. 이 모든 낱말은 한결같이 변이variation를 지적하고 있다. 어떤 것은 변할 것이고, 그것에 종속되어 있는 그 밖의 어떤 것 또한 변화를 겪을 것이다. 그렇게 변하는 것은 흔히 복잡한 방식으로 서로에게 영향을 미치기 때문에, '인과성' 은 진정으로 강조하고자 하는 것을 진술하는 타당한 방식이 되지 않는다. 문제시되고 있는 체계의 부분들은, 각 하위 과정에서의 산출물output이 다른 과정을 위한 투입물inputs을 제공하고, 이러한 것은 차례로 다른 곳에서 생산물을 만들고 이런 생산물은 또 다른 과정을 위한 투입물이 되는 결과물을 초래하는 등과 같은 방식으로 연계되어 있다고 말할 수 있다.

19세기 사회 사상가들은 이런 견해를 표현하기 위해 흔히 사회를 유기체에 비유하곤 했다. 그들의 지나친 열광과 과도한 문자 남발—예를 들어, 상류 계급을 머리로, 노동자 계급을 근육으로—은 그런 비유의 신빙성을 상실케 만들었다. 그러나 부활된 생태학 분과는 자신 분과의 기본적 집합심상이 그런 다수의multiple 연계성을 정확하게 강조하는 것이라 하면서 그 집합심상을 부활시켰다. 그래서, 어떤 일련의 사회 활동을 단지 그런 유기체적 특성을 가지는 것으로 생각하면서, 관심을 가지는 결과물에 기여하는 모든 연계성을 찾고, 그런 연계성이 서로에게 어떻게 영향을 미치는지—각 연계는 다른 연계가 작동할 조건을 창출한다—를 살펴보는 것은 좋은 술책이 된다. 캘리포니아 어업을 상세히 분석한 아더 맥보이Arthur McEvoy, 1986의 연구는 이런 유형의 분석적 접근방식에 대한 구체적인 예를 제시하고 있다. 나는 전체적인 역사적 분석에서 작은 일부를 제공할 것인데, 그 부분은 유럽인 침입 전의 인디언 공동체부터 시작하여 1976년 어업 보존 관리 법안의 통과와 그 법안의 즉각적인 여파로 마치고 있다.

맥보이는 태평양과 캘리포니아 해안지대에서 태평양으로 흘러 들어가는 강들이 매우 다양한 해양 생물체—해초, 바다수달, 고래, 바다사자, 전복, 조개류(새우, 굴, 홍합), 각종 물고기, 그 중에서 특히 연어—에게 안식처를 제공하고 있다는 사실에 주목함으로써 분석을 시작하고 있다.

이런 종種들은 복잡하게 연계되어 있었다.

> 전복과 성게는 해초를 게걸스럽게 뜯어먹고, 해초는 시장과 오락용 어업recreational fisheries 등에서 중요하게 취급되는 수많은 물고기에게 음식과 안식처를 제공한다. 바다수달이 그 게걸스러운 것들을 솎아내는 곳에는 해초가 무성하게 자란다. 해초가 풍부한 해변가는 그렇지 않은 곳보다 더 많은 생명체가 있게 되고, 사람들에게 유용한 먹이 사슬이 될 수 있는 많은 물고기들이 모이게 된다. 바다수달이 없는 곳에는 게걸스러운 것들이 더 많지만 해초들이 적기 때문에 전반적으로는 덜 생산적인 해양이 된다(McEvoy, 1981: 81).

인간은 그 사회와 집단에 따라 음식 습관, 물고기를 잡아먹는 방식, 문화가 다르기 때문에, 이런 차이는 서로 다른 방식으로 종 사이의 연계성에 영향을 미치고, 특정한 시기에 존재하고 있는 각종 동식물 수에도 커다란 변이를 야기한다. 1820년대 탐욕스러운 러시아, 양키, 스페인 무역업자들이 바다수달 모피를 이윤이 많이 남을 것 같은 중국시장과 거래하자 바다수달의 숫자는 급격히 줄어들어 갔다. 이런 사실이 의미했던 바는 그로부터 40년 후, 다른 사람과 마찬가지로 금을 찾으러 캘리포니아로 건너 온 중국인은 인종적인 이유로 탐사에서 쫓겨났지만, 그들의 일부는 전복이 아주 귀중한 음식 재료인 중국인에게 그것을 잡아 팔음으로써 생계를 유지할 수 있었다는 것이다. 바다수달이 사라지자, 전복의 수는 중국인 고객들의 입맛에 맞도록 말린 전복 상자가 샌디에고San Diego 선창가에 가득 쌓일 정도로 증가했던 것이다McEvoy, 1986: 76.

자신의 문화 방식에 충실했던 중국 어부들이 전복의 총수를 급격하게 감소시켰을 때(동시에 모피 무역을 위한 바다표범 사냥이 확대되었다), 꼬치고기, 가다랭이, 그루퍼(참바리속의 식용어─옮긴이), 농어와 같은 식용물고기(이 물고기들은 다른 인구집단이 귀중히 여기는 음식인데, 이는 또 다른 문화적 현상이다)의 포획량은 매우 급증했다. 이 문장의 복잡성은 단지 사회적 그리고 생태적 실체의 복잡성을 암시할 뿐이다. 캘리포니아에 거주했던 다양한 아메리카 원주민의 문화, 그들의 종교적 예식과 경제 생활, 음식물과 음식물 수집 방법─한편으로는 이 모든 것─과, 미국 동부에서 온 수많은 유럽인 후예들이 인디언의 주된 음식물이었던 연어를 잡아 통조림으로 만들고, 금을 채굴하고 나무를 벌목하여 연어들이 알을 낳는 시냇물을 오염시켜 연어를 죽이게끔 함으로써 가져온 경제적·정치적 동기 사이의 연계성을 설명하기 위해서는 훨씬 더 복잡한 문장이 필요할 것이다.

물고기의 유전적으로 뿌리 깊은 습성, 인간의 문화적 습관, 그리고 경치 좋은 땅의 지리학적 특성은 위에서 언급된 것이 단지 하나의 가장 작은 표본이 되는 방식으로 상호 작용하고 있다. 맥보이의 책은 나의 요약과 같은 것을 지적이고 신뢰성 있게 만들 정도로 많은 것을 매우 상세히 이야기하고 있다. 내가 여기서 이런 내용을 기술한 것은 '사회는 유기체'라는 비유가 산출할 수 있는 유용한 분석의 유형을 지적하기 위해서이다. 사회를 유기체로 보는 것 그 자체가 분석 술책이 되는 것은 아니지만, 관심을 가지는 것에 연계되어 있는 것 모두에 주목하라는 일반적인 주의사항은 된다. 유기체로서의 사회라는 견해가 특히 잘 작동하는 경우는 완벽하게 관계되지 않는 것도 아니고

91

또 어떤 완벽하게 결정되는 방식으로 관계되는 것도 아닌 현상의 전반적인 하위체계들이 독립적으로 변화하는 것을 인식하고 분석하고자 할 때이다. 물고기, 사람, 날씨, 문화, 그리고 캘리포니아 해변가의 지형들은 바로 그런 체제의 잡동사니가 되고, 또한 설명하려는 많은 것이 단지 이와 같은 것에 불과하며, 역설계를 할 수 있는 어떤 기계와 같은 것은 아니라는 사실을 인식하는 근거는 빈번하다.

그렇지만, 어떤 특정 술책은 그런 관점에서 흘러나오는데, 그러한 여러 술책은 다음과 같다. 첫 번째는, 분석적 범주로서의 사람의 유형은 잊어버리고 그 대신, 사람들이 여기저기서 참여하고 있는 행위의 유형을 조사하라는 것으로 이루어져 있다. 두 번째는, 객체objects를 사람의 행위가 구현화된 잔여물embodied residual로 간주하는 것으로 이루어져 있다. 이러한 두 술책은 다음과 같은 방식으로 유기체 비유에서 흘러나온 것이다. 즉, 사람과 객체를 고유한 특성을 가진 고정된 실체로서 조사하는 것은 그러한 사람과 객체의 맥락을 분석하지 못하도록 만든다—이론은 그렇지 않을지라도 관행에서는 확실히 그렇다. 행위를 출발점으로 삼는 것은 그 행위가 일어나는 입장과, 연구하고자 하는 것이 그 주변의 다른 모든 것—그 맥락—과 관계되는 모든 연계성에 대한 분석에 초점을 맞추도록 한다. 행위가 이해될 때는 단지 행위가 무엇에 대한 반응인지, 무슨 현상이 이해하고자 하는 것에 대한 투입물과 필요 조건을 제공하는지를 아는 경우이다. 만약 어떤 사람 또는 객체의 특성이 너무 불변적이어서 모든 입장의 변이에 저항할 정도라면, 너무 불변하여 어떤 투입물도 그 사람 또는 객체가 무엇이든지 간에 행하게 하는 필연적 조건이 되지 못한다면, 그런 것은 연구를 시작하기 앞서 만들어진 경험적인 발견—이론적인 언질이 아니라—이 될 것이고, 그래서 증거에 의해 부정되는 것에서 면역될 것이다.

사람을 행위로 전환하기

이 술책은 사회과학자들이 인간의 유형을 만들어 연구해 왔던 습관을 바꿀 것을 권한다. 대표적인 예는 사회학자들이 일탈자와 비일탈자, 기존 사회 규칙을 준수하는 사람과 그 규칙을 깨뜨리는 사람을 관습적으로 구분한 것이다. 그것은 무엇이 잘못되었나? 그리고 대안은 무엇인가?

그런 분석의 문제는 인간의 유형을 분석의 기본단위로 삼아 그 유형이 마치 그 사람 자체이거나 그 사람의 모든 것인 양 취급한다는 점, 그리고 그 사람이 하고 있거나 앞으로 할 것이 마치 그 사람이 속한 유형에 의해 인과적으로 이해되고 '설명된다'는 점에 있다. 분석가는 그런 분석을 심리학적 유형뿐만 아니라, 사회적 특성에 기초한 유형—계급 유형, 인종 유형, 성별, 직업 유형, 내향적인 사람과 외향적인 사람, 일탈자와 정신병자—을 가지고 한다.

하지만, 이는 잘못된 것이다. 우선, 어떤 누구도 자신이 속한 유형의 특성에 완벽하게 일치하는 행동을 하지 않는다는 사실을 쉽게 발견할 수 있다. 인간은 항상 그들이 속한 유형의 행위보다 훨씬 다양한 행위를 하고 기대하지 못했던 행위도 한다. 나는 여기서 인간의 자유가 사회학적 이론화 작업—단지 단순한 경험적 발견—의 족쇄를 어떻게 파열시킬 것인지에 대해 논의하고 있는 것은 아니다. 그들이 하기로 되어있는 것을 정확하게 예측하지 못하는 유형은 그다지 쓸모가 없다는 것이다.

이런 반대 의견에 대해 인습적으로 하는 응수는 구조화된 유형을 사용하면 분석가가 사람들의 행위를 오차가 거의 없는 범위 내에서 예측할 수 있다는 주장은 반과학적anti-science이라는 것이다. 왜? 그런 완벽성을 주장하는 것은 예측의 적당한 성공을 목표로 하는 현실적이고 획득 가능한 과학적 목표를 무시하기 때문이다. 나는 반과학적이라는 비난을 인정할 수 없는데, 간단하면서도 쉽게 획득할 수 있는 해결책이 있기 때문이다. 그 해결책은 사람의 유형을 행위의 유형으로 대치시키는 것이다. 그런 대치가 가능한 이론적 근거는 사람의 유형을 사용할 경우 자신의 기질—사회학적이든 심리학적이든 간에—에 의해 결정되는 방식에 일치하도록 행동한다는 강력하지만 경험적 사실에 근거를 두지 않은 가정을 만들어 낸다는 것이다. 사회학자는 경험적으로 정확한 것을 말할 수 있는 보다 적절한 대안적 가설을 만들 수 있는데, 그것은 사람들이 반드시 해야 하는 일이나 그 당시 자신에게 이득이 되는 것처럼 보이는 일은 무엇이든 하기 때문에 모든 것을 고려해야 한다는 것, 그리고 입장들이 바뀌기 때문에 그들이 변함없는 방식으로 행동하기를 기대할 하등의 이유가 없다는 것이다.

디트리히 라이츠Dietrich Reitzes는 인종이 분리된 동네에 살면서 동시에 여러 인종이 섞여있는 노동조합의 성원인 백인이 가지는 인종적 태도를 측정한 설문지를 제시하면서 위의 사실을 설명하였다Lohman and Reitzes, 1954. 백인 응답자들이 작업장에서 그 질문에 응답했을 때는 다른 조합 성원과 마찬가지로 인종적 편견이 없었다. 그러나, 집에서 응답했을 때는 그들의 이웃과 마찬가지로 인종적 편견이 있었다. 만약 그 백인을 편견이 있는 사람 또는 편견이 없는 사람으로 판단한다면, 큰 곤경에 처할 것이다. 만일 그 백인을 어떤 때는 편견이 있는 것처럼 행동하고 다른 때는 편견이 없는 것처럼 행동하는 것으로 생각한다면 여전히 그런 행위의 차이를 설명해야 하지만, 유형으로 명시된 인간의 기본 본성이 어떻게 그렇게 재빨리 변할 수 있는지를 이해해야 하는 커다란 문제에는 봉착하지 않게 된다. 사람의 유형을 행위의 유형으로 전환할 경우 문제는 훨씬 더 다루기 쉬워진다.

이런 문제에 대한 해결책은 보다 합리적으로 발견될 수 있는데, 그것은 행위가 어떤 특정 입장에 반응할 것이라는 사실과, 입장과 행위 사이의 관계들이 일반화가 가능한 일관성을 가질 수 있다는 사실에 있다. 따라서, 이렇게 말할 수 있다. "사람들이 X라는 입장에 있으면 그런 종류의 압력을 받고, 행위가 선택될 그런 가능성이 있으며, 이것을 하게 될 것이다." 또는, "어떤 연속적인 입장들은 당신의 관심사를 사람들이 따랐을 것 같은 경로를 구성한다고 진술할 수도 있을 것이다(성전환 수술을 받은 사람들에 대한 드리스콜의 분석은 이에 대한 한 예이다)."

아편 중독에 대한 린드스미스의 연구(앞서 이미 언급한 것이고 나중에 다시 언급하겠다)는 이런 전략을 구체화시키고 있다. 그는 중독되었던 사람의 유형이 존재한다고 가정하지 않았다. 오히려, 그는 적절한 상황 하에서 사람들이 참여하게 되는 중독 행위의 유형이 존재할 것이라고 추측했다. 그는 중독자가 아닌 중독 행위를 연구했다. 같은 방식으로, 나의 연구에서도 마리화나 사용을 사람의 유형이 아니라 행위의 유형으로서 언급하였다.

이런 말을 한 이상, 좀 더 설명해야 할 것이 있다. 린드스미스와 나는(그밖의 다른 사람들이 했던 것처럼) 사람의 유형에 관해 말했다. 실지로, 린드스미스는 중독자에 관해, 나는 마약 사용자에 관해 글을 썼다. 그러나, 우리는 그런 표현을 약기略記 shorthand의 형태, 즉 어떤 사람들이 다소간 일상적이거나 규칙적인 방식으로 그런 일에 관여했다는 사실을 간략하게 보고하는 방식으로 사용했다. 우리는 독자들에게 그런 사용법이 약기**였다**는 것, 그리고 우리의 연구 대상자는 단지 그런 특별한 일이 많이 일어났던 보통 사람이었다는 것을 이해시키고자 했다.

우리의 분석은 어떤 특정 행위에 관여함으로써 그 행위를 다시 하게 된 것과 그 행위 방식에 영향을 미치는 조건을 창출했다는 사실을 인식시킨다. X를 행하는 것은 X를 계속해서 행할 가능성을 높게 만들 타인의 반응을 이끌어낼 것이다. X를 행하는 것이 어떤 신체적 결과(과음이 당신의 간을 크게 손상시키듯이)를 이끌고 나면 미래에 행하거나 할 수 있는 것에 영향을 미칠 것이다. 가장 중요한 것은, X를 행하는 것이 X를 계속해서 또 다시 행할 가능성을 높일 수 있는 다양한 과정을 추진시킨다는 것이다.

사람을 유형화하는 것은 사람의 행위에 대한 규칙성을 설명하고자 하는 방법이다. 하지만, 입장들과 행동 노선들을 유형화하는 것은 그와는 다른 설명 방법이다. 사람보다 행위에 초점을 맞추면 정적인 것보다 변동에, 구조보다는 과정에 관심을 갖게 된다. 변동을 사회 생활의 정상적인 조건으로 보게 되면, 과학적 문제는 변동이나 변동의 결핍을 설명하는 것이 아니라, 변동이 취하는 방향을 설명하는 것이 되고, 실지로 한동안 동일한 상태로 남아 있는 입장을 특별한 사례로 간주하게 된다.

사물은 단지 함께 행동하는 사람일 뿐이다

물질적 객체는 실지로 충분히 물질적이지만 '객관적objective' 인 속성을 가지지는 않는다. 많은 무형의 사회적 객체도 마찬가지다. 우리는 사회적 목적을 위해, 그것이 그런 속성을 가지고 있다고 인식하고 그런 속성을 부여한다. 사회학자는 흔히 어떤 객체의 물질적 속성이 그것에 연루된 사람들의 행동을 강제한다고 가정한다. 그러나, 그것이 변함없이 의미하는 바는, 그런 속성은 단지 사람들이 그 객체가 일상적으로 사용된다고 인식하는 방식에서 그것을 사용할 때만 강제한다는 것이다. 마약은 중앙신경체제에 측정 가능한 영향을 미칠 수 있지만, 만약 그런 영향이 일어난다거나 그런 영향이 '기분 좋은 몽롱한 상태high' 로 만들어 준다는 것을 인식하지 못한다면, 그 마약은 '기분 좋은 몽롱한 상태' 로 만들어주지 않을 것이다. 여기에는 논박의 여지가 없는 다음과 같은 한계들이 있다. 어느 누구도 물 속에서 영원히 숨을 쉴 수 없다(비록 내가 이렇게 말했지만 내가 틀렸다는 사실, 즉 그런 방법이 있다는 주장을 위해 글을 쓰고 있는 사람을 상상해 보는 것은 쉽다).

마약이 어떤 사람을 '기분 좋은 몽롱한 상태'로 만들어주지 않거나 중독시키지 못하는 경우와 같이, 객체가 그것의 정상적인 속성을 가지고 있지 않은 것처럼 보이는 입장들을 통해(우리는 항상 그런 입장들을 찾을 수 있다), 사회적 정의와 물질적 속성 사이의 상호작용에 대해 생각해 보게 된다. 그리고 나면 우리는 불가피하다고 생각했던 강제들이 어떤 사회적·정의적 성분을 가지고 있는 물질적 객체 안에서 형성되었음을 볼 수 있다. 운이 좋으면, 객체에 대한 사회적 정의가 변할 때 그것의 특성도 변하는 것을 관찰할 수 있다. 앞에서 말한 바와 같이, 객체는 사람들이 그것을 만들 때 취했던 모든 행동을 물질적 형태로 구체화한 것임을 알 수 있다. 악기가 물질적인 실체라는 사실에는 의심할 여지가 없다. 하지만, 악기는 악기로 만들기 위한 모든 음향 효과 실험에서 모든 것을 물질적으로 구체화한 것일 뿐만 아니라, 그 악기를 연주한 많은 연주가와 그 곡을 작곡한 많은 작곡가, 그 악기에서 나는 소리를 음악으로 인정하는 청취자, 그리고 이 모든 것을 가능하게 만든 상업적인 기획자들이 수 세대에 걸쳐 행한 선택을 물질적으로 구체화한 것이다(나는 1982년도 책에서 이러한 사실과 관련된 예를 매우 상세하게 기술했다).

물질적인 객체가 사람들의 집합 행동을 통해 자신의 특성을 획득해 가는 방식을 보여주는 고상한 예는 브라질의 토양이 그것을 취급하는 과학자에 따라 변화하는 방식을 분석한 브루노 라투어Bruno Latour, 1995의 연구를 통해 볼 수 있다. 라투어는 성장 호르몬의 분자구조를 탐구하고 있던 생물학자의 최신 기술을 갖춘 실험실에서 과학을 연구했다. 그리고 그는 당시 파리의 파스퇴르 실험실이 가지고 있는 기술적 수준에서, 또 파스퇴르가 소의 탄저병에 관한 자신의 이론을 검증하기 위해 농장에 세웠던 준—실험실quasi-laboratory에서 그것을 연구했다. 라투어는 실험실이 과학의 제조에 중요하다는 결론을 내렸는데, 왜냐하면 실험실은 과학자가 관심을 가지는 것(호르몬, 미생물, 혹은 무엇이든지 간에)을 일상 생활에서 그것의 활동과 생존을 방해하고 있는 모든 것과 격리시켜주기 때문이다. 일단 미생물을 격리시켜 천적으로부터 보호하면, 실험이 가능할 정도로 성장시킬 수 있고, 실험실의 과학적인 방법을 적용할 수 있다. 실험실이 없으면 과학도 없다.

그러나 많은 경우에서처럼, 실험실 연구가 불가능한 때는 어떻게 과학 연구를 할 수 있을까? 라투어는 열대 브라질 중심부에 있는 보아 비스타Boa Vista 숲에 프랑스 토양학자들을 데리고 가서, 그들이 그런 문제를 해결하는 것을 지켜보기로 했다. 이것은 놀랄만한 표본추출 전략(다음 장에서 다룰 화제이다)이었다. 그 토양학자들은 연구하고 있는 특정 장소에서, 숲이 서서히 대초원savanna을 침식해 가고 있는 것인지, 아니면 대초원이 숲의 땅을 빼앗아 가고 있는지를 알고자 했다(그들과 동료들은 특정 땅 조각보다 그런 화제에 훨씬 더 관심을 가졌다). 우리는 실험실에서 이런 침식을 연구할 수 없다. 두 가지 일이 발생하고 있는 경계지역으로 가서 진행되고 있는 것을 살펴보아야 한다. 게다가, 그 과정은 매우 느리게 진행된다. 그저 앉아서 관찰할 수는 없다. 그 지역 여기 저기에서 파내어 만든 표본의 흙에서 추론해야만 하는 것이다.

그러나, 숲과 대초원은 야생 상태이고 과학적 활동을 하도록 만들어지지 않기 때문에, 과학자들은 먼저 숲과 대초원에 고유 순번을 매겨야 한다. 토양과학자들은 준거 지점을 설정하기 위해 못으로 나무에 번호를 새긴다. 그렇지 않으면 나무를 어떻게 구별할 수 있겠는가? 땅은 결코 깨끗이 정리되어 있지 않기 때문에, 토양과학자들은 깨끗한 시선을 가정하는 보편적인 조사도구와 방법을 사용할 수 없다. 그들은 측정된 간격으로 실을 땅에 까는 특별한 도구[Topofil Chaix]를 사용하여 그리드grid (지도상의 기준이 되는 바둑판 모양의 기준선망―옮긴이)를 구획한다. 그리고 나면, 그리드 내의 각 박스로부터 표본의 흙을 채취하여, 어떤 부분의 연구 위치[그리드의 한 칸]에서 추출한 흙의 상태를 다른 부분의 연구위치에서 추출한 흙의 상태와 비교한다. 그들은 그런 비교를 체계적으로 하기 위하여, 땅ground에 실로 표시하여 구획한 백 개의 정사각형에 엄격하게 대응하는 10×10 '토양비교측정기pedo-comparator'에 정렬되어 있는 백 개의 작은 상자 각각에 흙덩어리를 넣는다.

라투어는 내가 여기서 주목하는 것보다 더 많은 단계를 통해 그 과정을 추적하고 있다. 그 글은 읽을 가치가 있는 논문인데, 여기서 나는 나의 목적을 위해 그 내용을 좀 다르게 사용하고 있다. 나의 주된 목적은 그 논문의 <그림 12>에 함축되어 있다. 이 그림은 연구 계획에 따라 특정 깊이의 땅에서 추출한 흙덩어리를 토양비교측정기에 있는 상자 하나에 집어넣고 있는 토양과학자 르네 불레René Boulet의 사진이다.

프랑스 토양과학자, 르네 불레René Boulet

그 흙덩어리를 검토해보자. 르네의 오른손바닥에 부분적으로 쥐어져 있는 흙은 아직 흙의 모든 물질성―'재는 재로, 먼지는 먼지로'

—을 보유하고 있다. 하지만 르네의 왼손에 쥐어져 있는 마분지 입방체 안에 있는 흙은 어떤 표시가 되어 있고, 기하학적인 형태를 취하고, 숫자로 부호화되어 운반되며, 곧 색깔로 정의될 것이다. 과학 철학에서는 오른손이 하는 일을 왼손이 알지 못한다. 인류학에서 우리는 양손잡이가 된다. 이러한 혼합과 교체의 순간, 미래의 표시가 땅에서 추출되는 바로 그 순간에 독자의 주의를 집중시키는 것이다. 우리는 이런 물질적 작용의 비중을 결코 무시해서는 안 된다. 플라톤 철학의 세속적 특징은 이런 심상을 통해 드러난다. 우리는 땅에서 땅의 이데아idea로 뛰어넘어 가는 것이 아니라, 연속적이고 다양한 흙덩어리들에서 x와 y 좌표에 부호화되어 있는 기하학적 입방체 내의 구분된 색깔로 뛰어넘어 가는 것이다. 그리고, 르네는 일정한 형태가 없는 수평선에 이미 정해진 범주를 강요하지는 않는다. 그는 토양비교측정기에 흙덩이의 의미를 싣는다. 그리고 그것을 **추출한다**educes. 진짜의 흙이 토양학(흙 과학)에서 알려진 흙으로 되는 교체의 순간만이 중요시된다. 사물과 낱말을 분리시키는 끝없는 심연은 모든 곳에서 발견되는데, 그 모든 곳에는 흙덩어리와 토양비교측정기의 입방체—사례들—부호 사이의 수많은 작은 괴리들이 분포되어 있다(Latour, 1995: 163-165).

라투어는 계속해서 그 순간을 모든 순간의 원형prototype으로 만들었는데, 여기에서 틀림없이 '진짜real' 처럼 보이는 어떤 것(브라질 땅의 흙덩어리)은 여전히 또 다른 '진짜real' 객체(체계적인 비교를 하기 위한 장치가 되는 표본의 흙)를 만들기 위해 과학적으로 '추상화되고', 그 다른 객체는 계속해서 또 다른 진짜 객체—과학적 논문에 있는 표 또는 도표의 부분—가 되기 위해 추상화된다. 우리의 목적을 위한 논점은 물질적 실체로서의 먼지 조각이 거기에 대한 우리의 생각 그 자체가 된다는 것이다. 우리에게 그것은 단지 먼지 조각이 될지 모르지만, 불레와 그의 동료들에게는 과학적 증거의 조각이 된다.

물론, 대부분의 객체는 이렇게 급격하게 자신의 특성을 변화시키지 않는다. 사실상, 사람들은 대개 객체를 마치 안정된 속성을 가지고 불변하는 것처럼 취급한다. 그리고 나면 사회과학자는 객체가 어떻게 그런지에 대한 설명에 관심을 가지게 된다. 일반적인 대답은 사람들이 계속해서 동일한 방식으로 객체에 대해 생각하고 그 생각에 연대하여 그것을 정의할 때 객체들은 계속해서 동일한 속성을 가진다는 것이다. 그 객체가 무엇이고, 무엇을 하고, 어떻게 사용될 수 있는지에 대한 합의는 그것에 관련된 활동을 훨씬 쉽게 만든다. 정의를 바꾸고자 하는 사람은 그러한 혜택에 관련해 상당한 대가를 치러야 하기 때문에, 우리 대부분은 일반적으로 통용되는 객체에 대한 정의를 받아들이게 된다.

그리고 나면, 객체는 사회적 합의를 경직시킨다. 아니, 오히려 함께 행동하고 있는 사람들의 역사의 순간을 경직시킨다고 볼 수 있다. 분석적 술책은 우리 앞에 있는 물질적 객체가 어떻게 그런 방식을 획득했는지, 그것이 현재의 방식대로만 행하도록 하기 위해 누가 무엇을 했는지에 대한 모든 추적 경로를 살펴보는 것으로 구성된다. 나는 수업시간에 자주 이런 훈련을 실시했다. 학생들의 노트, 나의 신발, 연필 등과 같이 손에 잡히는 어떤 객체를 집어들면서, 우리 앞에 있는 이런 것을 만들었던 초기 결정과 활동을 모두 추적해 적어 보라는 그런 것이다.

물질적 객체가 구체화하고 있는 사회적 합의를 인식하는 손쉬운 방법은 그 합의가 우리가 사용해 온 것과 다른 객체를 만들어 내는 경우를 발견하는 것이다. 고전적인 예는 통상배열 키보드QWERTY keyboard에 관한 것으로, 그것의 타이프라이터 키는 비효율적이고 역기능적인 배열을 가졌지만 표준 객체를 선정하는 초기의 단계에서는 막대한 영향력을 보여주었다. 그 키보드는 빠른 타이핑이 초기의 기계를 멈추게 하기 때문에 타이피스트의 속도가 느려질 수 있다는 단점이 있었다. 그런 단점에도 불구하고 그 키보드가 일단 자리를 잡게 되자, 그 보다 나은 배열의 도입—사용자가 더 빨리 더 정확하게 타이핑할 수 있는 드보락Dvorak 키보드 같은—은 완벽하게 저지되었다. 너무나 많은 사람들이 이미 옛날 방식에 익숙해져 있어 그러한 변화를 '실용적'으로 만들지 못했다(이 예는 1985년 데이비드David의 글에 기술되어 있다).

모든 것은 어떤 장소에 있어야만 한다

사회학자들은 연구하고 있는 사람들의 신원을 '은밀하게confidential' 지켜주기 위한 물신(합리적이건 아니건)을 만들었음에도 불구하고(다른 사회과학분야의 사람들은 더 적게 만들었고, 역사학자들은 필연적으로 전혀 만들지 않았다), 또한 거의 변함 없이 자신의 연구 환경—자신의 자료의 출처—에 대한 짤막한 기술을 제공한다. 연구자는 이렇게 말할 것이다. "나는 나의 자료(양적이건 질적이건 상관없다)를 노동자 계급이 사는 동네의 어린이들에게서 수집했는데, 그들은 동일한 수의 흑인, 백인, 그리고 라틴계 어린이들로 구성되어 있다. 그곳은 화물을 운반하는 화물 운반선이 다니는 커다란 강을 바라볼 수 있는 언덕 위에 있고, 커다란 북서 도시의 서쪽 끝에 위치하고 있다. 그 도시는 지난 20년 동안 일자리가 크게 줄어들어, 재정이 축소되었다." 그 밖의 것을 우회적인 정보로 제공함으로써 "나는 클리브랜드[또는 디트로이트]에서 여차여차한 동네를 연구했다"는 말을 좀 더 교묘하게 표현할 수 있다.

나와 동료들이 학부생에 대한 연구를 발표했을 때Becker, Geer, and Hughes,

[1968]1994, 우리는 그 장소—캔사스 대학University of Kansas—를 언급했지만, 여전히 다음과 같은 간결한 기술을 제공했다:

그 대학은(캔사스주의 캔사스 시티에 위치한 의과대학을 제외하고) 캔사스주 로렌스에 그 본부를 두고 있었다. 도시의 인구는 약 삼만 이천 명이었다(이 곳은 캔사스주의 커다란 도시 가운데 하나이고, 캔사스 시티를 둘러싸고 있는 위성도시인 위키타Wichita, 토피카Topeka, 살리나Salina만이 이 곳보다 인구가 많았다). 캔사스 시티의 도심까지는 차로 약 45분 걸렸고, 토피카는 이보다 덜 걸렸다. 그 도시에는 다른 사업체도 있었지만, 캔사스 대학이 가장 큰 사업체였다. 로렌스는 대학 도시이다.

대학의 대부분은 이 주에서 많은 인구가 밀집한 동쪽 세 번째 완만한 언덕인 오레드 산Mount Oread 위에 위치하고 있었는데, 그 곳은 수많은 작은 도시로 구성되어 있는 평원을 전망할 수 있는 높은 언덕이었다. 그들의 도시보다 큰 로렌스는 캔사스 시티와 토피카(이 도시는 그 크기보다는 세계적으로 유명한 정신병 치료 기관이 위치해 있다는 더 나은 장점을 가지고 있었다)와 경쟁관계에 있음에도 불구하고, 주에서 문화와 지식의 중심지가 될만한 나름의 이유가 있었다.

로렌스는 중서부 대학 도시와 매우 흡사하다. 그 대학은 오래된 건물과 새로 지은 건물, 기숙사, 남녀 동창회 사무실, 미식축구장, 학생들이 붐비는 가로수가 양쪽으로 들어선 거리로 구성되어 있으며, 도시 중앙에 위치하고 있다. 그 곳을 지나면 대학 교수들과 도시주민의 안락한 집들이 있고, 건너편에는 모든 미국 도시에서 발견할 수 있는 교외지역이 있다. 북쪽으로 조금만 걸어가면, 로렌스 중심부로 쇼핑장소

103

와 상업지구, 카우Kaw 강, 캔사스 유료고속도로Kansas Turnpike 등이 있
다(앞의 책: 16-17).

왜 사회과학자들은 이러한 기술을 제공하는가?―왜 우리는 캔사스 대
학과 로렌스 도시에 대해 이렇게 상세히 언급해야 하는가?(이와 관련된 헌
터Hunter, 1990: 112-117의 논의를 보라)―결국 사회과학자들은 일반화를 만들고
자 하기 때문에, '자신의 사례'가 다른 사례와 다르게 되는 것을 최소화하고
자 한다. 우리는 우리의 사례가 그것과 유사한 많은 사례와 비슷하다는 점에
서 '대표성이 있다'고 말하고 싶어한다. 이런 사실을 통해 우리는 단지 재미
있는 이야기나 사실이 아니라, 어떤 사회적 현상이나 과정에 대한 중요한 일
반적인 결과를 발견했다고 주장할 수 있다(표본추출에 관한 단원에서 이 화
제를 다시 다루겠다).

그러나, 내가 말한 것은 '사례case'라는 것을 기억하라. 모든 연구 장소
는 어떤 일반 범주의 한 사례가 되고, 따라서 그것에 관한 지식은 일반화된
현상에 대한 지식을 준다. 우리는 우리의 사례가 관련된 모든 방식에 있어 다
른 모든 사례와 똑 같거나 최소한 비슷하다고 가정한다. 그러나, 그것은 우리
가 그 사례의 모든 지역적 특성을 무시하는 경우에만 그렇다. 만약 우리의 사
례가 캘리포니아에 위치하고 있다면, 미시건, 플로리다, 알래스카에 위치하
고 있는 사례와는 어떤 방식에서 다를 것인데, 왜냐하면 지역적 위치에 관련
되거나 내포되거나 종속되거나 하는 것(지역적 위치에 관련해 선택될 수 있
는 가능성은 많이 있다)은 필연적으로 우리가 연구하고 있는 것에 영향을 미
치기 때문이다.

어떤 종류의 것이 그럴까? 하나는 날씨다. 1960년대 캘리포니아에서 일
어났던 학생 폭동이 미네소타였다면 동일한 방식으로 일어나기가 거의 불

학계의 술책

가능했을 것이다. 일년 내내 따뜻한 날씨가 지속된다거나 날씨가 매우 추워지기 전 몇 개월만 학교를 여는 경우에는 교외 시위 발생률이 달라진다. 자발적인 시위가 수많은 사람들이 일상적으로 배회하는 공공장소에서 주최자와 연설가 그리고 단순한 사건의 흐름에 의해 동원되는 사람을 전제조건으로 삼는다면, 그것은 풀밭 위에서 식사를 하고 원반던지기 놀이를 하고 단지 어슬렁거리며 다닐 수 있는 날씨에 더 적합할 것이다. 차고 매서운 바람이 불고 밖에 오래 서있으면 동상이 걸리기 쉬운 날씨에서 그러한 조건이 부합될 가능성은 매우 낮다(불가능한 것은 아니다. 어빙 호르비츠는 러시아 혁명과 같은 매우 중요한 사건이 가장 추운 나라에서 일어났다는 사실을 나에게 상기시켜주었다. '영향을 준다influence'거나 '영향을 미친다affect'가 '결정한다determines'와 동일한 것이 아니라는 사실을 기억하라).

모집단population의 특성—모집단 성원의 교육 여부, 여러 소수민족과 인종집단의 비율, 특정 작업 기술의 보급률—또한 차이를 만든다. 이런 사실과 이와 유사한 사실이 계층화 과정과 그 과정에 간접적으로 결합되어 있는 행위와 조직 유형을 조사하는 것에 관련된다. 그리고, 그런 연계들은 일련의 현상이 길게 연결되어 진행되기 때문에 매우 복잡해질 수 있다. 여기 그렇게 쭉 연결된 한 예가 있다.

의료 관행의 조직화에 대해 연구하고 있다고 가정해 보자.

1. 인종이 다르고 계급이 다른 인구집단은 흔히 먹는 습관도 다르다. 어떤 집단은 습관적으로 고기와 콜레스테롤이 높은 음식을 많이 먹는다.
2. 먹는 습관은 질병의 유형과 강한 연계성을 가진다. 예를 들어, 심장병 발병의 차이는 인구집단이 섭취한 포화지방(고기는 이런 종류의 지방을 많이 포함하고 있다)의 양의 차이에 연계되어 있다고 생각된다. 따라서 음식문화가 다

른 인구집단은 다른 질병 패턴을 가질 것이다.

3. 한 지역에서 의술을 펼치는 의사들의 작업 입장은 그 지역의 의료 문제와 질병의 분포에 따라 변할 것이다. 그 분포는 차례로 그 지역의 인구와 문화에 의존한다. 높은 콜레스테롤 음식을 일상적으로 먹는 음식문화를 가진 사람들이 사는 지역에 병원을 개업한 의사는 아마 심장병 환자를 많이 보게 될 것이다.

4. 이제 그 지역의 자연적 특성을 추가해 보자. 그 지역은 구릉이 많다. 어떤 주민은 언덕을 걸어서 오르내리는 힘든 운동을 일상적으로 하기 때문에 음식이 몸에 미치는 영향을 없앨 수 있다. 그렇지 않은 주민은 이따금 과도하게 무리하게 되어 심장병의 위험이 증가될 수 있다. 그리고 겨울에 눈이 많이 내려 심근경색증이 있는 뚱뚱한 사람들이 눈을 치우는 힘드는 일을 하게 되면, 그 위험이 더 높아질 것은 분명하다.

5. 의사들은 어느 정도 전문화되어 있고, 그들 모두가 동일한 분포의 질병을 보게 되지는 않지만, 이 지역의 많은 의사는 콜레스테롤이 높은 음식과 관련된 동일한 문화적·의료적 징후—고혈압, 심장마비, 그와 관련된 고통—를 가진 환자들을 보게 될 것이다.

6. 작업상 비슷한 문제를 가지고 있는 전문의들은 그런 문제를 토의할 기회가 있을 때, 환자들이 어떻게 해서 질병에 걸리는지, 그들이 그런 질병에 걸리는 것은 누구의 잘못인지, 그런 환자들이 스스로를 돌보거나 그렇지 않게 만든 것은 무엇인지 등과 같은 문제를 의사의 입장에서 일일이 열거함으로써 공동의 이해를 발달시킨다. 그들은 그 지역의 전형적인 질병이 만들어내는 문제를 조정하는 협조 체제(서로 당직을 교대함으로써 휴가와 주말이 방해받지 않도록 하는)를 발달시킬 것이다(한 협조 체제는 심장 질환과 치매가 있는 노인 인구집단을 위한 것이고, 다른 협조 체제는 임신한, 보다 젊은 인구집단을 위한 것이다).

나는 이런 분석에 들어갈 수 있는 장소의 다른 측면을 나열하지는 않을 것이다. 내가 제시한 것만으로도 의사의 문화 형태가—이는 상당히 실제로 도움이 되는 추측이 될 것이다—의사들이 일하는 **장소**와 어떤 관계를 가진다는 사실을 언급하기에 충분하다.

우리는 이런 종류의 '배경 정보'를 제공하는데, 왜냐하면 그것이 어떻게 관련되는지를 명확하게 열거할 수 없고, 우리가 언급한 것을 명시적인 분석의 부분으로 만들지 못할지라도, 어쨌든 관련된다는 사실은 알고 있기 때문이다. 때때로 우리는 그런 정보가 사람들에게 그 지역에 대한 '느낌feel' 또는 그 곳과 같다는 '기분sense'을 준다고 말함으로써 그런 세부 사항의 포함을 설명한다. 그러한 정보에는 문학적 허세가 약간(때로는 더 많이) 들어가 있다.

그러나, 실제에 있어 우리가 포함하는 '배경 사항'은 단순한 배경 이상의 것을 가지고 있는데, 왜냐하면 그것은 단지 약간 사실같이 보이게 하기 위한 만들어진 지역적 색채가 아니기 때문이다. 배경 사항은 우리가 연구하는 것—우리가 밝혀내지 못한 관계, 발견했다면 허풍을 떨었을 일반화된 사회적 과정—이 존재하고 있는 환경적 **조건**이다. 캔사스주의 로렌스는 캔사스 시티로부터 약 30마일 떨어져 있다고 할 때, 그것은 단지 '흥미로운interesting' 사실만은 아니다. 그것은 캠퍼스가 다른 곳에 위치했더라면 존재하지 않았을 그 대학의 독특한 특징을 지적한다. 우리는 분석에서 그런 특징을 명시적으로 사용하지는 않았지만, 그럼에도 불구하고 그런 특징이 그곳에 있었고 참이라는 것, 그리고 일의 진행에 영향을 주었다는 사실을 알았다. 예를 들어 보자. 가까이에 있는 캔사스 시티는 하루 저녁에 갔다 올 수 있는 거리로, 로렌스에서 맥주나 술을 살 수 없을 때 그것을 사러 갈 수 있는 곳이다. 따라서, 그곳은 밴드 음악을 들으며 술을 마시러 갈 수 있는 장소였고, 그래서 데이트를 할 수 있는 곳이었다. 만약, 평균적인 대학생의 생각을 가지고 있는 학생이라면, 반쯤 취한 애인을 태우고 운전해서 그녀의 집까지 데려다 줄 수 있는 장소였다. 맨하탄의 도시에서 서쪽으로 백마일 이상 떨어진 캔사스주의 학생들은 그들의 말썽 종류가 무엇이든지 간에, 이런 것은 할 수 없었다.

아마 보다 중요한 것은, 캔사스 시티에 가까이 있다는 점과 많은 사람들이 콜롬비아의 미주리 대학—이 대학은 로렌스보다 캔사스 시티에서 상대적으로 멀리 떨어져 있다—보다 학문적으로나 지적으로 훨씬 우수하다고 생각한다는 점 때문에 캔사스 대학이 미주리주의 유복한 학생들에게 좀 더 매력적이라는 것이다. 그것은 이 대학의 비교적 세련되고 지적인 분위기와 어떤 관련이 있다는 사실은 의심할 필요가 없었다. 유복한 중류 계급의 젊은 이들은 생각하는 것만큼 세상을 잘 알지 못했다. 그렇지만, 그들은 일정한 양식을 가지고 있고, 근처 대도시에서 온 그들 대규모 집단은 고려되어야 할 대상이었다.

내가 말한 바와 같이, 우리는 그런 것을 알고 있었지만, 우리의 책에는 포함시키지 않았다. 우리 책은 교수가 학생을 위해서 만든 학문적이고 지적인 요구 사항에 대한 학생들의 집단 저항에 관한 것이었다. 우리와 다른 이들은 그것을 '학생 문화'라고 칭한다. 우리는 이 분석에서 캔사스 대학생의 문화가 구성하는 장소의 지역적 특성(그 모두를 언급하지는 않겠지만)을 무시했고, 독자 스스로 그런 결과를 추론하도록—그리고 싶다면—하거나 어떤 사람이라도(연령과 배경에 상관없이) 이해할 수 있는 '명백한' 것으로 남겨두었다. 그러나 그것들은 캔사스 대학이 어떠했는지에 대한 사실적인 측면으로서, 학창 시절을 구성하였던 집합 행동의 형태를 조건화시켰다.

이것을 다른 방식으로 말하면, 우리가 이해하려고 한 것에는 우리가 분석한 관계 이외에 다른 관계가 포함되어 있었다는 것이다. 학문적 조직체에서 교수와 교직원이 부과하는 강제를 최소화시키기 위한 학생 조합이 중요한 것은 의심할 여지가 없다. 그것은 헬렌 호르비츠Helen Horwitz, 1987가 보여준 바와 같이 오랜 역사를 가진 이야기이다. 그러나, 그것의 특정한 사례는 그것이 발생했던 곳에서 일어났고, 그것이 일어났던 곳이 어떤 차이를 만들어 냈다.

좀 더 공식적으로 말한다면, 어떤 사건이나 조직 또는 현상을 둘러싼 환경적 조건은, 그 사건이나 조직 또는 현상이 궁극적으로 취하는 형태로 발생하거나 존재하는 데 결정적인 작용을 한다. 이런 의존 상태를 명백히 드러냄으로써 우리의 설명은 좀 더 나아진다.

사회조직이 환경에 의존한다는 사실을 인식하게 되면 연구자가 연구 장소를 밝히지 않을 때 가지는 문제에 초점을 맞추게 된다. 모든 것을 고려할 수 없는 것은 분명한데, 우리의 사례가 위치한 곳에 관련된 것 중 반드시 고려해야 하는 것은 무엇인가? 이것은 전략적인 질문이다. 잠정적인 대답을 한다면, 빼버릴 경우 그것을 금방 눈치챌 수 있는 것은 반드시 포함해야 한다는 것이다. 만약 우리가 면접했던 정신분석학자가 우리에게 자조self-help 집단과 에어하트르식 세미나 훈련(자기 발견과 자기 실현을 위한 체계적 방법―옮긴이)과 같이 평이한 치료방법이 환자들을 놓고 치열하게 경쟁하고 있고, 그런 치료방법과 집단은 캘리포니아에 매우 흔하다는 사실을 말한다면, 정신분석학자의 경력을 연구할 때 지리학과 지역적 문화가 무시될 수 없다는 사실을 안다Nunes, 1984. 이런 의미에서 빠뜨릴 수 없는 것, 즉 우리가 연구하고 있는 사례의 지역적 상황과 우선적으로 결합되어 있는 것을 더 많이 발견함으로써 지식을 축적해 나간다.

따라서, 지역적 변이를 무시하거나 '통제하려고' 하기보다는, 지역적 독특성을 발견하여 연구 결과 속에 집어넣어야 한다. 한 뛰어난 예로, 1917년

(제1차 세계대전 후, 많은 흑인 음악가가 군에서 제대하여 일자리로 돌아갔던 시기로, 그들은 인종이 구분된 악단에서 연주를 했었다)과 1935년(대규모 악단big band이 순회공연하는 새로운 형태가 국가적인 현상이 되었던 시기) 사이에 흑인 음악가들이 커다란 댄스 악단big dance band을 만든 것에 대한 토마스 헤네시Thomas Hennessy, 1973의 연구가 있다. 그 악단과 악단의 연주 음악은 만들어진 곳이 어느 지역인가에 따라, 그 지역 중심부에 있는 흑인과 백인 사이의 관계 및 상태에 따라 다르게 발달하였다. 뉴욕은 흑인과 백인을 교양 있게 만들었다. 흑인 음악가는 모든 종류의 악보를 읽을 수 있게 공부했다. 또한, 백인 청중은 흑인 음악가가 자신들을 위해 연주하는 것에 익숙해졌고, 흑인 음악가는 매우 다양한 상황에서 연주했으며, 자신의 음악을 상황에 맞게끔 재단했다. 애틀랜타의 흑인 음악가들은 보편적인 유럽 음악을 훨씬 덜 공부했고, 주로 흑인을 위한 천막 쇼에서 연주했다.

이 모든 것은 여기에서 비롯된 다음 두 가지 술책으로 요약될 수 있다:

모든 것은 어딘가에 있어야만 한다. 모든 것이 어딘가에 있다는 것은 우리가 연구하고 있는 일이 특정한 어딘가에서 일어나고 있다는 것을 의미한다. 일반적인 세상 또는 '어떤 사회적 환경'이 아니라, 바로 여기 이곳이다. 그리고 이곳에서 참인 것은 무엇이든 연구하고 있는 것에 영향을 미칠 것이다. 따라서, 그곳의 특징에 접근해서 살펴보고 계속 주시해라. 물질적 특징(그 곳이 어디이며, 사는 장소, 일하는 장소, 있는 장소는 각기 무슨 유형인지)과 사회적 특징(누가 있으며 얼마나 오래 있었는지, 그리고 인구학자와 사회학자, 인류학자, 역사학자들이 주목하라는 그 밖의 것), 이런 것은 '모든 것은 어딘가에 있어야만 한다'는 말을 스스로에게 자주 되풀이하게 만든다.

빠뜨릴 수 없는 것을 집어넣어라. 이 규칙을 따르는 것은 분명히 불가능한데, 왜냐하면 그것이 무엇이든지 그것에 대한 모든 것을 알아야 하고 그 당시 그것에 대한 모든 것을 글로 쓸 수 있어야 하기 때문이다. 그러므로 자기가 연구하고 있는 것에 대해 생각할 때, 자신이 말하고자 하는 특정 사회의 특징을 설명할 수 있는 장소의 특징이 무엇인지에 주목해야 한다. 만약 어떤 사건을 부분적으로 설명하기 위해 날씨를 언급하고자 한다면, 도입 부분에 날씨에 관해 이야기해야 한다. 그리고 날씨에 관해 기술했다면, 그것에 관한 분석도 해야 한다.

모든 것이 어딘가에서 일어나야만 하는 것과 같이, 그것은 어느 시점에 일어나야만 하고, 그 어느 시점이 바로 차이를 만들게 한다. 시간에 관한 문제점과 해결책은 장소에 대한 문제점과 해결책에 매우 유사하다. 나는 수학자처럼, '모든 것은 어느 시점에서 일어나야만 한다' 라고 불리는 술책이 의미하는 바를 독자들이 풀어야 할 숙제로 남겨둘 것이다.

서사敍事

서사narrative 형태의 분석은 **그 사건**이('그 사건' 은 우리가 이해하고 설명하고자 하는 것이면 무엇이든지 된다) 무엇인지와 어떻게 그런 방식을 갖게 되었는지를 설명하는 이야기를 발견하는 데 초점을 둔다. 원인 분석가가 연구가 잘 되었다고 할 때의 결과물은 설명된 변량의 구성비가 크다는 것이다. 서사 분석가가 연구가 잘되었다고 할 때의 결과물은 그런 과정이 왜 그런 결과를 이끌어야만 했는지를 설명하는 이야기가 된다.

111

서사 분석은 원인 분석가가 의심스러워하는 어떤 것을 산출하는데, 원인분석가의 전제조건과 작업관행에서 볼 때 완벽한 상관관계는 의심스러운 것이 당연하다. 완벽한 상관관계를 산출한 확률적 인과관계 분석은 폐기되는데, 왜냐하면 그 분석에서 상당 양의 오차는 필수적이기 때문이다. 연구자들은 완벽한 상관관계가 일어나기에는 자신들의 자료에 측정오차와 그밖의 다른 오차와 같은 찌꺼기noise가 너무 많이 있다는 사실을 안다. 그들은 자신의 이론이 완벽한 상관관계를 예상할 때조차, 불완전한 상관관계를 기대한다. 그러나, 자신들의 자료에 오차(보다 나은 상관관계를 방해하는 오차)가 있다는 사실을 안다고 할지라도 불완전한 자료를 집어던지지는 못하는데, 그것은 오차를 내포하고 있는 것이 어느 사례인지 어느 측정인지를 알지 못하기 때문이다. 솔직히 말해, 그들은 모든 사례를 포함하고 있고 그래서 결과를 확률적으로 보장한다. 이런 사실은 설명되지 않은 변량을 산수화의 여백이 아니라, 문제로 여기는 서사 분석가를 당황하게 만든다(이런 문제들은 5장의 고유성 공간분석property space analysis과 질적 비교분석qualitative comparative analysis 논의에서 좀 더 철저하게 개진할 것이다).

한편 서사 분석가는 완벽하게 결정적인 결과물을 얻지 못하면 만족하지 않는다. 모든 부정적 사례는 그 결과를 재련하거나, 결과에 비정상적 사례를 포함시킨 설명을 다시 할 수 있는 기회를 준다. 그러나 이런 비정상적인 사례를 포함시키는 방식은 확률적 원인 분석가들을 당황하게 만드는데, 왜냐하면 그들은 비정상적인 사례를 내던져 버리기 때문이다.[*] 비정상적인 사례를 내던져 버리기보다는 오히려 조심스럽게 검사함으로써, 그것은 우리

---

[*] 원인 분석가들이 항상 비정상적인(또는 예외적인) 사례를 내던져 버리는 것은 아니다. 오히려 탐색적 자료 분석exploratory data analysis 방법은 그런 예외적인 사례들을 찾아내어 왜 그런 예외적인 사례가 나타나는지를 이론적으로 분석하는 데 초점을 맞춘다—옮긴이.

가 설명하고자 하는 것이 아니라는 사실을 판단해야 한다. 서사를 구축하는 과정에는 그 이론이 설명하는 것이 무엇이고, 종속변수가 실지로 무엇인지를 계속해서 재정의하는 부분이 포함된다(이는 5장의 분석적 귀납법analytic induction에서 좀 더 철저하게 다룰 것이다. 또한 1992년 애보트Abbot의 글을 참조하시오).

'왜Why?'가 아닌 '어떻게How?'를 물어라

모든 사람은 이 술책을 알고 있다. 그러나 다른 많은 경우와 같이, 이 술책을 아는 사람들도 이것이 사용되어야 할 때 사용하지 않고, 그 일이 어떻게 일어났는지—왜 일어났는지가 아니라—를 묻는 처방에도 따르지 않는다. 사람들이 왜 그렇게 하는지는 흥미로운 문제이지만, 나는 그 문장에 대답이 들어 있다고 생각한다. 왜를 묻는 것이 좀 더 자연스러워 보인다. '왜?'라고 묻는 것이 보다 심오하면서 보다 지적인 것 같고, 마치 그 일의 좀 더 깊은 의미에 관해 질문하고 있는 것처럼 보인다. 이런 것은 '어떻게?'가 만들어내는 쉽고 간단한 서사와는 대조된다. 이런 편견은 설명과 '단순한' 기술의 구분에서 구체적으로 나타난다. 그 구분은 낡고 피상적인 것이며, 끊임없이 남을 경멸하는 데 사용되어 왔던 것이다.

나는 현장연구의 결과를 통해 '어떻게?'가 '왜?'보다 낫다는 사실을 처음으로 이해하게 되었다. 사람들을 면접하면서, 왜 그것을 했는지 물어보면 그들은 반드시 방어적인 자세를 취했다. 그들에게 왜 내가 관심을 가지고 있던 어떤 특별한 것을 했는지—왜 의사가 되었습니까? 왜 그 학교에서 강의하기로 결정했습니까?—를 물었을 때, 불쌍한 무방비 상태의 응답자들은 그 질문을 조사의 행위에 대한 훌륭하고 충분한 이유, 즉 자기 행위의 정당화를 요구하는 것으로 이해했다. 그들은 나의 '왜?'라는 질문에 짧고 신중하게,

그리고 싸움하듯 대답했는데, 그 대답은 마치 '그래, 이 미친놈아, 그만하면 충분하냐?' 라고 말하는 것 같았다.

이에 반해, 어떻게 그런 일이 일어났었는지─어떻게 그런 종류의 일을 하게 되었습니까? 어떻게 그 학교에서 강의를 그만두게 되었습니까?─물었을 때는 물음이 잘 이루어졌다. 사람들은 장황하게 대답했고, 정보가 될만한 세부 이야기를 해주었고, 그것을 해야 했던 이유뿐만 아니라 내가 알고자 한 결과에 영향을 준 다른 사람의 행동까지도 설명해 주었다. 그리고, 내가 마리화나 사용자와의 면접을 통해 그 행위의 속성에 관한 이론을 발달시키고자 했을 때, "어떻게 해서 풀잎grass(마리화나의 속어─옮긴이)을 피기 시작했습니까?" 라고 질문을 하면 "당신은 왜 마약dope을 했습니까?" 라고 물었을 때 보이는 방어적이고 가책을 느끼는 반응(마치 내가 그들을 어떤 일로 비난한 것 같은)을 불러일으키지 않을 수 있었다.

이처럼 면접 질문으로써 '왜' 보다 '어떻게?' 가 훨씬 잘 작용하는 이유는 무엇인가? 협조적이고 방어적이지 않은 응답자조차 '왜?' 에 대해서는 짧게 대답하였다. 그들은 그것을 하나의 원인─아마 여러 원인─을, 그러나 어쨌든 몇 개의 낱말로 짧게 요약할 수 있는 어떤 것을 묻는 것으로 이해했다. 그리고 그것은 어떤 오래된 원인이 아니라, 희생자의 의도에 포함되어 있는 것이었다. 만약 당신이 그것을 했다면, 어떤 이유로 그것을 했다. 좋다, 너의 이유는 무엇이냐? 게다가, '왜?' 는 이해되고 옹호될 수 있는 '훌륭한' 대답을 요구한다. 그 대답은 논리적인 약점과 모순들을 보여서는 안 된다. 그 대답은 사회적으로 뿐만 아니라 논리적으로도 옹호될 수 있어야만 한다. 즉, 그 대답은 그 세계에서 적합한 것이라고 보편적으로 용인되는 하나의 동기로 표현되어야만 한다. 바꿔 말하면, '왜?' 를 묻는 것은 응답자에게 그 것에 대해 책임지지 않아도 되는 이유를 묻는 것이 된다. "왜 늦게 출근했

학계의 술책

니?"는 분명 '합당한' 이유를 요구한다. "나 늦잠을 잤어"는 사실일지라 하더라도 대답이 되지 못하는데, 그 이유는 그것이 불합리한 의도를 전달하기 때문이다. "열차가 고장났어"는 아마 좋은 대답이 될 수 있을 것인데, 그것은 그 의도가 선량했고 잘못은 다른 곳에서 발생했다는 사실을(만약 "너는 그럴 가능성을 고려해서 충분히 일찍 떠났어야만 했다"는 반응이 없다면) 제시하기 때문이다. "나의 점성술에는 예견되어 있다"는 많은 곳에서 술책이 되지 못할 것이다.

내가 사람들에게 "어떻게?"라고 물었을 때, 그들은 더 여유를 갖고 덜 압박감을 느꼈으며, 질문의 의미를 생각하면서 이야기에 반드시 포함해야만 하는 모든 것을 포함하여 보다 적합한 방식으로 대답했다. 그러한 질문은 '옳은' 대답을 요구하지 않으며, 잘못된 행동에 대한 책임을 묻는 것처럼 보이지도 않는다. 그러한 질문은 무의미하거나 이해관계가 없는 것에 대해 호기심을 나타낸다. "음, 오는 길에 무슨 일이 생겨서 이렇게 지각했니?" 이런 질문은 대답이 갖춰야 하는 형식을 암시하지 않는다("왜"의 경우에는, 그 이유가 질문의 의도에 포함되어 있다). 결과적으로, 그런 질문은 사람들이 그 이야기에서 중요하다고 생각하는 것—내가 그렇게 생각하건 아니건 상관없이—을 포함하도록 만든다.

어떤 특정한 연구에서는 면접자들에게 이러한 자율성을 주는 것이 꺼림직할 수 있다. 만약 모든 사람에게 동일한 몇 개의 선택 범주를 제공하고 거기서 연구자의 질문에 대한 응답을 선택하도록 한다면(이것이 필수적인 것은 아니지만, 때때로 설문조사 연구의 목적이 된다), 그리고 얼마나 많은 사람들이 각 선택 범주에 응답했는지를 계산할 수 있다면, 연구자는 자신의 목록에 포함되지 않은 가능성에 대해 꾸지람을 듣고 싶지 않을 것이다. 그런 가능성은 '기타'라는 항목으로 가야만 했을 것이고, 자신이 계획했던 것을 하는 데 아무 소용이 없을 것이다.

그러나, 내가 해왔던 그리고 아직도 하고 있는 유형의 연구는 다른 어떤 것을 찾고 있다. 나는 어떤 사건에 대한 상황 모두, 그것을 둘러싸고 있는 모든 것, 연루된 모든 사람들을 알고자 했다(여기서 "모두all"와 "모든 것everything"은 과장된 표현이다. 나는 정말로 모든 것을 원하지는 않았지만, 사회과학자들이 흔히 행하는 것보다는 많은 것을 원했던 것이 확실하다). 나는 사건의 연쇄를, 즉 어떻게 한 사건이 다른 사건을 이끄는지, 어떻게 저 사건이 일어날 때까지 이 사건이 발생하지 않았는지를 알고자 했다. 무엇보다도, 확신했던 바는 내가 그 이야기에 포함된 모든 사람들과 모든 사건 그리고 모든 상황을 알고 있지 않다는 것이었다. 내가 기대한 것은 사람들과의 이야기를 통해 무언가를 배움으로써, 이야기에 포함해야 할 것을 계속해서 수집하고, 나의 이해와 분석을 계속적으로 좀 더 복잡하게 만드는 것이었다. 나는 사람들에게 최대한의 자유를 주어 특히 내가 생각하지 못했던 것들을 듣고자 했다.

'왜'라는 질문에 대한 나의 비난에는 한가지 중요한 예외가 있다. 연구자들은 때때로 사람들이 행한 것 또는 하려고 생각했던 것의 이유를 정확하게 알고 싶어한다. 블랜치 기어와 내Becker et al., [1961]1977: 401-418가 의과대학생들을 대상으로 자신의 전공을 정하게끔 만든 선택들—그들은 아직까지 학생 신분이었기 때문에, 그런 선택은 모두 가설적이었다—에 관해 면접했을 때, 우리가 알고자 한 것은 정확히 말해 그들이 선택에 부여하는 이유였다. 우리는 선택의 근거가 되는 이유와 그러한 선택들이 유망한 전공 영역의 범위로 접목되는 방식을 도식화하고자 했다. 우리는 학생들이 미래에 실제로 자신의 전공을 결정할 때 그런 선택을 할 것이라고 기대하지는 않았다. 우리는 그들이 학교에 있는 동안 그들의 사고를 선도했던 접근방식을 기술하는 부분으로써 그런 이유들을 알고자 했다.

따라서, 현장에서는 '왜'로 표현된 면접 질문보다 '어떻게'로 표현된 면접 질문을 통해 더 많은 것을 배운다. 면접 전략으로 효율성이 있다는 것이 어떤 아이디어가 이론적으로 유용하다는 말을 보증하지는 않는다. 그럼에도 불구하고, 그것은 실마리가 된다.

과정

실마리는 훌륭한 이론적 술책이 되는 일반적인 생각하기 방식을 이끌어 낸다. 연구하고자 하는 것이 무엇이든지 간에 그것은 원인을 가지는 것이 아니라 역사, 이야기 또는 서사—"최초에 이것이 일어났고 다음에 저것이 일어났고 그 다음에 다른 것이 일어났고 그리고 그것은 이와 같이 끝났다."—를 가진다고 가정하자. 이러한 시각에서, 우리는 사건을 필연적으로 만들어 내는 조건이 아니라 사건이 일어나게 되는 과정의 단계를 통해 사건의 발생을 이해해야 한다.

그러나, 우리는 소설가나 역사가가 말하는 특별한 이야기를 찾고 있는 것은 아니다. 이야기가 구별되는 특수성을 찾고 있는 것도 아니다. 대신 전형적인 이야기, 즉 사건이 일어날 때마다 비교적 동일한 방식으로 작동하는 이야기를 찾고 있는 것이다. 우리는 원인에 대한 불변의 결과가 아니라, 그 단계들이 논리적인—아마 인과관계의 논리보다 더 필연적인—이야기를 찾는다. 이러한 견해에 의하면, 사건은 그것이 그러한 방식이 되게 한 이야기 외의 다른 어떤 것으로부터 야기되지 않는다.

사회과학자들은 이런 특성을 가진 이야기를 **과정**processes이라고 칭한다. 애보트Abbott, 1992: 68-69는 혁명에 관한 연구의 서론에서 이러한 생각에 대한 로버트 파Robert E. Park의 설명을 인용하고 있다.

[혁명전술이 존재한다는 사실은] 그런 움직임 속에 전형적이면서 본질적인 어떤 것—일반 용어로 기술할 수 있는—이 존재한다는 것을 전제로 한다. 요컨대, 그것은 혁명의 과학적 설명에 대한 자료가 존재하고 있음을 전제로 하는데, 왜냐하면 과학—자연 과학—은 결국 사건을 예측하고 통제하는 설명과 사건이 일어나는 과정을 개념적인 용어로 기술하는 것에 지나지 않기 때문이다.

이는 단지 '원인' 대신 '과정'이라는 정확한 용어를 말하는 문제가 아니다. 이것은 다른 방식의 작업을 함축하고 있다. 한 쌍의 연인이 어떻게 헤어지게 되는지를 이해하고자 하는 경우, 가족 연구자들이 그랬던 것처럼 배경 요인을 찾거나 헤어진 쌍과 그렇지 않은 쌍을 구별짓는 상황을 제시하지 말아라. 그 대신, 다이애나 보우한Diane Vaughan, 1986이 했던 것처럼, 그런 헤어짐이 어떻게 일어나는지에 대한 이야기, 그러한 과정의 모든 단계, 그 단계들이 어떻게 연결되는지, 한 단계에서 다음 단계에 필요한 조건들이 어떻게 생겨나는지—'사건이 일어나는 과정을 개념적인 용어로 기술하기' 위해—를 찾아라. 헤어짐을 설명한다는 것은 그 쌍이 그런 모든 단계를 경험했다는 것을 의미하는 것이지, 그들이 어떤 유형의 사람이었다는 것을 말하려는 것은 아니다.

아마 다음과 같이 묻고 싶은 사람이 있을 것이다. "음, 좋아, 그렇다면 왜 그들이 그런 모든 단계를 겪어야 할까? 그것의 원인은 무엇일까?" 경험적으로 그런 것을 조사해 보면, 모든 종류의 사람들이 그런 단계를 경험한다는 사실과 더불어, 특정 유형의 사람들만 그런 단계를 경험하지 않는다는 것과 또한, 그런 단계를 경험하도록 만드는 특정 입장은 존재하는 것 같지 않다는 사실을 발견한다. 한 쌍의 연인이 헤어지는 방식에 대한 보우한의 놀라운 발견

중 하나는 그 쌍이 결혼했건 안 했건, 이성애이건 동성애이건, 노동자 계급이 건 중간계급이건, 그 과정은 동일한 방식으로 일어난다는 사실이다. 더 놀라운 것은, 그 과정은 먼저 헤어지자고 한 사람이 남자이건 여자이건 상관없이 동일한 방식으로 일어난다는 사실이다. 누가 시작했건 상관없이, '착수자 initiator'가 그 과정을 시작하고 나면, 연속되는 나머지 과정들은 어떤 일정한 논리에 따라 전개되는데, 그 논리는 과정의 각 단계에서 관계의 상태가 어떻게 될 것인지를 아는 사람에게 많이 의존하게 된다(헤어지는 쌍의 경우에). 이를테면, 착수자는 헤어짐이 다가오고 있는 사실을 아는데, 왜냐하면 그 사람이 그것을 의도했고, 상대방은 의도하지 않았으므로 착수자와 같이 헤어짐을 준비할 수 없기 때문이다.

과정에 관한 서사에는 미리 정해진 목표가 없다. 서사는 두 가지 이상의 결말을 가질 수 있으며(우리는 가능한 결말 가운데 단지 하나에 관심을 가질 것이다. 그것은 또 다른 이야기이며 5장에서 취급될 것이다), 그런 결말 중에는 우리가 설명하고자 하는 것이 일어나지 않는 것도 있다. 이를테면, 그 쌍은 결국 헤어지지 않는다. 이야기가 전개되어 감에 따라 이런 저런 배경 요인이나 일련의 상황들이 어떻게 그 이야기를 이끌고 가는지를 알 수 있다. 그러나 그런 결과는 확실한 것이 아니다. 확실한 것은 단지 그 방식을 밝힌 이야기들이 그 경로에 의해 거기에 도달한다는 사실이다.

이런 종류의 서사적 집합심상은 많은 사회과학자를 신경질적으로 만드는데, 왜냐하면 그들은 "조건 C, D, E를 가지고 A→B"라는 불변의 법칙을 발견하고자 하기 때문이다. 그들은 사회과학의 논리적인 경험적 필연성을 보여주는 사회과학의 법칙 때문에, 어떤 것은 일어나야만 했고 그렇게 되지 않았으면 일어날 수 없었다는 사실을 말하고 싶어한다. 만약 그들이 그것 대신에 이야기story, 특히 다른 방식을 보여줄 수 있는 이야기를 얻게 되면, 사기당한 느낌을 가질 것이다. 그들은 단순한 이야기를 과학으로 받아들이지 않는데, 어떤 일의 결과물이라고 필적할 만한 것이 없기 때문이다. 그들은 어떤 것을 배웠다고 생각하지 않는다. 만약 '사회과학'에서 그런 견해의 '과학'에 심각하게 집착하고 있으면, 그것은 커다란 문제가 된다.

스테판 제이 고울드Stephen Jay Gould, 1989: 48-50는 그런 문제를 다음의 질문으로 기술했다. 만약 역사의 녹음테이프—물론 그는 지구상의 생물학적 진화에 관한 이야기를 말하고 있다—를 되감아 다시 상영한다면, 역사가 동일한 방식으로 나타납니까? "아닙니다."

게오르그 본 라이트Georg von Wright는 그런 질문과 대답에 연루된 복잡성에 대한 분석에 도움—비록 좀 까다롭긴 하지만—을 주었다. 그가 가장 크게 기여한 공헌은 두 종류의 설명을 구별한 것이다. 하나의 설명은 "**왜** 어떤 것이 **필요**했고 **필요**하게 되었는지"이고, 다른 하나는 "**어떻게** 어떤 것이 **가능**했거나 **가능**하게 되었는지"이다. 우리는 어떤 것이 가능하게 되었는지를 알더라도, 우리는 여전히 예측을 할 정도로 충분히 알고 있지 않으며, 단지 라이트와 다른 사람들이 '회고어법retrodiction' 1971:58이라 칭한 것을 조금 할 수 있을 뿐이다. "우리는 어떤 현상이 발생했다는 사실을 통해, 그 현상의 선행 필요조건들이 과거 어느 시점에 일어났다는 것을 추론할 수 있다. 그리고, '과거를 조사해봄으로써' (현재에서) 그것들의 흔적을 발견할 수 있다" 1971: 58-59.

원인

마지막으로, 인과성causality이라는 형태의 집합심상이 고려될 필요가 있다. 사회과학자들은 어떤 것이 다른 어떤 것의 '원인cause'이라고 생각하고 말하고 싶어한다. 인과성에 대한 집합심상과 인과성이 함축하는 논리는 적어도(나의 빈약한 지식에 의하면) 흄^{Hume} 이래 계속해서 철학적 논쟁이 되어 왔으며, 특히 연속^{sequence}과 같은 간단한 사실, 즉 어떤 것과 뒤따라오는 다른 어떤 것을 분리시키는 데 어려움을 가진다. 당구공 A로 당구공 B를 친다. 당구공 B는 움직인다. A로 B를 친 것이 B를 움직이게 한 '원인'이었나?

이런 철학적 논쟁은 제쳐두자. 사회학자들이 원인의 문제를 전형적으로 해결하는 방식은 A가 B의 원인이 된다는 사실을 인정할 수 있는 절차에서 구체화되며, 철학적인 문제는 그다지 중요하지 않다. 그 절차는 패러다임의 방법$^{paradigmatic\ methods}$이 되는 지위를 가진다. 그것은 일부 과학자 집단이 원인을 입증하기에 충분하다고 동의한 아이디어와 절차의 꾸러미 속에 있다. 토마스 쿤$^{Kuhn,\ 1962}$이 지적했던 근거가 있음에도 불구하고, 이런 패러다임의 아이디어는 두 가지 뜻으로 해석된다. 패러다임의 아이디어 없이는 우리는 아무 것도 얻을 수 없다. 그러나 그것은 결코 그것이 한다고 하는 것을 실제로 하지 않는다. 그것을 사용한 결과로 끔찍한 변칙이 생길 수 있다. 그것은 지지 논리 기반 자체에 치명적인 약점을 가지고 있다. 따라서, 그것은 가정한 것보다 미약하고 덜 완성된 것을 보여줌으로써 항상 공격받기 쉬운 취약성을 가지고 있다.

사회과학자는 인과성을 설정하기 위한 패러다임에 수없이 동의해 왔고, 그 패러다임은 일반적으로 그 절차를 변수의 언어로써 기술하고 있다. 분석가는 '종속변수'를 차원이 변함에 따라 달라지는 사회 현상이라고 간주한 다음, 그 자체의 변이$^{變移,\ variation}$가 종속변수의 변이를 '야기하는^{cause}' 독립변수를 밝히고자 시도했다. 원인은 공분산^{covariation}을 통해 정의된다. 만

공분산^{共分散}은 두 변수의 평균을 중심으로 한 교적^{交積}을 의미한다. 즉, X와 Y를 확률변수라고 할 때 공분산이란 E[X-E(X)][Y-E(Y)]를 말한다. 옮긴이.

약 종속변수 A의 측정값이 독립변수의 측정값이 바뀜에 따라 어떤 규칙적인 방식으로 변한다면, 원인이 설명되었다는 것이다. 적어도 그 패러다임 하의 연구자는 인과성에 대한 증거가 산출되었다는 사실에 동의한다(라긴Ragin의 논거를 나의 목적에 맞게 채색하긴 하였지만 1987년 라긴의 저서에 많이 의존하고 있다. 5장에서 라긴의 아이디어를 다시 이야기 하겠다).

당연히, 그런 절차들 속에는 많은 난제가 있다. 전통적으로 상관관계 기법을 배우는 학생은 상관관계가 인과관계가 아니라는 사실을 배워왔다. 상관관계와 인과관계를 동일시할 수 없는 근거가 쉽사리 길게 열거될 수 있다. 그럼에도 불구하고, 사회학자는 일상적으로 이런 유형의 설명을 다양한 형태에서 사용하여 왔는데, 전형적인 예는 이를테면 어떤 요인이 사회 이동에 영향을 미치는지—부모의 사회적 위치나 교육, 직업 등과 비슷한 변수들이 어떤 이의 사회이동에 어느 정도까지 영향을 미치는지(그 결과의 원인으로써)—를 생각하는 것이다.

준—실험quasi-experimental 유형의 절차는 하나의 표준 절차(좀 더 정확하게 말해서 한 부류의 절차)가 된다. 준—실험 절차는 우리가 관심을 가지는 결과를 설명할 것이라 생각되는 여러 원인의 상대적 영향력을 분해하는 것이다. 리버슨Liberson, 1985은 이러한 유형의 통계적 절차를 심각하게 비판하면서, 다른 요인을 일정하게 고정시킴으로써 변수의 영향력을 추정하는 개념은 지지될 수 없다고 주장하였다. 왜냐하면, 선별의 문제로 인해 그렇게 도입된 변수의 분포가 무작위적으로 되지 않기 때문이다. 그럼에도 불구하고 리버슨

예를 들어, 학교의 유형(사립과 공립)이 학생들의 수학능력에 영향을 미친다고 가정해 보자. 종속변수는 학생들의 수학능력이고, 독립변수는 학교의 유형이 된다. 이 가정을 준—실험 유형 절차를 사용하여 검증하기 위해, 학부모의 사회경제적 지위를 통제하기로 하자. 우리는 학부모의 사회경제적 지위가 동일한 범주에 속하는 공립학교의 학생들과 사립학교의 학생들을 비교함으로써—학부모의 사회경제적 지위를 통제함으로

Liberson 1992은 잘못된 사용들을 고쳐나가면 그런 논리를 유지할 수 있다는 입장을 고수했다.

그러한 논리에 근거한 연구절차들은 도표 내의 칸^cell(그 칸은 변수가 다양한 방식으로 조합되는 사례를 보여준다)을 비교하는 것인데, 이 때 수많은 사례가 포함되어 있지 않다면 기본적인 비평에도 견디지 못할 것이다. 그런 연구의 결과는 변수들 간의 관계를 말하는 확률적 진술로 구성되어 있고, 그 진술의 주체는 일을 행하는 사람이나 조직체가 아니라, 측정할 수 있는 수준의 종속변수의 변이에 영향을 미치거나 그런 변이를 산출하는 변수들이다. 그런 연구의 결론—연구되고 있는 사례들이 특정 확률로 이런 저런 결과를 보여준다는 결론—들은 비슷한 사례의 전반적인 영역에 적용되기를 의도한다.

이런 접근 방식의 논리는, 리버슨이 제창하고 있는 정화된 견해에서조차, 어떤 결과의 산출에 포함된 모든 원인들이 다소간 동시적이면서 연속적으로 작동하고 있다는 사실을 상상하도록 요구하고 있다. 그런 사실은 압력, 온도 그리고 가스의 부피 사이의 관계들을 지배하는 매우 잘 알려진 법칙에서 볼 수 있다. A가 B보다 반드시 앞서야만 한다는 사실을 확실히 알 때조차,

써—, 학교의 유형이 학생들의 수학능력에 미치는 영향을 분석한다. 만약 분석 결과가 사립학교의 학생이 공립학교의 학생보다 더 높은 학업성취를 보인다면, 우리는 학교의 유형이 학생들의 학업 성취에 영향을 미친다고 결론을 내릴 수 있다. 그러나, 우리는 일반적으로 자식의 학업에 열성인 부모들이 그렇지 않은 부모들보다 자녀들을 사립학교에 보내기 쉽다는 사실을 인식할 수 있다. 공부를 잘 할 가능성이 있는 학생들이 애초부터 공립학교보다 사립학교에 입학할 가능성이 높다. 여기서 선별의 문제가 나타난다. 학부모의 사회경제적 지위를 통제할지라도, 학생들의 학업 성취에 영향을 미치는 원인 변수들이 양 집단(사립학교와 공립학교)에 동일하게(또는 무작위적으로) 분포되지 않을 수 있다. 이를테면, 사립학교에는 공립학교보다 애초부터 공부를 잘 할 수 있는 학생들이 입학하기 때문에, 학부모의 사회 경제적 지위를 통제하였다고 할지라도, 사립학교의 학생들이 공립학교의 학생들보다 더 높은 학업 성취를 보일 수 있다. 더 자세한 것은 리버슨 책 2장을 참조할 것—옮긴이.

분석적 절차는 마치 그 사실이 참이 아닌 것처럼 취급할 것을 요구한다.

또한, 이런 절차에서는 원인으로 제시된 변수들이 독립적으로 작용하는 것으로 상상해야 한다. 각 원인은 종속 변수의 변이에 그 나름대로의 기여를 한다. 분석가는 분명 상호작용 효과──독립 변수들이 결합하여 종속변수에 미치는 효과──를 논의해야 할 것이다. 그러나, 이런 상호작용 효과 역시 마치 원인들은 동시적이면서 연속적으로 일어나고 있는 것처럼 취급한다.

마지막으로, 그런 절차는 원인들을 부가적^{additive}으로 취급한다. 우리는 우리가 관심을 갖는 결과에 기여하는 수많은 것을 발견할 수 있다. 이러한 인과성에 대한 집합심상은 각 원인──만약 그 원인의 영향력이 충분하다면──만으로도 결과를 산출할 수 있다는 사실을 제안한다. 좀 더 일반적으로 설명하자면, 그 결과에 대해 '기여하는 것'이 어떤 식으로 조합되든지 그것이 충분히 모아지기만 한다면 결과를 산출할 수 있다는 것이다.

인과성에 대한 기법이 원인을 독립적 혹은 부가적으로 작동하는 것처럼 취급한다고 해서, 그런 기법을 사용하는 분석가는 너무 어리석어 변수들이 일시적인 순서를 가지고 있는 사실을 인식할 수 없다거나 또는 변수들이 인식할 수 있는 변화 연속선상에서 일어난다는 사실을 인식할 수 없다는 것을 의미하지는 않는다. 오히려 그 기법이 그런 지식을 다룰 수 있는 어떤 간단한 방식도 제공하지 않는다는 사실을 의미한다. 이 분석은 '마치 상기의 모든 사실이 그 사례인 것처럼' 진행한다. 그 기법의 논리는 그런 문제점들을 다룰 수 있는 어떤 특정 방식을 제공하지 않는다. 화살표로 변수를 연결하고 있는 경로분석과 같이 가시적인 기법은, 일시적인 연속을 다루기 위해 의도되었지만, 시간은 경로분석에서 단지 가시적인 비유가 될 뿐이다.

또 다른 접근 방식은 라긴$^{Ragin,\ 1987}$이 다수이자 접속적$^{multiple\ and\ conjunctural}$이라고 기술한 것으로서 이는 매우 다른 심상의 인과성을 보여준다. 이 접근

방식은 전형적인 원인들이 실제로는 독립적이지 않다는 사실을 알려준다. 즉, 각 원인이 종속변수의 종합적인 결과를 산출하는 벡터^{vector}에 독자적인 공헌을 하지 않는다는 것이다. 대신 그 접근 방식은 원인이 함께 작용할 때만 효율적이 된다고 주장한다. 변수 X_1은 X_2, X_3, X_4가 존재하는 경우에만 영향력을 가진다. 그 나머지 변수들이 없다면 X_1도 없는 편이 더 나을 것이다. 바로 이것이 '접속적인' 부분이다. 달리 말해, 이 접근방식이 곱셈적^{multiplicative}(부가적이 아니라─옮긴이)이라고 진술하는 점에서 다른 초기 모형과 분명한 차이점을 만든다. 학교에서 배운 것과 같이 어떤 숫자에 영을 곱하면 그 숫자가 아무리 클지라도 그 결과는 영이 된다. 곱셈적 심상을 가지는 인과성에서, 모든 요소는 관련된 인과적 상황들^{circumstances}의 접속 또는 조합$^{conjunction or combination}$에서 자신의 역할을 하기 위해 거기에 있어야만 한다. 만약 그것 중 어느 하나가 빠진다면 다른 것들이 아무리 중요하다고 한들 그 답은 여전히 영(0)─우리가 관심을 가지는 결과를 산출하지 않는다─이 될 것이다.

그 주장에서 '다수^{multiple}'라는 부분은 두 개 이상의 그런 조합이 우리에게 관심 있는 결과를 산출할 수 있다는 사실을 진술한다. 그런 인과적 심상에서, 결과를 얻는 방식은 하나 이상이다. 어느 조합이 어떤 사례에서 작동하는지는 맥락─사례마다 달라지는 역사적·사회적으로 특징적인 조건─에 의존한다.

이런 접근방식은 흔히 사례의 수가 적지만 그런 사례에 대해 많은 정보를 축적해야 하는 연구에서 필수적인 것으로 간주되고 있다. 이런 연구의 전형적인 예는, 몇몇 국가에서 일어난 혁명이나 국가복지 정책의 발달에 대한 연구와 같이, 국가 간 세세한 비교를 통한 역사적 연구이다. 여기에서, 분석가는 역사적인 진짜 사례에 있는 모든 복잡성^{complexity}을 다루려고 하지, 가설적인 사례의 모집단에 있는 변수들 사이의 관계를 다루려고 하지는 않는다.

125

역사적 사례를 가정된 변수가 함께 작용하는 방식의 예로 명료하게 만들려는 것이다(라긴의 '불리언 연산방식Boolean algorithm'은 바로 이러한 결과를 산출하기 위한 방법이다. 5장에서 이것에 대해 자세히 살펴볼 것이다).

나는 현재 활동 중인 사회과학자들이 가지는 심상을 마지막으로 언급하면서 이 장을 종결짓고자 한다. 현대 사회과학에서 표준이 되는 심상은 그의(내가 남성 대명사를 사용하는 이유는 그 집합심상이 너무 사내답기 때문이다) 이론을 어떤 매우 중요한 경험적 시험에 제시하고, 그의 이론이 들어맞지 않거나 귀무가설의 거부가 불가능할 때 그것을 폐기해 버리는 무모한 과학자의 심상이다. 라긴은 이와 대조적인 매우 매력적인 상을 제시했는데, 그것은 자료나 증거와의 "풍부한 대화rich dialogue"를 하는 사회과학자를 묘사한 것으로, 블루머가 마음 속에 그렸던 과학적 활동을 매우 잘 표현하고 있다. 즉, 세상의 어떤 측면에 매우 정통해야 얻을 수 있는 가능성에 대해 심사숙고하는 태도, 그런 아이디어를 수집할 수 있는 정보에 관련시켜 체계화하는 것, 그러한 정보에 비추어 아이디어를 점검하는 것, 기대했던 것과 가능성을 다시 숙고하고 더 많은 자료를 얻음으로써 발견될 수 있는 것 사이에서 피할 수 없는 불일치를 다루는 것, 그리고 쿤이 전반적인 과학의 발달에 대해 가지는 심상에 있는 기타의 것이 잘 표현되어 있다.

3 표본추출

포함시켜야 할 것

표본추출과 제유提喻

어떤 종류의 연구에서 표본추출은 주된 문제가 된다. 우리의 관심사가 무엇이든지 간에 모든 사례를 연구할 수 없고, 또 하고자 해서도 안 된다. 모든 과학적 기획은 **몇 가지**a few 예를 연구함으로써 어떤 유형의 **모든 것**everything에 적용할 수 있는 무언가를 찾고자 한다. 그리고, 우리는 그런 연구의 결과를 통해 그 부문을 구성하고 있는 모든 것에 대해 '일반화할 수 있다'고 말한다. 우리는 전 부문whole class에 관해 무언가를 안다는 사실을 다른 모든 사람에게 설득하기 위해 표본을 필요로 한다.

이는 **제유**synecdoche라는 단어가 전형적으로 나타내는 비유로서, 우리가 어떤 것의 일부를 통해 독자나 청취자에게 그것이 속하는 전체를 언급하

129

는 수사학적인 도해를 말한다. 그래서, 우리가 "백악관"을 말할 때, 그것은 물질적인 건물 대신 미국 대통령의 지위를 말하는 것이며, 또한 대통령뿐만 아니라 대통령을 수반으로 하는 행정부 전체를 언급하고 있는 것이다. 제유는 일종의 표본추출이지만, 그것은 설득하기 위한 것이지 조사나 연구를 목적으로 하지 않는다. 표본추출은 일종의 제유로 보는 것이 아마 더 좋을 것인데, 그것은 우리가 연구하기 위해 추출한 체제, 조직 또는 모집단의 부분이 그것이 추출되었던 전체를 의미 있게 대표하기를 원하기 때문이다. 표본추출의 논리는 제유가 그것이 정당하다고 인정되는 방식에서 작동한다는 사실을 독자들에게 설득하기 위한 논거가 된다(나는 단지 1990년 헌터Hunter의 글에서만 표본추출과 제유에 대한 논의를 발견할 수 있었는데, 그 당시 그의 책은 출판 준비 중이었고, 헌터의 견해는 여러 가지 면에서 나의 생각과 일치하였다).

제유 또는 표본추출이 가지는 일차적인 문제점은 우리의 생각과 달리 부분이 전체를 대표하지 못할 수 있고, 우리가 관심을 가지는 특성들을 축소형miniature에서 재생산해내지 못할 수 있고, 우리가 아는 것이 아직 조사되지 않은 다른 곳에서도 참이 된다는 사실을 결론짓지 못할 수 있다는 점이다. 만약 파리의 길거리에서 몇 명의 남자와 여자를 골라서 키를 쟀다고 가정할 경우, 그렇게 측정하여 계산된 평균을 파리 사람 전체에게도 적용할 수 있을까? 우리는 이와 유사한 방법으로 구한 평균값, 즉 시애틀 거리에서 선택한 몇몇 사람들의 키의 평균값을 파리사람들의 평균값과 비교할 수 있을까? 이들 도시의 모든 주민으로부터 구한 평균키의 값은 우리가 몇몇 사람을 측정해서 구한 평균키의 값과 어느 정도 비슷할까? 우리는 이런 표본을 통해 프랑스 사람의 키와 미국사람의 키를 비교해서 내린 결론이 정당하다고 인정할 수 있을까? 우리는 그 표본을 모집단에 대한 제유로써 사용할 수 있을까? 또 우리의 연구는 "당신의 표본은 불충분해!"라고 의기양양하게 말하는 것처럼, 학생들이 곧 배우게 될 어떤 연구를 트집잡는 비평에 개방될 수 있을까?

무작위 표본추출: 완벽한 해결책 (어떤 문제들에 대해)

무작위 표본추출의 절차는 사회과학을 '진짜 과학'으로 만들고자 하는 사람들에게 매우 사랑을 받아 왔으며, 다음과 같은 문제점들을 해결하기 위해 고안되었다. 어느 도시의 사람들 중 자신을 민주당원으로 생각하는 사람은 어느 정도인지, 그들은 지난 선거에 민주당에 투표했는지, 또 다가올 선거에서 민주당 후보자에게 투표할 것인지를 알고자 한다고 가정해보자. 효율성을 고려해 주민 모두에게 자신이 귀속감을 느끼는 정당, 행위, 의도에 관해 질문하지는 않을 것이다. 일부 주민에게만 질문하고, 그들로부터 그 도시의 전체주민에 대해 추론하기를 원한다. 면접한 사람들의 53%가 '민주당'이라고 말했다면, 모든 사람에게 물어보았더라도 그 구성비는 53%에 상당히 근접할 것이라고 말할 수 있기를 바란다.

통계적 표본추출 절차는 그런 것을 할 수 있는 방식을 가르쳐준다. 어떤 어긋남◆bias 도 내포되지 않도록 숫자들이 배열된 난수표를 이용하여 면

우리는 통계자료 분석에서 오차error를 언급하고 있지만, 그것은 두 가지로 구분되어야 한다. 그 하나는 어긋남bias으로 체계적인 오차systematic error나 비무작위적 오차nonrandom error로 일컬어지는 것이고, 나른 하나는 우리가 흔히 말하는 오차, 즉 무작위적 오차random error이다. 무작위적 오차는 모집단의 참값을 신뢰구간으로 예측하는 데 있어 사용되는 오차로서, 흔히 변량variance 으로도 사용된다. 무작위적 오차는 통계이론에 의해 다루어질 수 있는 유형의 오차이다(따라서, 무작위적 오차는 신뢰도에 관계되는 오차이다). 그러나 어긋남은 통계이론보다는 연구자가 말하고자 하는 이론적인 측면에 관련되어 일어나는 오차로 타당도에 관련된다. 표본에 어떤 특정 부류의 사람이나 특정인들이 다른 사람들보다 더 많이 추출되었거나 적게 추출되었을 경우, 그 표본에는 어긋

접할 사람들을 선택할 수 있다. 난수표의 숫자들은 결코 어떤 특정인이 다른 이들보다 더 잘 뽑힐 가능성을 갖도록 배열되어 있지 않다. 그런 비밀스런 절차를 사용해야만 하는 이유는 우리가 생각할 수 있는 다른 사례 추출 방법에는 거의 항상 그런 어긋남이 있는 것으로 밝혀졌기 때문이다.

여기 우리가 할 수 있는 실수의 유형을 보여주는 놀랄만한 예가 있다. 해치와 해치Hatch and Hatch, 1947는 일요일자 ≪뉴욕타임즈New York Times≫에 공시된 결혼 당사자들에 관한 인명 자료를 수집함으로써 '사회적 지위에 대한 표준규범'을 연구하기로 결정했다. 그들은 ≪뉴욕타임즈≫에 자신의 결혼 소식이 실린 사람들은 아마 '뉴욕 사회 체제 속에서 높은 지위'를 차지하고 있을 것이라고 가정했다. 음, 물론 그럴 수 있다. 사회학자들은 자신의 연구를 진척시키기 위해 항상 이런 식의 가정을 해왔다. 연구자들은 6월에 실린 수년 동안의 결혼 공시 모두를 연구하기로 결정했다(비록 연구자가 왜 그렇게 해야 하는지에 대한 논거를 제시하지는 못하더라도, 그러한 방법은 많은 자료를 얻을 수 있다는 점에서 합리적인 것처럼 보인다). 그들은 "유태 교회에서 행해진 결혼은 전혀 공시되지 않았고, 또 공시가 유태인 신앙과 관련되

남이 존재한다고 말한다. 예를 들어, 어떤 표본을 사용하여 서울시의 평균소득을 추정한다고 가정해보자. 만약 그 표본에 강남 주민들이 다른 지역의 주민보다 훨씬 더 높은 확률로 추출되어 포함되었다면, 그 표본에서 구한 평균 소득이 실제의 서울 주민 평균소득(또는, 강남 주민이나 다른 주민이 동등한 확률로 추출된 무작위 표본에서 구한 평균소득)보다 더 높을 것이라는 사실을 인식할 수 있다. 또 그런 표본에서 얻어지는 값은 참값(실제의 서울시 주민 평균소득)과 일정한 간격을 두기 쉽다. 바로 이러한 일정한 간격을 체계적인 오차, 즉 어긋남이라고 말한다. 'bias'는 흔히 '편이', '편견' 등 다양하게 번역되어 사용되고 있다. 그런 낱말들은 한쪽으로 치우쳐 있다는 의미는 전할 수 있을지 몰라도, 'bias'가 진정으로 의미하고자 하는 '참값과 틀리다'는 의미를 전하지는 못한다. 그래서 옮긴이는 그런 단어들 대신 어긋남을 사용한다(어긋남과 변량에 대한 보다 자세한 설명은 1997년 봄 ≪한국사회학≫회지에 있는 옮긴이의 글 "사회조사의 총오차와 오차 유형에 따른 통계분석들"과 옮긴이의 저서 『여론조사에서 사회조사로』를 참조하기 바람). ─옮긴이.

어 있는 어떤 징후도 보여주지 않았다"는 사실(이것은 많은 발견 중 단지 하나에 불과하다)을 보고했다. 그들은 공시를 통해 강조될 가치가 있다고 생각하는 가족의 사회적 특성이나 다른 결과에 대해서는 어느 정도 해석을 제공했지만, 이와 관련해서는 어떤 해석도 제시하지 않았다. 그 당시 뉴욕에는 많은 유태인들이 살고 있었고, 결혼 공시가 일상적으로 행해졌음에도 불구하고 유태인의 결혼소식이 그 신문에 전혀 실리지 않았다는 것은 아직까지도 꽤 놀라운 사실이다.

그러나, 그 부분은 곧 설명되었다. 칸만Cahnman교수는 10월과 11월—그는 그 때 그 불쾌한 논문을 보았기 때문에—의 일요일 판 신문들을 가지고 그 연구를 다시 시행해—최소한 유태인의 결혼과 관련된 부분— "편집인에게 보내는 서신"을 보냈다Cahnman, 1948. 자신의 표본을 통해 칸만 교수는, "여기에 실린 36개의 결혼 공시 중 36.1%인 13개가 유태교 율법박사rabbi에 의해 결혼식이 거행되었다"고 보고했다(유태교 율법박사는 분명 이러 저러한 특징을 가진 성직자라고 낙인되었다. 그러나, 그가 누구인지를 알 수 있는 방법이 있는데, 그것은 그가 누구인지를 알고 있는 사람이 있기 때문이다).

왜 이런 차이가 생기는 것일까? 칸만은 다음과 같이 설명한다:

저자들은 유태교 율법학자나 유태교에 정통한 학자들로부터 유태인은 유월절Passover과 축제주일Feast of Week 사이의 7주 동안, 그리고 예루살렘의 성전이 파괴되는 것을 통탄하는 날 3주 전부터는 결혼식을 거행하지 않는다는 사실을 쉽게 확인할 수 있다. 거의 예외없이 그 두 기간 중의 하나는 6월에 걸리게 마련이다. 정통파와 보수파에 속하는 모든 유태교 율법학자와 대다수의 개혁 유태교 율법학자는 이 의식을 고수하고 있다.

칸만은 앞선 연구자들이 그런 이상하게 보이는 결과를 얻기에 앞서 문제를 좀 더 주의 깊게 살피고, 보다 많은 정보를 얻고, 최소한 전문가의 조언을 구했어야 했다고 결론 내렸다. 요컨대, 유태교의 특징적인 관행이 무시되지 않도록 했어야 했다는 것이다.

그 당시 나는 시카고 대학에서 조세핀 월리암스Josephine Williams의 통계학 과목을 수강하고 있었는데, 그녀는 색다르면서 어떤 면에서는 좀 더 실용적인 결론을 내렸다. 그녀는, (a) 자료에 그런 문제가 많이 숨어 있을 수 있지만, (b) 모든 자료에서 칸만이 경고한 것과 같은 '놀랄만한amazing' 결론이 산출되지는 않을 것이라는 사실을 인식시키면서, 그런 유형의 일반적인 문제는 6월에 일어난 결혼만을 연구하는 약삭빠른 계책 대신, 난수표를 사용해 달을 선정했더라면 피할 수 있었을 것이라는 사실을 보여주었다.

우리는 난수표를 통해 모집단의 모든 성원이 표본에 알려진 확률(대개는 동일한 확률이지만 필연적인 것은 아니다)로 추출된다고 가정하는 방식으로 사례들(대개는 사람들이지만, 그 사례들은 쉽게 ≪뉴욕타임즈≫의 쟁점이 될 수 있다)을 뽑는다. 그리고 나면, 기존의 공식—그 공식의 수학적 논리는 철저하게 방어될 수 있다—은 출판물에 보고된 유태인 결혼의 구성비(또는, 면접한 응답자의 표본에서 발견한 민주당원의 구성비)가 다른 '참'값의 결혼(또는, 민주당) 구성비를 가진 유태인 모집단에서 나올 가능성이 얼마인지를 말해준다.

그런 결과를 얻는 것도 충분히 가치가 있는 일이지만 그것이 알고자 하는 것일 때에만 그렇다. 바로 이것이 내가 위에서 말한, 부분이 전체를 정확하게 나타내지 않을 수 있다는 점, 즉 전체의 중요한 특성(이를테면 평균키, 민주당에 투표하는 자의 구성비, 유태인 결혼의 구성비)을 충실하게 재생산해내지 못할 수 있다는 점이 문제처럼 **보인다**고 말한 이유이다. 표본의 어떤 변수 값이 모집단의 변수 값과 관련이 있는지는 문제가 되긴 하지만, 그것이 표본추출의 유일한 문제는 아니다. 왜냐하면, 모집단에 있는 어떤 변수의 구성비나 평균이 당신이 알고자 하는 것이 아닐 수 있기 때문이다. 다른 문제들도 있는 것이다.

표본추출의 다른 문제들

사회과학자들이 흔히 해결하고자 하는 또 다른 문제를 다루기 위해, 우리는 연구하고 있는 그 일부를 포괄하는 전체whole가 무슨 유형의 조직인지를 알고자 할 수 있다. 미국 정부 수뇌부의 전체 행정조직을 언급하기 위해 '대통령 직책presidency' 을 사용하는 것은 그런 기구가 되는 것이 무슨 유형의 현상인지에 대한 질문을 제기한다. 만약 우리가 담당 수뇌부에 관해 이야기한다면, 우리의 제유는 그 나머지에 관해 의미가 있거나 신뢰할 수 있는 어떤 것을 전달하고 있는가? 여기서 우리는 구성비가 아니라, 어떤 복잡한 전체의 부분들이 전체의 전반적인 구도를 드러내 보이는 방식에 관심을 가진다 (이 토의에 관해서는 1990년 헌터의 글Hunter, 1990: 122-127을 보아라).

고고학자와 고생물학자들은 현재 사라진 사회의 유적을 파헤칠 때 이런 문제를 해결해야 한다. 그들은 뼈조각을 발견할 수는 있지만 해골 전체를 발견하지는 못한다. 그들은 요리 기구들을 발견할 수 있지만 부엌 전체는 발견하지 못한다. 그들은 어떤 부스러기는 발견하지만, 그 부스러기가 무엇의 잔존물인지는 발견하지 못한다. 그들은 운이 좋아 자신들이 가지고 있는 조그만 것을 발견했다는 사실을 아는데, 왜냐하면 세상은 고고학자들이 편히 살도록 조직화되어 있지 않기 때문이다. 그래서 그들은 불결한 자료를 가지는 것에 대해 불평하지 않는다. 그 대신 그들은 넓적다리뼈로부터 유기체 전체를 추론하고, 항아리 하나로부터 그 항아리가 삶의 도구로서 작은 역할을 했었던 삶의 방식을 알고자 한다. 이것은 어딘가에서 발견한 작은 부분으로부터 어떤 기계의 조직을 추론하는 기계 술책에 관한 문제이다.

우리는 아마 사회과학자들이 흔히 관심을 가지는 제 삼의 것, 즉 어떤 현상에 있는 변이의 모든 범위를 알려고 할 것이다. 사람들이 각기 다르게 친족 관계를 조직하는 방식 모두는 무엇인가? 사람들이 기록방식이나 옷 디자인을 체계화하는 방식에 있는 변이의 모든 범위는 무엇인가? 이런 질문을 하는 이유는 우리의 일반화가 적용되기로 되어 있는 부문에 대한 모든 부분을 알고자 하기 때문이다. 우리는 자신의 제유가 전체에서 어느 하위집단에만 특정된 특징을 가지기를 원하지 않는다. 그러나, 부주의한 자(우리도 틀림없이 이런 사람 중에 포함된다)는 그런 특징을 그 부문의 본질적인 특성으로 취할 것이다. 우리는 어리석게, 우리의 예에 포함되어 있는 특징이 모든 부문의 구성원에게 단지 '자연스러운' 것이어서 설명을 요구하지 않는다는 사실을 가정하고 싶어하지 않는다. 가까운 친척과 성관계를 가지지 않는 것은 단지 '본능적'이고 '자연스러운' 것인가? 만약 고대 이집트 왕족들 사이에는 그런 '자연스러운' 제한이 지켜지지 않았다는 사실이 밝혀진다면, 우리는 그 제한이 얼마나 자연스러운 것인가에 대한 결론을 수정해야만 한다. 그러한 사실을 좀 더 자세하고 명시적으로 설명할 필요가 있다는 것을 알아야 한다.

우리가 멈출 곳은? 민속음악학의 경우

연구에 유용할 뿐 아니라 '나쁜 표본' 이라는 비평에 저항할 수 있는 제유에 관한 술책을 다루기 전에, 앞에서 감당할 수 없어 포기해야 했던 대안으로 돌아가 보자. 그 대안은 실용적이지는 않지만, 사회과학자들이 이따금 꿈꾸어 왔던 것이다. 그것은 표본 추출에 대해서는 잊어버리고, 그 대신 제유에 의존함으로써 '전부whole thing' 를 얻고 그것을 동료들에게 우리 작업의 결과물로 제시하는 것이다. 이 절차는 그 중에서도 특히, '완벽한 기술' 과 '사람들의 생생한 경험을 재생산하는' 것과 같은 키메라♦chimeras를 만들어 낸다.

우리는 인류학과 음악학이 혼합된 흥미롭고 즐거운 민속음악학을 통해 그러한 모든 것이 가능하도록 하는 결과를 조사할 수 있다. 민속음악학의 학문적 목적은 자민족우월사상에서 벗어나 보편적인 음악학을 발전시키고, 비전문가들이 설명하고 논하기 어렵다고 생각하는 주제에 접근하도록 함으로써 인류학을 향상시키는 것이다. 민속음악학은 이러한 가치 있는 목표를 성취하기 위해 과거에 존재했거나 또는 현재 존재하고 있는 음악 모두를 기술함으로써—내가 설명하려는 바와 같이—표본추출의 문제를 해결하고자 한다.

그러나, 이런 포괄적인 목표는 즉각 골치 아픈 문제를 만든다. 만약 자신의 학문 영역—아이디어와 이론들이 설명되고 이해되어야 하는 소재의 범위—을 보편적인 서구 음악으로 제한하지 않는다면(이것이 대개의 해결책이다), 우리가 연구하고 이론화하고 일반화해야만 하는 음악은 무엇인가?(이는 단지 모든 사회과학자가 공유하고 있는 문제—그들이 그것을 인식

♦ 돌연변이나 접목에 의해 두 가지 이상의 다른 조직을 가진 생물체—옮긴이.

하든 그렇지 않든 간에—의 특정 사례에 불과하다. 혼자서 종교, 경제학 또는 다른 표준 사회과학 분야에서도 이러한 시도를 해 보아라).

민속음악학에 손을 대기 시작한 주변인이 이런 모험적인 기획에 주목하는 것은 당연한 일이다. 그 학문분야가 오래도록 그 종사자를 포함한 모든 사람에게 단순한 것임에도 불구하고 불만족스럽게 해왔던 대답은 분명히 음악이지만 음악적인 사고와 이론화에서 일상적으로 제외되었던 모든 것에 대한 목록이었다. 그래서 세계의 모든 음악—어느 사회의 어떤 장소에서 어느 누구에 의해 만들어졌든지 간에—을 연구하고 지적인 의무를 다하라고 발의發議했다. 단지 서구의 교향곡과 오페라 대중음악뿐만이 아니라, 자바의 **가믈란**gamelan(인도네시아의 주로 타악기에 의한 기악 합주—옮긴이), 일본의 궁정 음악, 미국 원주민의 음악, 아프리카의 북 연주, 안데스 산지의 파이프 연주, 그리고 철저한 조사를 통해 발견될 수 있는 그 밖의 다른 것들이 이에 포함된다. 민속음악학자는 계속해서 자신의 목록에 모든 종류의 민속음악, 재즈, 세계의 다른 부분에서 발견된 서구 대중음악의 변형을 첨가해 나갔다. 그러나, 어떤 목록도 정의가 되지는 않는다.

이 모든 것을 취하라는 것과 더불어, 민속음악학은 복수형— '음악들musics' —이 함축하는 바와 같이, 모든 음악을 그 고유의 용어로 취급할 것을 발의했다. 모든 음악에는 심미적인 민속음악학 연구자들이 있는데, 그들은 그 음악을 연주하고 경청하는 사람들만큼 스스로 진지할 것을 요구한다. 그러므로, 그러한 연구자들은 다른 음악을 '우리의' 음악이 퇴화하거나 불완전하게 인식된 것이라고 생각하지 않는다. 오히려, 그들은 그러한 음악을 서구('우리의') 전통 음악만큼 진지하게 다룬다. 만약 이런 견해를 받아들인다면 원칙적으로, 연구되어서 안 되는 음악은 존재하지 않는다. 그러한 적통嫡統주의가 예술의 비교 연구에서 전통이 되어 왔고, 비교 음악 연구자는 공책,

카메라, 그리고 비디오나 각종 녹음 장치를 가지고 갈 수 있는 어느 곳에서든 그곳의 악기와 소리, 연주와 연주곡 등을 닥치는 대로 수집해 왔다.

물론, 이런 정의가 민속음악학적 관행에서 완벽하게 인정받은 것은 결코 아니다. 민속음악학은 항상 지식인의 만성적인 편견에 대해 투쟁해 왔다. 그 편견은 다른 '상류high' 문화에서 예술음악으로 간주하는 것, 즉 우리 자신의 것만큼 심미학적으로 가치가 있다고 생각되는 음악적 전통—인도의 **라가**raga(인도음악의 선율형식에 의한 즉흥연주—옮긴이)나 일본인의 **가고꾸** gagoku—에 가장 정성을 쏟는 경향을 말한다. 민속음악학은 어느 정도 이런 편견을 극복해나가고 있지만, 실천적인 민속음악가들은 항상 그러한 편협한 생각을 뛰어넘어야 한다는 강한 책무를 느끼고 있다. 그들의 그런 책무에 대한 우려는 교재에 있는 분야에 대한 일반적인 진술이나 회장 연설 발표와 같은 의례적인 경우에서 잘 나타난다.

민속음악학의 영역을 그런 식으로 정의할 경우 끔찍한 문제가 생길 수 있는데, 실제로는 포괄성의 문제가 그 정도로 이루어질 수 없기 때문이다. 모든 음악을 수집하겠다고 마음먹을 수 있지만, 그리고 나면 수집하는 일 그 자체가 다른 모든 것보다 우선하게 된다. 수집해야 할 음악이 너무도 많기 때문에 그 한계를 넘어설 수가 없다. 확실히 선택의 원칙이 있어야만 한다. 우리가 그냥 무시해도 좋은 음악은 어떤 것일까? 자장가는? 무시할 수 있을까? 그건 아니다. 우리는 자장가를 무시하지 않을 것이다. 자장가는 아이들이 그 사회에 대해 어떤 식으로 생각하고 느끼고 행동하는지를 배우는 과정—한마니로 그늘이 어떻게 사회화되는지—을 이해하는 데 매우 중요하다. 아이들이 음악을 배우는 방식, 그들이 저지른 '실수', 그들이 중요하게 생각하는 음악의 이런 저런 중요한 측면, 이 모든 것은 흥미로우면서도 중요한 것이다. 존 블랙킹John Blacking, 1967은 그런 자료를 통해 연구를 시도했고, 앙투완느 에

니옹Antoine Hennion은 프랑스 어린이들이 학교에서 음악을 배우는 방식을 연구했다(에니옹이 보여준 바와 같이, 어린이들이 배울 의도가 있는지 없는지는 또 다른 문제이다).

'출처가 불분명한 것' 을 빼어버릴 수 있을까? 민속음악가는 때때로 출처의 확실성을 문제삼아왔는데, 적어도 그들 중 일부는 현재 이루어지고 있는 것보다 과거에 행해진 것을 편애하는 어긋난 행동을 보이곤 했다. 이를테면, 그들은 단 호Don Ho가 와이키키 해변의 호텔에서 불렀던 "Sweet Leilani"와 같은 "하와이" 노래보다 출처가 분명한 폴리네시아의 음악적 유적에 더 큰 관심을 가진다. 민속음악학자는 흔히 서구(대개 북미)의 락앤롤, 재즈, 그 밖의 다른 음악의 굽힐 줄 모르는 유행에도 불구하고 사람들의 음악적 습관과 취향이 바뀌지 않은 채 '순수' 하게 남아 있기를 바란다. 이러한 점은 자연주의자가 지구상의 유전자를 최대한 다양하게 보존하기 위해 멸종위기에 처한 생물을 보호하려는 것과 비슷하다.

이러한 불평은 흔히 국가음악주의자들의 불평과 융합되는데, 국가음악주의자들은 국민이나 나라의 '전통' 음악이 보존되기를 원하며, 심지어 그 전통이 새로이 창출된 때조차 그렇다. 헐마노 비안나Hermano Vianna, 1995는 유럽과 아프리카에서 온 다양한 음악이 섞이어 만들어진 삼바가 어떻게 브라질의 '전통' 국민 음악이 되었는지에 대해 기술하고 있다. 그는 삼바가 브라질의 동시대의 다른 많은 음악보다 더 낫다고 할 수 없다고 주장한다.

이렇게 변화하고 있는 음악 모두를 보존하는 것이 고결한 생각처럼 여겨질 수 있지만, 세상은 좀처럼 그런 고결한 생각을 행동의 지침으로 받아들이지 않는다. 사람들은 자신이 좋아하고 매력을 느끼는 음악을 선택하는데, 그것은 어떤 면에서 음악을 생산하고 유통시키는 사람에게 이익을 가져다 줄 수 있는 음악과 그 밖의 것을 불완전할망정 나타낸다. 따라서, 만약 세계

학계의 술책

의 음악에 관심이 있다면, 사람들이 현재 연주하고 노래 부르는 것—현재의 음악을 형성한 원 음악이 어떤 기이한 방식으로 결합되었든지 간에, 또 그 방치된 음악에서 재발견할 수 있는 것이 무엇이든지 간에—에 대해 연구하는 것이 더 현명하고 실질적인 것처럼 보인다.

그러나, 그것은 연구 문제를 해결하기는커녕, 오히려 더 많은 여지를 남긴다. 나는 대학원 시절 줄곧 시카고의 선술집과 무희가 있는 무허가 술집에서 일을 했다. 민속음악학자들은 세계 모든 도시의 뒷골목 무허가 선술집에서 일하고 있는 피아노 연주가(나와 같은)의 모든 연주곡을 연구해야만 하는가? 1900년 경—어떤 결정적인 연구가 행하여질 수 있는 시기, 즉 래그타임 ragtime(재즈 음악의 일종)이 시작되었던 시기—에는 어느 누구도 그런 일을 가치 있는 일로 생각하지 않았을 것이다. 그러나, 만약 그들이 그 연구를 했었다면 놀라운 일이 되지 않았을까? 그리고, 그들이 미국 원주민 음악을 연구할 때 기울였던 정도의 주의와 관심만 있었더라면 그 연구가 완성되지 않았을까? 물론 완성되었을 것이다.

그러나, 왜 우리는 전문 음악가만을 연구대상으로 삼았을까? 우리가 멜라네시아Melanesia(오스트레일리아 대륙 동북쪽의 남태평양에 흩어져 있는 뉴기니나 소로몬 따위의 여러 섬의 총칭—옮긴이) 사회에서 행해지는 유사한 음악적 의식을 연구할 때처럼, 미국 내에서 불리는 모든 '생일 노래', 약간 합리적으로 표현하자면 그런 노래의 표본을 연구해야만 하는가? 아니라면, 그 이유는 무엇인가?

이제 논점이 냉백해졌기 때문에 나는 더 이상 그러한 예를 들지 않을 것이다. 한번 더 말해, 나는 모든 것을 가지고 싶어했는데, 왜냐하면 그것 모두가 정의에 적합한 것일 것이고 또 진지한 연구의 대상이 될 수 있기 때문이다 (이제 내가 단지 음악에 대해서만 이야기하는 것이 아니라는 사실을 분명히 알 수 있을 것이다). 그러나, 우리는 너무도 명백한 실용적 이유들 때문에 모든 것을 가질 수 없다. 그 모든 것을 수집할 수 있는 사람은 없으며, 그런 사람이 있다고 하더라도 우리는 그렇게 수집된 수많은 세세한 자료를 가지고 무엇을 해야 할지를 모른다. 이것은 구술로 이루어진 역사자료와 비슷한 특징을 가진다. '신' 역사가들은 모든 사람의 삶이 중요하다는 사실을 상기시키고 있다(McCall and Wittner, 1990. 참조. 그러나, 우리는 **모든 사람**의 삶을 수집할 수 없고, 만약 수집했다고 하더라도 그런 모든 삶에서 나오는 세목에 의해 압도된다. 또 컴퓨터로 처리된 데이터베이스도 도움이 되지 못하는데, 왜냐하면 우리를 압도시키는 것은 개념적인 것이지 기계적인 것이 아니기 때문이다.

사회과학은 이러한 문제에 대해 어떤 간단한 해답을 가지고 있지 않다. 어떤 사회과학자는 그런 대답을 비교 접근방식에서 찾고자 할 것이며, 그리고 어떤 분야—특히 사회과학—의 모든 정의는 전반적으로 그런 시행할 수 없는 일만 만든다고 지적한다. 과학과 학문을 연구하는 사회학자들은 한 걸음 더 나아가 그런 대답할 수 없는 문제에 대한 실용적인 대답—실용주의자는 해답이 없는 질문에 대해 항상 실용적이면서 일상적인 대답을 가지고 있다—은 논리나 논쟁에서 나오는 것이 아니라 조직의 자원과 경쟁이라는 견고한 사회적 사실에 기반하고 있다고 지적한다. 나는 민속음악학의 학문적 범위는 학문적 위계에서 민속음악학이 차지하는 위치와 그 위치에서 얻을 수 있는 연구 자원과 학문적 활동에 의해 결정된다고 가정한다(비록 그런 가정을 정당화하는 작업을 하지는 않았지만). 이 가정은 민속음악학자들이 민속음악학의 적절한 범위가 어딘가를 논의하기보다는 직접적으로 직면하고자 했던 화제이며, 그 화제의 전형적인 예는 학계 내에서 인류학이 차지하는 위치가 조지 마르쿠스George Marcus, 1986와 폴 라비나우Paul Rabinow, 1986: 253-256의 인류학적 작업에 미치는 영향에 대한 논의이다.

이런 점에서 다른 사회과학자는 아마 몽매한 민속음악학자보다 우월하다고 느낄 것인데, 왜냐하면 민속음악학자는 '그 모든 것을 얻는 것'이 불가능하다는 사실을 깨닫지 못했을 뿐만 아니라, 그러한 일을 회피하는 방식을 찾는 것이 핵심이라는 사실도 깨닫지 못하기 때문이다. 그러나, 그들은 그런 우월감을 느낄 필요가 없다. 사회과학의 모든 분야는 그 나름대로의 방식으로 완벽함을 추구하고 있다. 어떤 분야에서는 그것이 모든 여론에서의 모든 자료를 포함하고 있을 공문서이고, 다른 분야에서는 아마 음향기기나 비디오테이프 기록기와 같은 새로운 기계에 의해 만들어지는 것이 가능한 도깨비 불과 같은 '완벽한 기술'이다. 우리 모두는 그러한 사실을 잘 알고 있지만, 또한 동시에 '그 모든 것을 얻고' 싶은 욕구를 가지고 있다.

민간방법론ethnomethodology의 창시자인 헤롤드 가핑켈Harold Garfinkel은 사회과학은 결국 언젠가는 작업을 끝내야만 하는 '실용적인 활동'이라고 주장함으로써, 수 세대에 걸쳐 모든 방법론 분과 연구자를 불편하게 만들었다. 자신의 연구를 영원히 할 수 있는 사람은 아무도 없기 때문에 지름길을 택해야만 하고 따라서, "연구가 이루어져야 하는 방식"을 끊임없이 파괴하게 된다.

이런 긴 예는 표본추출이 되는 제유로 인하여 왜, 그리고 어떻게 당혹해 하는지에 대한 단지 하나의 견해일 뿐이다. 이제 오랜 기간에 걸쳐 표본추출이 이해되었던 방식인, 우리가 보았던 것에 근거하여 우리가 보지 못했던 것을 말할 수 있는 것에 대한 문제로 되돌아가 보자. 그런 문제에서 명심해야 할 사항은 그런 것을 해야 하는 데는 여러 가지 이유가 있는데, 그것은 표본에서 측정한 것을 통해 주어진 신뢰구간 내에서 모집단의 모수치를 추정하는 관습적인 이유로 국한되지 않는다.

모든 것을 완벽하게 기술해야 한다는 아이디어를 포기했기 때문에, 이제 기존의 생각과 다른 방식으로 그 아이디어로 되돌아가 보자. 그 아이디어를 기준점으로 사용하고, 표본추출이 되는 제유를 창출하는 모든 방식을 방법으로 고려하는 것이다. 그 방법에서, 결과물은 모든 것을 전부 그리고 완벽하게 기술하는 '이상'에 대해 평가하거나 어떤 사회 현상에 관해 우리가 확신을 가지고 말할 수 있는 것이 무엇이든지 간에 그것과 관련된다. 내가 이런 것을 제시하는 이유는 그러한 기술이 가능하다고 생각하기 때문이 아니라, 그런 기준점은 불가피하게 무엇을 빠뜨릴 때 우리가 한 선택이 무엇이지를 보여주기 때문이다.

그렇다면, '전부를 그리고 완벽하게 기술하는 것full and complete description' 이란 어떤 것을 의미하는가?

얼마만큼 세세히? 얼마만큼 분석을?

나는 항상 현장연구 수업에서 학생들에게 관찰과 면접은 '모든 것'을 받아 적는 것으로 시작하라고 강조해 왔다. 즉, '관련된' 사건에 대한 표본 대신 모집단 universe을 보고할 것을 요구했다. 이런 요구는 대개 학생들에게는 상당한 꾸물거림을, 나에게는 끊임없는 잔소리를 하게끔 만든다. 학생들은 할 수 없다거나, 또는 '충실하게' (이 단어는 학생들이 쓴 것이 완벽하거나 완전히 정확하지 않을 것이라는 사실을 의미하고 있다) 할 수 없다고 말한다. 나는 학생들에게 시도하지 않으면 그것을 할 수 있는지 없는지를 알 수

한국통계학회가 편찬한 《통계용어사전》에는 모집단이 "어떤 정보를 얻기 위해서 연구대상으로 된 집단 전체를 뜻하는 통계학적 용어(89쪽)"라고 정의되어 있다—옮긴이.

없다는 것과, 모든 것을 받아 적으려는 시도는 많은 것을 빼버린 설명보다는 정확할 것이라고 말한다. 그들이 느끼는 이러한 죄의식과 게으름을 완화시키기 위해 "이 원고는 완벽하지도 않고 완전히 정확하지도 않습니다"라고 새겨진 고무 스탬프를 사서 공책의 매 쪽마다 찍어 놓을 것을 제안한다. 비록 내가 그들을 조롱하고 있다고 생각했을지 모르지만, 그들의 거리낌 뒤에는 우리 대다수가 실행될 수 없는 것으로 간주해 왔던 것을 행하라는 건전한 요구가 신중히 숨어있다.

물론, 그 작업은 적은 규모로 실행될 수 있는 일 또한 아니다. 우리는 '모든 것'을 적을 수 없다. 이런 것은 우리가 학생보다 더 많은 것을 받아 적을 수 없다는 사실을 말하는 것은 아니다. 학생들은 잘 하고 있지만, 모든 것을 받아 적을 수는 없다.

나는 또한 그들이 곧이곧대로의 기술이라고 생각하는 것은 대개 곧이곧대로가 아니며, 오히려 그들이 보아왔던 것을 분석적으로 요약한 종류의 것으로, 표본이 아니라 모든 것을 보고하라는 요구사항을 피하기 위한 기획물에 불과하다고 말했다. 이를테면, "환자들은 병원에 왔고, 의사가 그들을 진찰할 때까지 초조하게 기다렸다." 이 문장에는 실제로 초조함을 나타내는 사람에 대한 관찰이 기록되어 있지 않고, 그런 기술의 근거가 될 수 있는 표본도 제시되어 있지 않다. 그 대신, 그 문장은 글쓴이가 틀림없이 보았던 많은 것을 요약·해석하고 있다. "병원을 들락날락 걸어다니고, 안절부절하지 못하고, 손목시계나 벽시계를 쳐다보면서, 어느 특정 사람에게 하는 것이 아니라 초조한 사람들이 의례적으로 지르는 소리를 내면서, 아마 다른 사람도 그와 비슷한 느낌을 나타내기를 간절히 바라면서, 그리고 기타 등등을 하고 있는 사람들".

곧이곧대로이면서 해석이 개입되지 않은 기술—어떤 이가 그것을 행했다고 가정할 때—이 실제로 보이는 모습은 어떨까? 원칙적으로 해석이 전혀 개입되지 않는 것은 불가능하다는 사실을 고려하더라도, 우리는 대부분이 이전에 했던 것보다 더 순수한pure 방향에서 기술할 수 있다. 프랑스 소설가이자, "평범한 기술plain description"의 위대한 실험자였던 조지 페렉Georges Perec이 프랑스 라디오 네트웍에 대해 실험을 한 적이 있다. 그의 자서전을 저술한 데이비드 벨로스David Bellos는 페렉의 실험을 다음과 같이 기술하고 있다:

> 1978년 5월 19일, 이동 녹음 스튜디오가 생제르맹가Boulevard Saint-Germain 마비용 광장Place Mabillon에 있는 라트리움L'Atrium 카페[페렉은 이것을 자주 라쿠아리움L'Acquarium('수족관'이라는 뜻—옮긴이)이라고 불렀다] 바깥쪽에 멈췄다. 라디오 역사에서 가장 기괴한 실험 하나가 시작되려는 순간이었다. 세부적인 것과 '하급의 것infra-ordinary'에 대한 관심으로 유명한 작가는 실제로 자신의 눈앞에 지나간 것을 송화기microphone에 기술하면서 하루 종일을 보내기로 했다. 페렉은 분명 커피와 식사 그리고 그 밖의 이유로 몇 번 휴식을 취했고, 그 실험은 양철통 속에 약 5시간 동안 찍은 테이프를 집어넣는 것으로 종결되었다. 이것은 후에 페렉과 프로듀서인 르네 파라베René Farabet에 의해 약 두 시간 길이의 환각적인 청각 경험으로 편집되었고, ≪1978년 5월 19일 마비용 사거리에서 바라본 풍경의 기술記述을 위한 시도Tentative de description de choses vues au carrefour Mabillon le 19 mai 1978≫라는 제목으로 1979년 2월에 방송되었다.

그 실험이 증명하는 것은 무엇인가? 그런 하찮은 것도 합리적인 한계를 뛰어넘어서면 시적詩的인 것으로 될 수 있다; 그러한 반복은 운율이 될 수 있다; 처벌과 중독 사이에는 얇은 경계선이 존재하고 있다는 것이다. 페렉을 제외하고는 아마 어느 누구도 자기 억제(그는 결코 자신이 본 것에 대해 주석을 달지 않았고, 단지 **또 다른 68번 버스, 3대의 빨간 차, 개를 데리고 가는 숙녀**……라고만 말했다), 겸손, 그리고 몇 시간 동안 계속되는 순수한 고민 등을 결합시키는 일을 하지 못했을 것이다.

열거하는 기술은 쉬운 일이 아니다(Bellos, 1993: 640).

맞다. 열거하는 기술은 쉽지 않다. 여기서 주석을 달지 않은 열거가 무엇을 의미하는지를 이해하여 보자. 페렉은 "그는 장을 본 것을 가지고 급히 집에 가는 것처럼 보인다." 또는 "그 두 사람은 그들이 조금 알고 있는 사람에 대해 잡담하는 것처럼 보인다"라고 말하지 않았다. 그런 말은 소설가나 다른 어떤 사람의 말에서나 기대해야 하는 종류의 것이다. 여기 페렉이 했던 표현이 있다(그리고 아래 인용은 다른 시기에 그런 관찰과 기록의 부분에서 뽑은 것으로, 벨로스가 그 당시 출판되지 않았다고 말한 자료이다):

1971년 6월 12일 일요일, 약 3시경.

라트리움 카페.

한 회색 경찰 차가 방금 립Lip이라는 옷가게 앞에 멈추었다. 3명의 여자 경찰들이 손에 교통딱지 책을 가지고 차에서 내렸다.

가게 근처에서, 거무튀튀한 건물이 수선되거나 파괴되고 있었다. 세 개의 아파트가 나무로 만든 담으로 둘려 싸여져 있었다. 첫 번째 아파트의 명칭은 "나무 아래의 집House Under the Trees"(이 명칭은 내가 "파시오나리아Passionaria"라고 읽었다고 생각한 초상화의 노란 줄에 가려져 있다), 두 번째는 "쉼터Taking Off", 세 번째는 "여성에게는 언제나 매우 친절한 당신You're Always Too Good to Women"이다(이 명칭은 내가 제비꽃 색과 하얀 색이라고 본 물음표에 의해 가려져 있다. 내가 그 표시를 알고 있는 이유는 방금 전 로랑 살리니Laurent Salini(공산당)와의 공공토론이라는 포스터에 그것이 눈에 확 띄도록 강조되어 있었기 때문이다).

뷔시Buci와 생제르맹Saint-Germain 교차로에 프랑스 국기를 단 깃대, 그리고 세 번째 길에는 루오Roualt(19세기 프랑스 화가—옮긴이)의 전시회를 알리는 깃발.

앞에는 가로수 길을 횡단하지 못하도록 쇠사슬이 쳐져 있다. 어떤 이는 "크레CREE('창조하다'라는 뜻—옮긴이)"라는 잡지의 플랭카드placard를 목에 걸고 있었는데, 거기에는 "예술 설계와 현대 환경을 위한 프랑스 최초의 잡지"라고 적혀 있었다. 그 잡지의 표지에는 울타리가 그려져 있다.

가벼운 교통체증.

카페에는 사람이 많지 않다.

구름에 가려 해가 잘 안 보인다. 날씨가 써늘하다.

사람들: 대개 혼자. 시무룩하다. 이따금 연인들. 각기 아이를 데리고 나온 두 젊은 엄마. 둘씩 셋씩 몰려다니는 소녀들. 여행객은 거의 보이지 않았다. 긴 우비나 미군 잠바와 셔츠를 입은 사람들이 많다.

신문들이 길거리에 진열되어 있다.

자동차: 르망Le Mans.

감정이 격앙된 로미 쉬나이더Romy Schneider!

주말: 카메라가 승리자들을 비춘다.

(아직까지 내 모습은 좋다).

또 다른 경찰 차(내가 여기에 온 이래 세 번째).

내가 가끔 보는 다리를 질질 끌며 거리를 산보하는 한 친구.

(어떻게 걷는지 그려보라구? 거리를 산책하는 대부분의 사람들은 다리를 질질 끌며 산책하는데, 이는 그들이 가야하는 곳을 정확하게 알지 못해서 그런 것처럼 보인다).

테라스terrace의 남녀가 나의 시야를 막고 있다.

비가 오기 시작했다(Perec, 1980: 33-34).

이것은 해석이 개입되지 않는 기술로, 관찰에서의 간단한 사실과, 나의 현장작업 수업에서 학생들이 그렇게 자주 순수한sheer 관찰을 대신하려고 했던 해석을 이해하게 하는 것이라고 말할 수 있다.

사회과학자도 학생들처럼 통상 자신이 읽는 글에 그런 해석이 있기를 기대하고, 자신이 쓴 글도 그런 해석에 의존하기를 기대한다. 그들은 자신의 작업에서 세부적인 것이 나타내는 바를 설명하려는 해석을 하는데, 그런 해석에서 그 세부적인 것들은 일반화를 위한 근거, 즉 일반화를 위한 표본으로 간주된다. 그러나, 이런 해석이 아마 우리가 생각하는 것만큼 필수적인 것은 아니다. 우리는 좀 더 단순하고 덜 분석된 관찰을 통해 많은 것을 얻을 수 있다. 얼마만큼 해석을 하고, 얼마만큼 기술을 해야하는지는 사회 세계를 기술하는 모든 사람들이 해결점을 찾거나 타협점을 찾아야 하는 실질적인 문제이다.

[모든 사람들은 '순수pure' 한 기술이 존재하지 않는다는 것, 모든 기술에는 토마스 군이 '석재된 이론theory laden' 이라고 칭했던 것처럼 선택의 행위가 포함되고, 따라서 어떤 관점이 반영되기 마련이다. 선택의 필연성과 그것이 함축하는 견해를 완전히 폐지하는 것은 가능하지 않다. 그러나, 그런 말이 해석의 차원이 존재하지 않는다거나 어떤 기술이 다른 기술보다 덜 해석적(또

3. 표본추출

는 덜 보편적인 해석)일 수 없다는 것을 의미하지는 않는다. 우리는 어떤 기술이 다른 기술보다 추론을 덜 요구한다고까지는 말할 수 있다. 어떤 남자가 장을 본 것을 가지고 급히 집에 가는 것처럼 보인다고 진술할 경우, 그것은 그가 급히 걸어가고 있다는 진술에서 요구되지 않았던 동기에 대한 추론을 요구하고 있다].

그래서, 사회과학자는 자신이나 서로에게서 해석을 기대하게 된다. 그들이 대개 처리해야 하는 자료의 양을 축소시켜, 그것을 자신의 연구 아이디어에 대한 예와 증거로 보여주기를 원하지, 그 자체를 숫자로 요리하여 내놓는 어떤 것을 원하는 것은 아니다. 그들은 많은 기술(흔히 '그저 그런' 것으로 간주되는)이나 많은 세부적인 것을 원하지 않는다. 통계학자인 존 터키Turkey는 한때 대부분의 표들이 어떤 이가 원하거나 필요로 하는 것보다 훨씬 더 많은 정보를 내포하고 있다는 사실을 말하면서, 통상적인 행위인, 두 숫자를 비교하여 그 숫자들이 동일한지 또는 한 숫자가 다른 숫자보다 큰지를 보는 것을 비평한 적이 있다. 그 결과 표에서 주목하여 보지 않은 다른 모든 칸의 숫자는 단지 찌꺼기가 되고, 내가 이 책에서 강조하였던 메시지는 들리지 않게 된다.

그럼에도 불구하고 다량의 세부사항 기술massive detailed description은 추천될 만한 실제적인 무언가가 있다. 그것은 벨로스가 넌지시 언급했던 시적인 운율 이상의 것이다. 시적인 운율은 사회과학자가 진지하게 취급하는 것은 아니다. 이따금 연구자는 세부적인 것을 그저 많이 모아놓는 것만도 여전히 중요하다는 사실을 발견한다. 로저 바커Roger Barker는 훌륭하지만 결코 모방하지 않은 책Barker and Wright, 1966에서 한 캔사스 소년의 하루를 그런 수많은 세부사항으로 기술하고 있다. 그레고리 베이트손과 마가렛 미드Gregory Bateson and Margaret Mead, 1942는 구술verbal descriptions에 수백 장의 사진을 첨가함으로써 그와 비슷한 세세한 방식으로, 발리 마을 사람들의 정신 생활에 대해 기술했다. 사진작가 워커 이반스Walker Evans와 작가 제임스 아게James Agee의 ≪이제 저명한 사람들을 찬양합시다Let Us Now Praise Famous Men≫는 그런 기술로 유명하다. 나는 그것으로부터 광범위한 예를 취할 것이다.

1936년 작가 제임스 아게와 사진작가 워커 이반스는 ≪포춘Fortune≫지誌에 필요한 이야기, 주제 그리고 사진을 마련하기 위하여 알라바마Alabama에 갔다. 그들의 책 ≪이제 저명한 사람들을 찬양합시다: 한 가족 세 주인≫은 처음 출판되었을 때는 성공적이지 못했지만, 그 이래 고전적인 것으로 인식되어 왔다. 음, 그것이 어느 장르에서 고전으로 잡혔는지는 명확하지 않지만, 아마 문학일 것이다. 비록 많은 사회과학자가 그 책에 관해 불만을 가질 것이라(표본이 부적당하고 과학적이지 않다는 이유로) 생각하지만, 나는 사회학을 위해 그 책을 말하고 싶다. 어쨌든 그것이 대작이 될 수 있게 한 확실한 요소 중 하나는 상세한 세부적인 기술, 즉 가장 철두철미한 사회과학 기술에 얼마나 많은 요약과 얼마나 많은 일반화가 포함되어 있는지를 보여준 것이다. 그래서, 그것은 파리의 거리 모퉁이에서 페렉이 기술한 것보다 더 강력한 형태로 표본추출에 대한 질문을 제기하고 있다. 기술에 필요한 좀 더 세부적이고 완벽한 표본추출이 있었더라면, 어떤 기술이 가능했을지를 보여준다.

그 책의 내용에 대한 장황한 도식은 그런 세부적인 기술에 대한 아이디어를 제공해 준다. "거저 하우스Gudger House"라는 단원의 하위단원인 "쉼터: 외형Shelter: An Outline"은 다음과 같은 표제들을 포함하고 있는데, 각 표제는 내가 짧게 인용할 유형의 실제적인 기술(그것은 여러 쪽으로 인쇄되어 있다)을 언급하고 있다:

그 집은 외떨어져 있다.
그 집의 앞은: 보통 집의 모양

151

3. 표본추출

그 집의 앞은: 정면

•

그 집 지하의 방

•

복도

방이 네 개인 구조

악취

장식이 없는 빈 공간

• •

I. 앞 침실

　일반적

　가구의 배치

　가구

　제단

　임시 거처

II. 뒤 침실

　일반적

　벽난로

　벽난로 선반

　옷장

　침대들

III. 부엌

　일반적

　식탁: 램프

Ⅳ. 광

　방안에는

　두 가지 필수품이 있다

　　　· ·

침실의 앞: 신호기

복귀

　54쪽에 걸쳐 물납소작인(노예제 폐지 후 미국 남부에 생겼다.—옮긴이) 가족의 판자집에 대한 기술이 할애되고 있는데, 독자는 이미 그 책의 본문 앞에 끼워져 있는 워커 이반스의 사진을 통해 그것을 알고 있다. 이 2쪽은 '제단'에 대해 이야기하고 있는 부분이다(이것은 이반스의 사진 중 하나에 묘사되어 있으므로 독자들은 그 그림을 통해 점검해 볼 수 있다):

　[앞 침실의] 세 개의 벽은 일직선이면서 각이 진 목재들과 안쪽이 울퉁불퉁한 소나무 물막이판으로 되어 있다. 좁고 매우 반듯한 나무를 수평으로 세워 칸을 나누었고 그 사이는 매우 촘촘하다. 그 나무는 또 다른 종류의 소나무로, 나무 결에 따라 노란 색과 짙은 빨간 색을 띠는 금색이 칠해져 있고, 마치 광을 낸 것처럼 매우 윤이 나고 부드럽게 빛을 반사하고 있어 거울처럼 보인다. 그리고, 나무로 그 방의 한 벽을 장식하기만 한다면, 그 벽은 장식한 벽이 된다. 그 방의 중앙에는 망토와 몸체에 페인트를 칠한 정사면체의 벽난로, 엷은 파란색의 얇고 낡은 외투, 벽난로 앞에 그것보다 폭이 약간 작은 크기의 탁자가 있다. 벽난로 아래 구석에는 청소했지만 재투성이의 잿빛의 벽난로 벽돌들과 키 작은 난로가 보이고, 납작한 신발들도 있다. 탁자 위와

벽난로 선반 위, 그리고 벽에는 이제부터 내가 말하려는 것이 광범위하게 널려 있다.

탁자 위, 파란 자동차 색이다. 모서리에 약간 걸쳐 있는 흰 식탁보. 그 가운데에는 하얀 중국 백조가 앉아 있는 그림이 있는 녹색의 가늘고 길다란 작은 유리병이 북쪽 방향으로 그려져 있다.

진홍색 벽에 붙어 있는 벽난로 선반 위에는, 양쪽 끝에서 약 6인치 떨어진 두 지점에 두 개의 작은 쌍둥이 화병이 있다. 화병은 자갈무늬와 나무무늬가 그려져 있는 무지개 색깔의 유리병이다. 그 둘 사이 정확히 가운데에는 세로로 홈이 파여진 우유빛 압축유리 받침 접시가 있는데, 그 접시의 모서리에는 올이 성긴 레이스가 달려있다. 그것은 루이제가 가장 아끼는 것으로, 그녀의 엄마가 자신인 양 생각하라면서 준 것이다. 벽난로 선반의 가장자리에는 술장식이 달린 하얀색의 폭넓은 얇은 천이 핀으로 고정되어 있는데, 거저부인은 그것을 여러 번 접은 종이본에 천을 놓고 가위로 한꺼번에 잘라 만들었다고 한다. 그것은 그녀가 이 집을 예쁘게 꾸미기 위한 마지막 노력이라고 한다.

벽은 종이를 풀로 붙이거나 핀 또는 압정으로 고정시키거나 그렇지 않으면 색칠을 하였는데, 그런 것들은 서로 적당히 분리되어 있지만, 완벽한 조화를 이루는 것은 아니다.

얇은 잔가지나 짚으로 만들어진 아이보리색과 검은색 리본들이 달린 작은 팔각형 액자가 보이는데, 유리는 깨어져 있다. 액자 안에는 완전히 끼워지지 않아 색이 바랜 원판사진이 있다. 멀리 보이는 지평선 뒤로는 개간이 거의 불가능한 회색 빛의 메마른 땅이 펼쳐져 있다. 20야드 뒤 소작인이 사는 집 앞마당 가운데 두 여인이 보인다. 12살 소녀인 앤니 매Annie Mae의 여동생 엠마Emma는 주일 예복을 입고 스타킹과 슬리퍼를 신었으며, 자신의 외모와 조금씩 드러나는 성적 징후에 대한 자의식으로 약간 수줍어하는 당혹스러운 눈으로 서 있다. 그리고, 그녀의 엄마는 키가 크고 펑퍼짐한 몸매로 아직 집안 일로 젖은 주일 예복을 입고 있다. 그녀는 큰 두 손을 자신의 넓적다리에 엇갈려 늘어뜨려 있고 피곤에 지친 듯 보였지만, 그녀의 몸가짐은 강하면서도 고상했다. 그녀의 얼굴은 마치 죽은 사람처럼 생기가 없었고, 남편이 그토록 좋아했던 그녀의 부드러운 머리카락은 어디론지 사라져 버렸으며, 그것은 옆에 있는 젊은 딸에게 유전되어 꽃피고 있었다.

달력, 모 가게의 구두를 광고하고 있다. 입술을 빨갛게 칠하고 테가 넓은 빨간 모자를 쓰고 빨간 꽃을 껴안고 있는 거무스름한 피부의 예쁜 여자가 그려져 있다. 제목은 쉐리Cherie('사랑하는 여인'이라는 뜻—옮긴이)이고, 여학생의 손에 연필로 루이제, 루이제라고 두 번 쓰여 있다.

달력, 월부가 가능한 가구를 선전하고 있다. 챙이 큰 새 밀짚모자—그런데, 챙은 찢어졌다—를 쓰고 새 작업복을 입은 12살 순진한 소년이 낚시를 하고 있는 천연색 사진.

유리로 만들어진 뚜껑 없는 타원형 로켓이 가는 못에 매달려 있다. 이 로켓의 한 면에는 예수의 천연색 그림이 있는데, 오른 손은 축복을 내리고 있고, 예수의 빨간 심장이 금색의 후광 속에 노출되어 있다. 다른 면은 같은 예술가가 그린 성처녀Blessed Virgin에 대한 그림이 있는데, 그녀의 심장 역시 파란색의 후광에 노출되어 있고, 7개의 작은 검이 꽂혀 있다.

값싼 어린이 이야기책에서 찢겨진 모피가 달린 밝은 무도회 복장의 그림들, 그것은 정확히 이런 제목들을 달고 있는 것처럼 보인다:
"하퍼Harper는 자기의 난로 옆에 앉았을 때 왕보다 더 행복했다."

3. 표본추출

"그녀는 어린왕자Little Prince를 팔에 안고 뽀뽀를 해주었다."('그녀'는 거위 소녀다).

양철 깡통에서 찢겨진, 커다란 흰 물고기와 다음과 같은 낱말이 새겨진 밝은 주홍색 종이 조각:
"살로마SALOMAR"
"특질의 고등어EXTRA QUALITY MACKEREL"

벽난로의 오른 쪽에 회반죽, 회반죽에 꽂혀있는 나선형의 바늘들, 어린아이의 손자국.

이러한 기술을 읽는 사람은 누구나 이런 환경에 살고 있는 사람들의 삶이 비참할 것이라는 결론에 도달하게 되겠지만, 우리 스스로 그런 결론에 도달할 수 있는 자료를 가지고 있다. 우리는 아게Agee에게 명백하게 말하라고 요구할 필요가 없다. 바로 이것이 다량의 기술massive description이 할 수 있는 유형이다.

범주들을 넘어서: 적합하지 않은 것을 찾기

기술과 '범주'

우리가 기술을 통해 얻을 수 있는 것은 무엇인가? 아마 유일한 것은 아니지만 매우 중요한 것은, 기술은 우리에게 관습적인 사고를 피해가는 데 도움을 준다는 사실이다. 사회 현상을 정확히 분석하고 기술하는 것을 방해하는 주된 원인은 우리가 대부분의 대답을 이미 알고 있다고 생각하는 것이다. 우리는 많은 것을 당연시 여기는데, 그것은 우리가 결국 우리 사회의 유능한 성인 성원일 뿐만 아니라 유능한 성인이 알고 있는 것을 알고 있기 때문이다. 우리가 말하는 것처럼, 우리는 '상식common sense' 을 가지고 있다. 예를 들어, 우리는 학교가 어린아이를 교육시키고 병원은 아픈 사람을 치료한다는 것을 안다. '모든 사람' 은 그것을 안다. 우리는 모든 사람이 아는 것을 의문시하지 않는다. 그것은 바보같은 짓이 될 것이다. 그러나, 모든 사람이 아는 것이 우리 연구의 대상이 되기 때문에, 우리는 그것을 의문시해야만 하거나 최소한 그것에 대한 판단을 보류해야 하고, 보편적인 대답을 받아들이기보다는, 오히려 병원이나 학교가 행하고 있는 것이 무엇인지를 발견하기 위해 우리 스스로가 그곳을 찾아가야 한다.

우리는 여기서 오랜 철학적인 문제, 즉 '범주categories' 의 문제에 부딪쳐야 한다. 우리의 사고를 제한하고 있는 가장 기본적인 범주들이 너무나 '정상적normal' 이라 생각되어 아무런 문제점을 느끼지 못한다면, 그런 문제점을 어떻게 알아내고 그런 범주가 갖는 문제점을 어떻게 분석할 수 있을까? 선Zen 훈련과 다른 명상 훈련, 창조력 훈련, 브레인 스토밍, 그리고 사람들에게 공통적으로 모호하거나 정의되지 않는 주제를 재정의하도록 고안된 그와 비슷한 훈련들은 흔히 우리와 현실 사이에 놓인 단어의 장벽을 제거시키는 것을 목표로 한다. 영상예술가인 로버트 모리스Robert Morris는 "보는 것은 우리가 유의해야 하는 것의 명칭을 잊게 한다"라고 말했다. 존 케이지John Cage 의 악명 높은 작곡인 "4′ 33″"에서 피아노 연주가는 연주하지 않은 채로 장시간 피아노 앞에 앉아있는데, 그것은 청중들이 앉아서 경청해야 하는 모든 소리, 즉 거기서 줄곧 들어야 하는 것에 주목하게 하지만, 그것은 '음악' 이 아니기 때문에 들리지 않는다. 명칭과 그 명칭이 함축하는 생각은 거기에서 보도록 되어 있는 것을 보지 못하도록 방해한다.

우리는 이렇게 생각할 수 있다. 사회과학자는 당연히 다루어야 하는 사례 모두를 망라할 수 있는 사회적 법칙이나 일반 이론을 기대할 것이고, 그리고 당연히 그것을 적용할 수 있는 범위 전체, 전부를—그런 적용을 하는 데 필요하거나 존재하고 있을 하위 형태를 발견하는 데 필요한 조치가 무엇이든지 간에 취하면서—체계적으로 조사하려고 할 것이다. 범주의 문제는 항상 존재하는 골칫거리라고 생각할 수 있다. 사회과학자들은 때때로 이런 문제에 대해 이야기하지만, 대개 그것을 철학적 수수께끼라고 간주하여 폐기시켜 버린다("우리는 어떻게 우리 고유의 문화적 제한으로부터 벗어날 수 있을까?" 나쁘게 표현하면 그것은 논리적으로 불가능한 일이다).

사실, 사회과학자들은 거의 범주의 문제가 실제로 해결될 수 있는 연구 문제라고 생각하지 않는다. 그들은 대개 정반대로 생각하며, 어떤 특정 연구 분야에서는 원형原型, archetypal이라고 간주되는 몇 개의 사례에 자신의 노력을 집중시키는데, 만약 그 사례를 설명할 수 있다면 분명 다른 모든 사례는 자동적으로 자신의 사례와 동일선상에 있을 것이라고 믿기 때문이다. 우리가 혁명을 조사하고자 할 때, 미국, 프랑스, 중국, 그리고 러시아(때로는 영국)의 혁명을 연구한다. 그런 연구는 역사가와 다른 많은 사람들이 인류 역사상 세계 도처에서 일어난 다른 수백 개의 혁명을 무시하고 있다는 사실을 말하지는 않는다. 오히려 그 몇 개의 혁명이 탈코트 파슨즈Talcott Parsons가 멋들어지게 오용한 어구인 "유형 사례type cases"로 칭했던 것으로 되고 있다는 사실을 말한다. 이런 형태가 혁명 연구의 주축을 이루고 있다.

생각해보자. 직업에 대한 연구에서 사람들은 꽤 오랫동안 의약과 법에 대한 조사에 집중해 왔다. 다른 많은 직업도 집중적으로 연구되고 있지만, 그런 직업들(또한, 전문직이라고 칭할 수 있는 다른 종류의 직업)은 여전히 인기가 있고, 다른 직업에 비해 상당히 높은 불균형적인 비율로 연구되고 있다. 일탈 연구에서, 특정 형사법의 위반(주로 가난한 사람들이 위반하는)은 사업가나 다른 중류 계급이 범하는 위반보다 연구될 가능성이 훨씬 더 높다. 이런 불균형은 계속되고 있는데, 에드윈 서들랜드Edwin Surthland가 "화이트 칼라 범죄white collar crime"라는 전반적인 영역을 세웠음에도 불구하고 그렇다(4장에서 '개념'에 대해 다룰 때 이런 예를 좀 더 길게 설명하겠다). 사회운동을 연구할 때 일반적으로 실패한 사회운동보다 성공한 사회운동을 연구한다.

이와 같은 전문화된 범주의 덫에서 벗어날 수 있는 한가지 방법은 정확히 말해 아게와 페렉이 만들어준 다량의 세부적 기술을 행하는 것이다. 세부 사항들에 대한 조심스러운 기술은 우리의 아이디어와 이론에 의해 걸러진 것이 아니기 때문에, 그런 전문화된 범주에 들어맞지 않는 관찰을 생산할 뿐 아니라, 그런 관찰이 강제로 끼워 맞춰질 필요가 없는 새로운 아이디어와 범주들을 창출할 것을 요구한다. 바로 이것이 내가 앞에서 말했던 표본추출이 '다른 쪽 방향'에서 갖는 문제의 하나가 된다. 만약 우리에게 표본추출 문제를 기술할 수 있는 것을 선택하라고 한다면—사람이나 입장 또는 사건에 관해 관찰할 수 있는 것 모두 가운데, 우리의 관찰 표본에 포함해야 할 것이 어느 것인지를 선택하라고 한다면—, 그 문제의 일반적인 해결책이 보편적인 범주, 그 문세에 대한 보편적인 진술, 보편적인 해결책에서 우리를 불편하게 만들 수 있는 것에 우리 자신을 대항시키는 것임을 알 수 있다.

이런 사실은 쿤Kuhn, 1970: 18-22으로 인해 또 다른 역설을 가져온다. 과학은 오직 과학자들이 문제와 그 문제의 해결책에 대해 합의하는 경우에만 진보

한다. 즉, 과학은 사회과학자들이 보편적인conventionalized 범주들을 사용할 때 진보한다. 만약 모든 사람이 세상을 구성하고 있는 실제가 어떠한지, 이치에 맞는 질문과 대답은 어떠한 것인지에 대해 각기 다른 생각을 가지고 있다면, 모든 사람은 제각기 다른 일을 하고 있는 것이 되고 결국 그것은 어떤 것으로 합쳐질 수 없다. 바로 이것이 쿤이 과학자들은 많이 있지만 과학이 없다고 진술한 입장이다. 그러나, 과학자들은 구할 수 있는 자료 거의 모두에 눈을 감은 상태에서, 즉 세상이 실제로 과학자들에게 보여주는 것 모두를 실용적으로 무시한 채로 연구하고 조사한 것에만 단지 합의에 도달할 수 있다. 그런 역설은 긴장상태로 보는 것이 최선의 방법이다. 공통의 보편적인 방식으로 일을 하는 것은 좋지만, 때때로 그런 합의에 대립되는 방식 역시 필요하다.

어떻게 우리는 적합하지 않은 사례를 발견하는 일에 착수할 수 있을까? 보편적이지 않거나 주목을 끌지 않는 것을 무시하기보다는, 실제로 가지고 있는 자료 모두에 주목함으로써 그 일을 할 수 있다. 또, 그런 사례를 발견하는 데 있어 방해되는 것—그런 방해가 보편적인 기법이건 개념적인 눈가림blinder이건 간에—이 무엇인지 살펴보고 밝혀냄으로써 그런 방해물을 피할 수 있는 술책을 만들어낼 수 있다.

모든 것이 가능하다

모든 것에 대한 가장 간단한 술책은 상상할 수 있는 어떤 것도 불가능하지 않다고 단지 고집하면서, 가장 가능성이 없다고 생각되는 것을 찾아내어 그것의 존재나 존재 가능성을 우리의 사고에 구체화시키는 것이다. 우리는 어떻게 그런 가능성을 상상해야 하는가? 나는 우리의 분석에서 어떤 자료를 구하고 기록하고 포함해야 할 것인지에 대해 의례적으로가 아니라 조심스럽게 선택할 필요가 있다고 주장해 왔다. 또한, 보편적인 범주들이 내포하는 함정을 피하기 위해 지금까지 모아왔던 것을 체계적으로 이용할 필요도 있다고 주장하여 왔다. 이런 점에서 무작위 표본추출은 별로 도움이 되지 않으며, 엄청난 비용을 지불한 경우에만 효과를 얻을 수 있다. 무작위 표본추출은 뜻밖의 것까지 포함해서 모든 사례가 나타날 가능성이 **동등**하도록 고안되어 있다. 그런 보편적인 사고가 미치는 영향으로부터 도망칠 수 있는 표본추출 방법은 무작위 표본추출과 매우 다르다. 그 방법은 뜻밖의 사례가 나타날 가능성을 **극대화**하는 방식으로 구성된다.

알프레드 린드스미스Alfred Lindesmith, 1947가 아편 중독의 발생에 대한 자신의 이론을 검증하고자 했을 때 직면했던 문제를 살펴보자. 먼저 그 이론을 간단히 설명하자면, 사람들이 아편, 몰핀, 헤로인 등에 중독되었을 때는 그것을 중지하면 육체적인 허탈을 느낄 정도로 충분히 많은 양의 마약을 이미 섭취했을 때라는 것이다. 그러나, 린드스미스는 그런 방식—이를테면, 자동차 사고의 상처를 치료하기 위해 오랜 기간 고통스럽게 병원에서 계속 주사를 맞은 경우—으로 아편에 길들여졌을 사람이 마약 상용자의 전형적인 행위—즉, 어떤 대가를 치르더라도 마약을 강제로 구입하려는 행위—를 발달시킨 것이 아니라는 사실을 관찰했다. 거기에는, 다른 두 가지 일이 발생해야 했다. 즉, 습관화되었기 때문에 잠재적인 중독자는 이제 마약 사용을 멈추고 그 결과로 일어나는 고통스러운 금단현상을 경험해야만 했고, **또한** 그 금단의 고통을 마약사용 중지와 의식적으로 연계시켜야만 한다—하지만, 모든 사람이 그런 연계를 만드는 것은 아니다. 그리고 나면, 그들은 그런 인식에 근거하여 행동하고 그런 징후를 가라앉히기 위해 더 많은 약을 복용해야만 한다. 이런 단계는 함께 그리고 반복적으로 취해지는 것들이며, 중독이 되는 강박감에 사로잡힌 행동을 창출했다.

당대의 저명한 통계학 방법론자인 로빈슨Robinson, 1951은 린드스미스의 표본을 비평했다. 린드스미스는 아무렇게나 추출한 작은 수의 표본으로 커다란 모집단(미국 또는 세계의 모든 중독자들)을 일반화시켰다. 로빈슨은 린드스미스가 무작위 표본추출 절차를 사용하여 적당한 크기의 표본(아마 마약 범죄에 대한 체포기록이 있거나 교도소에 있는 사람들의 모집단으로부터)을 추출해야만 했다고 생각했다. 린드스미스Lindesmith, 1952는 무작위 표본추출의 목적은, 모든 사례가 표본에 추출될 알려진 확률을 가진다는 사실과 연구자가 그런 절차를 사용하면 모집단이나 모집단의 하위집단에서 어떤 현상의 분포에 대한 일반화를 할 수 있다는 사실을 확신하기 위한 것이라고 응수했다. 그래서, 분포가 아니라 보편적인 과정—사람이 어떻게 중독자가 되는지—에 관심이 있기 때문에 무작위 표본추출의 절차는 자신의 마약 연구와 관련이 없다고 주장했다. 그는 특정 사례가 자신의 표본에 선출될 수 있는 확률을 알고자 하지 않았고, 부정적인 사례를 발견하는 확률을 극대화하고자 했던 것이다(여기서 그는 그로부터 수년 후에 글래서와 스트로스Glasser and Strauss, 1967가 기술한 "이론적 표본추출theoretical sampling"에 대해 예견하고 있다).

그리고 나면 술책은 **당신의 생각을 뒤바꿀 가능성이 있는 사례를 밝히고 그것을 찾으라는 것**이 된다. 에버렛 휴즈는 바로 그것을 할 수 있는 놀라운 술책을 가르쳐 주었다. 그는 "음, 결국에는 그것이 다르게 되었을 것인데"라고 말하는 로베르트 무질Robert Musil의 소설 『특성없는 남자The Man without Qualities』의 남자주인공을 인용하기를 좋아했다. 우리는 결코 어떤 것이 불가능하다거나 단순히 일어날 수 없다는 식으로 가정해서는 안 된다. 오히려 가장 엉뚱한 가능성을 상상해 보고 왜 그것이 발생하지 않는지 의아하게 생각해야만 했다. 보편적인 견해에 의하면 '이례적인' 것은 특별한 이유가 없는 한 발생하지 않는다. "어떻게 우리는 사회 규범의 파괴를 설명할 수 있을까?" 휴즈의 조언에 따르면, 반대의 견해를 취하는 것이다. 즉, 모든 것은 동일하게 발생할 가능성이 있다고 가정하면서, 왜 어떤 것은 분명 그런 견해가 제시하는 바와 같이 자주 발생하지 않는지를 묻는 것이다. "사회 규범은 물론 파괴된다. 그런 규범의 지속에 대해 어떻게 10분 이상 설명할 수 있을까?"

그런 훈련을 통해 끊임없이 배우는 것은 가능할 것 같지 않다고 생각하는 불가사의한 모든 일이 실제로 발생해 왔고 계속 발생하고 있으므로, 그런 일을 상상할 필요가 없다는 것이다. 신경학자인 올리버 삭스Oliver Sacks는 그의 사무실에서, 큰 소리로 걷잡을 수 없는 저주와 악담을 퍼붓는 신경적 질환인 타워렛 증후군Tourette's Syndrome의 환자를 처음 보았을 때, '희귀한' 현상을 접하게 되었다는 전율을 느꼈다고 한다. 그는 사무실을 떠나 집으로 가는 지하철에서, 타워렛 환자로 생각되는 두 세 명 이상의 사람들을 보았다. 그는 그런 사례는 늘 풍부하게 있었지만 자신이 그것을 볼 준비가 되지 않았었다고 결론을 내렸다.

따라서, 그런 사례는 있을 것이라고 생각한 곳에 나타나지 않을 수도 있지만, 만약 눈을 크게 뜨고 보면 조사하고자 하는 진짜 사례를 찾을 것이다. 소설이나 과학소설 속의 사례를 통해서도 동일한 이론적 목적을 달성할 수 있는데, 그것은 어떤 상황 하에서 '이례적인 사건들'이 발생하는지, 그런 사건의 발생을 방해하는 장애물은 무엇인지에 대해 상상하게 해준다.

'모든 것이 가능하다'고 말하는 대신에, '단지 표 안의 몇 개의 칸이 아니라 표 전체를 보라' 또는, '단지 그 당시에 유행하고 있는 몇 개의 사례가 아니라, 사례의 모든 범위를 찾아라'라고 스스로에게 교육시켜야 할 것이다. 그런 말은 휴즈가 그토록 필수적이라고 생각했던 이 술책을 또 다른 방식으로 진술하는 것이다. 사례의 모든 범위를 보지 못하도록 방해하는 장애물을 찾고, 그로 인해 얻을 수 있는 이론적 이점을 탐구하고, 그런 장애물을 극복할 수 있는 방식을 찾아보자. 문제는 대개 개념적인 것에 있는데, 왜냐하면 우리가 어떤 것을 참이라고 믿은 결과 그것이 언급하는 입장을 조사하지 않기 때문이다. 만약 그것을 조사한다면, 우리의 사고를 진보시키는 데 사용될 수 있는 뜻밖의 사례를 끊임없이 발견할 수 있을 것이다. 그런데, 그 문제는 또한 사회적 혹은 사회학적인 것이 되는데, 그것은 장애물을 보지 못하고 그 장애물에 대해 무언가를 행하지 못하는 이유가 그 장애물이 구체화되고 있는 사회구조와 우리 자신이 일하고 있는 삶에 대한 사회조직의 어떤 특징에 놓여 있다는 의미에서 그렇다.

다른 사람들의 생각

무한한 가능성의 세계는 혼란스러울 뿐만 아니라 우리가 처리할 수 없을 수많은 사실과 생각으로 우리를 압도한다. 따라서, 우리는 철저한exhaustive 기술의 술책을 통해 빠뜨리기 쉬운 것조차 다루고 있다고 말할 수 있을 때 기쁨을 느낀다. 그러한 이유는 다양하지만, 거기에는 무엇이 중요한지, 무엇이 흥미로운지, 무엇이 연구할 가치가 있는지를 결정할 때 다른 사람들의 의견에 의존하는 연구자가 변함없이 연루된다. 그러나, 다른 사람들은 우리의 근거가 아닌 그들의 근거에 기초해 판단을 내린다. 우리는 그들의 의견을 존중할 수 있지만, 그들의 근거에 기초해서 우리의 사례와 자료의 표본에 포함해야 할 것을 결정할 필요는 없고 그래서도 안 된다. 그것이 우리의 학문적 동료들의 의견이라도 마찬가지이다.

"모든 사람이 그것을 알고 있다!"

모든 분야의 과학자들은 이제까지의 것과는 다른 '새로운' 어떤 것을 발견하고 싶어한다. 이는 '과학적 혁명'에 대한 토마스 쿤Thomas Kuhn, 1970의 사고가 지속적으로 잘못 해석되는 과정에서 생긴 것이라 볼 수 있다. 모든 사람은 자신의 분야에서 과학적 혁명을 일으키고 싶어한다. 하늘은 일상적인 어떤 것, 이미 알고 있는 사회과학 체계에 적합한 어떤 것을 찾는 것을 허락하지 않는다. 모든 발견, 어느 분야의 사소한 발달 모두가 '혁명'이라고 선전되고 있다. 이것은 앞에서 언급한 쿤의 분석을 무시하는 것으로 그에 따르면, 과학적 혁명은 매우 드물게 일어나고 오직 연구자들이 동일한 문제에 대해 계속적으로 어떤 진보를 만드는 경우에만 일어난다.

그럼에도 불구하고, 우리 대부분은 혁명을 기대하지 않는다. 그러나, 최소한 '이미 알려진 것', 이미 연구되어 있는 것(또는, 그렇다고 생각하는 것)은 연구하지 않으려 한다. 아무도 그런 특정의 것을 연구한 적이 없었다는 주장으로 어떤 연구 화제를 정당화할 수 있다고 생각한다. 무엇 때문에 이미 연구된 산물을 연구하는 것인가? 도날드 로이Donald Roy가 이미 그것을 연구했다Roy, 1952; 1953; 1954. 그러나, 미카엘 버뤄이Michael Burawoy는 이에 개의치 않고 동일한 화제를 다시 연구했다Burawoy, 1979. 그렇게 함으로써 그 문제에 대한 이해를 진일보시켰다. 버뤄이가 자신의 연구를 위해 찾아간 점포는 우연히 도 로이가 연구했었던 바로 그 점포였다. 그 때까지 그 점포는 동일한 건물에 있었지만, 나머지 조건은 달라져 있었다. 그 점포는 더 이상 독립적이지 않고 큰 회사에 속해 있었다. 그 결과 그 점포는 경쟁적인 시장 방식을 더 이상 지키지 못하게 되었는데, 왜냐하면 이제는 좀 더 큰 상점이 그 점포의 생산품을 구매하는 확실한 시장이 되었기 때문이다. 현재의 점포는 노동조합에 가입되어 있었다. 따라서, 동일한 문제—노동자들이 어떻게 관리 대상이 되는지—를 새롭게 연구할 수 있었다. 그것은 동일한 문제였지만, 버뤄이가 조사한 당시에는 새로운 조건 하에서 발생하고 있었던 것이다.

바로 이것이 일반적인 논점이다. 어떤 것도 동일한 상태에 머무르지 않는다. 어떤 것도 다른 것과 동일하지 않다. 우리는 어떤 순수한 재질pure substance의 표본을 언제든지 구할 수 있는데, 다른 학자들도 그것을 동일한 명칭으로—거의 차이를 느끼지 못하는—물리학자의 세계에서 연구하는 것이 아니다. 우리의 '재질' 은 어느 것도 순수하지 않다. 그것은 모두 다양한 과정 속에서 역사적 우연성이나 지리적인 영향으로 결합된 것으로, 똑같은 형태로 나타나는 것은 없다. 따라서, 단지 어떤 사람이 어느 화제를 이미 연구했다는 이유만으로 그 화제를 결코 무시할 수 없는 것이다. 이 유용한 술책은 단지 그 화제가 이미 연구되었기 때문에 더 이상 연구할 필요가 없다는 말을 다른 사람에게서 들을 때, 바로 그 때가 실제로는 그 연구를 해야 하는 매우 좋은 시점이라는 것이다.

그럼에도 불구하고, 박사학위논문의 주제를 찾는 학생들은 "그것은 이미 연구되어 있어"라는 말을 자주 한다. "이제 그것을 연구하는 것은 의미가 없어. 존스Jones가 방금 그것에 관한 논문을 발표했거든." 그런 의견은 동일한 이름을 가진 것은 동일한 것이 된다는 매우 심각한 논리적 오류에 의존하고 있다. 흔히 '동일한 것' 을 연구하는 것이 결코 동일한 것을 연구하는 것이 아니고, 단지 동일한 명칭에 의해서만 판단된다는 점에서 볼 때, 그런 의견은 최소한 이런 명백한 방식에서 잘못된 것이다. 어떤 이가 어느 곳에서 죄수의 문화에 대해 연구를 했다고 해서, 다른 곳에서 그것을 연구해서는 안 된다는 것을 의미하지 않는다. 나는 여기에서 이런 생각을 계속하지 않겠다. 왜냐하면 4장에서, '개념의 지평을 확장하기' 라는 제목으로 그 주제가 다뤄지기

(교도소에 대한 예 또한 상세하게 연구된다) 때문이다.

신뢰성의 위계

사회과학자들은 대개 현상의 전체 범위를 연구하지 않는데, 그것은 우리의 연구 조직체 운영자들이 반드시 포함되어야 할 사례와 화제를 필요 없는 것으로 정의하기 때문이다. 운영자들은 만약 우리가 그들이 정해준 '문제'의 범위를 벗어나는 것을 알 필요가 있다고 한다면 그것에 대해 말해줄 수 있으므로 더 이상의 것을 조사할 필요가 없다는 사실을 우리에게 확신시킨다. 만약 우리가 그런 전제를 받아들인다면, 우리 연구의 내용은 그들의 생각에 의해 명령받는 것이다.

나는 다른 곳에서 이런 현상을 다음과 같이 "신뢰성의 위계hierarchy of credibility"라고 정의한 적이 있다:

서열화된 집단 체계 내의 사람들은 가장 상위 집단의 성원이 일의 진행 방식을 정하는 것은 당연하다고 생각한다. 어떤 조직에서든—조직도표의 나머지 부분이 보여주는 것이 무엇이든지 간에—, 정보의 흐름을 나타내는 화살표는 꼭대기에 있는 사람들이 다른 사람보다 진행되고 있는 상황을 좀 더 완벽하게 보여주는 그림에 접근하고 있다는 사실을 보여준다(최소한 공식적으로라도). 하위 집단 성원이 가지는 정보는 불완전할 것이고, 그 결과 그들은 현실에 대해 부분적이고 왜곡된 견해를 가질 것이다. 따라서, 이러한 체계에 잘 사회화된 사람들은 꼭대기에 있는 자들의 이야기가 본질적으로 가장 신뢰성 있는 조직의 운용에 대한 설명이라고 생각한다. 그리고, 섬머Summer가 지적한 바와 같이 서열과 지위에 대한 문제는 사회적 관행에 포함되며 이런 믿음은 도덕적 성질을 가진다. 우리가 만약 그 집단에 적합한 성원이라면 하급자에 의해 주장된 정의보다는 상급자가 현실적으로 부여한 정의를 우선적으로 선택할 도덕적 의무를 가진다(유추해보면, 공동체의 사회적 계급에 관련해서도 동일한 주장이 가능하다). 즉, 신뢰성과 경청하게 하는 권리는 체계 내의 서열에 따라 차별적으로 분포되어 있다(Becker, 1970: 126-127).

그래서, 대학의 학장과 총장이나 사업체의 사장, 병원의 집행부원, 그리고 교도소의 교도소장은 모두 자신이 운영하고 있는 조직에 대해 자신의 어느 하급자보다도 더 잘 알고 있다고 생각한다.

만약 연구자가 이런 생각을 받아들인다면, 그것은 단지 연구자에 대한 문제가 된다. 만약 우리가 해야하는 것에 대한 최종 결정을 조직체와 공동체의 지도자에게 의존한다면, 그런 사람들이 중요하지 않다고 생각하는 것은 빠뜨릴 수밖에 없다. 우리는 신뢰성의 위계 하에서 정해진 생각을 받아들일 때 세련된 지식인이 되어간다고 생각한다. 그런 생각을 받아들이게 되는 이유는, 결국 우리가 우리 사회에서 잘 사회화된 성원들이고—만약 그렇지 않았다면 우리는 현재의 위치에 있지 못했을 것이다—또한, 존경받는 사람들과 그들의 권리를 그렇게 명백하게 문제시하는 것은 확실히 별나고 불안스러운 것으로 느껴지기 때문이다. 이런 생각을 가지고 교육자의 생각을 이야기해 보자. 교육자는 학교 문제를 연구하는 사회학자라면 학생을 연구해야한다고 생각하는데, 이는 학생들이 열심히 공부하지 않아 문제를 만들기 때문이라는 것이다. 만약 교사—교장은 말할 것도 없고—를 연구하고 그런 것을 이야기한다면 논점이 없어지게 되는데, 왜냐하면 그들은 정의상 문제가 될 수 없기 때문이다. 그리고, 우리 스스로도 "학교를 운영하고 있는 사람들은 많은 것을 알고 있음이 틀림없는데, 왜 그들이 일하고 있는 현실에 대한 그들의 정의를 받아들이면 안 되는가?'로 생각한다. 물론 우리 역시 지도자들이 항상 모든 것을 다 알고 있지 않다는 사실은 안다. 그들이 우리에게 연구를 행하게 한 이유는 바로 이것이다(하지만, 그들은 우리가 그들이 싫어하는 대답을 제안할 것인지 아닌지를 안다).

신뢰성의 위계를 다루는 술책은 매우 간단하다. **힘있는 자가 당신에게 말하는 모든 것을 의심하라**는 것이다. 제도는 항상 대중에게 가능한 한 좋은 인상을 주려고 한다. 제도를 운영하는 사람들은 그 제도의 활동과 명성에 책임이 있기 때문에 불쾌한 결함을 감추고 문제되는 것을 숨기고 문제가 있다는 것을 부정하기 위해 언제나 어느 정도의 거짓말을 한다. 그들이 말하는 것이 참일 수도 있지만, 사회조직은 그들의 거짓말을 정당화시키는 근거를 제공한다. 사회화가 잘 된 사회 성원들은 그들의 말을 믿겠지만, 사회화가 잘 된 사회과학자들은 최악의 것을 의심하면서 그것을 찾고자 해야 할 것이다.

우리가 회의론을 제대로 사용하고 있는지 확신할 수 있는 한 가지 방법은 '다른 의견'—조직 내에서 당신에게 다른 견해를 줄 수 있는 사람들의 의견이나 담당자가 아닌 사람에 의해 수집된 통계 의견—을 찾아보는 것이다. 만약 학교를 연구한다면, 당연히 교장과 교사, 그리고 학생으로부터 정보를 수집할 것이다. 그러나, 수위와 행정직원과도 이야기해 보아야 한다(또한, 그 곳에서 일을 했던 사람들도 잊으면 안 된다).

신뢰성의 위계를 극복할 수 있는 또 다른 방법은 조직의 지도자들이 일반적으로 부정하고 있는 갈등과 불만족을 탐색하는 것이다. 에버렛 휴즈는 이것을 행하는 매우 뛰어난 방법을 알고 있었다. 그는 조직의 성원들을 면접하면서 가장 순진한 중서부사람들의 표정으로, "여러분이 늘상 해왔던 것보다 좋거나 나쁜 것은 뭐 없습니까?" 이 질문은 놀라운 결과를 보여주었다. 거의 모든 사람들이 그 질문에 대한 답을 가지고 있었고, 그것은 조직에서 두드러진 쟁점을 제기했으며 또한, 어떤 것도 미리 판단하게 만들지 않았다—더 좋거나 나쁘게 될 수 있는 것이 무엇인지, 또 더 좋거나 나쁜 것을 적합하게 측정할 수 있는 것이 무엇인지를 미리 판단하게 만들지 않았다.

이는 사소한 것이며, '진짜 문제' 는 아니다

이번 비평은 나의 저술에서 여러 번 행해진 것이다. 어떤 이들은 비극이 왠지 희극보다 더 중요하다고 생각하는 것과 마찬가지로(여러분은 이것을 부정할 수 있다), 어떤 문제는 본질적으로 진지한 것으로 간주되어 주목할 가치가 있는 것처럼 보여지는 반면, 다른 문제는 인생의 벽지에 붙은 파리똥과 같이 사소한 것으로 간주되어 단지 그것의 충격적인 가치나 외설적인 관심사 또는 단순한 색다름만으로 주목받는다. 사회과학자들이 이런 공통적인 생각에만 신경을 쓰게 되면, 주목해야 하는 사회적 활동의 모든 범위 대신 그보다 작은 범위를 연구하게 된다.

나는 일찍부터 그런 생각에 면역되어야만 했다. 왜냐하면, 나의 연구가 아무런 근심도 없이 '진지한' 화제와 '진지하지 않은' 화제 사이를 왔다 갔다 하면서 진행되어 왔기 때문이다. 최초 연구인 석사학위 논문에서 나는 결혼식, 유태교 성경, 율법학자의 계율과 다른 사회적 일, 그 밖의 것을 위해 시카고 동네에 있는 작은 술집과 클럽에서 일하고 있던 음악가들을 연구했다. 이런 음악가들은, 나도 한때 그들 중의 하나였지만, 의사나 법률가같이 사회적으로 존경받을 만한 전문직에 속하지 않았다. 또한, 그 행위(이를테면, 연주를 제한시키는 행위)가 기업 경영자의 관심을 끄는 큰 사업체의 노동자의 것도 아니었다. 이래저래 어느 누구도 그들에게 관심을 가지지 않았다. 그들은 어떤 특별한 해로운 짓(마리화나를 피우는 것을 제외할 경우, 또 그런 방식으로 자신을 망가뜨린다고 할지라도 어느 누구도 신경을 쓰지 않았다)을 하지 않았고, 힘있는 자들을 기분 나쁘게 하지 않았던 단지 연예 산업조직 내의 별 볼일 없는 구성원들이었다. 에버렛 휴즈는 그들이 내세울 만한 아무런 명성도 없는 사회적 무명인사라는 점을 꽤 흥미롭게 생각했고, 따라서 그 논문의 주된 발견이 되었던 양심의 가책conviction—그들이 연주해주었던 사람들은 어리석고, 하찮은 얼간이들이다—을 언급할 수 있었다. 휴즈가 관심을 가졌던 이유는 나의 연구 결과가 그때까지 다루어지지 않았던 범위의 직업 유형의 연구를 통해 그에게 새로운 가설을 제공했기 때문이다. 즉, 모든 서비스직 종사자는 그들의 서비스를 제공받는 사람들을 싫어하지만, 그 중 높은 위세를 가진 집단 성원(대부분이 연구했던 의사와 법률가)들에게는 그러한 사실을 말하려고 하지 않는다. 그런 상류 계층의 족속에게는 그런 것을 말하는 것이 타당한 일이 아니기 때문이다.

나의 박사학위논문은 공립학교 교사들의 경력에 관한 것이었다. 그들은 아주 위세가 있는 집단의 성원은 아니지만 젊은이들을 사회화시키는 문화적으로 가치가 있는 활동에 종사하고 있었고, 사회학이 사회적으로 가치가 있는 화제를 다루어야 한다고 생각했던 사람들을 충분히 만족시킬 정도의 존경받는 일에 종사하고 있었다. 좀 보수적인 친구들은 나의 이런 선택에 갈채를 보냈지만, 나는 현실적인 이유 때문에 그러한 선택을 했다. 휴즈는 학교 교사들의 면접에서 시간당 1불씩을 나에게 주었고, 나 역시 어쨌든 내가 하고 있는 것으로 박사학위논문을 쓰는 것이 낫다고 판단했다.

이런 왔다갔다함은 계속되었다. 다음에 나는 마리화나를 피는 사람들에 대해 연구했는데, 그것은 그 당시 중요한 문제로 생각되지 않았으며(당시는 마리화나 흡연이 착한 어린이와 경찰을 곤란한 상태로 빠지게 하는 중간계급의 대표적인 활동이 되기 훨씬 전인 1951년이었다), 단지 남의 이목을 끄는 것에 불과했다. 그것이 몇 년 후 진짜 '사회문제' 라는 지위를 획득했을 때, 나의 연구는 결국 어떤 진지한 문제를 다루고 있는 것으로 재정의되었다.

'진지한' 화제—의료 교육과 학부생의 대학 생활—에 대해 좀 더 연구한 후, 블랜치 기어Blanche Geer와 나는 노동자 계급의 젊은이가 자주 참여하는 직업 학교, 도제제도, 그리고 다른 다양한 교육적 입장을 연구하였다. 그러자 내가 '제대로 가고 있다' 고 생각했던 나의 친구들은 실망했다. 그러나, 그 때 연방정부는 가난과의 전쟁을 선포했고, 그러한 노력의 일환으로 많은 사람들에게 직업훈련을 시키고자 했기 때문에 나의 연구는 또 다시 진지함과 '관련' 되었다.

따라서, 우리의 동료가 종종 과학적으로 정당하지 않은 기준, 즉 받아들일 수 없는 기준을 가지고 연구 문제의 중요성을 판단한다는 것을 알아야 한다. 그런 사실을 알았다면, 그런 상식화된 판단을 무시하고 스스로 결정을 내려야 한다.

왜 그들인가?

신뢰성의 위계는 당연한 결과이지만, 어떤 사람이나 조직이 실제로 연구할 가치가 없다는 결론으로 다다르게 한다. 휴즈, 블랜치 기어, 안셀름 스트로스Anselm Strauss 그리고 내가 의과 대학생에 대해 연구했던Becker et al., [1961]1977 당시에는 이런 편견이 고등 교육 연구에 널리 퍼져 있었기 때문에, 연구자는 오직 '최고의 장소' 만을 연구했었다. 그 당시 로버트 머튼Robert Merton과 그의 동료들은 일반적으로 이 나라에서 가장 좋은 두 개의 의과대학이라고 알려져 있던 코넬Cornell과 콜롬비아Columbia 대학의 의료 교육에 대해 연구하고 있었다. 고등 교육 연구에 관한 박식한 전문가들은 우리가 캔사스 대학교의 의과 대학을 연구하고자 한다고 말했을 때, 마치 우리가 더 좋은 학교를 알지 못하고 있는 것처럼, 왜 그 대학을 연구하려고 하는지를 걱정스럽게 물었다. "거기가 어때서요?", "음, 그 대학은 최고가 아니지 않습니까?" 나는 이 말을 왜 최고의 학교를 연구하지 않음으로써 커다란 프로젝트에 애써 문제를 일으키려 하는가로 해석했다. "당신도 알다시피, 시카고 대학, 하버드 대학, 미시건 대학 또는 다른 '동부 학교'가 있지 않습니까?"('동부'는 '일류이다'라는 의미를 넌지시 둘러대는 말로 잘 알려져 있다. 그래서 스탠포드, 미시건 그리고 시카고 대학도 '동부' 학교가 되었다). 동료 교수들도 우리가 같은 학교에서 대학생 문화를 연구함으로써 그런 죄를 되풀이했을 때 동일한 질문을 해왔다.

우리의 표본추출 선택은 그런 점검되지 않은 신조—즉, 주요한 사회기관을 연구할 때 진정으로 '훌륭한' 것을 연구하면 그 기관을 훌륭하게 만들었던 것을 볼 수 있다—를 위반한다. 그런 신조는 발견해낸 훌륭한 관행을 그런 유형의 다른 기관이 채택하게 만들고, 그런 부문의 조직 세계에서 표준 기준으로 제기할 수 있다. 그런 접근방식은 점검되지 않고 특히 신뢰할 수 없는 여러 기본전제에 의존하고 있다. 그 중 하나는 제안된 질적 차이가 실제로 존재하고 있다고 가정하는 것이다. 어느 누구도 그런 차이를 증명하지 않았고, 그리고 한 중요한 연구Petersen et al., 1956는 의사가 어느 학교에 다녔는지는 그다지 문제가 되지 않는다는 사실을 보여주었다. 5년 후 의술의 질(의술이란 의과 대학에서 가르쳐 준 것으로 정의된다)을 결정하는 주된 요소는 그가 다녔던 학교가 아니라 수련을 받은 장소라는 것이다. 만약 대도시 병원에서, 특히 커다란 의과대학 부속병원—수백만의 사람들이 지켜보는 곳—에서 수련을 했다면 질의 척도에서 상당히 높은 점수를 받을 것이다. 그러나, 만약 어느 누구도 무엇을 했었는지 모르는 외딴 곳에서 혼자 수련했다면, 점수는 급격하게 내려갈 것이다.

이런 모든 이유로 말미암아, 사람들은 휴즈가 우리의 일이라 주장했던 관행과 행위의 전체 범위 중에서 작은 일부만을 연구하게 되었다. 사회과학자들은 성공적인 사회운동, 최고의 대학과 병원, 가장 많은 이윤을 남기는 기업을 연구하는 경향이 있었다. 또한, 눈에 띌만한 실패를 연구하려 한다. 물론 그런 표본을 통해서도 많은 것을 배울 수 있다. 그러나, 그런 표본추출 전략은 그들이 그저 그런 것, 중간 정도의 것, 특별하지 않은 것으로 생각되었던 조직체 모두를 상당히 무시했다는 사실을 의미한다. 그리고, 그저 그런 것은 평판이 좋다는 사실을 기억하라. 그래서 일반화는 한 사회의 조직체 모두를 기술하는 것을 의미하는 것임에도 불구하고, 일반화에 대한 연구가 비무작위적으로 선정된 몇 개의 조직체에 대한 연구에 의존하게 되었고, 그 결과 사회학은 커다란 표본추출의 어긋남huge sampling bias으로부터 고통을 받았다. 휴즈Hughes, [1971]1984: 53가 지적한 바와 같이, "우리는 아직까지 끝내지 않은 것, 완벽하게 만들어지지 않은 것, 그다지 존경받지 않는 것, 우리 사회에서 주목받지 않은 것과 공공연한 '반대 행위' 모두에 주목하고 비교해 볼 필요가 있다."

우리가 이런 주변부적인 사례 모두에 주의를 기울여야만 한다고 말하는 것이 결코 무작위 표본추출에 대한 항변을 의미하지는 않는다. 나는 우리의 생각과 예측을 뒤집어 놓을 것 같은 가장 극단적인 사례를 신중하게 찾아내야만 한다고 말했었다. 그러나, 그러한 사례는 우리 자신의 이유로 선택해야 하지, 다른 사람들이 특별한 어떤 것이라 생각하기 때문에 선택해서는 안 된다.

아무 일도 일어나지 않았다

뜻밖의 사례를 발견하는 데 가장 방해가 되는 장애물은 어떤 입장은 '흥미로운 것이 아니다'라고 믿는 것이다. '흥미로운 것이 아니다'는 조사해 볼 가치가 없으며 지겹고 따분하고 이론적인 성과도 없다는 것을 의미한다. 다음의 예는 나의 기록사진 프로젝트 경험에서 나온 것이지만, 그 일반적인 논점—나중에 분명히 하겠다—은 모든 종류의 사회과학 문제에 적용된다.

수년 전 나는 샌프란시스코 헤이트애시버리Haight-Ashbury(샌프란시스코의 항구로 1960년대에 히피가 많이 살았다—옮긴이) 무료진료소의 록 메디슨Rock Medicine 단체에 대한 사진을 찍기 시작했는데, 왜냐하면 그들이 오클랜드 원형경기장Oakland Coliseum에서 빌 그래햄Bill Graham 단장이 상연하는 대규모 야외 록 음악회에 오는 사람들에 대한 의료 서비스의 필요성에 관심을 가졌기 때문이었다. 내 사진에는 내가 흥미롭다고 생각한 것이 찍혀 있다는 사실과, 나의 그런 생각은 사건이나 사람들이 풍기는 본질적인 흥미보다는 오히려 그것에서 흥미로운 이유를 찾아내는 나의 능력과 관계된다는 사실을 알았다. 만약 내가 내 자신에게 흥미를 느끼게 할 수 있다면, 모든 것이 흥미로울 수 있고 실제로 흥미롭게 되었다.

그러나, 125명이나 되는 많은 자원봉사자(의사와 간호사는 몇 명뿐이고 대부분이 일반시민)로 구성되어 있는 진료팀과 수많은 사건에 참여한 후, 나는 점점 따분해졌다. 나는 사진을 찍을 만한 것을 발견할 수 없었다. 일어날 가능성이 있는 거의 모든 것에 대해 사진을 찍었고, 더 이상 흥미로운 일이 일어나고 있지 않다고 느꼈다. 나의 손가락은 더 이상 사진기 셔터를 누르지 않았다.

나는 록 메디슨 단체의 자원봉사자 사이의 공통적인 느낌을 나의 느낌으로 받아들이고 있었다는 사실을 비로소 인식했다. 자원봉사자들은 무엇이 흥미로운지—어떤 것은 심지어 목숨이 위태로울 정도로 의학적으로 진지한 것이었다—를 알고 있었다. 그들은 언제 '어떤 일이 발생했었다' 라고

175

느끼고 흥분했는가? 그들이 계속 반복해서 말하는 전형적인 이야기는, 어떤 사람이 음악회가 열렸던 야구장의 특별 관람석에서 떨어져 뼈가 부러졌다거나, 어떤 사람이 심한 마약부작용을 일으켰다는 것, 또는 (또 다른 전형적인 사건)어떤 여자가 야외음악당 50 피트 앞에서 아이를 낳은 사건 등과 같은 것들이었다. 그런 사건은 '일어났던 어떤 일'이긴 하지만 매우 드문 일이다. 대부분의 '환자'는 두통에 먹을 아스피린이나 물집이 생긴 데 붙일 휴대용 반창고를 원했으며, 무언가를 원하는 사람이 오랜 시간 전혀 없었다. 나머지는 대부분 맥주를 너무 많이 마셨다거나 약을 과다 복용한 것, 뜨거운 오후의 태양 아래 오래 서 있어서 정신을 잃은 것과 같이 정말 위험하지는 않은 일들이었다. 이런 일이 '일어났을' 때, 자원봉사자들은 둘러앉아서 '아무 일도 일어나지 않았다'고 투덜댔다. 그런 분위기에 젖어 나는 아무 일도 일어나지 않았다고 결론내렸고, 사진을 찍을 만한 것이 없다고 생각했다.

그러던 어느 날, 나는 아무 일도 일어나지 않았다는 말이 사실이 아니라는 것을 깨달았다. 무언가가 항상 일어나고 있었지만 단지 그것이 주목할 만한 가치가 있어 보이지 않았을 뿐이었다(내가 앞에서 언급했던 존 케이지의 피아노 연주는, 비록 우리가 그것을 음악과 동일시할 수는 없을지라도, 계속 진행될 소리가 있다는 사실을 인식하도록 강제한다). 그래서, 아무 일도 일어나지 않았을 때 일어났던 것을 포착하지 못한 문제를 나 자신의 탓으로 돌렸다. 놀랄 것도 없이, 아무 일도 일어나지 않았을 때 많은 일들이 일어나고 있었다. 특히, 자원봉사자들—대부분은 20대나 30대 초반이었고 미혼이었다—은 대개 자신이 좋아하는 유형의 남자나 여자를 찾고 있었다. 그들에게 자원봉사는 자신이 좋아하는 악단과 공짜 맥주, 점심식사, 또한 자신과 비슷한 취향을 가진 많은 멋진 남녀 젊은이들이 있는 커다란 연회장소에 가는 것 같아 보였다. 일단 아무 일도 일어나지 않았을 때 일어났던 일에 대해 사진을 찍고자 하니, 춤추고 열심히 대화하고 서로에게 다가가거나 다른 방식으로 사교를 즐기고 있는 젊은이 사진을 수백 장 찍을 수 있었다. 이런 사실은 나의 사회학적 분석과 사진 기록에 흥미롭고도 중요한 차원을 보태주었고, 나의 사진에는 어떤 흥미로운 의료 경험보다는 신입 의료 팀원이 더 많이 찍혔다.

이 문제에 대해 좀 더 일반적인 진술을 하면 내가 이미 제시했던 바와 같이, 우리는 결코 우리가 연구하고 있는 입장 하에서 진행되고 있는 것 모두를 주목하지 않는다는 사실이다. 그 대신 몇 개만 선택하여 조사하게 되는데, 단지 몇 개의 변수를 측정하는 연구를 할 때 이런 현상이 가장 분명하게 나타난다. 그러나, 그런 연구는 현장연구를 행하고 모든 것에 주목할 때만큼 많은 것을 조사했다고 생각한다. 그리고, 조사해야 한다고 결정한 것을 조사함으로써, 일어나고 있는 그 밖의 것—일상적이고 관련이 없고 따분해 보이는 것, 즉 "아무 일도 일어나지 않았다"는 것—을 꽤 많이 무시하게 된다.

단순히 흥미로운 것이나 과거에 중요했던 것, 우리의 직업 세계에서 중요한 것, 또는 문헌 속에서 중요하게 다루어지는 것에만 주의를 기울이는 것은 엄청난 함정일 수 있다. 사회과학자들은 흔히 선배들이 따분하고 사소하고 평범하다고 생각했던 것에 주목함으로써 커다란 진보를 이루어 왔다. 대화분석conversation analysis은 하나의 고전적인 예를 제공하고 있다. 이를테면, 사람들은 대화에서 다음에 말할 사람을 어떻게 결정하는가? 대화분석가들은 거기에는 '차례지키기 규칙'이 존재하며, 사람들은 그 규칙에 따라 차례를 기다리고 자신의 차례가 왔을 때에만 이야기하게 된다고 주장한다. "음, 알게 뭐야? 그거 지킬 가치가 있는 거야?" 하비 삭스Harvey Sacks, 1972: 342는 계속해서 이 현상의 주요한 하위범주가 되는 질문을 제시하고 있다. 일반적으로 대화를 지배하는 용인된 규칙은 질문한 사람은 자신이 원하는 대답을 듣고자 한다는 것이다. 다시, "그래서 어쨌다는 거야?" 음, 그러한 질문은 "그게 뭔지 알아?"라고 말함으로써 어른과의 대화를 시작하는 아이들의 성가신 습관에 대한 이해를 제공한다. 대화분석은 이런 평범한 사건을 어린아이가 질문의 규칙을 영악하게 이용하는 것으로써 설명한다. '무엇'을 포함하고 있는 '뭔지 알아?'의 응답을 피하기란 어렵다. 그러나 일단 '무엇?'을 묻고 나면, 우리는 그 대답을 들어야만 하고, 그리고 그런 말은 어린이가 항상 얻기 어려운 성인의 주목을 이끌어낸다. 갑자기, 차례지키기에 관한 이런 '어리석은 결과'가 권력의 사용에 대한 무언가를 설명하고, 그 밖의 어느 곳에서 우리가 취할 수 있는 규칙을, 성인과 '진지한' 현상에서 더 많이 제공한다.

따라서, 우리는 연구하고자 선택한 것을 형성하게 하는 다른 사람의 사고의 변이variations 모두를 다루기 위해 록 메디슨 음악회에서 사용했던 절차를 일반화할 수 있다. 연구자들은 매우 의식적이진 않지만 같이 연구하고 작업하는 사람들에게서 아이디어를 끄집어낸다. 만약 그들이 어떤 것은 사소한 것이라고 생각한다면, 우리(연구자로서) 역시 그렇게 생각하기 쉽다. 그곳의 젊은이들은 록 음악회에 어울리는 사교성을 좋아했다. 그러나, 그런 사교성은 '진지한 것'이 아니었고, 특별히 고대했던 것도 아니었고, 거기에 참여한 것을 다른 사람들에게 자랑하고자 할 때 포함되어야 할 것도 아니었다 (희극인 몰트 살Mort Sahl은 그것을 설명하곤 했는데, 그가 대학생이었을 때 좌파운동에 가입했던 이유는 다른 친구들이 가입한 이유와 같은 것이었다. 그는 세상을 구하고 여자를 만나기를 원했다). 모든 사람들이 이런 생각을 함께 하고 있으며, 당신도 그런 생각을 뛰어넘어 보지 못하고 있다. 결국 젊은 사람들이 약을 제공하는 의료 서비스 기관에는 흥미로운 것이 상당히 많이 있던 것이 아니겠는가?

이것은 단지 일반 상식도, 또한 우리가 거기서 보아야 할 것을 판단하지 못하게 하는 동료들의 편견도 아니다. 우리는 흔히 이런 모든 질문에서 어떤 집합심상과 그 집합심상에 관련된 이론에 근거하여 포함해야 할 것과 빼버려야 할 것을 미리 결정한다. 우리가 사용하는 이론 모두는 우리가 조사해야 하는 것과 우리가 고민할 필요가 없는 것(그 이론이 문제삼지 않는 모든 것)을 넌지시 알려준다. 바로 이런 점이 많은 사회학 이론―대부분은 아닐지라도―이 성차별적이라는 여성학자들의 불평의 핵심이 된다. 그런 이론은 개방적이지 않으며 필연적으로 남성지향적이 된다. 그 이론들은 화제와 문제에 대한 체계적인 해설에서, 여권신장론자feminist가 중요하게 생각하는 관심이나 우리가 일상적으로 찾아보아야 하는 것의 일부를 상례적으로 포함하지 않고 있다. 도나 해러웨이Donna Haraway가 보여준 바와 같이, 침팬지 사회 생활에서의 수컷 지배 연구는 지배와 남성적인 것들로 끊임없이 계속되었고, 암컷들이 행했던 음식물 수집과 새끼 양육에는 관심을 두지 않았다. 이런 강조를 정당화하는 과학적인 근거는 없다. 그리고, 당연히 수컷은 집에 바나나를 가져오지 않고 어린 새끼들을 돌보지 않으면서도 다른 침팬지들을 쫓아버리는 데 자신의 모든 시간을 결코 보내지 않았다. 지배에 초점을 맞춘 이론들은 원칙적으로 이런 다른 문제를 포괄할 수는 있지만, 연구자들에게 그런 문제를 어떤 규칙적인 방식에서 행하라고 명령하지는 않는다.

다른 한편...

나는 앞에서 연구자는 연구하고 있는 세계의 사람들이 생각하고 믿는 것을 무턱대고 받아들이지 말고 문제시하는 것을 배워야 한다고 주장했다. 나는 이제 문제시하는 동시에 주의도 기울여야 한다는 사실을 말해야 한다.

결국, 사람들은 살고 일하고 있는 세상에 관해 많은 것을 알고 있다. 그들은 이 복잡한 세상에서 살아남기 위해 많은 것을 알아야만 한다. 이 세상의 온갖 모순과 갈등에 적응해야만 하고 자신의 길에 던져진 모든 문제도 해결해야 한다. 만약 그런 것을 하는 데 충분히 알고 있지 못했다면 그들은 지구상에서 그렇게 오랜 삶을 지속하지 못했을 것이다. 그래서 그들은 많이 알고 있다. 그리고, 우리는 그들이 알고 있는 것을 이용함으로써 그들이 연구한 일반 지식과 일반 관행이 명백하게 보여주는 것을 우리의 표본에 포함시켜야만 한다.

하지만, 이러한 사실이 '사람들'의 지식을 우리의 것보다 좋거나 타당한 것으로 취급해야 한다는 의미는 아니다. 많은 사회과학자들은 우리가 연구하고 있는 사람들의 삶과 경험에 대해 그 사람보다 더 잘 알고 있다는 주장을 조심스럽게 정당화하면서, 우리의 작업은 사회행위자들이 자신의 삶과 경험에 대해 가지고 있는 우수한 지식을 충분히 존중하고 있다는 사실을 주장한다. 이런 연구자들은 그들이 발견했던 만큼 꽤 많은 '자료'를 남겨두기 원한다. 그런 자료는 사람들이 의사소통하는 단어들로 구성된 이야기들로, 어떤 알려진 사회과학 주석이나 해석에 의해 삭제되거나 편집되지 않고 '개선되지도 않은' 것들이다. 이런 연구자들이 생각하는 과학은 더 이상 추가될 것이 없는데 왜냐하면, 자신이 겪어낸 것을 알고 있는 사람들이 그것에 대한 최고의 정보원이 되기 때문이다.

이런 주장은 앞장의 집합심상에서 제시된 참truth에 대한 논의의 핵심을 이루고 있다. 사회과학자들은 대개 자신이 알고자 하는 사람들이 행했던 경험을 한 적이 없기 때문에, 항상 학계 내부로부터 그와 비슷한 것을 아는 사람들의 설명에 의존해야만 한다(분석가가 연구하고 있는 활동에 참여할 때는 예외가 일어난다). 그러나, 그러한 설명이 무조건적으로 사회과학자의 연구목적에 유용하게 되는 것은 아니다. 사람들은 자신이 기술하고 있는 설명들과는 상당히 다른 설명들을 '연구입장'에서 우리 사회과학자에게 제시하기 때문에 그것을 액면 그대로 받아들일 수는 없다. 이를테면, 우리는 우리가 면접하는 사람들에게 그들의 일상생활에서 결코 확신할 수 없는 비밀유지를 보장한다. 이런 것은 어떤 사건에 대한 설명을 우리가 직접 거기에 가서 보았더라면 볼 수 있었던 것보다 덜한 것 또는 매우 다른 것으로도 만들 수 있다.

사람들이 필연적으로 우리(사회과학자)보다 자신들의 삶에 관해 더 많이 알고 있다고 생각하는 사회과학자들은 우리의 이기적인 삶을 위해 사람들의 삶과 이야기를 도용해서는 안되고 그들이 들려준 내용을 변화시키거나 해석하지 않은 채 단순히 제시함으로써 그들의 존엄성을 존중해야 한다고 주장한다. 이에 대한 근거는 모호하다. 사회과학자들이 연구하는 모든 사람들이 분명 그만한 존경을 받을 가치가 있는 것은 아니다(대표적인 반례로 나치와 가학적인 경찰관이 있다). 게다가, 이런 입장을 온전하게 받아들인다면 우리가 다른 사람들의 삶을 연구 재료로 이용할만한 자격이 없다는 결론에 도달하게 된다. 현대 인류학—현대 기록 사진과 영화제작(특히, 많은 '빈민굴'에 대한 뻔뻔스럽고 터무니없는 기록물)에서와 마찬가지로—은 이런 딜레마에 사로잡혀 있다.

나는 그러한 주장에 동의하지 않는다. 사회학자들은 그들이 연구하고 있는 사람들이 알지 못하는 어떤 것을 알고 있다. 그러나, 그것은 우리가 사용할 수 있는 표본추출 술책이 부당하거나 무례하지 않는 경우에만 참이 된다. 이것은 에버렛 휴즈의 논쟁을 확대한 것이다.

요컨대, 사회학자나 기타 사회과학자들은 대개 단 한 사람의 삶과 경험만을 연구하지는 않는다(단 한 사람에게 초점을 맞출 때조차—농촌 만물박사에 관한 더글라스 하퍼Douglas Harper, 1987의 연구에서처럼—, 대개 주연 배우가 일상적으로 접촉하고 있는 모든 사람을 연구에 포함시킨다). 오히려, 그들(적어도 그들의 일부)은 상당히 많은 사람의 경험에 대해 연구하는데, 그 많은 사람의 경험은 중복되기는 하지만 정확하게 일치하지는 않는다. 휴즈는 "나는 그 집단 내의 어떤 이가 모르는 내용을 알지는 못하지만, 그들이 아는 것 모두를 알기 때문에 그들 중 어느 누구보다도 더 많이 알고 있다"라고 말하곤 했다.

내가 블랜치 기어, 에버렛 휴즈와 함께 학부 학생들에 대해 연구했을 때 Becker et al., [1968]1994, 우리는 현장에서 각자가 주목할 부분을 나누었다. 기어는 남학생 클럽과 여학생 클럽 구성원을 연구했던 반면, 나는 클럽에 소속되어 있지 않은 무소속 성원들independents과 대부분의 시간을 보냈다. 휴즈는 교수와 교직원을 연구했다. 우리 각자는 '우리의' 집단이 알고 있는 것을 배웠지만, 다른 사람들은 그렇지 못했다. 대학 내의 정치 생활을 조성하는 장치들은 남학생 클럽이 지배하는 '비밀' 조직에 의해 작동되었다. 그 클럽의 대장은 기어에게 그에 관한 모든 것을 이야기해 주었고 기어는 다시 나에게 말해 주었다. 그러나 나와 친하게 지냈던 무소속 성원들은 그것에 관해 알지 못했고, 나는 그들에게 말해주지 않았다. 반대로 무소속 성원들은 자신들이 세운 정치적 행동을 나와 함께 공유했고 나는 그것을 기어에게 말해 주었지만, 기어는 남학생 클럽 성원들에게는 말해주지 않았다. 그래서 우리 팀, 즉 우리 각자는 대학의 정치 생활에 직접 참여하고 있는 어느 누구보다 더 많이 알게 되었다.

이런 것을 다 안다고 해서 우리가 연구하고 있는 사람들보다 우수하다고 느꼈다는 것은 아니다. 또 그들이 참여하고 있는 사건의 의미가 너무 미묘해서 그들은 이해할 수 없었지만 우리는 그 의미를 발견할 수 있었다고 생각했던 것도 아니다. 그렇게 생각하는 것은 정말로 무례한 일이다. 그러나, 그 것이 의미했던 바는 우리가 관련된 사람들에게 가까이 다가갔기 때문에 그 들이 잘 알 수 있었을 것을 분명하게 알았다는 것이다. 그들이 그런 것을 몰 랐던 이유는 우둔하거나 교육을 받지 못했거나 감수성이 결핍되어서가 아 니라, 대학 생활이 그들에게 그런 것을 찾아내지 못하도록 조직화되어 있었 기 때문이다. 이런 것은 어떤 이의 경험을 경멸하라는 것이 아니라 오히려 짐 멜Simmel, 1950: 307-376이 비밀에 관련해 기술했던 바와 같이, 지식이 차별적으 로 분배되는 현실을 존중하라는 것을 지적한다.

연구자를 위한 메시지는 평범하다. 연구대상자가 자신이 하고 있는 것 을 알고 있고 그것에 대해 연구자에게 말할 때 경청하고 주목하라는 것이다. 그것은 연구 대상자들(즉, 사람들)의 말에 속아 넘어 가는 것을 의미하지 않 는다. 물론 사람들은 때때로 참이 아닌 것을 말할 수도 있다. 메시지가 의미 하는 바는 일상적인 조직체 내의 의사소통 경로channels를 참여자들이 일하는 방식으로, 즉 정보의 근원으로 이용하라는 것이다.

쟝 페네프Jean Peneff는 연구자들이 일상적으로 행하는 것보다 현장을 더 중요시해야 한다고 충고하면서 그런 논점에 대한 특별한 견해를 제시하고 있다. 그는 사회 생활의 대부분의 영역에 대해서 다음과 같이 지적한다:

그것은 셈하고, 계산하고, 열거하는 것에 관련되어 있다. 공장 노동자 는 끊임없이 셈한다. 나는 얼마나 많은 부품을 만들었는가? 얼마나 많은 조립을 했는가? 얼마나 오랫동안 일을 했는가? 사무실 노동자 들은 서류를 분류하고 파일을 만들고 계산하고 목록을 만든다. 병원 의 업무에도 측정과 계산에 관련된 일이 항상 있다. 사용할 수 있는 침대는 몇 개인가? 방사선 치료를 받기 위해 얼마나 오랫동안 기다려야 하는가? 우리는 어느 정도의 시간이 있는가? 치료받기 위해 기다리는 환자는 몇 명인가? 나는 얼마나 더 많은 시간을 일해야 하나? 노동자들은 시간에 사로잡혀 있다. 이미 지나간 시간, 결정을 해야 하는 시간, 그리고 퇴근 시간? 이처럼 시간은 노동자들의 상호작용의 중심에 있음에도 불구하고 연구자들이 시간과 관련된 끊임없는 선입관과 평가를 시간기록, 통제 그리고 계획의 형태로 좀처럼 이용하거나 토론하지 않는 것은 놀라운 일이다.

사람들은 이런 종류의 정보를 사용하고 진지하게 취급하고 있기 때문에, 우리 역시 그렇게 해야 한다. 기어와 휴즈 그리고 내가 그런 일을 했을 때는 학점에 정신이 팔린 대학생들이 과목에 따라 들일 노력을 다르게 할당함으로써 자신의 총평점을 어떻게 변화시킬 수 있을지를 계산하고 또 계산하는 데 상당한 시간을 소비하고 있다는 사실에 주목했을 때이다. "어디 보자, 독일어를 5시간 공부하면 인류학을 3시간 공부하는 것보다 평점을 높게 만들 수 있을 거야"Becker, Geer and Hughes, [1968]1994: 89-90.

그러므로……연구 대상자가 무시한다는 이유로 말미암아 어떤 것을 무시하지 말아라. 그렇다고 그들이 주목하는 것 또한 무시하지 말아라. 이처럼 상반된 목적을 가지는 것처럼 보이는 술책이 실제로는 보이는 것처럼 그리 모순되지 않다는 사실을 잘 알 수 있다. 술책의 핵심은 더 많은 것을 발견할 수 있도록 돕는 데 있다는 사실을 기억하라. 또한, 각 술책은 다른 사람이 무시하고 넘어갔을 것에 주의를 환기시키면서 그 고유의 방식으로 작동할 것이다. 탐구가 진행되는 가운데 일관성consistency은 그다지 가치가 없다.

다른 사람들의 정보를 이용하기

　　사회과학자들은 흔히 다른 사람과 조직이 수집한 정보를 사용하는데, 그 결과 그들이 사용한 정보에서 빠뜨린 것은 무엇이든지 간에 설명에서 빠지게 된다. 우리는 미국 인구총조사 당국Census Bureau이 보유하고 있는 시간, 돈, 인원과 같은 자원을 가지고 있지 않으면서, 인구총조사에 의존하여 온갖 종류의 정보를 얻는다. 그 결과, 우리가 사용하고 있는 정보를 만든 사람들이 중요하지 않다고 생각했던 것은 우리는 중요하다고 생각할지라도 빠뜨리게 된다. 또한 그들의 활동 범위에 종속되기 때문에 우리가 원하는 정보를 자유롭게 얻지 못한다. 비트너와 가핑켈Bittner and Garfinkel, 1967이 설명한 바와 같이 사람과 조직은 자신의 목적을 위해, 그리고 자신이 실용성을 평가하는 방식에 따라 정보를 수집한다. 그들은 사회과학자들이 연구자료로 이용하도록 하기 위해 정보를 수집하는 것은 아니다. 그들은 우리가 원하는 모든 사실을 수집하는 것이 아니기 때문에 우리는 연구를 위해 다른 여러 가지 일을 해야 한다. 미국 인구총조사의 종교에 대한 자료 수집으로서 헌법 조항의 종교 법규에 대한 소송이 종결되었던 1920년대 이래, 다양한 종교 집단의 구성원 수를 추정하는 일은 악몽과 같은 연구로 되어 왔다. 유태교, 천주교, 또는 신도의 수를 측정할 수 있는 간접적인 방법을 고안하기 위해 많은 정교한 장치와 막대한 노력이 제공되어 왔으나 그 어느 것도 인구총조사의 방대하고 포괄적인 범위에 근접할 수 없었다. 이것은 우리에게 매우 유감스런 일이다.

　　때때로 남들이 우리를 위해 수집하지 않았던 자료를 수집하는 것은 너무 많은 돈이 들고, 우리가 그것을 할 수 없을 정도로 너무 많은 일을 요구한다. 그들은 우리가 원하는 자료를 수집하지 않고 우리 또한 그렇게 하지 못하는데, 그것은 그 일이 가치가 없어서가 아니라 '비 실용적' ─그런 비용을 지불할 의향이 있는 사람들이 생각하는 것보다 훨씬 큰 경우─이기 때문이다.

비트너와 가핑켈, 그리고 경찰 통계(범죄학 연구에서 선호되는 자료의 출처)의 부정확성에 대해 걱정하는 사람들, 그리고 의료기록(보건 문제 조사자들이 선호하는 자료의 출처)에 따르면, 사회학 연구 분야는 기록 보존의 사회학sociology of record keeping을 정확하게 다룸으로써 성장하여 왔다. 그런 연구는 기록이 어떻게 보존되어 왔는지에 대해 조사했지만, 자료의 출처가 가지는 결점을 수정하는 방식에는 미치지 못했다. 왜냐하면, 기록을 보존하는 것은 현대 대부분의 조직이 하고 있는 일상적인 활동이기 때문이다. 즉, 조직체가 어떻게 작동하는지를 이해하기 위해 기록이 어떻게 보존되고 있는지를 알아야만 했다. 그러나, 그런 것에 대해 너무 많이 알게 될 경우, 그런 기록을 사회과학 연구를 위한 정확한 정보의 출처로 택하지 않을 수도 있다는 점이 문제이다. 우리는 모든 기술full description을 원한다. 그러나, 우리가 얻은 것은 조직체의 실용적인 목적에 적합한 부분적인 기술이다. 만약 보험회사들이 가구 절도에 대한 보험 가격을 결정하기 위해 경찰통계에 주목하고 있다는 사실과 가구주들이 경찰 통계의 변동으로 인해 보험 비용이 상승될 때 선출된 관리들을 불평한다는 사실을 안다면, 우리는 절도에 대한 통계가 아마 어느 정도 정치적인 부수적 사건을 반영할 것이라는 사실을 알 수 있다.

다른 사람들이 수집한 각종 자료의 부정확성을 연구하는 것은 학문 활동의 매우 큰 부분이긴 하지만 나는 여기서 그것을 다루지는 않을 것이다. 그것은 이 책의 관심사가 아니다. 어떤 연구는 간단한 사실에서의 부정확성을 다루고 있다. 이를테면, 경제 통계의 오차를 다룬 모르겐스턴Morgenstern의 고전적 분석이 있다. 그런 분석 중 일부는 개념적인 문제들을 다루고 있다. 가핑켈은 성전환에 대한 자신의 연구에 근거해서 성에 대한 인구총조사 자료에 다음의 질문을 제기하였다. 표준 범주(남자와 여자―옮긴이) 가운데 어느 하나에 정확하게 들어맞지 않는 사람들(성 전환자―옮긴이)은 어떻게 분류해야 합니까? 물론 가핑켈이 기이한 입장을 다룬 것은 사실이지만, 인구총조사가 그들을 독립적으로 조사하지 않았기 때문에 그 범주에 속하는 사람들(성 전환자―옮긴이)이 얼마나 되는지를 알 수 없다는 가핑켈의 진술은 정확했다. 어떤 연구자는 정보가 마땅히 그것이어야만 하는 것이 아니라 그것을 수집하는 사람들의 일상적인 작업의 결과임을 기술하고 있다Roth, 1965; Peneff, 1988.

우리는 이런 '공식적' 또는 준-공식적 자료들이 가지는 문제에 대한 모든 연구에 관심을 갖게 되는데, 이런 문제로 인해 우리가 어떤 정보를 잃어가고 있기 때문이다. 만약 그런 사실을 알았더라면, 그 정보는 보편적인 범주를 앞지르는 완벽한 기술을 행하는 데 있어 필요한 사례를 찾는 데 도움을 주었을 것이다. 그러나, 아무리 그런 자료를 비평하고 의심하든지 간에 흔히 그런 자료에 의존하기 때문에(인구총조사의 모든 결점에도 불구하고 인구총조사 없이는 연구가 불가능하다는 사회과학자도 있다), 그것을 다루기 위한 술책 또한 필요하다. 그 술책들은 쉽다. 자료가 나온 출처, 자료를 수집한 사람, 자료에 대한 조직적·개념적 강제들이 무엇인지, 그리고 그 모든 것이 조사하고자 하는 표가 보여주는 것에 영향을 미치는 방식은 어떤 것인지를 물어보아라. 그것은 아마 생각보다 표를 참조하는 데 더 많은 일을 하게 만들지만, 다른 사람들이 수집한 자료에는 너무나 많은 문제점이 있기 때문에 그런 노력을 하지 않고는 위험을 감수해야 한다.

사생아적 제도들

　연구자가 보아야 할 것을 보지 못하도록 만드는 모든 방해물은 개선될 수 있다. 그런 방해물을 이용하여 연구자의 사고 범위를 확대시키는 것이다. 나는 그것과 관련된 많은 술책을 제시해 왔다. 그런 잘못을 피하는 최선의 방책은 사회과학자들이 제유를 구축하는 데 있어 포함하는 것이 적절한 appropriate 것과 포함하는 것이 필수적인necessary 것 사이의 구분을 만드는 사회학에 대한 좀 더 일반적인 이론적 이해를 창출하는 것이다. 사회학적 이론화에 관한 뛰어난 소책자이자, 에버렛 휴즈의 고전적 논문Hughes, [1971]1984: 98-105인 ≪사생아적 제도들bastard institution≫은 사회학적 분석에서 적절한 재료를 관습적으로 선택하는 것이 어떻게 반드시 포함되어야 하는 현상의 모든 범위를 배제시키고, 그리하여 집합적 인간 활동에 대한 우리의 표본이 어떻게 당연히 되어야 하는 것보다 덜 정확한 제유가 되는지를 보여주었다.

　휴즈는 사회 조직의 매우 일반적인 문제—즉, 주어진 서비스나 재화의 범위 내에서 분배할 것과 분배하지 않을 것을 제도적으로 정의하는 방식—를 다음과 같이 정의함으로써 시작하고 있다:

> 제도가 재화와 서비스를 분배한다. 그것은 합법적인 인간의 필수품을 합법적으로 만족시켜준다. 종교, 연극, 예술, 교육, 음식과 음료수, 거주지, 그리고 그 밖의 것을 분배하는 과정에서, 제도는 또한 사람들이 원하는 적절한 것을 표준 방식으로 정의한다. 분배에 관한 정의는 꽤 폭넓고 유동성이 있지만 모든 사람과 그들의 조건을 좀처럼 만족시켜주지는 못한다. 또한, 제도는 실제적으로 옷가게에서 지나치게 큰 옷

이나 기이한 스타일의 셔츠를 판매하지 않기로 결정한 것과 마찬가지로, 단지 어떤 범위의 사람에게만 서비스를 제공한다. 분배는 결코 완벽하거나 완전하게 이루어지지 않는다.

어떤 제도는 이런 제도화된 정의에 대항하는 집합적인 항의로부터 생겨난다. 예를 들어, 어떤 종파는 한 정부 관료에 의해 촉진된 종교의 정의에 대항하여 항의를 하였고, 또 고전적인 뉴잉글랜드New England 대학에 의해 설립된 교육의 개념에 대항하여 다양한 집단이 새로운 형태의 교육적 제도를 설립하여 대항하였다. 그러나, 거기에는 또 다른 것이 존재한다:

……만성적인 일탈과 항의, 그 중 어떤 것은 오랜 기간 그리고 수세대 동안 지속되고 있다. 그것은 공공연한 합법적인 지지를 받지는 못할지라도 일정한 안정성을 얻을 수 있다. 또한 법의 혜택 없이 오히려 법적 제재의 묵인 하에서 작동할 것이다. 그것은 존경받을 만한 영역에 있지 않을 것이다.

합법적인 재화와 서비스를 불법적으로 분배하고 있는 것들도 있다. 또 다른 것들은 합법적이지 못한 필수품을 만족시켜 준다. 이 모든 것은 다른 제도와 마찬가지로 조직적인 형태를 취한다(Hughes, [1971] 1984: 98-99).

휴즈는 이런 것을 **사생아적 제도**라고 칭할 것을 제안한다. 그러한 제도는 다양한 형태를 취한다. 어떤 것이 공식적으로 합법적이지 않다고 해서 반드시 불법적이 되는 것은 아니다─물론 그럴 가능성은 있다. 그 제도는 상당히 보편적이고 대중적인 여론의 지지를 받고 있으나 그런 지지는 단지 하위 공동체 내에서 이루어진다. 휴즈는 그런 예로 교도소와 군대 내의 집단구타,

또는 다른 시대에 있었던 중국인 거주지역 내의 비밀결사단과 같은 비공식적 형태의 정의에 마음을 두고 있었지만, 더불어 정통 유태인 공동체들이 유태인용 소고기 공급의 적법성을 보장받도록 발전시켰던 제도들도 생각하고 있다.

몇몇 사생아적 제도는 좀 더 합법적인 서비스 분배자들에 비해 주변적이다. 그래서 법과 회계학을 강의하는 학교 바로 옆에는 주정부가 실행하는 전문직 자격시험에 합격할 수 있는 방법을 강의하는 벼락치기 학원들이 있다. 이런 학원들은 법에 대해 가르치는 척하지 않고, 시험에 합격하는 법을 가르친다. 휴즈는 부근의 공동체가 금지한 것을 가능하게 만드는 공동체를 사생아적 제도의 범주에 집어넣는다. 그는 시카고에 있는 조지 펄만George Pullman의 모범 공동체model community를 지적하기를 좋아했는데, 그 공동체는 1880년대 펄만이 침대 기차를 만드는 작업을 했던 사람들을 위해 건립한 것이었다. 엄격한 종교적 견해를 가졌던 펄만은 자신의 모범공동체에 선술집을 허용하지 않았다. 그런 것은 노동자들에게 전혀 문제가 되지 않았다. 펄만 공동체의 서쪽 경계선인 남쪽 미시간 길 바로 건너에 로즈랜드Roseland라는 곳이 있었기 때문이다. 그곳에는 선술집들이 약 1마일 가량 늘어서 있었고, 동쪽에서 구입할 수 없는 담배, 위스키, 그리고 몸을 파는 여자들이 있었다 (이러한 특징은 내가 가끔 그와 비슷한 선술집에서 피아노를 연주했을 때인 1940년대까지 계속되었다).

잘 확립된 제도에서도 금지된 재화와 서비스를 제공하고 있다는 사실을 보여주는 가장 분명한 사례들이 있다. 오래된 재래시장에서 불법적인 카지노 도박장, 불법 주류 매점, 매춘시설 등과 같은 금지된 재화와 서비스가 제공되고 있다. 또, 거기에는 우리 같은 사람들은 구입할 수도 없고 또 가지고 있으면 벌금이 부과될 수 있는 것도 아마 있을 것이다. 여자 옷을 입고자 하는 성 전환자들은 183cm에 90kg인 남자들에게 부인복, 팬티스타킹, 양쪽 발에 매는 여성용 벨트를 파는 가게를 쉽게 발견한다. 휴즈는 기성사회조직들establishments에 대해 다음과 같이 설명한다:

> 기성사회조직은 용인된 정의와 제도적 명령과 직접적인 갈등 상태에 있다. [그것들은] 좀 덜 완벽하게 존경받을 만한 대안을 [제안하거나], 사람들에게 기존 조직의 분배자들이 제공하지 않아 약간의 불쾌감이 표시되고 있는 불충분한 것이나 독특한 취향을 만족시키도록 허용한다. 그럼에도 불구하고, 보편적인 제도 체계에서 어떤 유형의 사람들은 쉽게 구입할 수 없는 어떤 것을 얻는 방식을 매우 간단하게 제공하고 있는 다른 제도도 있다. 그것은 제도적인 정의와 분배에서의 결점을 고치는 것들이 된다(Hughes, [1971]1984: 99).

사회과학자들은 전형적으로 이런 현상을 '일탈', 즉 그 근원이 밝혀져야만 하는 병리적인 비정상적 행위로 연구하여 왔고, 그래서 '사회'는 그 '문제'를 제거하기 위해 효율적으로 행동할 수 있다. 하지만, 휴즈는 그런 현상을 "인간 활동과 사업의 복잡한 총체의 일부"로서 포함하고자 했고 "…거기서 우리는 진행되고 있는 [동일한] 사회적 과정을 볼 수 있고… 그런 과정은 합법적 제도에서도 발견될 것이다"앞의 책: 99-100. 그는 합법적인 형태의 활동과 불법적인 형태의 활동을 이런 방식으로 연결시켰다. "제도적인 경향은, 무잇이 적절한시에 대한 정의에 의해, 일탈 행위를 제재하려고 적용된 처벌에 의해, 그리고 사람들에게 단지 표준화된 기회와 서비스를 분배하기 위한 장치를 제공함에 따라 나타나는 양상에 행동을 축적한 것이다. 그러나 제도는 행동을 모을 수는 있지만 일탈을 완벽하게 파괴하지는 못한다."

그래서, 결혼이 성행위와 종족번식을 조직화하는 전형적인 방법이긴 하지만, 어떤 사람들은 결혼을 하지 않고 또 결혼한 사람들 중에는 자신의 성행위 상대를 합법적인 배우자로 국한시키지 않는 경우도 있다. 모든 사회가 결혼의 형태(그 중에서도 특히 여자에게 남자를, 그리고 남자에게 여자를 분배하는 장치)를 자신의 특정한 사회적 속성(이를테면, 인종, 계급, 민족 등)이 자신을 '적합한 배우자'로 만드는 것이라 정의하고 있다. 그러나, 배우자를 부양할 수 있는 능력은 사람마다 다르고, 여기저기로 옮겨 다닌다든지 상대적으로 고립된 상태에 있게 되는 경우에는 결혼 배우자를 찾지 못하는 일이 발생한다. 이러한 고전적인 예로는 제인 오스틴Jane Austen 소설 속의 여주인공들이 있고, 또한 적합한 배우자를 찾을 수 있는 보편적인 공동체에서 매우 멀리 떨어진 통나무 캠프나 배, 또 탄광에서 일하는 남자들이 이에 속한다. '같은 아파트를 사용하는' 중간계급 여성 사이의 은밀한 레즈비언 관계와 마찬가지로, 매춘과 일시적인 동성애 관계는 그런 문제를 가진 남자들의 공통적인 해결 방식이 되어 왔다.

여태까지의 분석은 흥미롭긴 하지만 놀라운 것은 아니다. 다른 사회과학자들Kingsley Davis, 1937도 비슷한 예를 사용하여 비슷한 논점을 만들곤 했다. 이제 휴즈는 놀라운 사실을 보여준다. 일탈행위는 두 방향으로 움직이고, 두 가지 형태를 취하고, 그리고 사회과학자들은 불쾌한 불법적인 일탈행위(그는 이를 악의 방향이라고 칭한다)뿐만 아니라 선한angelic 형태도 조사하고 논의해야 한다. 매춘은 남자에게 부족한 여성을 제공하도록 작동하지만, 그 불균형이 다른 방향일 경우 여성에게 남성을 공급하는 대응적인 장치는 없다. 그래서, 그런 입장에 있고자 하지 않는 수많은 여성들이 합법적인(합법적으로 정의되는 방식이 무엇이든지 간에) 남자 배우자를 가지지 못한다.

휴즈에게 있어 논점은, 관습적인 제도의 운영이 어떤 사람들을 자신이 원하는 것보다 '더 나을' 것을 요구하는 위치에 놓거나, 또는 그들의 현 상태에서 기대되는 것보다 '더 나을' 것을 요구하는 위치에 놓는다는 것이다. "거기에서 사람들이 원하는 것보다 더 나은 위치에의 적응을 제도화시키는 것을 발달시키는 논점이 무엇인지를 찾아내는 것은 특히 중요할 것이다"앞의 책: 103.

종교라는 이름으로 이루어진 독신 생활의 제도화는 다음과 같다:

[그것은] 결혼에 대한 일탈을 선한 방향의 제도적 형태로 실현화시킨 것이다. 이것은 인간 행위의 평균적인 이상보다 더 높은 이상에 의해 가정할 수 있는 최고의 가치에 의해 합리화되는 일탈이다. 그런 제도 하에 있는 개인에게 그 기능은 분명할 것이다. 그 제도는 어떤 이에게 세상에서 그리고 결혼에서 가능한 이상보다 더 고상한 이상에서 생활하도록 **허용한다**. 나는 '허용한다'라는 단어를 강조하는데, 왜냐하면 세상은 사람이 어떤 특별한 선언도 없이 그런 특별한 일탈에 몸을 봉헌하는 것, 즉 독신으로 사는 것은 기이하게 생각하기 때문이다.

……독신 제도는 행위에 대한 기존 규범의 불수용을 용납될 수 있도록 선언하고 규정하며 그 방식을 제공한다. 아마 기존 제도에서 잘못된 분배로 인해 선고받은 운명을 더욱 고상하면서 만족스러운 방식으로 그렇게 할 것이다. 그것은 또한 최고의 이상을 가진 사람을 위한 제도적인 조항으로 간주될 수 있다. 최고의 이상은 미덕에 대한 기존 가르침에 의해 생성되었지만, 제도적인 장치들이 일반적으로 맞물려 있는 형태의 정의에서는 만들어지지 않는다. 그럼에도 불구하고, 사회가 매우 자주 그런 조직화된 제도적인 형태의 일탈을 받아들인다는 사실—이런 일탈이 개별적인 개인 행위이면 받아들이지 않을 것이

다—에 주목해야 한다……개인적 일탈은 전체의 체계에 대한 위협으로 나타날 수 있다. 하지만, 조직화된 일탈은 체계 스스로가 특별히 채택한 것—인간의 역량으로 할 수 있는 작은 특별한 예로서—으로 나타날 것이다(앞의 책: 103-104).

그래서, 휴즈는 고전적인 형태의 이단은 모든 사람이 공통적으로 인정한 미덕에 따라 행동할 것을 강요하는 것이라고 지적한다:

사회는 진술과 상징적인 표상을 통해 미덕의 수준을 이상화하는데, 그런 미덕의 수준은 사실상 모든 사람들이 실현할 수 없는 것이거나, 다른 미덕과 결합될 수도 그리고 지속적인 실제 삶의 상황에서 실현될 수도 없는 것이다. 그것이 나타내는 바는 사회가 어떤 제도화된 형태에서 사람들에게 이런 저런 미덕의 수준으로 접근하도록 허용한다는 것이다. 그런 미덕은 한때 과거의 성인들이 보였던 정신적인 고양과 성취감을 제공한다. 그런 미덕은 우리 모두가 진지하게 경쟁하여 얻어야 하는 개인적인 성스러움에 대한 위압감을 주지 않고 또 전염병과 같은 사회적 위협도 없다(앞의 책: 104).

휴즈에 의하면, 이 때 사회학적 분석은 다음과 같이 해야 한다:

인간의 생활에서 고도로 제도화되어 있으면서 상당한 도덕적 제재의 대상이 되는 어떤 것을 문제로 택하고, 그것에 관련된 행위의 모든 범위—제도화된 규범과 그 규범의 다양한 방향에서 행해진 일탈들—를 다루는 것이다. ……우리는 그 규범—제도적으로 정의되고 분배된 성인 남자와 여자 사이의 관계에 대한—을 좀 더 모든 범위에 있는 실현가능한 행위에 대한 특정 논점으로 보아 왔고, 그리고 적어도 사생아적 그리고 선한 방향 모두에서 제도화된 것과 일탈 사이의 기능적 관계들이 가능하다는 사실을 보여주었다(앞의 책: 105).

그렇다면, 사례의 모든 범위를 취급한다는 것은 그렇지 않았으면 빠뜨렸을 것—어떤 점에서 품위 있는 사회학자들이 생각하기에는 너무 이상하거나 상스러운 것—을 포함해야 한다는 것을 의미한다. 또한, 그러한 사례들을 그 척도의 다른 끝—너무나 선하여 참이 될 수 없는 활동, 즉 선한 일탈—을 정의하고 지적하는 데 사용하라는 것을 의미한다. 휴즈는 흔히 매우 충격적이거나 매우 부적절하게 보이는 비교를 시도했다. 예를 들면, 성직자와 정신과 의사, 매춘부를 비교하고자 했다. 그는 세 직업의 사람 모두는 자신의 교구민, 환자 또는 고객에 대해 비밀을 유지해야 하는 '앎의 가책guilty knowledge'을 가진다고 지적했다. 휴즈는 각 직업의 구성원이 일하는 각기 다른 조건 하에서 그런 비밀을 지켜왔던 방법을 비교 연구하는 것에 관심이 있었다.

사례가 취향에 맞지 않는다거나 정치적으로 황당해 보인다는 이유로 그것을 빼버리는 것은 잘못을 보장하는 것이나 다름없다. 훌륭한 취향은 강력한 형태의 사회통제가 된다. 우리가 좋아하지 않는 것을 그만 두게 하는 가장 쉬운 방법은 그것은 '가치가 없어' 또는 '신선하지 않아' 또는 '어색해'와 같은 갖가지 혹평을 하는 것이다. 러시아 문학 비평가 박틴Baktin이 지적하기를, 프랑스 16세기 작가 라블레Rabelais는 대중의 상스러운 언어로 가르강튀아Gargantua의 난잡한 짓거리에 대해 이야기를 했는데, 왜냐하면 그것이 '좀 더 고상한' 말투를 좋아하는 교양있는 친구들을 정치적으로 공격하는 방법이었기 때문이라는 것이었다. 아무런 생각 없이 그런 비평을 수용할 때 우리는 어떤 이의 사회 통제에 종속될 가능성이 높고, 많은 사회과학자들이 그렇게 종속되고 있다.

4 개념

Tricks of
the Trade

이제껏 집합심상에 대해 공부했고, 탐구하기에 적합한 사례들의 표본—배우고 생각하고자 하는 현상의 유형에 대한 전체 범위를 포괄하는 표본—을 찾았기 때문에, 이제 본격적으로 사고를 시작할 수 있는 단계에 왔다. 이는 개념을 사용할 수 있게 되었다는 것을 의미한다. 개념은 사실에 대한 특정 진술이라기보다는 전체부문의 현상에 대한 일반화된 진술이며, 또한 단지 특정 장소의 사람들이 아니라 어느 곳의 사람과 조직에게도 적용될 수 있는 진술이다. 많은 사회과학자들은 개념을 몇 개의 기본적인 사고를 조작하여 개발시킬 수 있는 논리적 구성체로 취급함으로써, 개념의 문제를 연역적인 접근방식으로 작업하고 있다. 나는 그런 방식이 그다지 마음에 들지 않는데, 그것은 내가 주목하고 있는 경험적 세계와 동떨어진 결과를 만들어 내기 때문이다. 어떤 점에서 나는 이것을 취향의 문제라고 인정한다.

개념 분석을 경험적으로 좀 더 결실이 있게 만든 방식으로 이상적인 전형 모형ideal typical models을 발전시켜 왔는데, 그것은 "핵심 쟁점을 둘러싸고 있는 기준이 체계적으로 관련되어 있는 집합"으로 구성되어 있고, "다양한 국가와 역사적 상황에 적용될 수 있도록 충분히 추상적Freidson, 1994: 32"이다. 예를 들면, 프리드손Freidson은 이 방법을 통해 "전문가의 권력professional power" 개념을 정의하는 골치 아픈 문제를 해결했다. 그는 "전문가 권력이 개방 경제의 소비자나 중앙 집중된 정부의 관리의 통제가 아니라 전문직 종사자 스스로가 행하는 통제에 놓여 있다는 것이 주된 논쟁이다"라는 모형을 창출했다.

그러나, 나는 경험적인 자료와 끊임없이 대화를 나눔으로써 개념을 개발시키는 것을 좋아한다. 개념은 자료를 요약하는 방식이기 때문에, 개념을 요약하고자 하는 자료에 적합하도록 각색하는 것은 중요하다. 이제부터는 이와 관련된 술책을 논의할 것이다. 이런 술책을 통해 자료들에서 좀 더 복잡한 생각을 끌어낼 수 있으며, 그런 생각은 연구할 가치가 있는 문제를 좀 더 많이 발견하게 만들고, 또 분석에서 생각하고 구체화시킬 가치가 있는 것에 대해 좀 더 많이 생각하도록 도움을 줄 것이다.

개념은 정의된다

우리 모두는 개념을 통해 작업한다. 언제나 늘 그렇다. 허버트 블루머 Herbert Blumer가 "조작주의operationalism"라고 비판했던 당시와 마찬가지로 우리 역시 선택의 여지가 없다. 그는 개념이 부재한 과학은 없다고 지적했다. 개념이 없다면, 우리는 무엇에 주목해야 하고 무엇을 찾아야 할지, 또 그 무엇을 발견했을 때 우리가 찾고자 했던 것이 과연 무엇이었는지를 인식할 수 있는 방법도 알지 못한다. 블루머가 글을 썼던 당시는 심리학자들의 전성기였는데, 그들은 개념을 사용하지 않고—최소한 추상적인 이론적 어휘로 정의된 개념을 사용하지 않고—작업을 할 수 있다고 생각했다. 심리학자들은 조작을 통해 연구 현상을 측정하는 것과 같은 방식으로 개념을 간단하게 정의한다면, 정의에 관련된 만성적인 문제에서 피할 수 있다고 생각했다. 그 전형적인 예는 "지능"인데—"지능"의 정의는 오늘날에도 여전히 뜨거운 논쟁의 대상이다—, 지능은 지능 검사가 측정한 것이라고 진술했다.

사회학자들 역시 **태도**attitude의 개념에서 이와 같은 애매한 모습을 취한다. 많은 연구자는 사람들의 내면에는 사고, 성향 또는 아이디어(또는 그 무엇이든)—태도로 요약되는—가 있고, 그것들은 적합한 자극 또는 입장에 의해 방출될 것이라고 가정했다. 태도가 무엇인지는 분명하지 않다. 과학자들은 태도의 정의에 관해 논쟁을 했다. 그러나, 태도를 정의하지 못함으로 인해 그들은 태도 측정 방법—긴 목록의 질문에 대한 응답이 영화, 이방인, 학교, 정당 등에 관한 태도를 "측정한" 숫자를 산출하는 절차—을 만들어 내지 못했다. 과학자들은 태도에 대한 신뢰도와 타당도를 측정했고, 태도들이 서로 어떻게 관련되는지 그리고 사람들에 관한 다른 사실과는 어떻게 관련되는지를 기술하는 통계를 고안해 내었다. 그들은 사람들이 이것저것에 대해 서로 다른 태도를 가진다는 사실, 그리고 의미가 있어 보이는 방식에서 그런 차이들이 다른 차이와 상관되어correlated 있다는 사실을 보여줄 수 있다고 생각했다.

비평가들은 일반적인 이해도 없이 그런 것이 측정되고 있다고 불평한다. 이에 대해 소수의자들은 측정된 태도에 대한 실제적인 내용이나 의미에 관해 말한 바가 없다고 함으로써 그런 불평들을 교묘히 피해갔다. 태도는 단지 검사에 의해 측정한 것일 뿐, 그 이상의 것은 아니라는 것이다. 이 말을 믿을 사람은 아무도 없다. 만약 그들 말대로라면, 태도, 지능 또는 조작적으로 정의된 다른 중요한 아이디어에 대한 연구들이 훨씬 적게 행해졌을 것이다. 왜냐하면, 사람들은 지능, 인종적 태도, 폭력적 성향 등과 같은 측정검사의 대상에는 관심을 두지만, 측정 검사 그 자체에는 전혀 관심을 두지 않기 때문이다.

태도나 지능 검사에 대한 비난에서 가장 선호되는 응답은, "당신은 그것을 지능이라고 칭하고 싶지 않다는 것이죠? 좋습니다. 그럼, X라고 칭합시다. 괜찮죠?"이다. 문제의 항목을 X라고 칭함으로써 성질을 돋구는 이런 기분 나쁜 반격에서 빗겨갈 수 있다. "음, 당신은 X에 대한 인종별 어린이들의 평균 점수가 10점 차이 난다는 사실을 보여 주었습니다. 그래서 어쨌다는 것이죠?" 당연히, 어떤 이도 X에 대한 흑인 어린이와 백인 어린이 사이의 점수 차이에 신경을 쓰지 않는다. 내용이 없다면, X는 이론이나 정책 중 어느 것과도 관련되지 않는다. 그러나 사람들은 지능의 차이에 신경을 쓰는데, 그것은 만약 그런 차이가 실제로 존재한다면, 그 차이는 결코 X만으로는 말할 수 없는 정치적이면서 도덕적인 심각한 유형의 결과를 보여주기 때문이다. 만약 어느 비평가가 X를 모든 사람이 인정하는 진짜 지능이라고 말한다면, 그 논의는 더 심각하게 될 것이다.

이런 비평은 이상하고 시대착오적이라고 할 수 있는데, 블루머가 비난했던 유형의 조작주의자가 되고자 하는 현대 사회과학자는 거의 없기 때문이다. 그러나, 많은 현대 연구자들은 마치 자신들이 그런 입장을 변형하여 받아들인 것처럼 행동하고 있는데, 다음과 같은 의미에서 그렇다. 그들은 이야기하고자 하는 현상의 "지표indicator"로서 그 현상 자체에 대해 불완전하거나 때로는 매우 불안전한 관계를 가지고 있는 어떤 것을 선택하고 나서, 마치 그 지표가 그 현상의 잣대measure인 양 취급한다는 것이다. 그들은 사람들에게 직업을 물어보고 응답을 통해 사회계급을 측정하는데, 즉 응답한 직업을 사회적 명성에 따라 분류된 직업목록이나 센서스 분류방식의 주요 직업군에 위치시킴으로써 사회계층을 측정한다. 그들은 칼 마르크스Karl Marx, 막스 베버Max Weber, 로이드 워너W. Lloyd, 또는 라이트 밀스C. Wright Mills가 의미했던 "사회 계급"을 측정했다고 할지 모르지만, 그것은 분명히 아니며 또 그러한 믿음도 도저히 들지 않는다. 그런 측정을 한 사람들은 어떤 사람의 직업이 마르크스주의자나 베버주의자가 의미하는 사회계급**이라**is고 주장하지 못하는데, 왜냐하면 그들은 그것들(직업과 사회 계급—옮긴이) 사이의 어떤 관계도 설명하지 못하기 때문이다. 그럼에도 불구하고 그들의 분석과 토의들은 동일함(직업과 사회 계급—옮긴이)을 암묵적으로 주장하고 있다. 측정이 중요한 것은 사실임에도 불구하고, 우리가 사용하고 있는 개념의 이해에 별로 도움을 주지 못하고 있다.

개념을 정의하는 또 다른 방식은, 개념이 언급하는 것을 구체적으로 표명하고 있다고 우리가 인식하는 것들things을 수집한 다음, 사람들이 일상적으로 사용하고 있는 불가피하게 혼란스러우면서 역사적으로 부수적인 아이디어에 공통으로 있는 것이 무엇인지를 찾아내는 방법이다. 사회학에서 그런 개념적 작업이 흔히 이루어지는 예로는 기능, 범죄, 전문직 등이 있다. 우리는 엇비슷하다고 생각하는 것은 모두 포함하지만 차이가 나는 것은 다 빼버리는 정의를 공식화하려고 노력한다. 만약 어떤 사람이 정의에 딱 들어맞지만 우리의 수집물collection에는 미처 포함시키지 못했던 어떤 것을 보여준다면 당황한다. 연구자들은 "전문직profession"을 다른 직업과 다른 특별한 종류의 일로 징의하고자 했다. 그늘이 자신의 정의에 의해 만들어진 집합체에 포함시키고자 했던 것은 의사나 법률가와 같이 상당히 존경받고 보수가 좋은 직업들이었다. 그래서, 그들은 그런 직업을 특징짓는 흔적을 열거함으로써 자신들의 정의를 고안했다(1994년 프리드손의 글은 이런 문제에 대한 자세한 설명을 제공하고 있고, 또 그런 문제에 대한 현실적이고 유용한 해결책을 제공하고 있다).

언제나 똑같이, 부지런하고 영리한 비평가는 그 정의의 필수조건을 (오랜 기간의 훈련, 난해한 지식 체계, 국가 면허, 기타 등등) 모두 만족시키지만 그 정의에 정확하게 "들어맞지 않는" 직업을 발견할 것이다. 배관공은 전문직 정의에서 이론적으로 복잡한 문제를 만드는 좋은 예가 된다. 배관공은 전문직에 대한 표준 정의가 포함하고 있는 기본 속성을 가지고 있다. 난해한 지식 체계(하수구를 고치려고 시도해 보아라), 오랜 기간의 훈련, 국가 면허증, 기타의 것 등이 그것이다. 그러나, 배관공이 전문직이 아니라는 것은 "모든 사람들이 알고 있다." 이러한 그럴듯한 역설이 제기된 이유는, 그 정의를 다루도록 고안된 수집물 내의 항목들이 인식되지 않은 변수—직업의 사회적 명성—에 근거해서 선택되었기 때문이다. 만약 그 명성이 다른 기준과 완벽하게 상관되어 있다면, 문제가 되지 않을 것이다. 그러나 그렇지 않다.

이러한 문제들이 사회학 작업의 많은 영역에서 제기되고 있다. 그 문제를 해결하는 데 도움을 주는 이론적 술책은, 그 정의가 다루어져야 하는 수집물이 있고 그 수집물 속에 있는 것이 우리가 제안하는 정의의 유형을 지배하고 있다는 사실을 인식하는 것이다. 그리고, 그 예를 수집한 것은 3장에서 고려된 표본추출 문제의 유형이 된다. 그래서 우리는 다음과 같은 질문에서 대답을 찾고자 한다. "우리가 그런 수집물을 형성하는 방법은 무엇인가?", "우리가 전형적으로 빼어버리는 것은 무엇인가?" 그리고, "선별적으로 예를 선택할 때 발생하는 결함harm은 무엇인가?" 정의의 문제가 제기되는 이유는, 그런 수집물의 선택 방식은 바로 우리의 표본에 어떤 현상에 대한 사례를 최대한 다양하게 하여 포함시키라는 3장의 권고를 무시하는 방식과 같은 것이었기 때문이다. 다음의 두 예는 그 결함을 "전문직"의 사례보다 좀 더 명확하게 실질적으로 보여준다(프리드손Freidson, 1994: 149-216이 보여주는 바와 같이, 비록 전문직 용어의 정의가 진지한 정치적 함축을 가지고 있다할지라도, 최소한 표면상으로는 개념적 혼란을 가져온다).

기능 skill

사회학자, 경제학자, 그리고 다른 사회과학자들은 암시적이건 명시적이건 "기능技能"의 관념에 의존한다. 이를테면, 그들은 보수의 차이가 실질적인 기능의 희소성으로 인한 것이므로 희귀한 기능의 소유자는 더 많은 보수를 받는다고 주장한다. 무엇이 어떤 기능을 희소하게 만드는가? 하나는 그 기능을 실행할 수 있는 타고난 재능들이 차별적으로 분포되어 있다는 것이다. 음치인 사람이, 내가 선술집에서 피아노를 치는 일을 하기 위해 해야만 했던 것—귀로 수백 개의 노래를 배우는 것—을 하기는 어렵다. 어떤 사람은 숫자를 잘 다루기 때문에 회계, 장부정리, 또는 돈 관리에 특별한 재능을 보인다. 또 어떤 사람은 바느질 재주가 있어 재봉일, 편물, 코바늘 뜨개질을 특별나게 잘한다. 다른 사람은 사람들을 잘 다루어, 그들의 두려움을 없애준다거나 마음을 편하게 해주는 방법을 알고 있다. 운명결정론을 배워 그것을 잘 이용하는 사람도 있다. 그들은 어려운 입장에서 결단을 내릴 수 있는 반면 우리들 대부분은 손가락이나 빨면서 우두커니 서 있다.

또한, 기능의 희소성은 얼마나 오랫동안 일을 해야만 되는지 또는 그 기능을 획득하기 위해 얼마나 많은 돈을 지불해야만 하는지와 관계가 있다. 이 이론에 의하면, 그 기능에 대한 보상이 없다면 사람들은 그 밖의 다른 곳에 투자했을 많은 시간과 열정을 그곳에 투자하지 않을 것이다. 따라서, 그 기능에 대한 보수가 적을 경우 그것을 획득하려는 사람의 수는 줄어들 것이다. 모든 사람이 이처럼 경제적이고 합리적인 방식으로 행동한다면, 각 직업의 종사자 수는 사용자가 그 기능에 대해 지불할 수 있는 가격과 종사자들이 수용할 수 있는 가격에서 균형을 이루게 될 것이다.

우리는 사람들이 수세기 동안 지니어왔던 기능에 대해 긴 목록을 만들수 있다. 이런 목록을 조사하면서 모든 기능이 동일하게 보상받지 않는다는 사실은 분명히 알 수 있다. 기능 그 자체만으로 큰 보상을 산출할 수 있는 것은 아니다. 요구되는 기능은 자기 이외의 사람, 즉 그 기능에 대해 보수를 지불할 능력이 있고 그리고 지불하려는 사람들이 원하는 것이다. 만약 매우 부유한 사람들이 몹시 원하는 아주 희귀한 기능을 가지고 있다면, 후한 보상을 받을 것이다. 이를테면, 만약 부자가 소유하고 있는 파손된 매우 고가의 예술 작품을 수선해 줄 수 있는 극소수의 사람 중 하나라면, 그 기능을 실행하는 대가로 후한 보수를 받을 것이다. 만약 다른 많은 사람들이 가지고 있는 기능—만약 패스트 푸드 체인점에서 햄버거를 빨리 굽는 것을 가르칠 수 있는 수백만 사람들 가운데 하나라면, 즉 사회에서 필요로 하는 수보다 더 많은 수를 가진 집단의 성원이라면—을 가지고 있다면, 법적 최저임금(사장이 당신을 붙잡아 둘 필요가 없다고 생각한다면 더 적게)을 받을 것이다. 그러나, 매우 희귀한 기능조차도 만일 부유한 사람들이 당신이 진정 받고자 원하는 수준으로 그 기능의 대가를 지불하지 않는다면, 그다지 이득이 되는 것은 아니다. 수백 곡을 연주할 수 있는 나의 능력은 그다지 가치가 없었는데, 왜냐하면 그것을 원하는 사람들은 밴드 리더와 선술집 주인뿐이었기 때문이다. 만일 나의 보수가 너무 높았더라면, 나보다 더 많이 알고 있는 피아노 연주자를 채용했을 것이다.

기능에 대한 수요는 역사적 상황에 따라 변한다. 평상시 그다지 값어치가 없던 기능의 가치가 일시적으로 연계된 상황으로 인해 값이 올라갈 수 있다. 홉스바움Hobsbawm, 1964은 1896년 대규모의 런던 가스 동맹파업에서 불가능해 보였던 "비숙련unskilled" 노동자 집단의 승리를 서술했다. 그 당시 런던은 코크스 석탄coking coal에 의해 제조되는 천연 가스로 불을 밝히고 있었다. 커다란 용광로에서 석탄을 태워, 그 석탄이 품고 있는 가스를 방출하게 한 다음 그 가스를 파이프로 일반 가정과 공장에 보냈다. 용광로를 돌리는 일—석탄을 삽질하여 용광로 안에 집어넣고 계속 불태우는 일—은 비숙련 노동이었다. 그것은 누구나 할 수 있는 일이었고, 결코 어떤 특별한 훈련을 요구하지 않는 일이다. 따라서, 그 일을 했던 노동자들이 동맹파업을 했을 때, 보편적인 지혜와 경제학 이론 어느 것에 의하든 그들이 승리할 가능성은 없다는 결론에 도달했다.

그러나, 그들의 동맹파업은 승리했고, 탐욕스런 자본가인 고용주에게서 후한 화해결정을 얻어냈다. 어떻게 노동자들이 승리할 수 있었을까? 홉스바움은 그 비숙련 노동자들이 실제로는 매우 중요한 기능을 가지고 있었으며, 동맹파업 당시 특이하게 연계된 상황으로 인해 고용주는 그 기능을 평상시보다 더 가치가 있는 것으로 생각하게 만들었다는 사실을 보여준다. 다음과 같은 질문을 생각해 보자. "왜 고용주들은 즉시 용광로에 석탄을 삽질할 다른 비숙련 노동자들을 채용하지 않았을까?", "왜 고용주들은 공공 여론을 조작하여 고통을 받고 불안에 떨고 있는 가구주에 대한 책임을 그들의 우둔한 고용인에게 떠넘김으로써 그들의 동맹파업을 굴복시키지 못했는가?"

고용주들이 그런 분명한 조치들을 취하지 못했던 데는 여러 가지 이유가 있다. 가스 판매자들은 전기와 새로운 경쟁에 직면하고 있었다. 그때까지

207

신제품인 전기가 좋다는 인식은 단지 잠재적이었지만, 만약 동맹파업이 한동안 계속되었다면 고객들은 그 새로운 형태의 에너지를 실험하도록 유혹받았을 것이다. 동맹파업이 오래 지속될수록, 가스 조달업자들은 더 많은 수의 고객들을 전기에 빼앗겼을 것이다.

게다가, 고용주들은 자신이 생각했던 만큼 쉽게 비숙련 노동자들을 갈아치울 수 없었다. 확실히 그들이 했던 일은 어떤 거창한 학습을 요구하지 않았다. 그러나, 그들이 다루는 기계들은 고도의 기능─작동시키기 위한 공학적인 지식─을 요구하지는 않았지만 낡아서 언제 고장날지 몰랐다. 가스 제조업은 사양길에 들어서 있었고, 가스 제조업자들은 어느 정도 돈을 벌었기 때문에 절대적으로 필요한 것 이상은 기계에 투자하지 않고 있었다. 따라서, 기계들은 작동을 하기는 했지만 다른 낡은 기계처럼 요령있게 다루어야 했다. 용광로가 돌아가도록 발로 찰 때, 정확히 찰 지점을 알고 있어야만 했다. 그런 것들은 보편적인 의미에서 보면 기능이 아니라고 할 수 있겠지만, 석탄을 삽질하는 사람이 그 기능을 갖고 있지 않으면 용광로는 작동하지 않았다. 사장은 다른 비숙련자를 채용할 수 있었지만, 새로운 사람들은 그런 기능이 없어 일을 할 수 없었던 것이다.

이렇게 연계된 상황은 이들 비숙련 노동자의 기능을 최소한 일시적으로나마 가치가 있는 것으로 만들어 주었고, 그들은 자신의 장점을 교묘하게 이용하여 더 많은 임금을 받았다. 이 예가 우리에게 주는 중요한 교훈은 동일한 능력도 상황에 따라 기능적이 될 수도 있고 아닐 수도 있다는 것이다. 기능의 개념이 의미하는 바는 그 개념을 정의할 때 마음 속에 가지고 있는 사례가 어떤 것인지에 달려있다.

따라서, 만약 기능 제공을 보류함으로써 임금을 올리고자 한다면, 그 기능은 반드시 돈을 가지고 있는 어떤 이가 원하는 것이어야 한다. 다음과 같이 가정해 보자. 사람들이 원하는 희소한 기능을 가지고 있지만, 기능 서비스의 잠재적인 구매자들은 그것에 대해 개방된 시장에서 받을 수 있는 값어치만큼을 지불하지 않으려고 한다. 바로 이것이 소위 "필적하는 값어치comparable worth"라는 연구의 핵심이다. 문제는 여기에 있다. 많은 사람들은 여성이 역사적으로 그리고 아직까지, 노동시장에서 차별 받아 왔다고 생각한다. 다양한 통계학적 연구들은 고용주들이 교묘히 빠져나갈 방법만 있으면 남자보다 여자에게 보수를 덜 준다는 사실을 보여주고 있다. 그렇다고 누가 그것을 나무랄 수 있는가? 마르크스가 말했듯이, 자본주의는 흉악한 체제이고 자신의 생산품에 필요로 하는 것보다 더 이상의 돈을 지불하는 고용주는 동일한 생산품을 더 값싸게 팔려고 하는 영악한 제조업자들에 의해 업계에서 추방될 것이다.

가스 노동자의 사례는 이런 문제를 설명하는 데 어느 정도 도움을 준다. 법에 의해 성차별을 철저하게 금지한다고 가정해 보자. 여성에게도 동일한 일을 하는 남성에게 지불하는 만큼을 반드시 지불해야 한다. 그럼에도 불구하고, 여성에게 여전히 적은 보수가 지불될 것이다. 왜 그럴까? 그 이유는 남성과 여성의 직업 분포가 편향되어 있기 때문이다. 메이저리그 야구팀에서 선수로 활동하는 여성은 없고, 또한 간호사 중 극소수만이 남자이다. 그리고, 야구 선수가 간호원보다 더 많은 돈을 받는다. 또, 학교 교사 중 여성의 수가 불균형적으로 많고 기업 간부의 대부분은 남성이다. 따라서, 성에 상관없이 모든 간호원에게 동일한 보수를 지불하고 모든 기업간부에게도 동일한 보수를 지불한다고 해도 간호사가 기업간부보다 적은 보수를 받는다면, 여성들은 평균적으로 보수를 덜 받는다는 결론에 도달한다. 그것은 더 많은 여성이 보수를 잘 받지 못하는 직종에 있기 때문이다.

어떻게 하면 그런 불평등이 개선될 수 있을까? 일부 혁신주의자들은 보수 지불 척도가 만들어진 방식(그런 공격에 가장 취약한 사람은 정부 관리이다)을 공격해 왔다. 봉급이 그 일을 행하는 데 꼭 필요한 기능과 관련되어 정해지고는 있지만, "여성들의 직업(즉, 여성이 대다수인 직업)"에서 중요한 기능은 그런 평가에서 무시되거나 낮게 평가되고 있다고 지적한다. 만약 기술적 기능technical skill이 복잡한 사회적 입장들을 다루는 데 필요한 기능보다 더 높게 평가되고, 또 여성이 더 가지기 쉬운 직업—간호원과 교사와 같은—이 좀 더 적은 기술적 기능과 좀 더 많은 "인간관계" 기능을 요구한다면, 여성은 비록 고도의 기능을 지닌다 할지라도 마찬가지로 더 적은 보수를 받게 될 것이다.

물론, 이런 현상의 유지를 지지하는 사람들은 여러 기능이 동일한 단위로 계량될 수 없다고 주장할 것이다. 하지만, 바로 이 점은 당연한 귀추로서 이 문제의 핵심이 된다. 만약 여러 기능이 동일한 단위로 계량될 수 없다면, 그것은 우리가 기능을 측정하는 방식에 동의하지 않아 왔기 때문이다. 그리고 그것이 참이라면, 우리는 어떻게 남자의 기능이 더 값어치가 있다는 것을 알 수 있는가? 더구나 그런 평가는 공격을 받아왔던 바로 그 임금 척도에서 구체화되고 있는 것이다.

개념의 핵심에 도달하는 데 오랜 시간이 걸렸는데, 그 핵심이 추상적인 말이 아니라 내가 제공해 왔던 유형의 예에 놓여져 있기 때문이다. 이 문제의 핵심은, 개념을 공식화하고 정의할 때, 다루어져야 하는 것의 모든 범위를 조사해야 한다는 사실을 전제한다는 사실이다. 이제 내가 앞에서 모든 범위의 예를 산출하는 표본추출 방법을 강조한 이유를 알 수 있을 것이다. 만약 보편적인 편견이나 내가 앞서 논의한 이유 때문에 어떤 현상을 빠뜨린다면, 그 개념은 결함을 갖게 될 것이다. 그런 개념의 일반화에서 구성성분은 많은 찌꺼기noise를 포함할 것이다. 그 찌꺼기는 결코 무작위적이지 않은 무작위 변이

random variation이며, 오히려 개념을 정의하기 위해 사례를 선정할 때 사회적 편견이 체계적으로 적용된 결과이다.

범죄

화이트칼라white collar 범죄라고 알려진 현상에 대해서도 동일한 추론이 가능하다. 에드윈 서들랜드Edwin Sutherland가 1940년 미국사회학대회 회장취임 연설에서 화이트칼라 범죄라는 주제를 발표할 필요가 있다고 느꼈던 이유는 무엇인가? 그는 동료들이 가지고 있는 개념상의 오류, 즉 사회적으로 용인된 편견을 비난하고자 했다. 그 개념상의 오류는 보편적인 표본추출방법에 의한 부적합한 표본추출과 유사한 논거를 가졌다. 서들랜드가 한 차례의 돌풍을 야기했던 그 당시, 범죄학 학술지와 단행본들은 범죄에 대한 이론과 연구들로 꽉 차있었다. 모든 이론과 연구에서 말하는 범죄란 무엇인가? 그것은 형법criminal law을 위반하는 행동이다. 이는 꽤 정당해 보인다. 그 당시 무수히 행해졌던 연구는 범죄가 빈곤, 결손가정, 그리고 그 당시 소위 "사회적 병리social pathology"라고 칭해졌던 그 밖의 다른 보편적인 지표와 상당히 연관되어 있음을 보여 주고 있다. 서들랜드는 다음과 같은 간단한 질문을 했다. "보편적인 사회적 병리 징후가 보이지 않는 매우 유복한 사람들과 이 나라에서 가장 크고 가장 존경받는 기업들이 범하는 범죄들이 있고, 또한 결손 가족 성원들은 그런 범죄를 범하지 않는다고 할 때, 이 말이 어떻게 참이 될 수 있는가?"

그 대답은 매우 간단했다. 일반인들과 인습에 사로잡힌 범죄학자들은 유복한 사람과 기업이 범한 범죄는 어떤 근본적인 점에서, "진짜 범죄really crime"라고 생각하지 않았던 것이다. 게다가, 화이트칼라 범죄용의자들은 좀처럼 범죄 위반으로 유죄 선고를 받지 않는데, 그런 사례들은 대개 민사소송으로 해결되기 때문이다. 만약 형사상 유죄 판결을 받지 않는다면, 어떻게 범죄자가 될 수 있겠는가? 정부는 대체로 그 나쁜 놈들을 감옥에 보내기보다는, 그들이 우편 사기와 보증 사취를 그만두고 사기를 쳤던 사람에게 배상하는 것을 강제하는 데 관심이 있었다. 그러나, 그것은 범죄의 성질상 자연스런 결과가 아니며, 형법상 당연히 고소될 수도 있는 일이었고 실제로 가끔 그런 일이 일어나기도 했다. 그것은 검사가 내린 판단의 결과, 즉 형사상의 배상 또는 민사상의 배상 중 어느 것을 선택할 것인지에 대해 법이 자신들에게 부여하고 있는 자유재량을 행사한 결과였다.

검사들이 형사상의 유죄판결로 밀어 부치지 않는 데에는 다른 이유가 있었다. 후에 카츠Katz, 1979의 연구가 보여준 바와 같이, 화이트칼라 범죄와 좀 더 보편적인 유형의 범죄 사이에는 중요한 차이가 있었다. 일반적인 범죄에서는 범죄가 행해졌다는 사실에 의문의 여지가 없다. 어떤 사람이 도둑을 맞거나 폭행을 당했다면 그 다음 질문은 누가 그것을 했는지가 된다. 한편, 화이트칼라 범죄의 경우는 누가 그것을 했는지에 관한 질문이 없다. 커다란 식료품 연쇄점이 14온스인 고기에 1파운드(1파운드는 16온스─옮긴이)라는 딱지를 **붙였다**. 질문은 누가 그것을 했는지가 아니라 그것이 범죄인지 아닌지가 된다. 그런 일은 아마 저울이 잘못되어 일어났고 회사는 그것을 몰랐다는, 또는 도축업자가 좀 더 이익을 보기 위해 그런 식으로 회사를 속였다는, 그렇지 않으면 어쨌든 회사는 그런 범죄 의도가 없었다는 다른 이유들로 변명을 할 것이다 따라서 이런 유형의 이유로 인해, 화이트칼라 범죄자는 일반범죄자보다 훨씬 적게 유죄 판결을 받는다.

서들랜드의 무죄합리화는 상관관계(범죄의 원인을 추론하는─옮긴이)

계산에 부자와 기업의 범죄를 포함시키지 않는다면 범죄가 가난과 가난이 동반하는 것에 관련된다는 사실을 보장해준다는 것을 말해 준다. 그런 연구 결과는 그것이 실제로 그러했기 때문이 아니라, 결점이 있는 개념을 사용했기 때문에 나온 것이다. 그 결점의 개념은 주어진 부문의 모든 성원을 포함하고 있는 것처럼 보이지만, 실제로는 조사되지 않은 사회적 명성 때문에 수많은 성원들을 제외시켜 버린 것이다. 경험적 발견을 한 것이 아니라 어떤 인위적 정의를 갖고 있는 것이다.

인습적인 범죄학자들은 서들랜드의 공격을 방어하기 위해 본질적으로 모든 사람이 그런 부자와 기업이 "진짜 범죄자"가 아닌 것을 "알고 있다"라는 식의 주장을 했다. 즉, 만약 범죄자란 어떤 사람인지—덤불에서 뛰어나와 가슴에 권총을 겨누고 돈을 빼앗는 복면을 쓴 난폭한 사람, 전과가 있고 범죄를 저지르면서 살았고, 자신과 비슷한 사람들과 범죄 문화를 공유하고 있다 (또한 보편적인 사고에 따르면 이런 범죄자가 남자인 것은 당연하다)—에 대한 보편적인 개념을 받아들인다면, 양복을 입고 넥타이를 매고, 최고급 사무실 책상에서 대낮에 공공연히 돈을 가져가는 멋진 사람들과, 그런 사무실이 위치하고 있는 건물 내의 조직체는 전혀 그렇게 보이지 않는 것이 지극히 당연하다. 그들은 돈을 빼앗아가지만 권총을 겨누지는 않는다. 사실상, 그들의 방식은 만일 어떤 사람이 지적해주지 않았더라면 도둑 맞았다는 사실조차 알지 못했을 방식이다.

서들랜드가 화이트칼라 범죄를 이해할 수 있었던 것은 조직체의 생활에서 공동된 특성에 근거한 술책을 사용했기 때문이다. 내가 표본추출 논의에서 암시한 바와 같이, 조직체는 전형적으로 그 자신에 관해 거짓말을 한다. 그런 것이 너무 지나치면, 우리는 그 조직체가 되도록 좋은 인상만 줄려고 하고, 나쁘게 보이게 만드는 것은 언급하지 않는다고 말할 것이다. 특히 그런 사건과 활동이 무작위 일탈이나 개인의 탓으로 돌려질 수 있는 잘못일 때, 즉 사람들의 합리적인 사고에서 조직체가 방어해 줄 수 없는 것이라고 해석될 가능성이 있을 때 조직체는 거짓말을 하기 쉽다. 이것은 어느 경찰관이 부정 행위로 체포되었을 때 경찰당국이 일반적으로 제공하는 설명에서 엿볼 수 있다. 즉, 어느 사과 상자에도 나쁜 사과가 있게 마련이라는 것이다. 이런 설명은 상자가 사과를 썩게 만든다는 좀 더 사회학적인 가설, 즉 경찰 당국의 조직과 문화가 그렇지 않았으면 법을 지켰을 경찰관들을 나쁜 길로 인도했을 것이라는 가설을 반대하도록 설계되어 있다.

만약 조직체가 말하는 거짓말을 그대로 받아들인다면, 사회과학자는 잘못된 길로 빠지게 될 것이다. 그 대신, 만약 그 이야기가 성립되는 곳, 조직체가 그런 거짓말을 통해 묵살하고 감추고 교묘히 둘러대는 사건과 활동들을 찾아낸다면, 사회과학자는 자신의 정의를 구축하는 데 사용하는 재료통 속에 매우 다양한 것을 포함시킬 수 있다. 서들랜드의 술책은 간단했다. 그는 기업이 연간 보고서에 포함시키려 하지 않으려고 하는 사실—기업들에 대항하는 민사 소송과 그런 민사소송의 요구로 인해 만들어진 해결책, 기업이 민사상의 문제로 해결함으로써 형사상 기소를 그럭저럭 피했다는 이유로 사회학자들이 중요시하지 않았던 형사법의 위반들—을 찾아냈다.

어떤 부문의 조직체가 통례적으로 말하는 이야기 속에서 설명하지 않은 사건과 사실들을 발견할 때, 연구 중인 현상의 정의에 구체화시킬 필요가 있는 새로운 요소나 "변수"를 일상적으로 발견한다. 서들랜드의 술책에 대한 견해를 좀 더 일반화하면 일탈의 낙인이론을 산출한다(한 예로, 1963년도 베커의 책을 보라). 그것은 다음과 같은 방식으로 이루어진다. 일탈에 관한 보편적인 이야기는 일탈을 다루는 데 책임이 있는 조직체들이 실제로 일탈을 효율적으로 다루고 있다는 사실이다. 그런 조직체는 일탈이 일어나는 것을 못하게 할 수는 없겠지만—경찰 당국이 모든 사기꾼 경찰을 통제할 수는 없다—, 일단 그것이 일어났다는 것이 알려지면 경찰 당국은 사기꾼 경찰을 찾아 처벌한다. 기업도 고용인이 고객에게 사기치는 것을 막아낼 능력은 없지만, 그 사기꾼을 추적해서 처벌할 수는 있다. 그 밖에도 여러 경우가 있을 것이다.

그러나, 모든 일탈이 추적되어 잡히지 않는다는 사실, 그리고 어떤 일탈자를 추적하여 잡아낼지에 대한 선택은 무작위적으로 이루어지지 않는다는 사실을 발견했을 때, 수수께끼인 또 다른 요소—어떤 사람은 발각되지 않고 또 발각된 어떤 사람은 처벌받지 않는, 발각과 처벌의 과정 내에 존재하는 한 단계—에 대해서도 생각하게 하는 좋은 근거를 가지게 된다. 즉, "일탈"은 법의 규칙을 위반하는 행위뿐 아니라, 위반 행위를 범했다고 생각되는 어떤 사람에게 다른 방식으로 작용하는 행동 과정과도 관련되어 있다는 사실을 알 수 있다. 서들랜드는 범죄한 어떤 사람이 다른 사람과는 다른 취급을 받는다는 사실을 보고 어떤 결과가 나올지 모른다고 생각했다.

서들랜드가 보았던 것이 대단한 비밀은 아니었다는 사실을 명심하라. 모든 조직체는 그 조직체가 책임져야 하는 규칙을 편파적이고 임의대로 강요한다. 서들랜드의 독창성은 그런 자유재량을 연구의 주제로 만든 데 있었다(5장에서 규칙파괴에 대한 인식과 처벌로부터 이런 규칙파괴의 분리로 되돌아가겠다. 그 때 우리는 사회과학을 위한 조합적인 논리의 사용을 조사할 것이다).

이 모든 예가 보여주는 바는, 개념이 적용되어야 할 것으로 이야기되는 사례의 모든 범위를 다루지 못할 때 그 개념은 결점이 있다는 사실이다. 비행청소년의 행위에 근거한 범죄의 설명이 커다란 회사의 범죄를 설명할 수 없는 것과 같이, 결점이 있는 개념을 항으로 포함한 설명 방정식에서의 일반화는 그 개념이 적용될 것이라 하는 모든 것을 설명하지 못할 것이다. 우리는 사례의 모든 범위를 포함함으로써 우리의 일반화를 수정하고 그것을 좀 더 복잡하고 흥미로운 것으로 만들 수 있다. 그리고 나면, 찌꺼기와 설명되지 않은 변량이 줄어들기 때문에, 설명하고자 한 바에 대해 더 많은 것을 설명할 수 있다.

반복하자면, 이 술책은 개념의 정의를 그것이 근거하고 있는 예들이 공통적으로 가지고 있는 것에 의존하는 것으로 인식하는 것이다. 결과로서 생기는 정의가 아무리 추상적(또는 "이론적")이라고 해도, 그것은 대개 조사되지 않았던 사례를 선정한 결과표시와 관계가 있는 것이다. 바로 이 점이 우리의 연구 세계에서 제시되는 것에 대해 우리의 사고를 확대시키는 집합심상의 필요성을 강조했던 이유이다. 만약 우리의 집합심상이 어긋난 표본에 근거한다면 우리는 문제점을 가질 것이고, 만약 배제된 사례를 체계적으로 찾는다면 작업은 향상될 것이다.

개념 정의하기: 몇 가지 술책

이 논점에 대한 우리의 결과는 다음과 같다. (개념의 진짜 상태를 발견하는 것과 반대로) 우리는 개념을 정의하고, 그 정의는 우리가 수중에 가지고 있는 사례의 수집물에 의해 형성되는데, 그 수집물은 문제를 생각하게 하는 것이다. 사례에 대한 훌륭한 수집물을 만들었고 유용한 개념을 창출하는 작업을 진행하고자 한다고 가정해 보자. 어떻게 그것을 해야 하는가? 상상력을 발휘하여 그것을 과거 남들이 말했던 것을 참조하면서 자유롭게 연관시키는 것은 사실이지만, 그 모든 것을 할지라도 개념을 창출하는 방식은 아직까지 모른다. 그렇다면 실제로 무엇을 해야 하는가?

사회과학자들은 실제로 문제가 무엇인지를 잘 이해하지 못한 상태에서 자료를 모으기 시작할 때 자기 자신에게 이런 질문을 하게 된다. 이런 일은 인정하는 것보다 훨씬 자주 일어난다. 이를테면, 이것은 우리가 "실용적인practical" 문제—그 문제에 연루된 사람들에 의해 그것의 중요성이 정의되는 문제—를 연구하는 것에 동의할 때 발생한다(많은 연구들이 돈을 받는 이유는 연구하는 문제가 실용적으로 그리고 정치적으로 중요하기 때문이다. 이것은 공통적인 입장이다). "흑인 학생은 교육과 관련해 공평한 대우를 받고 있습니까?", 이 질문에 사용된 용어 중 어느 것이 정의된다고 할지라도, 이것은 사회학적 용어로 이루어진 질문이 아니다. 이것은 그 질문이 중요하지 않다거나 흥미롭지 않다는 것을 말하는 것이 아니라, 오히려 우리가 그 질문을 연구할 때 그것에 관해 말할 수 있는 어떤 독특한 것을 가지기 전에 그 질문을 사회학적 질문으로 전환시켜야 한다는 사실을 의미한다. 그러나, 우리는 아직 그 사회학적 질문이 무엇인지를 모른다. 우리는 어떤 조직, 제도, 과정이 그런 문제가 발생하는 데 관련되는지(그런 방식으로 일을 발생시키도록 만드는 장치가 무엇인지)를 본 후에나 단지 그것을 알 수 있고, 또한 우리의 연구는 그러한 사실을 말해 줄뿐이다.

그래서, 우리는 자료의 더미 속에서 그것이 사회학적으로 무엇에 관계될 수 있는지를 생각하고 있는 우리 자신을 발견한다. 이런 곤경 속에 빠진 학생들은 "문제의 범위를 좁히기"—이것은 선생님이 학생들에게 남들이 이해하지 못하는 것은 피하라고 가르쳐주었던 의례적인 문구이다—를 원한다고 말한다. 학생들에게—이들에게만 국한된 것은 아니지만—, 이 말은 모든 공격을 방어할 수 있는 어떤 진술 방법을 찾으라는 것을 의미한다. 만약 그들이 문제에 관한 모든 것을 발견할 수 있을 정도로 충분히 "그 문제"의 범위를 좁힌다면, 그 문제를 고정시켜 파악할 수는 있지만, 그 문제를 둘러싼 분명치 않은 적들은 전혀 감지할 수 없게 된다(나는 『사회과학자의 글쓰기』 1986에서 이런 두려움을 논의했다).

현장연구를 배우는 학생들은 대개 이런 병폐로부터 고통을 받는다. 그들은 결국 용기를 내어 어떤 이를 면접하지만, 그리고 나면 무엇을 질문해야 할지를 알지 못한다. 그들은 어떤 사회적 입장을 관찰할 때, 자신의 "자료"를 구성하는 것이 무엇인지, 즉 자신이 보고 느낀 것 가운데 어느 것을 기록해두어야만 하는지를 확신하지 못한다. 그것은 바로 그들이 자신의 문제가 무엇인지, 연구하고 있는 것이 무엇인지를 알지 못하기 때문이다. 그들은 그렇게 해야 한다는 사실을 알기 때문에, 어떤 것을 적어 놓는다. 또 그런 것처럼 보인다. 결과적으로, 그들이 적어 놓은 것은 산만하고, 필연적으로 일관성이 없다. 그들의 면접은 종잡을 수 없는데, 이는 자신이 말하고 있는 상대에게 자신이 알고자 하는 것에 대한 체계적인 지침을 제공하지 못하기 때문이다.

그러나, 그들이 해왔던 것에도 어떠한 질서가 존재한다. 우리가 행하고 있는 것에 관해서 아무런 생각을 가지고 있지 않다면 가장 간단한 의사결정도 할 수 없는 것이기 때문이다. 학생들이 조사했던 사람, 장소, 입장에 대한 그들의 집합심상은 그들이 했던 어떤 무언가를 하도록, 그들이 했던 것을 질문하도록, 자신이 했던 것에 주목하도록, 자신이 했던 것을 무시하도록 이끈다. 그들은 이제 마음 속에서 자신에게 그 모든 것을 행하도록 이끌었던 것이 무엇인지를 발견해야만 한다. 그 문제는 자신을 이런 고정관념^{fix} 속으로 집어넣었던 집합심상을 밝혀내는 것이다.

여기서 나의 술책은 오래된 팔러 게임$^{parlor game}$ 방식으로 설명할 수 있다. 이를테면, 게임에서 어떤 이가 "아홉 바그너Nine Wagner"라고 말한다. 이 게임의 목적은 그 대답을 유도하는 질문을 상상해 내는 것이다. 이 경우, 그 대답을 이끌어내는 질문은, "누가 그 작품을 썼냐? 모차르트Mozart냐?"가 될 수 있고 그에 대해 (나는 스펠링을 제멋대로 바꿔서) "아니다Nein! 바그너Wagner 다!"라고 대답할 수 있다. 그렇다면 자신이 하고 있는 것을 알아내기 위해, 스스로에게 다음과 같이 말해보자. "내가 여기 가지고 있는 자료는 어떤 질문에 대한 대답이다. 내가 노트에 기록해 놓은 것이 합당한 대답이 되려면 나는 어떤 질문을 해야 하는가?" 나는 학생에게 이런 마음가짐으로, 즉 목적으로 삼았던 모든 것을 했고 기획했던 것을 성공적으로 마쳤다고 가정하면서, 자신의 노트를 다시 읽을 것을 요구한다. 이제 그들은 자신이 했던 것을 찾아낼 것이다.

이런 훈련은 학생들을 비참하게 만든다. 그들은 작업을 시작했을 때 마음 속에 가졌던 모호한 사고가 무엇이든지 간에, 그 근처에도 도달하지 못했음을 알게 된다. 말하지 않았던 가정과 인식되지 않았던 집합심상—이는 문제에 관한 것이라기보다는 오히려 사람들과 협조하는 방식에서 합리적으로 기대할 수 있는 것에 관한 것일 가능성이 높다—은 학생들에게 염두에 두지 않았고 신경도 쓰지 않았던 테마—대화가 소강상태에서 떠오르는 대개 매우 사소하면서 피상적인 문제들—를 조사하도록 만든다. 학생들은 사회 조직의 유형에 관해 알고자 했지만, 박식한 연구자처럼 수행하라는 압력으로 인해 그것이 그런 것은 아니라는 것을 알고 있으면서도 자신이 면접했고 관여했던 사람들에게 하찮은 것에 관해 질문을 했다. 학생들은 그들이 관찰하고 있는 공장노동자 사이의 동요unrest에 대해 알고자 했지만, 단지 회사 식당의 음식 또는 지난밤 텔레비젼에서 본 미식축구에 관해 이야기를 하고 있었다. 그리고, 그들은 그러한 것이 자신이 알고자 한 것이 아니라는 사실을 알고 있다. 그들은 자신이 알고자 한 것을 찾기 위해 해야 했던 것을 하지 못하고 있었다.

나는 그들에게 비참해 하지 말라고 이야기한다. 이제 그들은 "실제로 조사했었던" 것, 그들의 첫 번째 시도가 실제로 질문했던 것이 무엇이었는지, 그리고 그들이 배운 것은 그들이 알고자 원했던 것이 아니었다는 사실을 안다. 이런 사실을 알게 됨으로써, 그들은 방향을 바꿀 수 있고, 질문을 재구성할 수 있고, 그리고 노트에 기록할 색다른 무언가를 가질 수 있다. 이제 그들의 자료는 스스로 조사하기 원한 것이 될 가능성이 높아졌다. 그리고, 만약 중요한 것이라 생각될 수 있는 것이 없거나 질문해야 할 중요한 것을 질문하지 않은 것으로 나타났다면, 그들에게 흥미를 줄 수 있는 대안적인 방법을 고려할 수 있다.

재규정된 질문들은 개념을 구축하는 시발점을 형성한다. 그들은 자신이 관심을 가지지 않았던 것과 알고자 하지 않았던 것이 무엇인지를 알게 된다. 그들 대부분은 이처럼 감격적인 것을 발견하지 못하고 잘못된 길에서 시간만 낭비했다고 생각한다. 그러나 그들의 한 일은 그렇지 않다. 그들은 자신의 관심을 **끌** 어떤 관념을 가짐으로써 X가 자신의 관심을 **끌지 않았다**는 사실을 말할 수 있다. 관심의 대상을 명명하는 것은 개념화conceptualization의 시발점이 된다.

나는 마치 이런 술책은 질적 자료를 가지고 작업하는 사회학자들─연구 진행 과정에서 자신의 견해를 계속 바꿀 수 있고 연구 설계방식에 구속받지 않는─에 의해서만 행해지는 것처럼 들리게 만들었다. 사실, 소형컴퓨터가 사회학자의 일상적인 삶에 도입됨으로 인해 양적 방법론을 사용하는 사회학자들은 더 이상 대형컴퓨터에 의존하지 않게 되었다. 대형 컴퓨터를 사용할 때에는 아이디어를 얻고, 그 아이디어를 자신의 자료에 시험할 방법을 생각하고, 그리고 실제 결과물을 얻는 사이에 상당한 시간이 기다리고 있었지만, 소형컴퓨터의 대체는 이런 오랜 기다림에서 해방시켜 주었다. 대형컴퓨터에서의 해방은 양적 분석을 훨씬 활발하게 만들었다. 손으로 계산하면 일년이 걸릴 수 있는 요인 분석factor analysis을 커피 한 잔 마시는 시간에 할 수 있게 되었다. 계산에 필요한 비용은 급격히 감소했고, 연구자는 자신에게 어떤 예감을 줄 만한 것을 찾기 위해 장난삼아 분석하는 것이 가능하게 되었다Ragin & Becker, 1988. 이러한 사실은 양적 방법론 연구자 또한 여러 답변이 함축하고 있는 질문이 무엇인지를 알기 위해 그 답변을 조사할 수 있다는 것을 의미한다. 동일한 술책이 양적방법론자quantitative researcher에게도 작동할 것이다.

사례로 개념을 정의하자

이것은 약간 다른 방식으로 개념을 정의하는 인식의 개발 방법이다. 일반화에 관심을 가지는 사회학자는 자신이 연구한 것이 그런 유형의 연구에서 유일한 것이 아니라는 사실을 입증하고자 한다. 무언가의 지식이 그 무언가 외에는 적용될 수 없을 때 그 무언가에 대해 확실한 지식을 얻는 것은 무슨 효용이 있을까? 이런 관심은 개별적인idiographic 과학과 보편적인nomothetic 과학이라고 잘 알려진 구분 속에 깊이 남아있다. 내가 생각하기에, 학생들은 특히 자신의 사례(자신이 연구한 것)를 어떤 개념의 범주 속에 집어넣기를 원하는데, 만약 그렇게 할 수 있다면 자신이 그런 것을 연구하는 이유를 정당화하는 모든 명분이 이미 만들어져 있고 또 쉽게 빌려올 수 있기 때문이다.

그러나, 거기에는 문제가 있다. 만약 어떤 부문에서 회원권membership을 공유하고 있는 하나의 사례와 다른 사례에서 공통적인 것에만 초점을 맞춘 다면 매우 유용한 어떤 것을 말할 수 있을지가 의문이다. 그 사례를 더 진지 하게 다룰수록, 숨기거나 무시하는 것이 없도록 해야 하므로 그 사례를 완벽 하게 이해하는 것이 더 어려워질 것이고, 또한 그 사례와 피상적으로 닮은 어 떤 사례를 "단지 같은" 것으로 간주하기가 더욱 어려워진다.

이것을 개념의 범주로 사례를 정의하는 것과 사례로 범주를 정의하는 것 사이의 선택이라고 생각해 보자. 우리가 연구한 것이 x—말하자면, 관료 제, 근대화, 조직화, 또는 사회 세계를 이해하려고 사용하는 다른 통속적인 개념들—의 사례라고 말함으로써 범주로 사례를 정의해 보자. 이러한 방법 을 통해 사례에 관련된 중요한 모든 것이 알고 있는 범주에 포함되어 있다고 (필연적으로가 아니라, 매우 실용적인 차원에서) 생각하게 된다. 그리고 나 면, 우리의 분석은 단지 사례가 그 범주의 성원이 지니도록 되어 있는 속성 모두를 가지고 있고, 그리고 그 개념에 의해 서술되는 것의 하나라는 것을 보 이기 위해 그 사례를 검사하는 것이 된다. 말하자면, 우리의 사례가 막스 베 버가 진술했던 관료제가 반드시 가져야 하는 모든 특징을 가지고 있는지를 점검한다. 우리의 사례가 그런 특징 모두(또는 대부분)를 가지고 있다는 것 을 보여주고, 왜 그 범주에 포함되지 않는 특징을 가지고 있지 않은지를 설명 함으로써 분석을 끝낸다. 우리는 범주를 서술할 때 존재유무가 무시되었던 사례의 요소들은 무시한다. 이런 전략은 그러한 유형의 예에 대한 수집물에 사례를 보태고, 다른 사람이 그 사례를 설명하기 위해 발달시켜 왔던 사고와 원칙에 대한 변형들variations을 첨가시킴으로써 이론을 발달시킬 수 있도록 도움을 준다. 이 점은 쿤Kuhn, 1970: 27-30이 기술하였던 접합articulation의 정상 과 학 작업과 비슷하다.

우리의 사례에서 예증된 바와 같이, 그 세계가 우리의 개념이 포함한 것만 포함하고 더 이상의 것을 포함하지 않을수록, 우리의 분석은 더 잘 작동한다. 그러나, 우리가 상상한 것처럼 그대로 되는 세상은 거의 없다. 사실, 그런 희귀한 유사성은 아마 매우 특별한 어떤 상황에서만 일어날 것이다. 이를테면, 그것은 우리의 개념을 어떤 특별한 예에 끼워 맞추어 재단할 때 가능하다. 만약 내가 미국혁명이나 러시아 혁명으로 일반화하여 혁명이론을 구축한다면, 나의 이론은 내가 근거하고 있는 사례에 끼워 맞춰질 것이다. 또, 우리가 세상을 우리의 범주에 정확하게 끼워 맞출 수 있도록 충분히 통제할 때, 세상과 우리의 개념은 서로 유사해진다. 라투어Latour는 과학이 "작동한다"고 설명했는데, 그것은 과학의 예측이 실질적으로 입증되었음을 진술하는 것으로, 그것이 가능할 수 있는 이유는 과학자는 세상을 자신의 발견물로 만들었던 환경과 똑같이 될 때까지 세상을 변화시키기 때문이다Latour, 1987: 249-250. 루이 파스퇴르Louis Pasteur는 농부들을 설득하여 그들의 농장에 자신의 실험실의 본질적 특성을 복제하고 젖소에게 백신을 접종함으로써 탄저병을 예방할 수 있었다. 라투어는 "사실과 기계장치facts and machines는 기차, 전기, 컴퓨터 패키지, 냉동 채소와 같다. 이것들은 따라갈 수 있는 선로가 조금이라도 방해되지 않는 한 어느 곳이나 갈 수 있다Latour, 1987: 250"라고 말한다. 사회과학이 여행할 수 있는 선로를 놓기란 매우 어렵다. 너무나 많은 사람들이 사회 세계가 정렬되어야 하는 방식에 대해 상충되는 견해를 갖고 있기 때문에, 우리는 우리의 이론이 작동할 수 있도록 그 세계를 정렬해야 한다. 그래서 그런 선로들은 컴퓨터 모의실험simulation, 그리고 때로는 실험실 실험에서 가장 잘 놓여진다. 파스퇴르와 달리, 사회과학자늘이 어떤 이를 설득하여 자신의 진짜(모의실험이 아닌) 집이나 공동체를 이론이 작동할 수 있는 선로 속으로 바꾸게 할 수 있는 경우는 거의 없다.

따라서, 개념으로 사례를 정의하는 전략은 많은 것을 성취하지만, 또한 그만한 대가를 치르게 한다. 우리는 우리의 범주가 기술하지 못하고 있는 사례의 다른 측면을 보거나 조사하지 못하는 것이다. 그렇지만, 우리가 빠뜨린 것들은 나중에 되돌아와 우리를 괴롭힌다. 그것을 우리의 조사에 포함시키든 아니든 간에, 그것은 여전히 거기에 있고 우리가 연구하고 있는 입장에서 계속 작동하고 있으며, 우리가 이해하고자 하는 현상에 거의 확실하게 영향을 미치고 있다. 우리의 개념이 그것을 위한 장소를 만들지 못할지라도 우리의 분석에 그것을 포함하는 것이 이치에 맞다. 대안적인 전략은 사례로 범주를 정의하는 것이다. 앞의 예에서와 같이, 미국 혁명을 모형model으로 취하고 그 사례의 속성(모든 단일 속성을 말하는데, 왜냐하면 우리는 무엇을 빠뜨릴지를 알지 못하기 때문이다) 모두를 가지고 있는 범주를 정의하자. 우리가 사례에 관해 발견한 것은 무엇이든 그 개념에서 매우 중요한 부분이 된다. 이러한 방식은 무엇을 성취하는가? 우리는 그런 방식으로 작동하는 어떤 일반화를 창출할 수 있는가?

사례로 개념을 정의하면 다른 사례에서 변화된 부분을 볼 수 있는 차원을 정의할 수 있다. 금융신탁 조합의 간부들이 때때로 은행 법규를 조작하여 돈을 횡령하는데, 그 법규의 복잡함 때문에 검사가 그들의 행위를 명백한 범죄로 판단하기 어렵게 된다는 사실을 발견한다. 이것은 폭행의 사례에서 볼 수 없었던 "범죄"의 한 측면을 보여준다. 폭행의 사례에서는, 곤봉으로 사람을 치는 것이 범죄라는 사실을 어떤 이도 의심하지 않는다. 연구 결과가 만든 일반화는, 어떤 행위가 범죄라는 것이 어떤 때는 명료하고 다른 때는 모호하다는 사실 그리고 그런 사실에 영향을 미치는 것들이 미래의 "범죄" 연구에 포함되어야 하는 무언가라는 것이다. 어떤 의미에서 이러한 작업의 결말은 더 많은 대답이 아니라 더 많은 질문이 된다.

일반화하기: 버니 벡Bernie Beck의 술책

나는 분석의 결과물이 미래의 연구에 포함되어야 할 범죄의 새로운 측면—어떤 행위가 범죄라는 것이 어떤 때는 명료하고 다른 때는 모호하다는 사실—이라고 말하면서 위의 분석에서 슬그머니 움직여 나왔다. 이제 나는 그런 움직임에 관해 설명할 것이다. 사회학자는 흔히 자신이 연구했던 사례의 가공되지 않은 사실들raw facts과 사회적 분석의 가장 크고 일반적인 범주 사이에 있는 중간 정거장을 모른다. 즉, 그들은 자신의 연구—이를테면, 음주—에서의 발견을 기술할 것이고, 그 발견에서 정체성, 자아 개념, 또는 사회 조직이나 사회적 상호작용과 같은 매우 추상적인 측면에 대한 이야기로 뛰어넘을 것이다. 대체로, 우리의 연구에는 자아 개념이나 정체성에 관해 말할 수 있는 새로운 어떤 것이 없다. 연구자들은 대개 그런 일반적인 생각에 근거하여 자신의 작업을 일정 방향으로 향하게 하고, 전반적인 접근방식과 자신이 질문할 일반적인 일련의 질문을 제시한다. 그러한 생각은 리원틴 Lewontin, 1994: 509이 "정보를 알리고 조직하는 은유"라고 언급한 것의 역할을 하는데 그러한 역할은 "혼돈 속에 질서를 가져오는" 것이다. 그런 생각을 가진 연구자들이 발견한 것은, 아마 그런 일반적인 생각이나 질문을 어떤 식으로 재구성하도록 이끌지는 못할 것이다. 더 나쁜 것은 연구자들은 연구된 것이 실제로 정체성 발달 또는 사회 조직의 적응 특성에 대한 사례였다는 사실을 의기양양하게 선언한다는 것이다. 그러한 결과는 누구에게도 바람직하지 않다. 그러한 결과는 그것이 이미 소속되어 있는 일반 이론을 정당화하는 것이 무엇이든지 간에 그다지 많은 것을 보태주지 못한다. 그리고, 일반 이론은 그 특정한 연구에 그다지 많은 보탬을 주지 못한다. 일반 이론이 제공하는 충고는 지나치게 일반적이다.

우리가 발견한 특정의 사실보다는 더 일반적이지만 정체성이나 사회적 상호작용과 같은 관념보다는 덜 일반적인 서술이 보다 유용하다. 그 중간쯤에 있는 것으로 로버트 머튼Robert Merton이 "중범위 이론theories of the middle range"으로 우리의 주위를 환기시킨 것을 들 수 있다. 나는 예금과 대출에 대한 유죄 판결에서 어떤 행위가 범죄라는 것이 어떤 때는 명료하고 다른 때는 모호하다는 사실로 이동했지만, 어떻게 그렇게 되었는지는 설명하지 않았다. 내가 현장연구를 강의할 때, 나는 가끔 학생들의 발견을 확장시키는 방식을 논의하는 과정에서 이런 유형의 뛰어넘음jump을 행한다. 이런 나의 방식은 어떤 종류의 마술적 술책이 수행되고 있다는 느낌, 즉 내가 A에서 B로 도달하는 방식은 어떤 사람이 모방하는 것을 배울 수 있는 어떤 것이 아니라는 느낌을 매우 자주 불러일으킨다.

노스웨스턴Northwestern 대학에서 강의했던 25년 간, 나의 사무실은 항상 버나드 벡Bernard Beck의 사무실 바로 옆에 있었다. 버나드 벡은 사회학에서 위대한 스승이자 사상가였던 사람 중 한 명이었지만, 그의 재능은 그에 비해 덜 알려져 있다. 나는 그에게 보답할 수 없을 만큼 많은 것을 배웠는데, 그 중 많은 것은 그가 대학원생들과 함께 한 작업에 대해 나누는 담화를 엿들음으로써 알게 되었다. 어떤 연구 결과에 대한 사고를 중간 수준으로 들어올리는 데 있어 그의 술책은 내가 들어왔던 어떤 것보다도 유용했다. 그는 그 술책을 출판한 적이 전혀 없기 때문에—그것은 단순함의 세련미를 갖고 있다—, 나는 예의 없이 그것을 도용하는 짓을 한다.

벡은 자료를 수집한 뒤 자신의 박사학위 논문이 무엇에 관한 것인지를 알려고 노력하는 학생에게, "실제 사례가 가지고 있는 특성 가운데 아무 것도 사용하지 않고 네가 발견했던 것을 말해보라"고 주문했다. 나는 한 예로, 나의 박사학위 논문인, ≪시카고 교사들의 경력에 관한 연구≫를 사용할 것이다(그 결과물은 1970년 나의 책 137-177쪽에 보고되어 있다). 만약 내가 나의 연구가 산출할 수 있는 일반화가 무엇인지를 알아내기 위해 벡에게 도움을 청할 수 있는 학생이었다면, 그는 아마 우선적으로 내가 시카고 교사들에 관해 실제로 발견해 냈던 것이 무엇인지 물어보았을 것이다. 나는 다음의 결론을 제공했을 것이다:

이들 교사들은, 더 많은 보수를 받는 높은 위치로 승진하려고 노력하기보다는, 시카고 학교 체제 내에서 학교를 옮겨다님으로써, 또는 다른 도시에 있는 다른 학교 체제로 이동함으로써 경력을 쌓는다. 그리고, 교사들이 학교 체제 내에서 자리를 이동하는 것은 자신과 상호작용을 하는 사람—학생, 학부모, 교장, 다른 교사—이 어느 정도 자신이 기대하는 방식으로 행동하는 학교를 찾으려는 노력으로 이해될 수 있다.

만약 내가 이 모든 것을 벡에게 말했다면, 그는 그 술책을 사용하면서 다음과 같이 말했을 것이다. "당신의 연구가 무엇에 관한 것인지를 말하시오. 하지만, "교사", "학교", "학생", "교장" 또는 "시카고"라는 단어를 사용하는 것은 금지되어 있습니다." 그런 질문에 대답하기 위하여, 나는 나의 사례에 있는 특정의 것보다 더 일반적인 단어를 선택했어야 했을 것이지만, 그 단어들은 내가 발견했던 것의 특수성specificity을 상실할 정도로 너무 일반적이어서도 안 된다. 만일 "정체성", "합리적 선택" 또는 그와 비슷한 높은 수준의 추상적 개념들로 이야기를 시작했다면, 좀 더 편한 작업입장과 좀 덜 편한 작업입장 사이에서 선택하는 결과로 생긴 직업경력 이동을 통해 내가 배웠던 것은 버려야 할 것이다. 따라서, 나는 아마 연구에서, 관료제 체제 내의 사람들이 가능한 자리 중 어느 한 자리를 선택하는 방식은 다른 모든 참여자들이 자신을 취급하는 방식을 평가하고 균형이 최적 상태가 되는 곳을 선택─그들이 극대화하려는 것이 무엇이든지 간에─하는 것이라는 사실을 보여주고자 했다고 대답했을 것이다.

바로 이것이 내가 은행 간부들이 돈을 횡령하는 사실로부터 어떤 행위가 범죄라는 것이 어떤 때는 명료하고 다른 때는 모호하다는 진술로 이동했던 방식이 된다. 나는 "금융신탁 조합의 간부들이 때때로 은행 법규를 조작함으로써 돈을 횡령하는데, 그 법규의 복잡함은 검사들에게 그들이 명백하게 행한 짓이 범죄인지 아닌지를 판단하기 어렵게 만든다"는 주장을 어떤 특성도 사용하지 않고 다시 진술했다. 나는 "간부", "금융신탁" 또는 다른 특성을 전혀 말하지 않았다. 나는 그런 각각의 특성이 속해야 하는 부문이 무엇인지를 말했고, 그렇게 하여 어떤 행위가 범죄라는 것이 어떤 때는 명료하고 다른 때는 모호하다는 진술, 즉 범죄 행위 연구에서 유용한 차원을 말하는 것으로 종료했다. 그리고, 나는 또 다른 단계로 나갈 수 있었고 형사법보다 덜 특정한 어떤 것─일반 규칙─에 관해 말할 수 있었으며, 그리고 투수가 던진 공이 "볼"인가 "스트라이크"인가와 같은 흥미로운 사례를 통해 그런 규칙에도 형사법에서와 같이 판단하기 모호한 것이 내포되어 있다는 사실을 소개시켜 줄 수 있었다.

어쨌든 야구와 은행업무에는 그다지 공통점이 없다는 주장이 있을 수 있다. 맞다. 우리가 그런 비교를 할 때마다 유사성similarity을 발견하고, 또 그런 차이점을 즉각적으로 발견할 것이다. 유사성과 차이점 모두는 우리가 분석에서 생각하고 사용할 수 있는 일반적인 범주를 제공한다. 유사성은 일반화를 하기 위해, "모든 일련의 규칙들이 어떤 단계에서는 명료하고 다른 단계에서는 모호하다"고 말한다. 차이점은 다른 유형의 일반화를 위해, "규칙이 만들어지고 시행되는 조직체(야구와 은행 같은) 내에는 다른 일이 계속 진행되고 있는데, 이를테면 그 조직체의 규칙은 명료함에서 모호함으로 움직이는 차원에 따라 다를 것이다"라고 말한다. 그러한 비교는 규칙의 창출과 적용에 있어서 더 진척된 복잡성—미래의 연구에서 주의해야 할 복잡성—을 드러내 준다.

그런 결과의 즉각적인 결론은 모든 연구가 그 현상의 한 차원이라고 생각될 필요가 있는 새로운 어떤 것에 기여함으로써 이론적인 공헌을 할 수 있다는 것이다. 이것이 참이 되지 않는 유일한 시점은 연구된 두 사례가 모든 면에서 동일한 때—걱정하지 않아도 될 만큼 거의 일어나지 않는다—일 것이다.

개념은 일반화다

이것은 동일한 논점에 대한 다른 접근방식이다. 우리가 개념에 대해 생각하고 사색하고 정의함에도 불구하고, 개념은 단지 아이디어나 사색 또는 정의의 문제가 아니다. 사실상, 개념은 경험적 일반화이며, 경험적 연구 결과—세상의 지식에 의해—에 근거하여 검증되고 다듬어질 필요가 있는 것이다.

보통 개념을 사회 현상의 진짜 사례에 적용하는 데는 어려움이 있다. 그 개념은 일정 부분은 일치하지만 정확하게 맞지는 않는다. 이것은 현상을 하나의 명료한 기준으로 정의하는 경우가 좀처럼 없기 때문이다. "만약 그것이 코끼리 코를 가진다면 그것은 코끼리이고, 그리고 그것으로 끝이다" 또는 "가격을 근거로 하여 상품을 교환하면, 그것이 시장이다"라고 말하지 않는다. 만약 그런 방식으로 말했더라면, 그 사례가 우리의 관심사 중 하나인지 아닌지를 확실히 알았을 것이다(이는 좀 과장된 것이다. 우리는 아직까지 무엇이 코끼리 코인지 또 무엇이 가격을 근거로 한 교환인지를 판단하기 위해 관련되는 모든 문제를 가지고 있다).

그렇지만, 우리가 관심을 가지는 개념에는 대개 다수의 기준이 있다. 막스 베버는 하나의 기준으로 관료제를 정의하지 않았다. 그는 여러 특성의 기준─문서 파일의 존재, 경력으로 인정되는 일자리, 규칙에 의한 의사결정, 기타 등등─을 제시했다. 마찬가지로, 사회과학자들도 대개 다수의 기준으로 문화를 정의한다. 즉, 문화는 한 세대에서 다음 세대로 전수되는 공유된 이해로 구성되어 있고, 또한 사회의 기본적인 가치를 구체화하는 일관된 명제와 그 밖의 것으로 구성되어 있다.

그러나, 우리가 살고 있는 세계에서 현상이 다수의 기준에 의해 정의되는 부문에 속하기 위해 필요한 모든 속성을 가지고 있는 경우는 거의 없다. 어느 조직은 문서 파일을 가지고 있고 엄격한 규칙에 따라 의사 결정을 하지만, 경력을 인정받는 일자리는 가지고 있지 않다. 그것은 관료조직인가 아닌가? 고든Gordon과 그의 동료들이 다양한 자율성을 지닌 정보 법률의 지배를 받고 있는 일리노이주의 시·군·구에서, 합법적으로 일어날 수 있다고 여겨지는 정보에 대한 공개적 접근의 연구에서 보고한 바와 같이 어떤 조직은 문서상으로 보면 베버가 관료제에 부여했던 모든 속성을 가지고 있지만, 다음과 같은 사건이 우연치 않게 발생한다:

예를 들어, 노스웨스턴 대학의 도시문제 연구소의 한 교수가 시카고에서 어떤 투표 자료를 찾았을 때, 아일랜드 성을 가진 서기는 몸소,

그런 자료는 법적으로는 공개적이지만 입수할 수 없다는 사실을 명료하게 그리고 반복하여 말했다. 반면 어떤 때에는 이탈리아 성을 가진 서기가 청구서에 쓰여진 교수의 성을 힐끗 본 뒤 이야기를 중단시키면서 다음과 같이 정 반대의 행동을 하였다. "마소티Masotti씨, 이탈리아인이세요?" 마소티 박사는 "예Si"라고 그 서기에게 이탈리아어로 간단히 대답했다. 그 이탈리아인 서기는 또 다른 이탈리아인 서기에게 전화를 걸었고, 30분이나 작업을 한 끝에 처음에 "입수 불가능했던" 자료를 완전한 세트로 만들어 주었다(고든Gordon 외, 1979: 301).

이 조직은 서류와 규칙 그리고 베버가 제시한 다른 모든 기준을 가지고 있다 할지라도 관료제라고 할 수 있는가?

정의에서 이런 말싸움이 중요한 첫 번째 이유는 그런 개념이 구체화하고 있는 서술적 표제descriptive title들이 좀처럼 중립적이지 않고, 오히려 찬양 또는 비난의 용어라는 점이다. 예를 들어, "문화"는 거의 항상 좋은 것이 된다("관료제"는 위에서 보는 바와 같이, 거의 항상 나쁜 것이 된다). 그래서 우리는 기술적technical이고 이론적인 고려사항을 뛰어넘어서, 어떤 집단이 문화를 가지고 있음을 말할 수 있는지 없는지에 관심을 가진다. 우리는 그럴만한 가치가 없는 무리에게 경칭honorific title을 사용하기를 원하지 않는다. 어떤 집단이 내가 위에서 문화를 정의할 때 흔히 포함되는 요소인 이해심understanding을 공유하고 있지만, 그런 이해심이 한 세대에서 다른 세대로 전수된 것이 아니라 즉석에서 창출된 것이라 가정해보자. 그것은 문화인가 아닌가? 어떤 사회과학자들은 그러한 일을 행하는 "나쁜" 집단(이를테면, 비행을 저지르는 패거리)에게 진짜 "문화"가 가지는 명예를 주고자 하지 않을 것이다. 그들은 찬양 받을 가치가 있는 조직을 위한 그런 좋은 말을 아끼고자 한다

Kornhauser, 1978(원시시대의 가치를 전수함으로써 구현하는 전통처럼 보였던 그러한 것이 실제로는 그렇게 오래 전에 만들어진 것이 아니라는 사실을 역사가들이 발견했을 때, 즉 자신의 관습적인 격자무늬 모직물에 고대 씨족의 전통이 구현되고 있다는 스코틀랜드 문화가, 모직물 재고가 과도하게 쌓여 있던 모직물 상인에 의해 창출되었다는 사실을 역사가들이 발견했던 방식에서 여기의 재미있는 문제가 제기되었다).

또 다른 문제가 좀 더 기술적으로technically 제기될 수 있다. 어떤 객체에 대한 x개의 기준이 있고, 또한 x개의 기준 모두를 가지고 있는 객체를 O라고 칭한다고 가정해보자. x-1, x-2, 또는 x-n개의 기준을 가지고 있는 객체들은 무엇이라고 칭해야 하는가? 간단한 해결책은 그것들을 not-O라 칭하고 그것들 간의 차이 모두를 무시하는 것이다. 다시 말해, not-O를 마치 그것에 관해 중요한 유일한 것이 not-O가 아닌 것처럼 취급하라는 것이다. 그러나 이것은 종종 불만족스러운데, 왜냐하면 우리가 연구하고 있는 객체들의 어느 것도 좀처럼 모든 기준을 가지고 있지 않기 때문이다. 그 대신 객체들은 그것에 대한 다양한 혼합물—비트겐슈타인이 "가족 유사성 ♣ family resemblances"이

♣비트겐슈타인의 가족 유사성의 개념은 본질주의essentialism를 비판하기 위한 철학적 장치이다. 가족 유사성의 개념이 의미하는 바는 간단하다. 그것은 한 가족의 경우, 가족의 모든 구성원을 그 가족에 속하는 것으로 만드는 어떤 단 하나의 공통적인 본질적 속성이 있는 것이 아니라, 오히려 가족 구성원 사이에 다양한 유사성이 존재한다는 것이다. 따라서, 아버지와 아들 사이에서 발견되는 유사성은 존재하지만, 그러나 그것이 모든 가족에서 발견되는 어떤 공통성은 아니다. 가족 유사성의 개념을 분명하게 보이기 위해 비트겐슈타인은 "게임game"의 예를 든다. 다양한 게임의 경우, 그 게임들 모두에 공통적인 어떤 속성은 존재하는 것처럼 보이지 않는다. 우리가 게임을 자세히 바라본다면, 공통적인 속성 대신에 오히려 다양한 유사성과 일련의 관계를 발견하게 될 것이다. 비트겐슈타인은 이 게임에 나타난 특성을 확장하여 우리의 언어를 언어게임language game이라고 부른다. 우리의 언어는 비트겐슈타인의 초기 철학, 즉 ≪논리철학논고≫에서 주장한 것처럼 사실을 묘사하는 단 하나의 본질적 기능을 수행하는 것이 아니다. 그것은 매우 다양한 기능을 담당하며, 바로 이 점에서 우리가 사용하고 있는 언어는 게임과 같다. 비트겐슈타인에 의하면 우리 언어에 나타나는 이러한 특성을 무시하고 단 하나의 공통적

라고 칭한 것—을 가지고 있다. 우리가 연구하는 관료 제도들은 비슷하지만, 구리의 분자가 되는 방식으로 동일하지는 않다. 물론, 모든 가능한 조합에 명칭을 부여할 수 있지만 실제로는 거의 그렇게 하지 않는데, 왜냐하면 그런 장치는 우리가 이론적으로 또는 실용적으로 다룰 준비가 되어 있지 않은 엄청난 수의 가능성을 순식간에 산출하기 때문이다(이런 복잡성을 다루기 위한 방법이 존재하고 있다. 5장에서 그 방법을 논의하겠다).

그래서, 관료제와 같은 개념은 진정으로 일상적인 사용과 같이, 다음과 같은 것을 말하는 일반화가 된다. "보아라, 이들 x개의 기준은 실제로는, 다소간, 항상 함께 다닌다. 그래서 우리는 그 기준이 모든 객체 O에 다 존재하고 있다고 충분히 가정할 수 있다. 비록 거의 모든 O들이 실제로는 모든 기준이 아니라, 단지 대부분의 기준만을 가지고 있을지라도 말이다." 이것은 문제를 야기한다. 왜냐하면, 사례들 가운데 많은 것들이 이론이 말하는 바와 같이 진행되지 않는데 더 정확히 말해 그 사례들은 O의 행위에서 그러한 측면을 책임지는 어떤 중요한 속성을 빠뜨리고 있기 때문이다.

우리는 흔히 이런 난관에 수완을 발휘할 수 있는데, 왜냐하면 사례의 수가 너무 적거나, 또는 우리가 수집한 객체에 우리가 추구하고 있는 문제에 대한 중요한 속성이 결핍되어 있기 때문이다. 그러나 수완을 발휘할 수 없을 때, 우리는 우리의 "개념"이 단지 하나의 생각idea이 아니라, 그런 기준 모두가 항상 함께 했음을 진술했던 경험적 일반화라는 사실을 인식해야만 한다.

실질적인 일들이 일어나는 세계에서의 한 좋은 예는 어딘가에 "거주

특성, 즉 본질을 추구하였던 것이 바로 철학자의 병이다. 단 하나의 공통적 본질보다 오히려 다양한 문맥에서 사용되는 유사성과 차이성을 주목할 것을 비트겐슈타인은 주장하고 있고, 이 점을 보여주는 것이 "가족 유사성"이라는 개념이다(이 주석은 옮긴이의 요청에 의해 철학박사 김영건이 작성하였다. 그의 학위논문은 ≪비트겐슈타인과 자연주의 철학≫이다).

함"의 개념과 관계가 있다. 1960년 인구주택총조사Census에서 수많은 젊은 흑인 남성들이 집계되지 않았을 때, 그 정치적 결과는 통계학자와 조사 연구자들에게 그 문제를 진지하게 취급하도록 강요했다. 그 문제를 고려해야 하는 조사 위원회에게 당면했던 실질적인 질문은 지난번에 빠뜨렸던 사람들을 집계하기 위하여 다음 번의 인구주택총조사를 어떻게 시행할지가 되었다 Parsons, 1972: 52-77. 미국 인구주택총조사는 정치적 대표성을 목적으로 거주하고 있는 곳에서 사람들을 집계해야 했고, 그래서 질문은 두 가지로 되었다. 즉, 우리는 사람들이 인구주택총조사표에 기입하게 될 **거주지**를 알아낼 수 있을까? 그리고, 어딘가에 거주한다는 의미는 무엇일까? (왜냐하면, 어딘가에 거주한다는 것이 무엇을 뜻하는지 이해한다면 우리는 그들에게 접근할 수 있는 방법을 알 수 있기 때문이다).

전문가 위원회의 논의는 어딘가에 거주함의 개념에 심각한 모호함이 있음을 들추어냈다. 어딘가에 거주한다는 의미는 무엇인가? 제시된 모든 기준에 대해, 완벽하게 합당한 예외 하나를 상상해 낼 수 있을 것이다. 잠을 자는 곳에서 살고 있다: 만약 멕시코에서 휴가를 보낸다면, 멕시코에서 살고 있는가? 그곳은 일상적으로 잠을 자는 곳이다: 나는 돌아다니는 판매원이고, 대개 특정한 어느 곳에서 잠을 자지 않는다. 그렇다면, 편지를 받는 곳이다: 많은 사람들이 샌프란시스코에 있는 우편물 보관 장소 또는 시립 계몽 책방City Lights Book Store에서 편지를 받지만, 그런 장소에 살고 있지 않다. 그렇다면, 항상 연락이 취해질 수 있는 곳이다: 나의 경우, 당장은 그곳이 워싱턴 대학의 사회학과이지만, 나는 확실히 거기에 살고 있지 않다. 그곳은 옷들이 있는 곳이고, 이러저러한 곳이다.

대부분의 사람에게 있어 대부분의 시간에, 이런 모든 장소는 동일하다. 그들은 대개 자신의 편지를 받는 곳에서 잠을 자고, 또한 그들의 옷이 있는 곳이면서 가장 연락을 쉽게 취할 수 있는 곳이 거주지가 된다. 그러나 대부분의 사람에게는 때때로, 그리고 어떤 사람에게는 항상, 그런 것이 상이한 장소가 된다. 어떤 장소에 옷을 보관하지만 잠은 다른 장소에서 잔다. 그들에게 있어 그 개념은 단지 적합하지 않을 뿐이다. 그리고, 그들을 고려하고자 한다면, 그 개념을 구성성분 지표indicator로 분해해야 하고 각각을 분리하여 따로 취급해야 한다. 다른 말로 하면, 그 개념에서 구체화되어 있는 경험적 일반화가 참true이 아니라는 것을 인식해야 한다. 그런 기준 모두가 항상 함께 하지는 않는다.

어떤 개념의 지수index에 대한 실패를 발판으로 삼아, 이론 세계를 확장시키고 복잡하게 만드는 출발점으로 삼을 수 있다. 마리사 앨리사Marisa Alicea, 1989는 푸에르토리코로 되돌아오는 이민자들—산주앙San Juan 또는 판스Ponce에서 시카고나 뉴욕으로 이주해 갔다가, 다시 섬으로 되돌아오는 사람들—에 대한 연구에서 그렇게 했다. 그녀가 보여준 것은, 실제로는 그들이 두 집 사이를 자주 왔다 갔다 한다는 것이다. 즉, 그들을 이민자로 생각하는 것은 잘못된 것이고, 그녀가 말한 바와 같이, "두 개의 고향dual home bases"을 가진 사람들로 보는 것이 훨씬 더 현실적이고 유용하다. 그런 결과물을 진지하게 택하는 것이 의미하는 바는, "어딘가에 거주하고 있음"이란 개념 속에 끼워져 있는 또 다른 "사실"—사람들은 단지 한 장소에만 "거주live"할 수 있다—이 어떤 주어진 사례에서 참일 수도 있고 아닐 수도 있다는 또 다른 단순한 가능성으로 간주되어야 한다는 것이다.

나는 때때로 그러한 예로 청중들을 당황하게 만드는데, 그것은 어떤 연구도 불가능하게 만드는 극단적인 구성주의constructivism를 수반하는 것처럼 보인다. 만약 내가 "어딘가에 거주하고 있음"의 예와 더불어, 헤롤드 가핑켈Harold Garfinkel, 1969이 성을 사회적·신체적으로 바꾼 성전환자인 아그네스의 사례를 서술한 다음, 인구주택총조사가 어떤 이를 남성 또는 여성으로 정확하게 구분했다는 것을 어떻게 확신할 수 있는지를 물음으로써 인구학자들을 혼란시킨 방식을 언급한다면 특히 더욱 당황해 할 것이다: "성의 구분을 확실하게 하기 위해 모든 사람의 바지를 벗겨야 합니까?", "만약 어딘가에 거주하고 있음이나, 남자인가 여자인가와 같이 그렇게 단순한 사고조차 사용할 수 없다면, 어떻게 어떤 것을 관찰하거나 집계할 수 있습니까?"

앨리사의 연구는, 개념을 경험적 일반화로 간주하는 것이 분석적인 실수를 피하는 데 도움을 준다는 것을 보여준다. 우리의 관습적인 생각으로는, 이민자는 한 시점에 단지 한 장소에만 살고, 이동할 때는 이전에 살던 장소에서 사는 것을 멈추고 그 밖의 어느 곳으로 살기 위해 떠난다는 것이다. 음, 물론 그들은 다른 어느 곳으로 가야 한다. 그러나, 그들은 실제로 두 장소—미국 본토와 푸에르토리코의 고향—에서 어떤 종류의 집(물론 무슨 종류인가는 그런 복잡함 속으로 들어갈 가치가 있는 연구할만한 질문이 된다)을 가지고 있다. 두 번째 장소에서의 거주는 이주하기 전 주로 살던 곳에 살 때 그것이 의미했던 바를 정확하게 의미한다고 가정할 수 없다. 이사하기 전, 그들은 집(1)을 소유한 유일한 집으로 생각했을 것이다. 그러나, 집(2)를 손에 넣을 때, 첫 번째 집을 포기할 필요가 없다고 판단할 것이고, 그리고 나서 약간 돈 있는 사람들이 매년 여름에 통나무집에 가는 방식으로 두 집을 왔다 갔다 할 것이다. 이 이야기의 비애는 그런 사람들이, 어느 곳에서도 보장된 경제적 기반 또는 알고 사랑하는 사람들의 애정적 기반과 같이, "진짜 고향"이 주는 어떤 멋진 맛을 느끼지 못할 것이라는 것이다(그러나, 두 집을 가지는 것이 또한 필연적으로 박탈감이 되는 것도 아니다. 캐롤 스탁Carol Stack의 연구는 "가출한" 가난한 집 아이들이 두 집 건너 있는 이웃이나 친척을 통해 어떻게 많은 집에서 이득을 취했는지를 보여준다).

개념을 경험적 일반화로 간주하는 술책은, 어떤 개념의 속성 모두가 항상 함께 한다는 주장을 통한 어떤 뜻밖의 생각으로 산출된 문제를 해결하도록 도움을 준다. 그런 속성들을 떼어놓는 것, 그리고 그것을 독립적으로 변화할 역량이 있는 것들로 취급하는 것은 기술적인technical 문제를 이론적인 성장과 명료화 작업을 위한 기회로 전환시킨다.

개념은 관계적이다

나는 한때 "사회 연구의 고전Classics of Social Research"이라는 수업을 강의했었다. 그 수업에서 읽었던 책 중의 하나는 제인 멀서Jane Mercer의 ≪정신 지체아로 낙인하기Labeling Mentally Retarded, 1973≫인데, 그것은 "정신 지체아"라는 낙인이 캘리포니아 리버사이드Riverside 학교에서 적용되었던 방식에 관한 연구이다. 그 연구는 불명확한 정신발달지연(분명한 신체적 장애 등을 수반하는 "진짜" 정신발달지연과는 반대되는 것으로)은 멕시코 아이와 흑인 아이들이 학교에 다닐 때는 걸리지만, 학교를 떠나면 치료되는 질병이라는 사실을 증명하였다. 그것은 그런 이데올로기 주창자가 아닌 사람들 역시 증명하고자 했던 것이다.

어느 날, 나는 사람들을 기술하는 모든 용어는 관계적이다—즉, 그 용어가 의미를 가질 때는 단지 그것이 용어세계의 일부분으로서 간주되는 때이다—라는 사고를 강의하기 위해 교실로 들어갔다. 그것은 새로운 사고가 아니었다. 내가 생각하기에 그것을 처음 보았던 것은 계급이 관계적 용어라고 말했던 맑스주의 역사학자(아마 탐슨E. P. Thompson이나 홉스바움Eric Hobsbawm

일 것이다)의 방식에서였다. 거기에서, "중간 계급" 또는 "노동자 계급"과 같은 용어는 상호간 또는 "상류 계급"과 관련해서만 의미를 가지며, 그리고 그의미는 관계relationship의 특성이 된다. "노동자 계급"은 "기득권 계급owner class"의 구성원을 위해 일하고 있다는 사실을 의미한다.

그것은 충분히 명백해 보인다. 그러나, 그것은 사람들이 인정하지만 곧무시해 버리는 어떤 하나의 명백한 사실이다. 어떻게 그들은 그것을 무시하는가? 계급은 어떤 특징적인 문화 또는 삶의 방식을 가지고 있기 때문에, 그계급이 끼워져 있던 관계 체계가 무엇이라 할지라도 그 계급이 된다고 생각함으로써 그렇다. 이 말은 계급 문화가 존재하지 않는 것을 말하는 것이 아니라, 오히려 그런 문화는 적어도 부분적으로는, 자신의 독특한 삶의 방식을 발달시키는 조건을 창출하는 방식에서 어떤 다른 집단과 관련된 어느 집단의사람으로부터 생긴다는 것이다.

이와 유사한 의미가 "저개발된underdeveloped" 나라에 대한 생각과 결부되어 있다. 이 경우, 그것은 "저개발되다underdevelop"를 동사구 "저개발되어 있는to underdevelop"처럼 취급하는 단순한 고안물에 의해 만들어진 것인데, 그 동사구는 저개발이 무엇인지를 보여주는 다른 나라나 조직이 존재하고 있다는사실을 명백히 한다. 이 경우에는 두 개의 구분된 것이 분명하게 존재하고 있다. 하나는 저개발되어 있다는 것은 단지 개발되어 있는 다른 장소와 관계되어서만 의미를 가진다는 것이고, 다른 하나는 "발달"의 분포가 하나의 흔적trait이며, 그러한 몇몇 다른 조직의 신중한 행위에 의해 창출된다는 것이다.

내가 이것을 수업시간에 다루었을 때, 멀서의 결론을 받아들이기 어렵다는 것을 발견한 임상심리학과의 한 학생이, 정신발달지연은 결국 사실이지 단지 정의나 관계의 문제만은 아니라고 주장했다. 그 학생의 말에 의하면, 최소한 어린아이들이 심각하게 정신적으로 지체되어 있는 사례가 있다는 것이다. 나는 학생들에게 내가 키가 크다고 생각하는지 아니면 작다고 생각하는지를 질문함으로써 나의 대답을 시작했다[나의 키는 5피트 10인치(약 178㎝—옮긴이)로, 그 당시에는 크지도 작지도 않은 키이다]. 그들은 혼란스러워 보였고 마치 나의 키는 중간이라고 말하려는 듯 자신의 손을 흔들었다. 나는 하나를 선택하여 대답하도록 강요했고, 물론 그들은 그 대답을 할 수 없었다. 6피트 9인치(약 206㎝)인 동료 교수와 6피트 6인치(약198㎝)인 동료 교수가 있었을 때, 나는 그 가운데 작은 편에 속했지만, 그들이 떠나간 뒤에는 좀 커졌다고 말했다. 나는 방문중인 일본 학생에게 일본에서는 내가 키가 클 것이라는 것이 사실인지를 질문했다. 그 여학생은 거북스러운 듯이 웃으면서 마침내 그렇다고 말했다. 나는 고등학교 시절에는 농구하기에 적합한 키를 가졌었지만, 그 후는 그렇지 않았다고 말했다. 그리고 계속해서, 키는 누군가에 대해 알고자 할 때, 대체로 진짜 사실인 것—말하자면, 정신발달지연이나 지능처럼 사실인 것—처럼 되었음을 지적했다.

여기의 술책은 사람 또는 집단의 어떤 흔적을 기술하는 것처럼 보이는 어떤 용어를 그것이 속하고 있는 관계체계의 맥락 속에 위치시키는 것이다. 이는 그 흔적이 단지 무엇인가에 대한 "신체적 사실"이 아니라, 오히려 그런 사실에 대한 해석으로, 그것에 대한 의미의 부여이며, 그런 의미 부여는 그 흔적이 연결되어 있는 그 밖의 것에 의존하고 있음을 보여준다. 그것은 우선적으로 유사하게 의미가 주어져 있는 다른 흔적과 연결되어 있고, 그래서 그 흔적은 가능한 체계를 형성한다. "심각하게 정신발달이 지연된"에서 "정신발달이 지연된"으로, 다시 "정상"으로, 다시 "재능이 있는"으로, 다시 "천부적인 재능이 있는"으로 이어지는 일련의 서열화는 좋은 예가 된다.

그 분석은 계속될 수 있다. 그 밖의 무엇이 그런 체계에 연결되고 있는가? 왜 그런 구분distinction이 단지 보통의 분별있는 사람들에게 "자연스럽게"

4. 개념

보이는가? 따라서, 왜 그런 구분이 행동할 정도로 충분히 합리적이고 중요하게 보이는가? 나는 내가 "심각하게 정신발달이 지연"—그림의 영역에서—되었다고 지적했다. 나는 수업시간에 "그림 잘 그리는 학생들"이 할 수 있는 방식으로 나무나 개를 전혀 그릴 수 없었다. 그 결과, 나는 항상 창피함을 느꼈다. 이런 무능함은 사소하지 않은 방식으로 나의 생활에 영향을 미쳤다. 또 다른 학생은 음악의 영역에서 "심각하게 정신발달이 지연"되어 있다고 깨끗하게 인정하면서, 초등학교 때 합창으로 노래를 부를 때 음정을 맞출 수 없어 항상 가사만을 입으로 우물거려 왔다고 했다.

그런데, 왜 이런 진술들은 진지하지 않고 반어적일까? 왜냐하면 이런 무능력은 "중요하지 않은 것"이 분명하기 때문이다. 그림을 못 그린다거나 음치라 하더라도 진짜로 나쁜 어떤 일이 발생하지는 않는다. 그것은 아마 기분이 나쁘고 약간 창피하게 할 것이다. 다른 것과 마찬가지로 약간의 고통을 통해 그런 단순한 일을 할 수 있기를 바랄 수 있다. 그러나, 우리의 세계는 우리에게 노래를 부르거나 그림을 그릴 수 있는 능력을 요구할 만큼 조직화되어 있지 않다.

그렇지만, 우리 세계는 "정신발달이 지연된" 사람들이 쉽게 하지도, 잘하지도, 혹은 전혀 할 수 없는 일들을 반드시 행하도록 잘 조직화**되어 있다**. 적어도 몇몇 사람들과 제도가 최소한이라고 정의한 수준에서 살아가기 위해, 반드시 글을 읽고 계산을 할 수 있는 능력이 약간은 있어야 하고, 세상 돌아가는 것을 "따라잡고catch on" 그리고 어떤 정해진 시간 내에 다양한 사고와 기능—지도를 보고, 시간을 말하고, 지침을 이해하고 등등—을 받아들여야만 한다. 그렇지 않으면, "우둔하게slow" 된다.

"우둔함의 정치Politics of Stupidity"에 관해 글을 쓴 루이스 덱스터Lewis Dexter, 1964가 지적하는 바는, 그런 모든 기능은 그것을 다소간 필연적으로 만드는 세계를 형성하고 유지시켜 오고 있는 우리의 조상과 동시대인으로부터 비롯한다는 것이다. 이를테면, 물질적 우아함과 좋은 손재주가 그 세계의 필연적인 부속물인 세계를 생각할 수 있다. 그런 세계에서는 문을 여는 데 꽤나 복잡한 신체적 운동을 수행해야 하므로, 서투른 손재주를 가진 사람은 고통을 받을 것이고, 아주 손재주가 없는 사람은 문을 결코 열 수 없을 것이다. 우리는 아마 그런 사람들을 "멍청이"라고 부를 것이고, 그런 사람들을 위해 지은 곳에 특별 입학시켜 그들에게 생산적인 삶을 선도하고자 하는 희망으로 특별 치료 수업을 받게 할 것이다. 비록 그들의 유전적 자질은 그것을 불가능하게 만든다는 슬픈 결론을 내릴 수 있어도 말이다.

그래서, 신체적 흔적과 그것의 사회적 중요성 사이에는 커다란 차이점이 존재하고 있다. 우리 모두는 온갖 종류의 흔적을 가지고 있는데, 그 중 단지 몇 가지가 관계체계에 배태되어 있는 방식으로 말미암아 중요한 것으로 사회적인 주목을 받는다. 그 흔적은 신체적·사회적 협약의 조직체가 그것들을 "필연적"으로 만드는 경우에 중요해진다. 키를 택하여 보자. 만약 어떤 범위를 벗어나 너무 크거나 작으면, 우리의 신체적 협약은 그런 키를 흉하게 만든다. 만약 너무 작으면, 표준 체격의 의자에 앉을 때 발이 땅에 닿지 않을 것이다. 만약 너무 크면, 조심하지 않고 문에 들어올 때 문지방에 머리를 부딪칠 것이다. 우리의 사회적 협약은 약간 더 관대하다. 그러나 아직까지도, 키가 너무 큰 여성과 너무 작은 남성은 나머지 사람들과 달리, 키로 인해 배우자를 찾는 데 어려움을 가진다.

이 모든 것은 역사적 차원을 가지고 있다. 수세기 전, 사람의 평균키는 지금보다 작았다. 그래서 15세기와 16세기에 지어진 출입구는 만약 재건축되지 않았다면, 부주의한 현대인은 문지방에 머리를 부딪치게 되었을 것이다. 또 단순한 산수 계산을 하는 기능에 대해 이야기 해보자. 오늘날 덧셈, 뺄

셈, 그리고 다른 단순 산수 계산을 할 수 없는 사람은 확실히 "우둔하거나" 심지어 "정신발달이 지연"되었을 것이다. 그러나, 그런 기능이 항상 요구되었던 것은 아니다. 패트리카 클라인 코헨Patrica Cline Cohen, 1982의 ≪계산하는 사람들A Calculating People≫에 따르면, 보통의 미국 사람들이 그런 기능이 필요하게 된 것은 19세기에 이르러서였다. 그 전까지는 가게주인과 서기들에게 그런 기능이 필요했을지 몰라도, 일반사람은 아니었다. 그녀는 그런 기능을 "글을 읽고 쓰는 능력literacy"과 유사하게 "숫자를 다루는 능력numeracy"이라고 칭했다. 그 용어가 강조한 바는, 우리가 그것을 중요한 인간 능력으로 간주하게 되는 이유가, 그것이 현재 사회적으로 가치가 있는 기술, 즉 우리의 일상 작업 속에 파고든 기술이기 때문이라는 것이다. 과거에 그런 기술은 아마 단지 노래부르고 플루트를 연주하는 것과 같이 흥미로운 문화적인 장식품이었지, 확실히 "중요한" 것은 아니었다.

기능과 흔적은 더 중요하게 될 뿐만 아니라 덜 중요하게도 된다. 다이아나 콜지닉Diana Korzenik, 1985의 책 ≪그림에서 예술로Drawn to Art≫는 미국 사회에서 그림 그리는 기능의 중요성의 변동—전진과 후퇴—을 서술하고 있다. 19세기 중반과 말, 몇몇의 저명한 인사들은 미국이 산업화에서 뒤떨어지는 이유가 미국인이 그림을 그리는 법을 모르기 때문이라고 판단했다. 많은 신상품과 개량품의 기계류가 산업 현장에서 발생했는데, 그 현장에서 노동자는 자신이 수행하고 있는 작업에서의 세부적인 경험에 근거해서 개량할 것과 새로이 만들 것을 문득 생각해냈다. 그런 생각이 효율적으로 되기 위해서는, 노동자가 필요한 부품과 장비가 만들어질 수 있는 도면을 그릴 수 있는 능력이 있어야 했다. 그러나, 미국 노동자들은 기계류를 그릴 수 있는 훈련이 되어 있지 않아, 이를테면 독일인이 했던 것만큼 능숙하게 그릴 수 없었다. 따라서 여러 조치가 간구되었다. 성인들에게 보충수업을 시킴으로써 이런

학계의 술책

필요한 기능을 획득할 수 있게끔 하자는 운동, 초등학교에서 그림 그리기를 좀 더 체계적으로 가르치라는 압력 등이다. 그러나, 그림 그리기에 대한 이런 강조는 비교적 짧은 기간 동안에 행해졌다. 다른 발달로 인해 그림 그리기가 그다지 중요하지 않게 되었고, 그래서 내가 초등학교를 다녔던 1930년대, 나는 비록 그림을 잘 그리지 못했지만 똑똑한 학생으로 간주되었다(게다가 나의 글씨 또한 악필이었는데, 그런 악필은 타자기 시대 이전에는 심각한 장애였을 것이다).

어떤 흔적은 진지하고 중대한 구분의 근거로 삼기에 충분히 중요하다고 말할 수 있는 사람은 누구인가? 때때로 우리의 가까운 이웃 동료들은 그림을 그리지 못하는 나의 능력, 산술 계산을 못하는 누군가의 능력, 또는 음정을 못 맞추는 어떤 여자의 능력이 특별한 부정적 취급을 정당화할 정도로 충분히 심각한 것인지 아닌지를, 또 천여 곡의 대중음악을 기억하고 피아노로 연주할 준비가 되어 있는 나의 능력이나 캐리 그랜트Cary Grant, 그루초 맑스Groucho Marx, 또는 쥬디 갈랜드Judy Garland를 모방할 수 있는 어떤 사람의 능력이 받는 특별한 보상이 정당한 것인지 아닌지를 스스로 결정한다. 또한, 이것은 멀서의 결과가 매우 중요하게 되는 곳인데, 때로는 그런 의사결정은 그러한 결정을 할 수 있는 특별한 심오한 방법을 소유한 특수 전문가specialized professionals들의 수중 안에 놓여져 있다. 멀서의 진정 놀라운 발견 가운데 하나는 정신발달지연으로 낙인된 아이들에게서 나타나는 인종과 소수민족의 현저한 불균형 분포가 교사가 지능 검사를 하기 위해 학급 아이들을 추천할 때는 나타나지 않는나는 사실이다(추천을 받은 아이들이 보여주는 인종 분포의 비율은 모집단에서 보여주는 멕시코, 흑인, 영국계 미국인 아이들의 분포 비율과 동일하다). 아니, 지능검사를 통해 멕시코 아이들이 과다하게 대표되는 때는 **오직**, 어떤 아이들을 정신지체아로 분류하는 결정이 교실에서 그 아이와 실제로 생활한 경험이 없고 그리고 그 형편없는 검사 점수를 그 아이의 다른 지식에 비추어서 해석할 수 없는 자들에 의해 행해졌을 때이다. 그래서 특수 직업을 발달시키고 독점하는 과정을 통해 만들어진 이런 결정에서의 전문화 작업은 "개인적 흔적"이 그것을 중요하게 만드는 일련의 사회적 관계에서 배태되어 나오는 방식에 영향을 미치는 또 다른 중요한 역사적 변수가 된다.

정책과 권력도 유사하게 관계 체계가 어떤 흔적을 중요하게 만드는 방식에 영향을 미친다. 만약 부정적인 흔적이 사람들에게 할당되고 있다면, 권력이 있는 사람들은 흔히 그것이 자신들에게 혹은 그 가족에게 일어나지 못하도록 할 수 있다. 만약 좋은 어떤 것이 사라지고 있다면, 그들과 그 가족들은 그것을 얻기 위해 최선을 다할 것이다. 1980년대 미국 의회는 "천재성이 있고 재능이 타고난" 아이들을 위한 프로그램을 인가했다(아마 가난한 사람들—소위 "혜택을 받지 못하는" 어린아이들—의 교육에 할당된 특별 자원과 균형을 맞추어 중류 계급의 사람들에게 무언가를 주려고 하는 시도에서). 나는 그 구분이 긍정적인 측면에서 "심각한 정신발달지연"과 "약간의 정신발달지연" 사이의 구분을 반영한다고 생각한다.

그 프로그램은 공립 학교의 시각 예술담당 교사들에게 어떤 새로운 문제점을 만들었다. 천재성이 있고 재능이 타고나 특별 훈련의 기회를 받을 가치가 있는 아이들을 어떻게 선택하는가? 중류 계급의 학부형들은 대체로 시각 예술보다 다른 종류의 기능과 재능에 더 관심을 가지고 있었지만, 만약 그런 기회가 시각예술에 있다면 마찬가지로 그것을 원한다. 학부형들은 그런 특별한 취급을 받을 수 있는 학생들을 결정하는 데 있어 과학적으로 정당화할 수 있는 방식이 선택되기를 원한다. 예술에서 "창조성"이 있다고 낙인되었지만 실제로는 "학생들을 검사 점수에 근거하여 재능이 있고 머리가 좋은 프로그램으로 보냈으니 뭐라고 말하지 말라고 학부형에게 말할 수 있고, 만약 아이가 점수가 낮아도 나는 어쩔 수가 없다고 말할 수 있는 그러한 능력 검사를 고안해낼 수 있습니까?"로 회의^{conference}를 종결시키는 나의 방식은 어떠한가?

그래서, 교사의 문제는 검사자의 문제로 된다. 어떻게 시각 예술 능력의 평가를 측정하는가? 이는 심각한 문제인데, 왜냐하면 수학이나 독해보다 예술에서 합의된 기준을 만들기가 훨씬 더 어렵기 때문이다. 하지만, 시각 예술에 있어서 중요하고 "모든 사람이 아는" 한 가지 사실이 있는데, 그것은 내가 할 수 없는 것—그림 그리기—이다. 불행히도, 그림 그리는 능력—비교적 검사하기 쉬울 것이라고 여겨진다 해도—이 공간 관계나 색채 감각을 시각화하거나 그것을 명명하는 능력과 같은 개념적인 능력보다, 이를테면 시각예술가로서의 성공에 밀접하게 관련된다는 사실은 분명하지 않다. 게다가 분명한 것은 만약 예술가로서의 성공과 같은 기준을 사용한다면, 부당 이득과 같은 사회적이면서 경영적인 기술도 생각하고 싶어할 것이라는 사실이다. 거기에다 더, 어떤 시각 예술—특히 사진—은 그림 그리는 능력을 전혀 요구하지 않는다. 그래서 그림 그리기에 근거한 검사는 반드시 큰 오류를 범하게 된다.

"천재성이 있고 재능이 타고난"에 관해 이렇게 긴 여담을 늘어놓는 것의 요지는 무엇인가? 중간계급 학부형의 힘이 이러한 관계체계를 형성시키는 방식에 영향을 줄 수 있고, 따라서 다른 부류의 사람들에게 그것을 더 중요히거나 덜 중요하게 또는 더 유용하거나 덜 유용하게 만든다. 그러나, 그들의 힘은 그런 결정권이 자신의 수중에 견고하게 떨어져 있는 전문가의 권력을 극복하는 데는 충분하지 않을 것이다.

이 예의 두 번째 요지는 관계의 체계가 최소한 두 종류라는 것이다. 하나는, 호평을 받는 바람직한 위치는 키와 같이 무엇이든 측정되는 것이라면 그 평균치, 곧 중간에 있다는 것이다. 이것은 앞에서 논의한 에버렛 휴즈의 제안—그것이 무엇이든지 간에 좀 더 가진 사람과 좀 덜 가진 사람 모두를 조사함으로써, 평균에서 양쪽 방향으로 빗겨난 것을 검사해야 한다—을 회상시킨다. 그의 예에서, 사람은 남들보다 더 "못" 하거나("난봉꾼" 또는 "행실이 나쁜 여자"와 같은 별명을 산출하는 방식으로) 또는 더 "잘" 함으로써(말하자면 "착한 사람인 체하는" 것으로), 성관계를 조직화하는 형태의 방식에서 일탈하기를 원하지 않는다. 하지만, 다른 관계체계에서 어떤 사람의 삶에 대한 명성과 그 결과는 어떤 한 방향으로 멀리가면 갈수록 "더 좋게" 되고, 그리고 다른 방향으로 가면 갈수록 더 나쁘게 된다. 지능도 그와 같은데, 예술 능력과 같은 다른 특성에서도 마찬가지이다.

이제까지의 술책을 요약해 보자. 용어를 그것이 수반하고 있는 전체 집합의 관계 속으로 집어넣자("크다"는 "작다"를 수반하고 "재능이 있는"은 "재능이 없는"을 수반하고 있다). 그리고 나서 그런 집합관계가 현재 조직화된 방식과 다른 시기와 다른 장소에서 조직화되었던 방식을 조사하자(현재 산술계산을 알지 못하는 것은 150년 전에 산술계산을 알지 못했던 것과는 다른 의미와 다른 결과를 가진다는 사실을 이해하는 것 같이). 마지막으로, 그것이 어떻게 하여 현재 이 곳의 방식으로 조직화되었는지, 그리고 그런 관계집합을 유지하고 있는 다른 사회적 협약과는 어떤 연관이 있는지를 살펴보자.

비트겐슈타인^{Wittgenstein} 술책

나는 수년동안 루드비히 비트겐슈타인_{Ludwig Wittgenstein}의 저서 ≪철학의
탐구_{Philosophical Investigation}≫에 빚지고는 있으나, 에버렛 휴즈가 게오르그 짐
멜_{Georg Simmel}의 사회학 저술을 읽으라고 한 방식으로 그것을 읽었다. 즉, 저
자가 의도했을 것을 완벽하게 이해하려 하지 않고, 오히려 내 자신의 연구와
사고에 사용할 수 있는 아이디어를 생성하는 방식으로 그 책을 읽었다. 비트
겐슈타인의 어떤 하나의 사고는 나의 연주목록_{repertoire}의 표준적 요소가 되
어 왔다. 그것은 그 ≪철학의 탐구≫의 대목에서 유발되었기 때문에, 나는 그
것을 비트겐슈타인 술책으로 생각한다.

비트겐슈타인은 한 단락에서—그의 책은 번호가 붙은 여러 단락으로
구성되어 있다—의도와 의지의 철학적 문제를 논할 때, 다음과 같이 역설하
고 있다: "우리 이것을 잊지 말도록 합시다. 내가 내 팔을 올릴 때, 내 팔은 올
라갑니다. 그리고 문제가 제기됩니다. 만약 내가 나의 팔을 올린다는 사실로
부터 나의 팔이 올라간다는 사실을 뺀다면 무엇이 남습니까?"^{Wittgenstein, 1973:}
^{§621.} 바로 이것이 그 술책의 본질이다. 만약 내가 X라는 어떤 사건이나 어떤
객체로부터 Y라는 어떤 특성을 제거한다면 무엇이 남을까?

이 술책은 핵심에 있는 사고에서 일시적이고도 부수적인 사고를 떼어
내는 데 도움을 주며, 어떤 현상의 심상_{image}에 중심이 되는 것을 그 심상이 배
태되어 있는 특정 예에서 분리시켜주는 데 도움을 주는데, 이는 비트겐슈타
인이 의도에 대한 우리의 직감적인 심상의 핵심을 거기에서 비롯된 육체적
행위와 분리시켜 따로 떼어놓는 것에서 볼 수 있다. 여기 한 예가 있다. 나는
한때 현대 예술에 관한 토론을 위해 조직된 패널의 일원이 된 적이 있다. 다
른 어떤 토론자는 3년 전, 현대 예술의 진지한 재벌 수집가가 된 적이 있었다.

말할 차례가 오자, 그는 자신의 "수집물collection"에 대해 식견이 있게 그리고 장황하게 말했다. 물론 그의 수집물은 수많은 그림, 조각 그리고 다른 객체들로 구성되어 있었다. 그의 말을 경청하면서, "우리 집도 그처럼 그림과 또 다른 객체들로 꽉 차있지만, 수집물은 없다. 왜 그것은 수집물이 아닌걸까?"라고 생각했다. 그래서 나는 비트겐슈타인 술책을 썼다. 나는 이렇게 자문했다. "만약 어떤 수집물의 아이디어로부터, 이 수집가가 자신의 집에 수많은 그림과 다른 예술적 객체들을 가지고 있다는 사실을 빼어버린다면 남는 것은 무엇인가?" 그 대답을 하기 위해 나는 나의 자료—그 수집가의 말—들로 향했다. 그는 즉각적으로 나의 물음에 대해 일부를 해결해 주었다. 그의 수집물은, 나의 단순한 사물 더미와는 반대로 그가 말한 바와 같이 어떤 "방향direction"이 있었다. 그것은 단지 목적 없이 모아 놓은 재료나, 변덕과 일시적인 기분의 소산이 아니었다. 좀 더 완곡하게 표현하자면, 그것은 자신만의 취향을 소박하게 적용시킨 것이 아니었다. 오히려, 그것은 지식과 훈련된 감성(그 자신과 선생의 것)이 구체화된 결과로 어떤 구체적이면서 명시적인 목적과 구조를 지니었다. 게다가, 그의 수집물에는 어떤 "미래"가 있었다. 그것은 어딘가를 향하고 있었다. 그것은 식견있는 전문가에 의해 종종 평가의 객체이 될 것이다. 그것은 예술적 행위와 진보 세계의 일부분이었고, 그것의 축적은 곧 그러한 세계에서 본질적인 어떤 행위가 된다. 반대로 나의 물건들은 단지just 그 자체일 뿐이었다. 나는 그것을 좋아했기 때문에 샀고, 나의 사진과 교환했던 물건들이다. 그런 것을 모으는 것은 나와 나의 가족 외에는 어느 누구에게도 의미가 없는 그저 개인사적인 행동이었다(여기서 "단지just"라는 말은 중요한데, 그것은 철학적 담론에서 "단순하게merely" 혹은 "오직 …에 지나지 않다no more than"를 뜻하기 때문이다).

사실상, 그 수집가가 말했을 때, 나는 집(또는 사무실, 또 그가 실제로 살거나 일하고 있는 어떤 장소)에 물건을 가지고 있다는 사실이 그의 어떤 수집물 소유에 반드시 필수적이지 않다는 사실을 인식했다. 한 장소에 물건을 쌓아두는 것이 어떤 수집물이라는 **생각**에 필수적인 것은 아니다. 어째서 아니라는 말인가? 만약 새로이 유행되는 예술품(그 수집가가 수집했던 종류의 것)을 전문으로 하는 중개인이라면, 어떤 작품을 팔기 앞서 구매자가 대부를 받아 구입한 작품을 박물관에 전시할 수 있게끔 해주어야 한다고 주장해야 한다(이것은 3번째 토론자였던 중개인이 나에게 설명해 주었다). 만약 예술품 중개인이 어느 예술가의 명성을 세우고자 노력하고 있다면, 한 중요한 작품을 중서부 지방의 어떤 사람의 거실에 놓는 것은, 아무리 그것을 비싸게 팔았다고 할지라도, 그 중개인이나 예술가에게 좋을 것이 없다. 그 작품은 "중요한 사람들"(즉, 그런 그림이 전시되고, 사고, 팔리는 세계에서 중요한 행위자가 되는 사람들)에게 보여질 수 있는 장소에 있어야만 되고 그 결과 어떤 경력의 발달에 공헌해야만 한다. 많은 박물관들이 이런 과정의 부분이 되는 전시장을 소유하고 있으며, 작품의 구매자는 반드시 그런 박물관에 유용한 구매를 해야만 한다. 사실, 나는 몇 달 전 암스테르담에 갔었는데 거기 스테디릭Stedelijk 박물관의 뉴욕 예술가들의 작품 전시장에는 그 중개인이 패널에서 소개했던 예술가들의 많은 작품이 있었고, 그 가운데 일부는 그 수집가의 소장품이었던 것이다. "그것을 소유한" 수집가는 진정으로 자신의 수집물 가운데 상당한 부분을 오랜 기간 보지 못할지 모른다. 실제로, 당연히 어떤 사람들의 수집물이나 그 일부는 보통 어느 정도는 박물관에 영구 임대되고 있다(박물관은 빌려주는 사람의 의지로 그들의 작품이 남겨지기를 희망한다).

비트겐슈타인의 술책을 사용해 보면, "수집물"로부터 집에 많은 예술품을 갖고 있다는 사고를 떼어낼 때 무엇이 남는가? 남겨진 것처럼 보였던 것(최소한 이 입장에서는 그렇게 보였지만 나는 그것이 그 문제에 대한 일반적인 견해일 것이라고 생각한다)은 현대 예술에서 궁극적으로 주된 추세로 되어 가는 것으로 판명될 것을 대표하는 객체들을 선택하고 획득하기 위한 재정적이고도 문화적인 자원(문화적 자원이란 피에르 부르디외Pierre Bourdieu가 "문화 자본"이라고 칭한 것을 말한다)을 소유하는 사람인 수집가의 아이디어였다. 그 수집가는 이와 같이 말했다. "아이디어는 역사적으로 중요하게 될 예술가의 최고의 작품, 즉 예술 역사의 주된 부분으로 판명될 작품을 얻는 방식을 찾아내는 것이다. 받게 될 보상은 당신의 판단이 역사적으로 인정받는 것이다." 이런 견해에서, 객체가 있는 곳은 관계없으며, 객체 자체를 소유하는 것 또한 수집가로 만들어 주지 않는다. 그 객체는 단지, 수집가가 예술 작품을 선택할 때의 현명함과 감성에 대한 평판과 많은 돈을 내기에 거는 결정적 행동에 대한 가시적 상징이 되며, 수집물이 무엇인지를 이해하는 데 있어 중요한 것은 바로 그런 행동이다(위대한 수집가로서, 워싱턴 D. C.의 주요 박물관에 그의 이름이 명명된, 조셉 허쉬혼Joseph Hirshhorn의 특성에 대해 예술계의 몇몇 성원들이 논쟁하는 이유가 여기에 있다. 그들은 이와 같이 불평했다: 어느 예술가의 스튜디오로 들어가서 잠깐 둘러본 뒤 그 안에 있는 모든 것을 산다고 해서, 위대한 수집가가 될 수 있는가? 거기에 현명함과 감성은 어디 있는가? 물론, 이것은 예술계의 불평이지 사회학적 판단은 아니다). 그리고 "수집물"에 대한 아이디어를 이해하는 데 있어 중요한 것이 단지 수집가가 취하는 행동만이 아님은 분명하다. 수집가가 축적해 온 것을 예술 역사에서 의미있게 만들거나 혹은 그렇지 않게 만드는 예술계의 나머지 성원이 취하는 행동도 중요하다(나는 이런 몇몇 아이디어를 프랑스와 국제 예술시장에 대한 레이몽드 물랭Raymonde Moulin, 1967; 1992의 분석에 도입했다. 주의깊은 독자들은, 이 술책이 벡Beck의 술책처럼, 특정한 어떤 것을 사용하지 말고 연구했던 것을 서술하라는 또 다른 방식임을 알 것이다).

개념의 지평을 확장하기

이제, 비트겐슈타인 술책은 공통적이라고 여겨지는 무언가를 지니는 일련의 사례에서 속성적屬性的, genetic 특징을 격리시키게 되며, 그 격리된 특징으로부터 하나의 개념이 되는 일반화를 수립할 수 있다. 일단 어떤 사회적 관계나 과정에 대한 그런 속성적 특징을 격리시키고 거기에 이름을 부여하고, 그래서 하나의 개념을 창출하고 나면, 그것을 발견했던 곳이 아닌 다른 곳에서 동일한 현상을 찾아 볼 수 있다. 교도소 문화에 관한 연구는 그 좋은 예를 제공한다.

교도소의 연구자들Sykes, 1958은 남자 교도소의 수감자들이 어떤 정교한 문화를 발전시켰음을 설명해 왔다. 수감자들은 감방의 질서 유지를 담당하는 여러 기능을 차용한 죄수 정부를 창출했다. 담배, 마약, 멋쟁이 죄수를 위한 맞춤 죄수복, 그리고 다양한 개인적인 서비스를 위한 시장을 비공식적이지만 질서정연하게 발달시켰다. 성행위를 조직화하였고, 또한 간수나 다른 관리들에게 죄수에 대한 정보를 절대로 제공하지 말아야 할 필연성을 강조하는 엄격한 죄수 행위 규약을 시행하였다.

교도소 문화의 분석가들은 이러한 창출물을 교도소 생활의 박탈 탓으로 돌렸다. 자율성을 박탈당한 죄수들은 자신에게 어느 정도의 자율성을 되찾게 해 준 정부구조와 그런 자율성을 보존케 하는 죄수 규율(그 중 중요한 하나는 교도소 관리에게 다른 죄수에 대한 밀고를 금하는 것이다)을 개척하

251

였다. 마약, 멋있는 옷, 그리고 사회에서 사용했던 다른 물품을 박탈당한 그들은 그러한 것을 제공할 시장을 조직했다. 성행위를 박탈당한 그들은 교도소 특유의 약탈적 동성애 관계 체계를 즉석으로 만들어 사내다운 남성성과 같은 자신의 자아상이 위협받지 않도록 하였다. 사회학적 일반화, 즉 윌리엄 그래함 섬너William Graham Sumner로 되돌아가는 좀 더 일반적인 일련의 사고에 대한 특정화는, 죄수가 교도소 생활의 박탈로 창출된 여러 문제를 해결하는 문화를 집합적으로 발달시킨다는 것이었다.

이때까지는 좋다. 워드와 카스바움Ward and Kassbaum, 1965은 이 이론을 염두에 두고 여자 교도소를 연구했다. 그런데, 그들은 교도소 문화에 대한 그 이론이 기대했던 어떤 것도 발견하지 못했다. 오히려 정반대였다. 심지어 교도소 공무원들은 죄수 규율의 부재에 대해 불평을 했고, 여자 죄수들은 자신을 많이 괴롭힌 대가로 교도소 직원들도 괴롭힌다는 식으로 서로를 끊임없이 밀고하고 있었다. 진정한 의미의 지하 시장은 전혀 존재하지 않았다. 성생활도 남자 교도소에서의 약탈적 형태로는 조직화되어 있지 않았다. 그 대신, 여자 죄수들은 가짜 가족pseudo-family을 발달시켰는데, 남자 역할의 여성동성연애자는 아내와 딸의 집합체에서 남편과 아버지의 역할을 행하고 있었다Giallombardo, 1966.

이런 차이점—교도소 생활의 유용한 이론에 의해 예측된 사안의 부재—은 교도소 생활의 박탈이 교도소 문화의 창출을 이끌어 낸다는 일반화를 무용지물로 만드는가? 또한, 그런 사실은 교도소에 관한 어떠한 일반화도 가능하지 않다는 것을 의미하는가? 전혀 아니다. 그런 것이 의미하는 바는, 일반화란 모든 교도소가 얼마나 꼭 같은지에 관한 것이 아니라, 그것이 어디서 일어나든 동일한 과정—거기서 조건의 변이는 결과의 변이를 창출한다—에 관한 것을 뜻한다(이것은 아무튼 실제로 훨씬 고급 형태의 일반화가 된다).

　이 경우에 있어, 이론이 틀린 것은 아니다. 그러나, 이를테면 그 이론이 어떻게 옳았는지를 보기 위하여, 변수의 정확한 값을 대입해 보아야만 했다. 교도소 생활의 박탈이 교도소 문화의 창출을 유도했다고 여전히 말할 수 있지만, 그것이 참이 되는 경우는 오직 그런 박탈이 남자와 여자에게서 달랐다는 사실을 이해했을 때이다. 여자들은 자율성을 박탈당하지 않았는데, 왜냐하면 여자들이 연구자에게 설명한 바와 같이, 그녀들은 자율적이었던 적이 결코 없었기 때문이다. 여자들은 항상 남자(아버지, 남편, 또는 애인)의 보호하에서 살아왔고 그리고 남자의 권위에 종속되어 왔다. 교도소가 그녀들에게서 박탈하여 갔던 것은 정확히 말해 그런 유형의 보호였다. 그래서, 자신들이 아쉬워하지 않았던 자율성을 복권시키기 위한 죄수 정부를 발달시키기보다는, 오히려 한 여성이 남성적인 보호자의 역할을 수행하는 동성애 관계 체계를 발달시켰다.

　신참 여자죄수는 특히 두려움에 떨었다. 남자죄수와 여자죄수가 보여주는 다른 양상의 범죄 분포 때문이었다. 남자 교도소 내에는 강도, 절도, 그리고 그 밖의 덜 폭력적인 범죄에 시간을 보냈던 전문적인 범죄자가 많은 반면, 여자 죄수의 대부분은 마약과 매춘, 그리고 전형적으로 비전문가가 저지르는 "치정癡情 사건", 즉 살인으로 들어 왔기 때문이다. 그 결과 여자교도소에는 살인 범죄자가 많았기 때문에, 그곳은 있기에 매우 위험스러운 곳처럼 보였고, 심지어 스스로는 위험하지 않다는 것을 아는 살인 범죄자(그녀는 단지 자신에게 나쁜 짓을 했던 바로 그 사람을 죽이고자 했을 뿐이었다)에게조차 그렇게 보였다. 그래서, 살인 범죄자조차 자신을 돌보아 줄 어떤 이를 찾고 있었다. 또한, 여자 교도소는 일반적으로 수감자에게 원하는 것—화장품, 옷과 같은 것—을 사도록 허용하기 때문에, 지하 시장이 존재할 필요가 없었다.

요컨대, 여자 죄수들은 두 가지 이유로 인해 남자 죄수와는 다른 것이 박탈되어 있었다. 하나는 바깥세상에서 여성과 남성의 삶이 다르기 때문에 내부에서도 그들이 필요로 하는 것이 다르다는 것이고, 다른 하나는 교도소가 성별에 따라 다르게 운영되고 있었다는 것이다. 그들의 문화는 그런 차이에 반응한 것이다. 일반화는, 그 결과가 매우 다를지라도 여전히 참이다.

여기의 일반적 교훈—술책은 다른 곳에도 적용된다—은 어떤 것에 대한 특정 예를 그것이 속하는 전체 부문의 현상으로 오인하지 말라는 것이다. 박탈은 모든 종류의 환경에서 그것을 경감시키도록 고안된 문화적 관행의 집단적인 발달을 유도할 것이지만, 박탈을 형성하는 것은 상당히 다양할 것이다.

이런 방식으로 어떤 부문의 일부를 전체로 혼동할 가능성이 가장 높을 때는, 그 부문이 동일하게 저명한 일련의 예에 적용되는 저명한 이름을 가지고 있을 때이다. 바로 그것이 "교육"을 연구하는 사람들이 거의 항상 학교를 연구하는 이유이다. "학교는 교육이 발생한 곳이지 않습니까?" 모든 사람이 이 사실을 안다. 보편적으로 정의된 교육은, 지식이 덜한 사람과, 그리고 놀랄 필요가 없이 전형적으로 권력이 적고 낮은 지위에 있는 사람들(예를 들면, 아이들과 이민자)을 가르치고, 또한 그런 가르침을 학교에서 행하는 현자들knowledgeable people로 구성되어 있다. 바로 이것이 교육**이라는** 것이다.

하지만, 만약 교육과 학습을 속성적인 사회적 과정으로 생각한다면, 그런 과정이 학교에서만 일어난다고 생각할 하등의 이유가 없게 된다. 우리는 그 활동이 어디에서 어떻게 일어나건 그리고 누가 그것을 하든 간에, 그것을 배우는 사람으로 주된 문제를 재정의하여야 할 것이다. 그리고 나면 우리는 사례의 수집에, 도둑이 그 업계에서 가장 최신의 기법을 다른 도둑에게 가르치는 방식, 혹은 젊은이들이 다른 젊은이에게 마약을 사용하거나 성관계를

학계의 술책

가지는 법을 가르치는 방식을 포함시킬 수 있다. 그러나, 그런 것은 단지 시시한 빈정댐일 뿐이다. 왜냐하면, 모든 사람이 그런 활동은 "교육"이 아니라는 것, 최소한 분별있는 일반인이 의미하는 교육이 아니라는 것을 알기 때문이다. 교육은 학교를 의미한다.

그러나, 학습이 학교에서 일어나는 것이라고 가정할 하등의 이유가 없다. 비록 그것은 학교 스스로가 그렇게 말하고 우리 사회에서 잘 사회화된 성원들이 믿는 이야기이며, 또 최소한 믿는 체 해야 바보로 보이지 않을 이야기이지만 말이다. 학습의 한 예로서, 젊은이들이 어떻게 마리화나 사용을 배우는지를 연구할 수 있다. 스캡스Schaps와 샌더스Sanders가 1970년에 행했던 바와 같이(이는 다른 시점에서는 달라질 수 있다), 젊은 여성은 전형적으로 남자 친구로부터 배우는 반면 남자 친구는 서로에게서 배운다는 사실을 발견할 것이다. 그 개념을 인습적으로 정의하고 있는 예는 무시함으로써, 그 개념의 범위를 확대시켜왔다. 가르치는 일을 행하고 있는 새로운 사람들과 그것이 행해지고 있는 새로운 관계를 발견해 왔다.

남자친구가 여자친구에게 마약하는 것을 가르치는 과정이 지식, 기술 그리고 생각을 전수하는 다른 활동과 많은 공통점을 가진다는 것은 매우 그럴 듯하다. 그 과정은 이를테면 가뇽과 시몬Gagnon and Simon, 1973이 묘사했던 체계와 비슷할 수 있는데, 그 체계에서 젊은 여성은 자신이 상당히 오랫동안 혼자서 연마해왔던 사랑에 빠지는 법을 남자친구에게 가르치며, 한편 남자친구도 젊은 여성과 마찬가지로 혼자서 열심히 훈련해 왔던 성관계의 방법을 젊은 여성에게 가르친나. 이런 과정이 진행되고, 서로가 상대방이 아는 것을 배우고 나면, 그들은 그럭저럭 어느 정도의 표준 방식의 사랑에 빠질 수 있게 된다.

또한, 학교와 소위 다른 교육기관 내에서도 동료들이 서로 가르치고 배우는 이러한 과정을 발견할 수 있다. 개인용 컴퓨터 사용자들은, 더 전통적인 표준 지침을 여기저기서 얻을 수 있음에도 불구하고 또 아마 그 때문에, 컴퓨터를 사용하는 법을 종종 서로 가르쳐 준다. 전통적인 교육 제도 내에서 학생들은, 그들의 장소에서 구체화되고 있는 구속, 요구사항, 그리고 기회를 어떻게 처리해야 하는지—이를테면, 자신에게 할당된 공부를 실제로 얼마만큼 해야만 하는지—를 서로에게 가르치는 것을 반복적으로 보여주었다Becker, Geer, and Hughes, 1968; 1994.

표준적인 교육 모형의 또 다른 변형은, 어떤 종류의 가르침과 배움이 그 개념을 정의하는 전형적인 예를 형성하고 있는 초등교육과 중등교육과 달리, 완전히 자발적이라는 사실에서 볼 수 있다. 피아노 강습, 테니스 강습, 불어 강습이 모두 그와 같은 것이다. 그러한 것은 이윤창출의 체제에서 발생하며, 항상은 아닐지라도 곧잘 개별적이며, 또한 고정된 학기를 가지고 있지 않다. 학생들은 학점도 학위도 받지 않는다. 그들은 단지 그러한 강습에서 더 이상 얻을 것이 없다고 느낄 때까지 수업을 받는다. 학생과 선생 사이의 권력 분포는 상투적 개념의 학교와 매우 달라서, 반드시 다소 다른 속성적 형태가 된다[베커의 『사회과학자의 글쓰기』1986a: 173-190를 참조하라].

개념의 지평을 확장하는 뛰어난, 아마 최고의 방법은 그 이름을 완전히 잊어버리고 현재 발생중인 집단 활동의 유형에 집중하는 것이다. 그런 전략의 좋은 예는, "총체적인 제도total institution"의 속성적 특징이 있었던 장소는 그곳의 피수용자(수녀, 바다 선원, 정신병 환자들)가 살아야 했던 방식과 그런 방식에 살도록 만들었던 적응 유형에 관련하여 공통성을 가진다는 어빙 고프만Erving Gofman, 1961의 분석에서 볼 수 있다. 또는 다양한 유형의 오점stigma이 있었던 사람들 주위에서 성장했던 특징적인 사회적 형태에 대한 분석Goffman, 1963에서 볼 수 있다. 이러한 분석의 명민함은, 고프만이 염두에 두었던 속성적 의미에서, 모든 사람이 단지 눈이 멀거나 손발이 없는 사람들만이 아니라 어떤 유형의 오점을 가지고 있었다는 것과, 또한 모든 제도는 어떤 점에서 총체적인 제도였다는 사실을 보여주려고 한 점에 있다. 어떤 개념의 전통적인 내용을 집단 행동의 형태로써 그 개념이 의미하는 방향으로 바꾸는 것은 그 개념의 영역과 우리의 지식을 확장시켜 준다.

다음 장에서, 우리는 개념으로 작업하는 형식적인 방식을 좀 더 많이 고찰할 것이다. 그것은 진지한 형식 논리의 고안물을 사용하는 방식이 될 것이다.

5 논리

우리는 찾아내야 할 모든 것을 발견하기 위해 조사해야 할 모든 곳을 들여다보았고, 또한 이미 논의해 왔던 몇몇 술책을 사용하지 않았다면 조사하려고 생각하지 않았을 모든 곳을 들여다보았다(이를테면, 표본추출의 장에서 추천한 바와 같이, 우리의 일반화가 근거해야 할 사례를 천사 방향뿐만 아니라 악마 방향까지 들여다보았다). 그리고, 우리는 많은 것을 발견하여 왔다. 다양한 현상에 대한 많은 사례를 가지고 있고, 그것에 관해 많은 것도 알고 있다.

그러나, 더 배우고 더 해야 할 것들이 있다. 우리가 가지고 있는 것에서 더 많은 것을 얻어낼 수 있는 방식이 그것이다. 우리가 알고자 하는 것들이 더 있고, 너 이상의 자료를 획득하지 못하는 상태에서 약간의 그런 것을 얻어낼 수 있는 방식들이 있다. 우리에게 그런 것을 행하게 하는 술책은 어느 정도는 순전히 논리적이다. 내가 "논리적 술책"에 관해 말할 때, 엄격한 삼단논법의 적용, 즉 아리스토텔레스의 규칙이나 그 밖의 다른 규칙(하지만 그 자체가 나쁘다는 것은 아니고, 또한 그 중의 일부는 내가 서술하려는 것에 포함되어 있다)에 따라 행하는 이미 알려진 것의 단순한 조합을 의미하지는 않는다. 오히려, 논리적으로 생각하기logical thinking의 술책을 의미하는데, 그것은 **만일** 알고 있는 것이 참이라면 그 밖의 무엇이 참이 될 수 있는지를 볼 수 있게 해준다. 우리가 이미 알고 있는 것에서 무엇을 추출해야지만, 그렇지 않으면 발견 못했을 아이디어를 얻을 수 있을까?

그것은 논리이다. 논리는 어떤 일련의 규칙에 따라 우리가 알고 있는 것을 조작하는 방식이며, 그런 조작은 새로운 것을 산출한다. 즉, 수리 체계의 근원적 본질과 연산을 사용하여 그런 근원적인 것이 숨겼으리라고 전혀 상상하지 못했을 결과를 산출할 수 있는 방식이다.

우리는 단지 재미로 그런 새로운 본질을 끌어내는 것은 아니다. 논리가 주는 가능성은 찾아보아야 할 더 많은 사실과, 그것을 찾아야 할 더 많은 장소가 있음을 말해준다. 이는 원소 주기율표periodic table가 물리학자에게 가능한 것으로 상상조차 되지 않았던 원소들이 저 밖에서 발견되기를 기다리고 있었다는 것을 말해주는 것과 비슷하다. 사회를 연구한다는 것은 세상의 안을 들여다보고 이미 본 것을 생각하면서, 그 세계의 또 다른 모습을 보기 위해 되돌아보는, 즉 앞뒤로 왔다갔다하는 과정이다. 이 장은 거의 생각하기에 관한 것이지만, 그런 생각하기의 결과는 다음에 어디를 보아야 하는지에 대한 단서가 된다. 나는 여기서 두 개의 주요한 변형된 논리적 술책을 고려할 것인데, 그것은 논쟁에 내재된 대전제를 찾아내는 것과 가능한 조합의 목록을 창출하기 위한 진리표truth table의 사용과 관련된다.

대전제 찾기

고전적인 논리적 논쟁은 삼단논법으로 구성되며, 가장 고전적인 예의 하나는 "모든 사람은 죽는다. 소크라테스는 사람이었다. 그러므로 소크라테스는 죽었다. 증명되었음(Q.E.D.)."이다. 이러한 논쟁에서의 표준 분석은, 이미 동의된 일반적 진리를 말하는 **대전제**major premise—위의 예에서는 "모든 사람은 죽는다"—와, 마찬가지로 동의된 어떤 특정 사실을 말하는 **소전제** minor premise—위의 예에서는 "소크라테스는 사람이었다"—와, 특정한 사례인 소전제의 사실로부터 추정되어 표명된 진술이며, 따라서 대전제에서 진술된 일반적 사실에 포함되거나 망라되는 **결론**conclusion으로 나누어져 있다. 에버렛 휴즈는 미국의 인종 관계에 대한 문제를 이해하기 위해 이 고전의 논리적 분석을 사용했는데, 이것은 다른 많은 입장에 대해서도 일반화될 수 있는 방식이다.

휴즈는 인종주의자들이 만들어낸 사실의 진술의 그릇됨을 증명하려고 시도함으로써, 진정으로 행해야 하는 작업방식에서 약간 빗겨나고 그래서 그릇된 길에서 방황하고 있었던 1940년대 사회과학자들의 방식에 관심을 가지고 있었다. 만약 누군가가 흑인은 백인보다 나쁜 냄새가 난다고 진술한다면, 그릇된 방향에서 헤매는 공상적 사회개혁론자들은, 실제로 백인은 백인과 흑인 사이의 땀 냄새 차이를 말할 수 없다는 사실을 증명하려고 시도할 것이다. 그리고, 그런 연구자는 그의 자료가 중국계 미국인이 백인의 땀 냄새를 특히 싫어하고 있음을 보여줄 때는 너무 기뻐서 어찌할 바를 모를 것이다. 휴즈는 그런 연구자는 그릇된 길로 인도되었다고 한다. 왜냐하면, 그들은 싸우려고 하는 논거의 논리를 직시하지 못하기 때문이라는 것이다. 그는 거기에 근거가 되는 논리를 이런 방식으로 설명했다:

소수인종과 소수민족이 부당함을 당하지 않도록 제기되었던 각각의 그러한 합리화는 삼단논법의 일부이다. 주장된 사실을 진술하고 있는 소전제는 표명되어 있는 반면, 하나의 원칙을 진술하는 대전제는 빠져있다. 우리의 반대자와 우리 자신을 대전제로 몰아내는 대신, 우리[즉, 자유분방한 사회과학자]는 소전제, 즉 사실의 주장에 대해 문제를 제기하고 반증한다.

다음 두 개의 평범한 진술을 가정해 보자. "짐 크라우Jim Crow의 실행[극장 의자, 화장실, 식당, 이발소 등과 같은 공공 편의시설을 흑인용으로 분리할 것을 명령]은 흑인의 냄새가 역겹기 때문에 정당한 것이다", 그리고 "유태인들은 공격적이기 때문에 의과대학의 입학을 허가하면 안 된다."

그는 위의 진술을 이런 방식으로 분석했다. 짐 크라우의 실행이 정당했다는 논거는 대전제(명시적으로 진술되지도 않았고 경험적으로 해명되지도 않은)로 시작되었는데, 이는 역겨운 냄새가 나는 사람들을 위해 공공 편의시설이 따로 분리되어 있어야 한다는 주장이다. 다음에는 명시적으로 진술되었지만 아직 경험적으로는 해명되지 않은 소전제—즉, 흑인은 실제로 역겨운 냄새가 난다—가 뒤따른다. **만약** 그 전제 모두가 사실이라면—말할 것도 없이, 너무나 어처구니없는 **만약**if이다—, 흑인은 분리된 편의시설을 사용해야 한다는 결론이 필연적으로 뒤따른다.

두 번째 논거도 비슷하게 분석되었고, 다음과 같이 해석해야 할 것이다:

어느 결정적인 수준을 넘어선 공격적인 사람들에게는 의과대학 입학을 허가해서는 안 된다[대전제]. 유태인은 그런 수준을 넘어선 공격적

인 사람이다[소전제]. 그러므로, 유태인은 의과대학 입학을 허가해서
는 안 된다[결론](Hughes, [1971]1984: 214).

휴즈가 관심이 있었던 것은 이러한 각각의 삼단논법에서 대전제는 감
춰져 있다는 것이었다. 즉, 어떤 사람도 부당함이 범해지는 것을 정당화할 수
있는 완벽한 삼단논법을 진술하지 못했는데, 휴즈가 제시한 이유에 의하면,
여기에 함축되어 있는 대전제가 "인종과 민족에 있어서의 평등을 믿으며,
또한 그러한 합리화를 이용하는 우리 문화권의 사람들이 [그런 것을] 털어놓
고 싶지 않다"는 것이었기 때문이다:

우리는 좋은 냄새를 풍기지 않는다면 공장 감독이 될 수 없다거나 사
업체의 판매담당 이사로 승진할 수 없을 것이라고 말하는 광고에 깜
짝 놀랄 것이다. 그리고, 미국 여자라면 자신의 가장 친한 친구도 말
할 수 없을 정도의 약간의 불쾌한 냄새 문제로 인해 애인을 얻을 수
없거나 잃어버릴지도 모른다는 위협에 깜짝 놀랄 것이다[그는 "당신
의 가장 친한 친구조차도 당신이 몸 냄새로 고민하고 있다고 말해주
지 않는다"고 경고했던 당시의 탈취제 선전문구를 참조하고 있다]. 권
위와 고소득을 막 상실하게 될 사람이 재기를 위해 싹싹하게 처신해
야 하는 시점을 우리는 알지 못한다. 또 여자친구와 헤어지려는 남자
가 그녀를 처음 만났었을 때 그렇게 예민한 코를 가졌는지 또는 나중
에 그린 예민함을 얻었는지를 알지 못한다. 그러나, 성공에 대한 위대
한—또한, 합법적인— 미국인의 꿈에 대한 언급은 꽤 분명하다. 그리
고 우리가 흑인 냄새라고 단정하는 사실 뒤에 숨겨져 있는 주요한main
전제에 대해서는 왜 의문시하지 않는지를 이해하기는 그리 어렵지 않

을 것이다(Hughes, [1971]1984: 215).

휴즈는 계속해서, 사회의 "하류" 집단이 동네로 이사오는 것은 부동산 값을 떨어뜨리므로 그러한 이사는 금지시켜야만 된다는 주장 뒤에 놓여있는 그와 유사한 대전제를 검토한다. 이는 많은 집단이 미국 도시에서 양극단에 놓여져 있는 자신을 발견하게 하는 삼단논법이 되는데, 왜냐하면 동일한 집단이 이사감으로써 누군가의 부동산 값을 떨어뜨리는 사람이 되는 동시에 다른 집단이 자신의 동네에 이사옴으로 인해 이번에는 자신의 부동산 값이 떨어지는 사람도 쉽사리 될 수 있기 때문이다. 여기서의 대전제는, 비록 사람들이 미국에서 "성공하기" 위해 자신의 이해관계에 있어서 공격적으로 행동할 필요가 있을지라도, 그런 공격성과 노골적인 이기주의를 보여주지 않는 것이 더 좋음을 주장한다. 이것 역시 사람들이 잘 말하려고 하지 않는 어떤 것이다:

> 내가 동네의 바람직함을 감소시킬 수 있는 사람 가운데 하나라는 생각—그것은 자신에 대한 타인의 태도를 통해 알 수 있다—은 직면하고 싶은 유쾌한 일은 아니다. 특히 내가 떨쳐버리고 싶은 집단이 내가 확고한 사회적 기반을 구축하고 값비싼 주택을 구입한 동네를 언젠가는 위협할지 모른다는 나의 관심사와 결부될 때 그렇다(앞의 책: 215-216).

그리고, 그것은 어떤 사람도 조사하고 싶어하지 않는 유태인과 의과 대학에 관한 삼단논법에 내재하고 있는 대전제이다.

우리 미국인은 단지 어느 정도의 공격성이 적당한지에 대해 말하기를 좋아하지 않는다. 우리는 우리의 야망을 실현시키는 데 필요한 미덕의 분량이, 그 미덕이 처벌받을 만한 어떤 악덕으로 바뀌는 분량보다 더 크다는 사실을 아마 발견할 것이다(앞의 책: 216).

휴즈의 예는 지금 다소 시대에 뒤떨어진 것처럼 보일 수 있지만, 그가 다루고 있는 문제는 우리가 생각하는 만큼 뒤떨어져 있는 것은 아니다. 그의 분석은 주로 인종 편견적 진술에 관심을 두었고 또 올바른 사고를 가진 사람들이 그런 진술을 어떻게 다루어야 하는지에 관심을 가졌다. 거기에 대한 그의 충고는 아직까지 꽤 훌륭한 것이다.

그러나, 내가 여기서 명백히 하고자 하는 것은 휴즈가 목표하는 곳에 도달하기 위해 사용했던 분석적 술책이다. 그는 인종적 편견을 보이는 몇몇 소견에 논리적으로 불완전한 논거의 부분이 공통적으로 있음을 밝혔다. 어떤 이는 어떤 결론을 진술하고, 그 결론을 삼단논법의 소전제에 쓰이는 사실의 진술을 가지고 뒷받침했으나 그것은 결코 솔직하지도 완벽하지도 않은 진술이다. 이 때 간단한 논리적 훈련을 통해 그 소전제가 그런 결론으로 인도되기 위해서는 대전제가 반드시 필연적으로 있어야 한다는 것을 보게된다. 그래서, 숨겨진 대전제를 끌어내는 것이 그가 우리에게 가르쳐 주고 있는 첫 번째 술책이다.

휴즈는 더 많은 것을 우리에게 주고 있다. 더 나아가, 이렇게 불완전한 형태로 진술된 논서가 어떻게 하여 그렇게 강력하면서 반박할 수 없게 보이는 것으로 되었는지를 묻게 하고 있다. 휴즈가 사용했던 예들에서와 같이 대전제가 그런 애매함을 야기한다는 사실이 항상 참이 될 필요는 없다. 언제든지 그 사례가 될 수 있는 것, 즉 그의 분석이 우리에게 생각하도록 이끄는 것은, 대전제가 사람들의 일상생활 경험에 깊이 뿌리 박혀 있기 때문에 해명이나 논거를 요구하지 않을 것이라는 사실이다. 그래서, 그 분석의 두 번째 부분은 논리적이기보다는 **사회학적**이 되고, 일상 생활의 패턴을 발견하는 것을 목표로 하는데, 그것은 어떤 사회적 입장에서의 특징적인 문제와 제한, 그리고 기회를 공유하고 있는 사람들 사이에서, 일종의 상식적인 확신을 만들어낸다.

좀 더 일반적인 견해에서 볼 때, 그 술책은 몇 가지 공통적인 연구 문제를 해결하는 데 도움을 준다. 우리가 연구하는 사람들은 종종 이상해 보이고 이해하기 어려운 일을 한다. 우리는 진술되지 않은 채로 남겨져 있는 대전제를 뽑아내어 명백하게 만들 때 대개 그런 사람들의 활동을 보다 잘 이해할 수 있으며, 그리고 그것이 어떻게 일상 생활의 경험으로부터 일어나고 그것에 의해 뒷받침되는지를 볼 수 있다. 예를 들어, 우리는 사람들이 여러 사안과 사람의 범주를 구분하는 것을 보고 듣지만, 그런 선^{line}이 왜 옳은 것인지를 설명하는 것은 좀처럼 듣지 못한다. 더구나 우리만의 이론적인 합리화는 흔히(보통이거나 항상이라고 말하는 것이 더 나을지도 모르겠다) 논리적 분석에 의해 발견될 수 있는 중요한 무언가를 빠뜨린다. 그 빠뜨린 무언가를 우리의 분석에 다시 가져옴으로써, 우리의 사고와 이해에 새로운 차원을 보탤 수 있다. 보다 좋게는, 사회과학자들이 우리에게 그 무언가를 빠뜨리도록 유도했던 것이 무엇이었는지를 우리 자신의 경험 속에서 살핀다면, 우리는 일하는 방식에 관한 중요한 교훈을 배울 것이며, 그것은 다른 연구 문제를 해결하는 데 있어서도 커다란 도움을 줄 것이다.

낯선 말 이해하기

우리가 자료를 모을 때—인터뷰나 관찰을 통해, 또는 우리가 연구하는 사람과 조직이 산출한 기록을 읽음으로써—, 그것을 범주로 분리하면서 선을 긋는 언어를 종종 듣거나 읽을 수 있다. 우리는 사람들을 사회학적으로 중요하다고 널리 알려져 있는 보편적 구분인 "우리us"와 "그들them" 사이로 구분하고, 그리고 좀 더 일반적인 형태인 "이것this"과 "저것that" 사이로 구분한다는 사실을 알고 있다. 이런 구분을 어떤 조직, 어떤 사람, 그들의 입장과 경력을 진단하는 것으로 간주할 수 있다. 노트에 그런 구분 만들기와 선긋기 같은 것을 기록할 때, 그것은 계속 추적해야 할 것이고, 좀 더 많은 것을 발견해야 할 것임을 안다. 누가 그 선을 긋고 있는가? 그들이 선을 그음으로써 구분하려는 사이는 무엇인가? 그런 구분을 만듦으로써, 또한 거기에 선을 그음으로써 그들이 얻으려고 하는 것은 무엇인가?

선긋기: 찐드기Crocks

선긋기의 한 유형은 "**이런 종류**가 있고 **저런 종류**가 있다"는 진술로 구성된다. 수년 동안 나는 "찐드기crock"라는 낱말의 이야기로 현장작업fieldwork 수업을 즐겁게 해주어 왔다(학생들이 즐거웠기를 바란다). 그 용어는 의과대학생이 사용하는 단어로서, 어떤 질문을 추적해야 하는지를 알아내기 위해 현장에서 사람들이 진술하지 않는 가정을 드러내는 술책을 어떻게 사용할 수 있는지를 보여주는 하나의 예로 사용되었다. 이것은 오늘 무엇을 해야 하고, 그 무엇을 찾기 위해 누구와 말하고 누구를 관찰해야 하는지와 같은 일상적인 연구문제를 해결해주는 방식인 것이다. 앞으로 보겠지만, 그 술책은 단순히 이념적인 모순을 폭로하는 것을 훨씬 뛰어넘게 해주고, 복잡한 사회

269

활동이 어떻게 조직되고 수행되는지에 대한 핵심으로 정확하게 데려다 준다(이어지는 긴 설명은 원래 다른 목적으로 작성된 것이지만, 사람들이 "현장작업을 수행"할 때 실제로 해야 하는 것에 대한 실례로도 읽혀질 수 있다).

1955년 가을, 나는 이 책의 앞에서 언급한 의학교육의 연구 차, 캔사스 의과 대학에서 현장작업을 시작하기 위해 캔사스 시티로 이사했다Becker et al., [1961]1977. 그 해 가을 학교에 얼굴을 내밀었을 때, 내가 의과 대학생과 의대 교육을 연구하기로 되어 있다는 사실을 알았다. 하지만 솔직히 말해서, "학생들과 어슬렁거리는 것"과 수업에 들러 보는 것 그리고 그밖에 머릿속에 떠오른 것이면 뭐든지 하는 것 이외에 내가 무엇을 해야 할지에 대해 전혀 감을 잡지 못했다.

나는 심지어 우리의 "문제"가 무엇인지, 특별히 조사해야 할 것이 무엇인지조차 거의 알지 못했다. 사회과학자들은 사회학과 사회심리학이 교차되는 곳에 "사회화socialization"라는 분야를 구축했었고, 또한 로버트 머튼Robert Merton과 그의 동료들은 의사의 역할에 대한 의과대학생의 사회화를 연구하고 있었다. 우리도 똑같이 연구할 수 있었지만, 나는 내가 하려고 했던 것을 그런 방식으로 서술하는 것이 편치 않았다. 교사의 경력을 연구한 나의 박사학위 논문은 "교육 사회학"에 속한다고 말할 수 있었지만, 그것 또한 의과 대학생을 연구하는 최선책으로 보이지 않았다. 나의 문제를 개념화하는 과정에서 가장 멀리 진척되었던 것은 이런 학생들이 어느 한쪽에서 들어와 4년 후 다른 한쪽 끝으로 나간다는 것이고, 그 사이 그들에게는 반드시 어떤 일이 발생한다고 생각한 것이었다.

어쨌든, 나는 얼바나Urbana(그 곳을 벗어나는 해방감!)에서 캔사스 시티 Kansas City(나의 다른 업무인 피아노 연주를 위해 더 나은 장소를 제공해 줄 것으로 희망했던 도시이자, 그것이 현실로 나타난 도시)로 우리 가족이 이사하는 문제와, 캔사스 의과 대학의 중심지였던 거대한 건물을 찾아내는 데 더 관심을 가졌다.

나는 의학교육 조직에 관해 거의 아는 바가 없었고, 따라서 그런 무지로 인해 어떤 편견도 없을 것이라고 말해주던 "지혜"로 나 자신의 무지를 위로하고 있었다. 얼마나 과학적인가! 나는 4년의 의과 수업 중 전반 2년 수업은 거의 학문적인 것이고, 후반 2년의 "임상" 기간 동안 학생들은 실제로 환자를 돌보면서 병원의 병실에서 일한다는 사실을 잘 모르지만 말해야만 했다.

운 좋게도, 나를 떠맡은 의대 학장은 나에게 내과 3년 차 학생들의 집단을 조사함으로써 조사를 시작하라고 정해주었다. 그 곳에서 3년 차 학생들은 두 집단으로 나누어져 각기 다른 교수의 지도 감독을 받고 있었는데, 학장은 내가 "마음씨 좋은 교수"의 집단에서 한차례 조사하는 것으로 끝내도록 배려해 주었다. 곧, 다른 집단의 교수는 학생과 당직의house staff들은 물론 대부분의 환자에게까지 위협적인 성깔을 부리는 전설적인 공포의 대상이라는 사실을 충분히 알게 되었다.

나는 내과의학이 무엇인지 잘 알지는 못했지만, 외과의학이 아닌 모든 것과 때로는 소아과와 산부인과와 그리고 다른 이름의 전문의학이 아닌 모든 것과 관계가 된다는 사실을 곧 알게 되었다. 또, 내과 의학 전공자들이 스스로 그리고 다른 사람들에 의해 의료계의 지식인으로 간주되고 있음을 또한 알게 되었다. 그들은 악착스럽게 돈을 모으는 야만인으로 여겨지는 외과 의사나, 자신도 미쳤다고 여기는 신경정신과 의사와는 다르다는 것이다.

내 스스로가 시향하는 분제—즉, 풀려고 노력해왔던 어떤 이론적으로 정의된 수수께끼—가 없었기 때문에, 나는 대관절 무슨 일이 진행될 것인지, 이들 모두가 누구인지, 그들이 무엇을 하고 있는지, 무엇에 대해 말하고 결국 무엇을 하려고 하는지, 또한 무엇보다도 내가 6주 동안 함께 할 여섯 명의 학생을 아는 데 집중했다. 나는 시카고 대학출신의 한 똑똑한 유태인 바보였고 그들은 미주리 주의 크고 작은 도시와 캔사스 시티에서 왔지만 우리는 처음부터 사이좋게 지냈다. 그들은 내가 하고 있는 것에 흥미로워 했고 나의 일과 직업에 대해 호기심을 가졌다(이들은 "당신이 이것을 하는 데 얼마의 보수를 받는지?"를 알고자 했다). 그들은 내가 그들을 연구함으로써 돈을 받는 일이 멋지다고 생각했고, 자신들이 그런 애쓸 보람이 있는 사람이라는 데 전혀 의심을 품지 않았다.

우리 중 어느 누구도 내게 "허용"된 것이 무엇인지, 또 그들이 하는 일 가운데 무엇이 "사적"인 것이고, 또한 내가 따라 해도 괜찮은 일이 무엇인지 아무도 확신하지 못했다. 분명히 나는 그들과 함께 수업에 갈 수 있었고, 주치의와 학생들이 환자를 회진하는 데도 동참할 수 있었다. 그런데, 한 학생이 일어나서 "나 이제 환자를 진찰하러 가야 해요"라고 말했을 때, 처음으로 나는 나의 일은 내가 스스로 알아서 결정해야 하고 또 올바른 선례를 만들어야 한다는 사실을 깨달았다.

학장이나 그 어느 누구도 학생들이 환자를 진찰하는 동안 내가 지켜봐도 된다고 하지 않았다. 반면, 내가 그것을 할 수 없다고 말하는 이도 없었다. 의료검진 동안 내가 참여하는 것은 환자의 사적인권privacy을 침해하는 것으로 해석될 수 있었다. 다만 직장과 성기검사와 같은 사사로운 절차가 곧잘 상당수의 사람들 앞에서 수행되는 의과대학에서는 그런 문제를 제기하는 것이 웃음거리가 될 수 있지만 말이다. 환자 진찰에 신참인 학생은 그다지 열심히 자신의 서투른 모습을 내게 보여주지 않았다. 그러나 만일 내가 그런 입장을 "사회학자는 우리의 환자 검진 모습을 지켜볼 수 없다"는 것으로 규정해 버린다면, 학생들이 했던 주요한 어느 하나의 일에서 고립되게 된다. 그래서 나는 내가 느끼지 못했던 자신감을 가지고, "좋아, 당신과 함께 하겠다"라고 말했다. 그는 분명 자신이 알지 못하는 무언가를 내가 알고 있다고 생각했겠지만, 그 점은 논쟁하지 않았다.

회진이란 이런 것이었다. 내가 속한 집단의 지도교수는 어느 한 "부서service"를 담당하고 있었고, 그 부서에는 그의 환자들이 차지하고 있는 침대가 몇 개 있었다. 그 부서에는 한 두 명의 전공의resident와 한 명의 수련의intern, 그리고 거기에 배치된 여섯 명의 학생들이 일하고 있었다. 모든 환자가 각기 한 학생에게 할당되었는데, 그 학생은 신체검사, 병력 기입, 진단검사서류 정리, 치료과정 계획을 담당했다. 그런데, 이 모든 일이 수련의, 전공의, 그리고 전문의에 의해 다시 수행됐고, 그리고 전문의가 결정한 처방만이 집행된다는 사실을 기억하라.

매일 아침, 집단 전체가 집합하여 그 부서의 모든 환자를 보기 위해 한 바퀴 돌았다. 바로 그것이 회진이었다. 전문의는 각 환자침대에서 환자와 이야기를 나누고, 전날 밤에 그 환자에게 무슨 일이 일어났는지를 그 전날 당직의에게 묻고, 환자에게 일어났던 일은 그 환자를 담당하는 학생이 대답해야 할 비공식적인 퀴즈가 되었다. 그 퀴즈는 무엇이든지 될 수 있었고, 학생들은 그것이 무엇일지에 대해 초조해 했다.

그 의과 대학에서의 첫 주 동안, 나는 의례적인 회진에서 학생들과 다른 사람들을 졸졸 뒤따라 다니다가 굉장한 것을 발견했다. 그것은, 연구자들이 흔히 "아하!"라고 보고하는 비약적인 발견은 아니었다. 오히려, 그것은 나와 몇몇 학생들이 그 다음 주에 주로 했던 추리 작업이었다. 그 파급 효과는 그 프로섹트 기간 내내 나와 동료들을 사로잡았다.

우리가 회진을 돌던 어느 날, 매우 말이 많은 어떤 환자를 보았다. 그 환자는 모든 종류의 육체적인 아픔과 고통, 그리고 특이한 사건에 대해 수많은 불평을 시시콜콜 의사에게 털어놓았다. 나는 누구도 그녀의 말을 진지하게 받아들이지 않는다는 사실을 알아차릴 수 있었고, 나오는 도중 한 학생이, "정말! 그 여자는 진짜 찐드기crock야!"라고 말했다. 나는 그 말을 "쓸모없는 녀석crock of shit"의 줄임말이라고는 부분적으로 이해했다. 그 말은 분명 몹시 차별적인 표현이었다. 그는 무슨 소리를 하는 걸까? 여러 가지 불평이 있는 그녀는 뭐가 잘못된 것일까? 오히려 재밌지 않은가?(그런데, 그 첫 번째 환자는 사실 여자였고, 그 다음의 남자환자는 찐드기가 아니었는데 이로써 찐드기라는 의학적인 상투어에 연루된 사람에게는 압도적으로 여자가 많다는 사실을 "확인했다").

내가 이미 말한 바와 같이, "찐드기"의 뜻에 대해 발견한 것은 어떤 번갯불과 같은 순간 재치가 아니었다. 반대로, 그것은 진행의 매 단계를 사회학적으로 이론화함으로써 진술되지 않는 전제(또는, 전제들)를 추출해내는 하나의 술책이었다. 이런 식이다. 쳇Chet(그 학생의 이름)이 그 환자를 찐드기라고 부르는 것을 들었을 때, 나는 재빨리 심도있는 이론적 분석에 들어갔다. 나는 여기에서 작업할 준비가 되어 있는 하나의 어떤 이론을 가지고 있었다. 좀 고상하게 말하면, 한 지위 범주의 성원이 자신과 정규적으로 상호작용하고 있는 다른 지위 범주의 성원 사이에 구분을 지어 매우 심한 차별을 할 때, 그 구분은 그런 관계에 첫 번째 범주의 성원의 이해관계를 반영하고 있을 것이다. 좀 더 명확하게 말하면, 또한 좀 어렵지 않게 말하면, 학생들이 환자의 유형을 구분하여 차별을 하고, 그런 관계를 통해 그들이 극대화하고자 하는 이해가 무엇인지—즉, 그들이 그것에서 얻고자 희망하는 것이 무엇인지—를 보여준다. 대전제와 소전제에 연계시켜 말해 보면, 그들은 그런 구분을 만들 때, 그들이 명료히 밝힐 필요가 없다고 발견한 어떤 전제로부터, 즉 너무나 분명하여 명료하게 말해 달라거나 심지어 생각해 달라는 요청조차 필요가 없는 것으로부터 판단을 내렸다고 말할 수 있다.

학계의 술책

그래서, 그 학생Chet이 그 환자를 찐드기로 불렀을 때, 나는 재빠르게 이런 이론적 분석을 행했고 그리고 나서 심오한 이론적 질문을 꺼냈다. "찐드기가 무엇입니까?" 그러자 그는 어떤 바보도 그걸 안다고 말하는 듯이 나를 쳐다보았다. 그래서 나는, "농담이 아니라 진짜로, 당신이 그녀를 찐드기라고 불렀을 때, 그것이 의미하는 바는 무엇입니까?"라고 말했다. 그는 좀 당황하는 듯 보였다. 그는 자신이 그 말을 했을 때 말하고자 한 것은 알았지만, 그것을 확실히 설명할 수는 없었다. 잠시 말을 더듬은 뒤, 그 말은 정신신체증psychosomatic 질환을 가진 사람을 가리킨다고 말했다. 그의 대답은 나의 호기심을 부분적으로나마 충족시켜주었기에 그를 잠시 해방시켜 주었지만, 그럼에도 불구하고 나는 여전히 그 학생의 어떤 이해관계가 그 정신신체증 환자에 의해 훼손되고 있는지를 알고 싶었다.

그러나, 나는 훌륭한 과학자로서 나의 조사 결과를 더 깊이 점검하고자 했고 그래서 입다물고 있어야 했다. 우리가 다음에 본 환자는 위궤양 환자로 판명된 자였고, 담당주치의는 그를 사례로 하여 위궤양과 정신신체증을 한꺼번에 짧게 강의를 하였다. 이것은 매우 흥미로운 것이었는데, 우리가 병실을 나왔을 때 나는 나의 새로운 지식을 시험해 보기 위해 그 학생Chet에게 "흥, 찐드기죠?"라고 했다. 그는 마치 내가 바보인 듯 쳐다보고는, "그는 찐드기가 아닙니다"라고 말했다. 나는 "어째서 아닙니까? 그 환자는 정신신체증 질환을 가지고 있지 않습니까? 당신은 방금 찐드기가 그런 걸 뜻한다고 말하지 않았습니까? 우리는 방금 10분 동안이나 그것에 대해 토의하지 않았습니까?"라고 말했다. 그는 전보다 더 당황하는 듯 보였고, 우리말을 엿듣고 있던 또 다른 학생이 그것에 대해 명료하게 단언했다. "아닙니다. 그는 찐드기가 아닙니다. 그는 진짜 위궤양을 가지고 있습니다."

나는 그 다음 이어졌던 자세한 대화 내용은 기억하지 못한다. 내가 기억하는 것은, 그 질문에 관심이 있는 학생들을 모았고, 그들에게 수많은 질문을 했으며, 그 결과를 잇따르는 사례에 적용해 봄으로써 결국 우리는 찐드기를 '복합적인 불평이 있지만, 분간되는 신체적 병리는 없는 환자'라고 정의함으로써 마쳤다. 그러한 정의는 확고했고, 계속되는 많은 시험에서도 지탱되었다.

그러나, 나의 문제는 반밖에 안 풀렸다. 나는 학생들이 찐드기를 나쁘게 생각하고 있었던 것은 알고 있었지만, 여전히 그 이유는 뭔지 몰랐다. 환자가 많은 불평을 하긴 하지만 어떤 신체적 병리도 보이지 않음으로써 위태롭게 되는 학생들의 이해 관계는 무엇일까? 학생들이 말하지는 않았지만 그런 것을 합리적으로 만드는 것은 무엇일까? 내가 이런 것을 질문했을 때, 학생들은 나중에 의료 시술을 하게 될 때 써먹을 수 있는 것을 찐드기에서는 배울 수 없다고 말했다. 그 사실이 나에게 말해주었던 바는 의외의 것이 아니었는데, 학생들이 학교에서 극대화하고자 하는 것은 자신들이 전문의가 되었을 때 유용하게 될 것을 배울 수 있는 기회라는 것이었다. 그러나, 만약 그것이 사실이라면, 찐드기를 평가 절하하는 것은 모순인 것처럼 보였는데, 왜냐하면 그런 환자들은 실상 많았기 때문이다. 사실상, 그들의 스승인 담당 전문의는 의사가 일상적인 의술에서 보는 대부분의 환자들이 그런 환자와 유사하다는 점을 즐겨 지적하였다. 그래서 찐드기는 매우 훌륭한 의술 훈련을 제공했음에 틀림없다.

내가 이런 역설을 추적했을 때, 학생들은 아마 그와 같은 환자를 나중에는 많이 볼 수 있겠지만, 여기에서는 그들을 봄으로써 배울 것이 아무것도 없다고 나에게 말했다. 어쨌든 학생들이 배우고자 했던 것은 아닌 것이었다. 그럼 무엇을 원했던 것일까? 그들이 설명한 바에 의하면, 자기 선생님들이 전에 찐드기에게 해주어야 했던 모든 것—그들과 말을 해 주어야 한다는 것,

말을 해 주는 것은 찐드기의 맘을 편하게 해준다는 것—을 말해 주었다. 학생들은 첫 번째 만난 찐드기에게서 그런 것을 배웠다고 느꼈다. 학생들은 찐드기를 계속 더 만났지만, 그들에게서 찐드기의 기질, 혹은 첫 번째 찐드기와 다른 증상이나 처방에 대한 지식을 얻을 수 없었다고 말했다. 찐드기는 풀어야 할 어떤 의학적 수수께끼도 제시하지 않았다.

학생들의 말에 의하면, 그들이 배우고 싶은 것은 책에서 배울 수 없는 종류의 지식이었다. 학생들은 회진과 다른 그러한 행사에서 강조되었던 간단한 질문에 대한 대답을 준비하면서 책을 충실하게 공부했지만, 학교에서 얻어야 할 가장 중요한 지식은 그런 책 속에 있지 않다고 믿고 있었다. 가장 배울 가치가 있는 것은 나와 나의 동료들이 궁극적으로 "임상경험clinical experience"이라고 요약한 것이었다. 임상경험은 살아있는 사람에게서 질병을 보고, 듣고, 냄새를 맡는 것으로, 이를테면 환자의 가슴에 청진기를 갖다댈 때 진짜로 들리는 심장의 잡음은 기록된 소리와 어떻게 다르게 들리는지, 그런 방식으로 심장이 울리는 환자들은 그들이 느낀 방식에 대해 어떻게 보고 말하는지, 당뇨병 환자 혹은 단지 심장 발작으로 고통받았던 사람이 비슷하게 보이거나 심지어 비슷한 냄새가 나는지에 대한 것이었다.

이런 것은 오직 진짜 신체적 병리를 가졌던 사람들에게서만 배울 수 있다. 스스로는 매일 심장발작을 한다고 확신하지만, 청진기에서 들리는 잡음소리가 없고, 심전도검사에서 특이한 것이 발견되지 않고, 아무런 심장 질병도 없는 환자에게서는 심장병에 대해 아무 것도 배울 수 없다. 그래서 찐드기는 직접 관찰할 수 있는 어떤 병리 현상도 주지 않음으로써 학생들을 실망시켰다. 이런 사실에서 나는 현대 의료 관행의 한 중요하고도 독특한 특징을 보게 되었다. 의술 행위의 지침이 되는 지혜의 근원으로서 과학적 저서를 뛰어넘은 개인적 경험의 선호가 바로 그것이다. 우리는 궁극적으로 그것을 "임상경험"적 관점이라 칭했고, 또한 그런 흔적을 도처에서 발견했다. 아마 가장 중요하게는, 의학 학술지에 보고된 어떤 것에 관한 학생의 질문에 대한 답변에서 볼 수 있는데, 심지어 의학 학술지에 논문을 출판했던 교수들조차 "나도 그들이 발견한 것을 알고 있습니다. 하지만 나의 경우에는 그 과정을 시험해 본 결과 아무 효과가 없어서 그 학술지가 말한 것에 신경을 쓰지 않습니다"라고 말한다.

찐드기는 또 다른 속썩이는 특성이 있었는데, 학생들은 나의 질문공세에 결국에는 그것을 설명해야 했다. 학생들은 끊임없이 과로하였고, 정밀검사해야 할 새로운 환자, 참여해야 할 수업, 읽어야 할 책과 논문, 환자 챠트에 기록해야 할 노트가 늘 있었다. 환자를 진찰하는 일은 언제나 시간이 걸리는 일이지만, 찐드기를 조사하는 일은 끝이 없었다. 찐드기는 기술해야 할 징후들이 수십 가지나 되었고, 그 모든 세세한 것이 다 중요하다고 확신했다. 그들은 전에 앓았던 많은 유사한 병력까지도 시시콜콜 말하고 싶어했다. 그 중 많은 이들은 의사들(학생들이 생각하기에, 그렇게 고분고분하지 말았어야 했던)을 설득하여 다양한 수술을 받았었는데, 이런 것 또한 모두 말하고 싶어했다(나는 복부 수술을 너무나 많이 받아 배꼽자국이 완전히 제거되었던 환자를 기억한다. 그것은 우리 모두에게 깊은 인상을 주었다).

따라서, 찐드기는 다른 환자보다 더 많은 시간을 빼앗아 갔고 학생들이 고생한 것에 비해 매우 적은 것을 가져다 주었다. 그 사실은 의과대학 생활의 또 다른 중요한 특징 하나를 보여주었다. 모든 곳에서 학생들과 병원 근무자에게 가장 부족한 물자인 시간과 다른 귀중한 것이 교환되고 있다는 것이었다. 우리는 다른 모든 곳에서도 그런 명제의 흔적을 발견했다. 예를 들어, 학생들은 흔히 서로 환자를 교환했다. 왜? 음, 만약 나에게 심근경색증 환자가 세 명 있고 그리고 다른 이에게 당뇨병 환자가 세 명 있다면, 환자를 서로 교환하는 것이 서로에게 이득이 되는 것은 분명하다. 그렇게 하면, 우리 모두는 동일한 사실과 동일한 경험을 배우기 위해 세 배의 시간을 허비하지 않고, 또 동시에 유용한 또 다른 일련의 사실과 경험을 놓치지 않고 배울 수 있는 것이다.

그래도, 아직 학생들이 찐드기를 싫어하는 세 번째 이유가 남아있음을 결국 알아차렸다. 학생들은 스승들과 같이 기적적인 의술을 수행하기를 희망했고, 그리고 죽은 자를 실제로 일으켜 세우지는 않았을지라도, 환자의 병을 낫게 하고 싶어했다. 학생들은 그런 일이 쉽지 않다는 것, 자신이 항상 성공적일 수 없다는 것을 알고 있었지만, 자신의 의술 행위에서 진정으로 해야 할 것의 하나는 "무언가를 하는" 것이고, 또한 환자가 회복하도록 돌보는 것이라고 알고 있었다. 그런데, 우선 전혀 아픈 적이 없던 사람에게는 기적적인 의술을 펼칠 수가 없다. 학생들의 견해에서 찐드기는 "진짜로 아픈 것"이 아니었기 때문에, 기적적인 의술을 위해 쓸모 없는 대상이었다.

우리는 궁극적으로 이런 태도를 "의료행위의 책임감medical responsibility" 관점이라고 불렀고, 이러한 흔적은 또한 어디에서나 볼 수 있었다. 아마 그것이 가장 이상하게 나타나는 곳은(평범한 사람에게), 만약 수술이 잘못되어 사람을 죽인 적이 없었다면, 의사로서 완벽하게 수술하지 않았다는 생각이었다. 이런 생각은 우리가 여러 번 들었던 피부과 전문의의 혹평에서 잘 나타나 있다. "당신은 누구도 죽일 수 없고 또 누구도 치료할 수 없다." 이 일반 원칙에 포함된 것을 더 정확히 해석하면, "당신이 그들을 죽일 수 **없다면** 아무도 치료할 수 없다"일 것이다.

찐드기가 무엇인지를 배운다는 것은 결과적으로 그 간단한 낱말 속에 형성되어 있던 복합적 의미를 신중하게 끝까지 밝혀내는 문제였고, 그리고 특히 우리에게 말하고 있던 것의 논리를 이해하는 문제, 학생들(이런 문제라면, 전공의도 해당)의 활동이 근거했던 대전제를 발견하는 문제였던 것이다. 여기서의 술책은 현란한 것이 아니면서, 많은 작업을 요구했다. 그것은 우리가 처음 들었을 때는 낯설고 난해해 보이기까지 하는 용어의 용도와 의미를 철저히 분석하는 작업으로 이루어진다. 사람들에게 우리가 이해하지 못한 것을 설명하도록 하고, 우리가 보고 들은 것에 기대어 이를 점검하는 것은, 사람들이 자신이 한 것을 관습적으로 설명하고 정당화하는 논거에서 빠뜨리는 전제를 산출한다.

이런 사실은 아마 명백해 보일 수 있다. 하지만, 때때로 사람들이 만든 구분은 너무 세속적이고 하찮게 보여서, 우리는 그런 것에 그다지 주의를 기울이지 않고, 그럼으로 인해 어떤 분석적 이해를 놓칠 수 있다. 다른 예는 인종 내에서의intraracial 용어로서, 사무엘 스트롱Samuel Strong, 1946이 1930년대 흑인 공동체 내의 사회적 형태의 분석에서 사용했던 것들("인종 인간race man" 또는 "톰아저씨Uncle Tom" 등)이다. 배리 쏜Barrie Thorne, 1993: 112-119이 학교와 놀이터에 있는 어린이 연구에서 분석한 몇 가지 성 역할 용어, "계집애sissy" "말괄량이tom boy" 그리고 "짓궂은 애tease"도 그 예이다. 그리고 직업 내에서의intra-occupational 구분 유형은 대중을 상대하는 직업이라면 어디에서든 발견되었다 (의사가 학생 때 그랬던 것처럼, 상투적인 사례와 흥미로운 사례를 구분하는 것과, 경비원들이 자신을 대접하는 거주자와 그렇게 하지 않는 거주자를 구분하는 것이 그러하다).

그것은 아니다(무엇이든 상관없이)

연구자는 흔히 사람들이 어떤 것은 어떤 것이 **아니**라고 말하는 것을 듣는다. "그것은 사진이 아니다", "그것은 과학이 아니다", "그것은 유태인식이 아니다". 이 말들은 세 가지의 분명하고도 평범한 유형, 즉 예술적, 인식론적 그리고 인종적 유형에서의 "그것은 아니다"이다. 이러한 명료한 진술을 들었을 때, 그것은 사람들이 가지고 있는 것, 지키고 싶어하는 것, 또한 아무하고도 나누고 싶어하지 않는 것과 같은 어떠한 특권을 보존하려는 사람들의 특징을 잘 보여주는 신호가 된다. 우리는 말과 글에서 그런 진술을 발견한다. 왜냐하면, 그런 진술은 흔히 자신의 이해관계가 위협받는 것처럼 보이는 어떤 집단의 대표자(아마 자칭)에 의해 준공식적quasi-officially으로 만들어지기 때문이다. 그런 진술의 사회학적 의미를 이해하기 위해, 우리는 그것이 만들어지고 있는 입장은 무엇인지, 그런 진술을 하고 있는 집단의 문제는 무엇인지, 그 진술의 당사자가 그 밖의 사람(이들의 신분도 밝혀져야 한다)이 가지지 못하게끔 하려는 것은 무엇인지를 질문해야 한다. 하면 **안 되는** 일의 하나는 "그것"이 무엇이든지 간에, 그것이 진짜로 무엇인지를 판단하려는 시도이다. 많은 사회과학자들이 그렇게 생각할지 몰라도, 그것은 사회과학자의 일은 아니다. 우리의 일은 어떤 귀중한 범주에서 무언가를 강제로 금지시키려는 다른 사람들을 주목하는 것이지, 그 금지가 정당한지의 여부를 판단하는 것은 아니다.

그것은 조오지 허버트 미드George Herbert Mead의 객체object 개념의 예로써 이해될 수 있다(최소한, 1969년 블루머의 책 61-77쪽에 자세히 상술되어 있는 것처럼). 객체란 사람들이 그것을 향해 기꺼이 행동하려는 방식에 의해 만들어진다. 거기에는 사회적 객체(사람들이 그것을 삼가지 않는다면)도 포함된다. 그래서 명칭을 부여하는 것, 어떤 것은 어떤 것이며 혹은 어떤 것이 아니다라고 말하는 것은 그런 일이 어떤 방향으로 행동해야 하는지를, 또 그 명칭을 고수하려면 어떤 방향으로 행동해야 할지를 말해주는 방식이 된다.

나는 그러한 진술 하나를 한 예로 상술하겠다. "그것은 사진이 아니다"라는 말은(역사적으로 그리고 현대적으로 수많은 예가 있다), 사진이 무언가를 성공적으로 전달하는 "작품"처럼 보이지만, 그것의 유형이나 스타일이 그들에게 불편함을 주거나, 그들의 정체성을 손상시키거나, 그들이 사용하는 것이 아니거나, 또는 편안함도 정체성도 주지 않고 사용하는 것도 아닐 때, 항간의 예술 사진작가들이 전형적으로 내뱉는 말이다. 만약 예술 사진계의 사람들이 그런 스타일을 받아들인다면, 그런 사진작가들이 하는 것, 즉 현재의 전통적 규범은 뒤집어지거나, 최소한 그 새로운 것과 함께 공유해야 하는 것이 있다면 무엇이든지 공유해야만 할 것이다. 특히 현대 예술사진 작가가 새로운 형태로 제작되거나 전시하는 사진―말하자면, 사진을 컴퓨터에 전시하는 경우―을 "그것은 사진이 아니다"라고 말할 때 그것은, "나는 그와 같이 작업하는 사람들이 대학이나 예술학교의 사진학과에서 가르치는 것을 원하지 않고, 그들에게 국가 예술 기금의 사진분과에서 연구보조금을 주는 것을 원하지 않고, 그들의 작품은 내 작품이 전시되거나 출판되었던 곳에서 전시되거나 출판되기를 원하지 않는다"라는 것이다. 그것은 "영역다툼 turf talk"이라고 명명될 수 있지만, 그런 명명으로는 그러한 구분을 설정하는 취지가 완벽하게 전달되지는 않는데 왜냐하면, 거기에 현실이라는 개념이 또한 관련되어 있기 때문이다. "그것은 사진이 아니다"라고 말하는 사람들은 어떤 작업 방식과 평가 방식이 "옳은" 것이라고 생각하는 가운데서, 자신의 삶 또는 삶의 일부를 조직해 왔다. 이것은 그들이 세상을 보는 방식이다. 따라서, 다른 방식으로 작업하는 누군가는 그들의 생계를 방해할 뿐 아니라, 그들의 악의적인 소견 뒤에 숨겨져 있는 현실에서 그들의 세력에 도전하는 사람이다Becker, 1982: 305-306.

이런 유형의 선긋기 견해가 특별하고도 중요하면서, 현실 유지 요소 hold-on-reality element가 매우 강하게 나타나는 곳은 인식론적 측면이다. "그것은 과학이 아니다"라는 이러한 인식론적 측면을 잘 시사해주고 있다. 많은 학자와 지식인에게 있어, 과학은 특별한 어떤 것을 가리킨다. 과학을 다른 형태의 지식과 구별되는 것으로 말하는 그 자체는, 사람들의 신념이나 성질과는 독립되어 있는 세계의 보장된 지식에 도달하는 가능성을 진짜인 것처럼 선언하는 것이다. 그런 방법론의 존재는 오늘날 우리가 아는 바와 같이 문명을 무너뜨리고 파괴하도록 끊임없이 위협하고 있는 불합리한 것에 대한 보호막이 된다. 과학자들은 자신을 위협하는 자기 분야의 어떤 소견을 비난할 때(이를테면, 쿤의 과학적 혁명과 같은 패러다임의 전환이 진행되고 있을 때), 그것은 과학이 아니라고 말할 것이다. 라투어B. Latour, 1987: 179-213는 구디Goody, 1977의 대 경계선Great Divide, 즉 "그들"(야만인과, 과학자가 아닌 사람들)이 생각하는 방식과 "우리"(교양 있고 합리적이며 과학적인 족속들)가 생각하는 방식 사이에 가로놓인 심연에 대한 토의에서 이런 문제를 상세하게 분석했다.

그러한 선긋기 견해가 일어나는 또 다른 경우는, 어떤 사람이 어떠하다 혹은 어떤 이는 어떠하지 **않다**라고 말함으로써, 그것이 자신이 원하지 않는 방식으로 취급되기를 방해하고자 할 때이다. 따라서, 마리화나는 정부가 그것을 어떤 방식으로 취급해야 하는지에 대한 당신의 생각에 따라 마약이 되기도 하고 그렇지 않기도 한다. 같은 이유로, 마리화나 흡연자는 마약 중독자가 되기도 하고 되지 않기도 한다.

이러한 모든 사례는 하나의 같은 술책을 구현하고 있다. 즉, 어떤 이가 만들고 있는 논거에서 기초가 되는 전제를, 진술되지 않았다면 찾아보는 것이다. 색다르게 표명되는 난어와 색다르게 그어진 선은 그런 진술되지 않은 전제가 존재하고 있음을 말해주는 두 개의 단서가 된다. 진술되어 있지 않는 전제를 찾았을 때, 관련된 사람들의 삶에서 그들에게 그런 논거를 만들고 그것의 대전제를 감추게 하는 것을 필연적이거나 유용한 것으로 만들어주는 것이 무엇인지 질문하여라.

그렇지 않으면 무엇인가?

이 술책의 특별 사례는 논거를 완전히 진술하지 않은 사람이 사회과학자일 때 유용하다. 이는 생각할 수 있는 것보다 훨씬 자주 일어나며, "기능주의자" 분석이라고 칭하는 것과 빈번히 관련된다. 이런 종류의 이론화 작업에서, 연구자는 사회가 어떻게 불변적이면서 불가항력적인 물질적 욕구, 그리고 더 중요하게는 사회적 욕구를 충족시키는지를 찾는다. 욕구의 설정과, 이에 상응하여 반드시 수행되어야 하는 사회적 기능은 과학적 기획처럼 보이는데, 이는 자양분을 공급하고 쓰레기를 제거하고 유기체를 재생산하는 것과 같은 일을 하는 생물 체계의 욕구 설정과 유사하며, 그리고 그런 일을 하는 구조를 발견하고 그 구조가 그 일을 한다는 사실로 그 구조의 존재를 설명하는 것과도 유사하다.

에버렛 휴즈는, 다른 사람들이라면 아마 "제도"나 "조직"이라고 말했을 곳에서 사용했던 용어인 "지속적인 관심사ᵍᵒⁱⁿᵍ ᶜᵒⁿᶜᵉʳⁿ"에 대한 글에서 그런 접근방식의 잘못된 점을 다음과 같이 설명했다:

> 사건과 상황을 체계에 대해 기능적이거나 역기능적이라고 이분하는 것은 긴 안목으로 보면 제한된 사용이 될 수 있다. 그것은 부분적으로, 어떤 이가 무엇이 기능적인자─즉, 체계를 위해 좋은 것─를 안다는 가정을 수반하기 때문이고, 또한 체계(지속적인 관심사)를 존재하게 하는 하나의 올바른 알려진 목적이 있으며, 그 하나의 목적의 성취를 방해하려는 것으로 보이는 행동과 상황은 역기능적이라는 가정에 근거하는 가치 용어이기 때문이다. 목적, 선善, 그리고 기능에 대한 논

거는 인간의 담론 중 가장 보편적인 유형이며, 그리고 많은 경우 그런 논쟁을 번성시키는 지속적인 관심사가 되는데, 비록 어떤 것은 다른 것보다 그런 논박과 더 나은 목적으로의 전환을 견뎌낸다는 사실이 인식되고 가능하기는 하지만 말이다. 다가올 해의 목적을 결정하기 위해 연례 모임을 가지는 것은 매우 흔한 일이다. 올해 신의 영광을 위해 야구를 할 것인가? 아니면 공산주의를 파괴해야 할 것인가? 내가 목적이나 기능을 지속적인 관심사의 연구 대상에서 빼버리라는 제안을 하는 것은 분명 아니다. 오히려, 그것을 발견하는 일과 그런 것이 지속적인 관심사와 맺는 관계를 밝히는 것 또한 우리의 주요한 사업이라는 사실을 제안하고 있는 것이다(Hughes, [1971]1984: 55).

휴즈가 비판했던 접근방식에서 두드러진 하나의 특징은 명령어법의 사용이다. 사회과학자들은 조직화된 사회 활동을 형성하는 필연성을 말할 때, 곧잘 명령적인 어투―"반드시 해야 한다" 또는 "해야만 할 것이다"와 같은―를 사용한다. 이를테면, "모든 사회 조직은 반드시 주의하여 그 경계를 제한해야 한다", 혹은 "모든 사회 조직은 반드시 일탈을 통제해야 한다" 등이다(혹은, 다른 것을 생각하여 이 공간을 채워보아라). 명령어법의 사용은 불가피성을 주장한다. 만약 어떤 조직이나 사회가 "반드시" 무언가를 해야한다면 음, 그것은 단지 "반드시"가 전부가 되며 토론할 것도 없다. 이런 것이 함축하는 바(특히 매우 단호한 기능주의자의 소책자에서는 명백히 드러난다)는 그렇지 않으면 조직이나 사회의 존재가 쉽게 사라진다는 것이다. 그런 함축이 보다 강화된 견해가 있는데, 즉 그러한 필연성은 논리의 문제, 거의 정의定義의 문제에 가깝다는 것이다. 만일 사회나 조직이 요구된 일을 하지 않거나, 그런 요구를 하지 않을 때, 그것은 진정한 사회 또는 조직이 될 수 없을 것이다.

이러한 속사정을 폭로하는 구절을 읽거나 알게 될 때, "그렇지 않으면 무엇인가Or else what?"라는 간단한 질문을 해보는 것은 하나의 유용한 술책이 된다. 왜냐하면, 그 필연성의 근원은 그런 진술이 가정하는 것처럼 결코 질문에 분명하거나 부득이한 것이 아니기 때문이다.

"그렇지 않으면 무엇인가?"라는 질문은 그 필연성을 유지시키는 조건을 탐지해 낸다. **그러한** 필연성이 되는 것은 아무것도 없다. 다만 그것은 어떤 다른 일이 발생해야 할 때 필요한 것일 뿐이다. "조직은 반드시 그 경계를 주의해야 한다." 그렇지 않으면 어떻다는 것인가? "그렇지 않다간 그 조직은 다른 조직과 혼동하게 될 것이다" 좋다, 조직들은 때때로 다른 조직과 혼동한다. 그래 그게 어쨌다는 말인가? 세상의 종말이 오는가? 만약 그 조직이 다른 조직과 혼동하게 된다면, 그 조직은 그것의 업무를 효율적으로 수행할 수 없게 될 것이다. 이제야 알겠다. 그 조직이 반드시 그 업무를 해야만 한다고 누가 말했었는가? 바로 그것이 위에서 휴즈가 제기했던 쟁점인데, 그는 목표의 설정은 조직활동의 한 형태일 뿐이며 냉혹하게 작용하는 자연법칙은 아니라고 말했다. 그리고, 그 업무를 평가하는 효율성의 기준은 누가 정했는가? 이런 것은 진지한 연구 질문이며, 우연적이거나 사소한 것이 아니다. "이런 것뿐만 아니라, 경계에 대한 조직의 혼돈은 또한 그 조직의 이웃에게, 궁극적으로는 사회 전체에도 영향을 미칠 것이고, 그래서 사회 전체는 효율적으로 작동하지 않을 것이다." 좋다. 그렇다면 사회는 반드시 효율적이어야만 하고 사회의 각 부분이 서로 쉽게 구분되어야만 한다고 과연 누가 말했는가? "만일 이런 과업이 성취되지 않는다면, 사회는 멸망할 것이다. 로마에서 일어났던 것을 보아라!", "글쎄, 로마에 무슨 일이 일어났는가? 로마가 사라졌는가? 아니다, 로마는 변했다. 그것이 그렇게 끔찍한가? 당신은 무엇인가?

하나의 별종인가?"

　사회과학자가 만드는 필연성에 대한 진술은, 저자가 모든 이로 하여금 문제로서 봐주기를 원하는 그 무언가에 초점을 집중시키는 방식으로 이해하는 편이 훨씬 나을 것이다. 그러나, 사회문제는 정의의 과정definitional process과 무관하게 존재하지 않는다Spector and Kitsuse, 1977. 사회문제가 진짜 사회문제가 되지 않는 이유는 문제로 만드는 사회문제의 본질에 있다. 사회문제들이 문제가 되는 것은 어떤 이가 어디선가 그것을 문제로 정의하고 경험하기 때문이다. 그리고, 그런 일을 하는 사람은 특정한 어떤 사람이지, 그가 누구인지를 알고 있는 어떤 일반화된 사람이 아니다.

　조직은 반드시 일탈 행위를 처벌해야 한다거나 조직의 규범이 더 이상 효율적이지 않게 될 것이라고 말할 때, 이는 어떤 점에서 일부 조직은 비효율적인 규범을 가지고 있을 것이라고 말하는 또 다른 방식이 된다. 그런 진술은, 그런 조건에 있는 조직이 더 이상 존재할 수 없다는 명제와 결코 같지 않다—그리고, 그런 진술은 결코 그 증거가 되지 않는다. 그러나, 그 진술은 처리해야 할 어떤 것처럼 보이는 비효율적인 규범의 발달을 진짜 **사회문제**로 만드는 방식이다. 문제는 결국 정의에 의해 해결되어야 한다. 어느 조직이 비효율적인 규범을 가지고 있다는 사실적인 명제를 진술하는 것이나, 동일한 요구사항을 다른 말로 하는 것인 일탈의 처벌은 필연적이라고 말하는 것은, 규범의 파괴는 회피해야 한다는 문제를 가지게 함으로써 그것을 주어진 것, 즉 연구의 전제조건으로 만든다. 하지만, 경험 과학인 사회학의 어떠한 것도 우리에게 규범의 파괴를 어떤 희생을 치르더라도 피해야 할 것으로 취급하도록 요구하지 않는다. 그것은 많은 사회과학자들이 아마 만들고자 원하는 어떤 도덕적 또는 정치적 헌신commitment이다. 많은 사람들이 그렇게 해왔다. 그렇지만, 다른 정치적 또는 도덕적 헌신이 강력한 규범은 좋기보다는 오히려 나쁘다는 결론을 어떻게 이끌어 낼 수 있는지를 보기란 매우 쉽다. 개인의 자유에 헌신하는 무정부주의자는 바로 그것이라는 결론을 당연히 내릴 것이다. 사실상, 대부분 개혁 조직은 단지 다른 사람들이 생각하기에 훌륭하고 필연적인 어떤 것을 실제로는 폐지되어야 할 악과 욕구라고 주장함으로써, 그러한 전제를 조정하고 있다.

이론적으로, 모든 범위의 가능성에서 하나의 가능한 결과에 초점을 맞추는 것─규범의 파괴와 같이─은 모든 범위의 그 나머지 것(우리가 표본추출 문제를 고려하는 과정에서 고통스럽게 확장해왔고 복잡하게 해왔던 것)을 잔여 범주로 만든다. 만일 내가, 조직은 효율적이기 위해 일탈자를 반드시 처벌해야 한다고 말한다면, 나는 완벽하게 효율적인 사회 이외의 다른 결과는 조사할 가치가 없는 잔여 범주로 취급하는 것이다. 그런 말은 가능성을 효율적인 것으로 구분하는 것이며, ⋯⋯그 밖의 것은 누가 관심을 가지는가? 별 차이도 없고 효율적이지도 않다. 그러므로 좋은 것이 없다. 증명되었음 (Q.E.D.). 그러나, 다른 가능성들도 분석할 가치가 있는데 왜냐하면, 결국 우리의 주목을 받을 가치가 있는 많은 흥미로운 상태는 조직의 완벽한 효율성과 무질서chaos 사이에 놓여 있기 때문이다.

또한 조직을 분류하는 데 있어 흥미롭다고 생각할 수 있는 단 하나의 차원, 즉 그런 차원이 되는 예만 고집하는 것은 효율적이지 않다. 분석가는 어떤 결과가 흥미로운지 선택할 때, 과학적인 선택이 아닌 정치적 선택을 한다. 우리는 영주의 커다란 장원에 있는 하찮은 하인처럼 행동하는 공무원의 관료제(4장에서 서술되었던, 쿡Cook 군의 선거 위원회에서 남자직원이 연구자를 대하는 방식)에 반드시 관심을 가질 필요는 없지만, 그런 관심의 결핍이 사회학의 과학적 요구사항으로 강제되지는 않는다. 사회 현상을 잔여 범주로 분류하는 정치적 함축은 "기타의 것others"으로 뭉뚱그려진 것은 고심할 가치가 없다는 것으로 만든다. 그러한 함축은 이를테면 혼혈인에게 미국의 인구총조사에서 흑인, 백인 또는 남미인Hispanic이 아니라, 혼혈된 그대로의 상태—분명, "기타"로 제쳐두지 않고—로 집계되기를 원하도록 이끈 것이 무엇이었는지이다(우리가 이미 보아왔듯이, 미국의 인구조사는 엄밀히 방법론적으로 보이는 문제가 그것의 정치적 특성을 드러내는 곳이다. 젊은 흑인 남성의 낮은 집계율은 그 공식의 분모에 속하는 사람의 수를 줄임으로써 그들의 "범죄율"을 인위적으로 올릴 수 있기 때문이다).

작은 것을 내어 주고 큰 것을 얻고자 하는 희생게임의 첫 수gambit에 대한 정의의 형태도 비슷한 난점을 창출한다. 때때로 명령어법을 사용하는 분석가는, 요점은 완벽한 효율성 또는 생존 이외의 다른 형태를 가질 수 없다는 것이 아니라, 자신은 완벽하게 효율적인 조직이나 그런 생존을 연구의 주제로서 정의하고자 한다는 사실을 말할 것이고 또 그렇게 의미할 것이다. 그런 특성을 가지지 않는 어떤 것도 그들에게는 관심이 되지 않는다. 그런 입장은 마찬가지의 불평을 받기 쉽다. 왜 우리는 모든 범위의 가능성에 흥미를 가지면 안 되는가? 이런 질문은 모든 것에 관심을 가져야 한다는 말과는 다르다. 그것은 항상 도달할 수 없는 완벽을 충고함으로써 허공으로 사라진다. 그 말은 이미 제기된 문제를 좀 더 완벽하게 다루기를 원한다는 것을 말할 뿐이다. "좀 더 완벽하게more completely"라는 의미는 여러 가능성을 보탬으로써 어떤 입장이나 현상을 만들어내는 데 들어가는 것을 더 많이 찾아낼 수 있다는 것이다. 다음 단원은 우리가 이미 배운 것을 논리적으로 조작함으로써 분석에 대한 차원을 발견하고 덧붙이는 방법을 기술하고 있다.

진리표, 조합, 유형

나는 앞서 사회 현상에 대해 수많은 종류와 수많은 견해를 생성하도록 고안된 술책을 서술해 왔다. 나는 우리의 작업에서 본질적인 정보를 제공하는 집합심상은 사회생활의 온갖 종류의 특징을 충분히 인식할 만큼 폭넓어야 하고, 또한 연구자가 알고 있는 특징의 종류와 수를 증대시키는 방식으로 구축되어야 한다고 주장한 바가 있다. 이러한 주장에서 표본추출은 우리가 미처 조사할 생각조차 못했던 것을 발견할 가능성을 최대화하는 방식으로 수행되어야 한다는 사실이 나온다. 우리가 숙고하는 특징이나 차원에서 이런 다양성을 허용하는 것은 어떤 현상이 어떤 주어진 차원에 따라서 변화한다는 사실을 인식하는 것과는 전혀 다른 것이다. 변이variation와 다양성diversity은 다른 두 가지 것이다. 나는 다양성을 극대화하는 것이 왜 좋은 일인지 실제로 설명은 하지 않았지만, 암시는 해왔다. 이제 나는 그런 접근방식이 산출한 다양한 재료를 맡길 수 있는 훌륭한 용법을 고찰하고자 한다.

그러나, 비록 어떤 훌륭한 용법은 이 모든 재료를 포함한 것으로 나타날 수 있지만, 먼저 우리는 그런 것을 다루는 것이 사회과학자에게 왜 그러한 문제가 되는지를 살펴보아야 한다. 라자스펠드Lazarsfeld와 바튼Barton은 우리가 고찰하고자 하는 그런 문제의 해결책 하나를 만들었는데, 다음과 같은 방식으로 서술하고 있다:

질적 관찰에 대한 분석은 엄청난 수와 종류를 가진 특정 사실을 대량으로 직면하게 되는데, 그것을 기술적descriptive 속성으로 개별 취급하거나 그것의 특정한 상호관련성 속에서 개별 취급하여 작업하는 것이 거의 불가능해 보인다. 이런 입장에서 분석가는 종종 좀 더 높은 수준의 기술적 개념을 생각해 냄으로써, 그 수많은 특정 관찰을 단일 공식으로 요약하여 포괄하고자 한다.

호주의 실업자 마을에 관한 한 연구에서, 연구자들은 각각의 "놀라운 관찰"을 수집하는 방법을 행했다. 그 마을 사람들은 이제 더 많은 시간이 있었지만 도서관의 책은 더 적게 읽었다. 경제적 고통을 당하고 있었지만, 정치적 활동은 감소되고 있었다. 이러한 완벽한 실업자들은 아직도 어떤 일거리가 있는 자보다 다른 도시에서의 구직 노력이 더 적음을 보여 주었다. 실직 노동자의 아이들은 고용된 노동자의 아이들보다 일자리와 크리스마스 선물에 대한 열망이 훨씬 더 제한되어 있었다. 연구자들은 온갖 현실적인 문제에 직면했는데 왜냐하면, 사람들은 종종 면접에 늦거나 오지 않았기 때문이다. 마을 사람들은 느릿느릿 걸었고, 분명한 약속을 잡기 힘들었고, "그 마을에서는 더 이상 아무것도 작동하지 않는 듯이 보였다."(Boudon, 1993: 212).

그들은 또한 이런 문제에 대해 많은 사회과학자들이 사용해 온 익숙한 해결책을 기술하고 있는데, 그것은 이러한 뒤범벅의 사실을 다음과 같이 어떤 요약 진술이나 어떤 유형type으로 조합하는 것이다:

이 모든 관찰로부터 마침내 실업자 마을의 종합적 특성으로 "피곤한 공동체"가 제기되었다. 이러한 공식화는 모든 행위의 영역에 침투되어 있던 특성을 명료하게 표현하는 것처럼 보인다. 비록 그 마을 사람들은 한 일이 아무 것도 없었지만, 피곤한 듯 행동했다—그들은 일종의 전반적인 정신 에너지의 마비로 병들어 있는 것 같았다(Boudon, 1993: 212-213).

5. 논리

이 문제의 또 다른 해결책을 만든 찰스 라긴Charles Ragin은 유형학typology 의 유용성을 보다 일반적으로 설명했다.

경험적 유형학empirical typologies은 이론적 혹은 실질적으로 관련된 변수의 값들을 조합하여 해석이 가능한 형태로 만들어냄으로써 일반 유형의 구성원을 특징짓는다는 점에서 가치를 지니게 된다. 상이한 값들의 조합은 그 일반 현상의 유형을 나타내는 것으로 여겨진다…… 경험적 유형학은 사회 과학적 약기의 형태로서 가장 잘 이해되었다. 하나의 유형학은 변수들과 그 상호 관계들에 대한 전체 체계를 대체할수 있다. 관련변수들은 다 함께 하나의 다차원 속성공간[이는 간략하게 될 라자스펠드 개념이다]을 형성한다. 경험적 유형학은 이런 공간내에서 사례가 군집하고 있을 특정 위치를 정확하게 지적한다. 경험적 유형학에 대한 최종 검사는 그 유형학이 사회과학자들(함축적으로는, 그 독자들)에게 어떤 일반적인 부문의 현상들 내에 존재하는 다양성을 파악하도록 돕는 수준이 된다(Ragin, 1987: 149).

내가 여기서 고찰하고자 하는 방법은 유형을 만드는 간단한 절차, 즉 기본적으로 많은 재료에 단지 명칭을 부여하는 것으로 구성되어 있는 절차를 복잡하게 만들고 체계화하는 것이며, 그 절차에서의 명칭은 그 모든 재료가 흔하지만 아마 필연적인 방식에서 함께 한다는 명제(이것은 내가 앞서 경험적 일반화로써 개념을 이야기했던 과정에서 말해왔던 것이다)를 제시한다. 이러한 방법들은 겉으로는 매우 다르게 보이지만, 그러한 경험적 변형variety을 관리하고 최대한 이용하도록 계획된 어떤 기본 절차에 대한 견해들로 볼수 있다. 각각의 방법은 그러한 기본 절차에서 서로 상이한 부분을 강조하고,

그리고 그것이 발생했던 상이한 환경과 조화를 이루는 상이한 기술적 언어와 용어를 사용하고 있다. 그러나, 세 방법 모두는 소수의 관련된 속성들을 하나의 유형 안에 조합함으로써 작동되고 있다. 수학적 견해로는 "순열조합론combinatorics"이라고 불리며, 그 논리적 견해는 대개 "진리표truth tables"의 도움으로 논의되고, 또 사회과학자는 아마 네 개의 창으로 형성된 표, "질적 변수의 교차분석cross-classification of qualitative variables"이라는 절차로 가장 친숙해져 있을 것이다. 형태가 어떻든지 간에, 그 아이디어는 우리가 전에 알던 것보다 더 많은 것을 말해주는 논리적인 방식 안에 조합하는 것이다.

내가 앞으로 논하게 될 사회과학 방법은 고유성 공간분석(폴 라자스펠드와 알렌 바튼이, 따로 그리고 함께 기술했던 것), 질적 비교분석(찰스 라긴이 "불리언 연산방식Boolean Algorithm"이라는 이름으로 사회과학에 소개했던 것), 분석적 귀납법(알프레드 린드스미스, 도날드 크레시 등등의 작업에 관련된 것)이다. 나는 그 각각에 대한 몇 가지 예를 제시할 것이고, 더불어 그것이 강조하는 바가 어떻게 그리고 왜 다른지를 명료하게 하기 위해 역사와 맥락을 충분히 논할 것이다. 세 가지 유형의 사회학적 작업에 대한 비교는, 그 세 개의 방법에 내재되어 있는 것이 논리주의자들logicans이 진리표라고 부르는 고전적인 논리적 장치의 사용임을 시사하는데, 이것은 어떤 일련의 고유성properties의 가능한 조합 모두를 전시하는 것, 즉 유형을 창출하는 것이다.

예술 작품과 진리표

진리표에 관련된 비교적 간단한 아이디어와 절차에 대한 설명은 많은 곳에서 발견된다. 나는 예술계의 몇 가지 특징을 제시했던 철학자이자 예술

293

비평가인 아더 단토Arthur Danto, 1964의 논의로써 출발하겠다. 단토는 한 형태의 논리적 분석을 제시했다. 그것은 사회과학자가 관심을 가지고 있는 것과는 매우 다른 용도(그가 관심이 있는 것은 미학적인 사용이었다)를 위해 고안되긴 했지만, 우리의 목적에 맞게 각색될 수 있다. 그의 분석에서 나타나는 두 가지 특징은 나를 매혹시킨다. 한편으로, 그가 행한 것은 철학적으로 기술技術 philosophically technical적이다. 다른 서술에서는 간단하고 상식적인 것처럼 보일 수 있는 어떠한 조작operation도, 자세히 검토해보면 결코 간단하지 않다. 이것이 그의 정의가 그토록 가시돋힌 이유이다. 다른 한편, 그것은 재미로 하는 논리가 아니다. 그는 예술 작품의 판단에 유용한 굳건한 경험적 요점을 얻기 위해 이러한 여러 조작을 세밀히 검토하였다. 그가 종사했던 조작은 다양한 형태이며, 그 조작은 우리의 자료로부터 어떻게 더 많은 것을 끄집어낼 수 있는지를 보여주며, 또한 연구해야 할 것을 더 많이 발견하게 해 준다. 나는 그의 글을 길게 인용하면서, 이어지는 각 단락에서 그것이 무엇인지를 설명하도록 하겠다.

단토는 "갑론을박요소predicates"에 관해 말하면서 시작한다. 갑론을박요소란 원칙적으로 참 또는 거짓으로 보여질 수 있는 한 객체(그것의 "갑론을박요소")에 대해 말할 수 있는 것이다. 단토에 의하면, 객체가 이를테면 달걀과 같은 종류의 것이라면, 용어(또는 갑론을박요소)에 대한 여러 쌍pairs이 존재할 것이고, 각 쌍 중에서 한쪽은 어떤 달걀에 참인 것은 틀림없지만 그 쌍의 두 요소 모두가 동일한 달걀에 대해 참이 될 수는 없다. 객체가 달걀이라면, 그 달걀은 날 것이나 익힌 것이지 둘 다가 될 수는 없다는 것이다. 만약 둘다 아니라면(이를테면, 프라이팬은 어느 것도 될 수 없다), 그 밖의 다른 것이 되어야 하지 달걀이 될 수는 없는데, 그것은 모든 달걀이 전자가 아니면 후자이기 때문이다. 그는 이런 생각을 예술 작품에 적용한다. 어떤 객체가 예술

작품이 되는 때는, 그와 관련된 대조적인 고유성을 지닌 쌍(그가 얻으려고 했지만 얻지 못했던 것으로, 그 이유는 단지 기초를 다지고 있었기 때문이다) 중 최소한 하나가 그 객체에 참이 되는 경우이다. 그러한 쌍의 어느 요소도 참이 아닌 많은 객체가 존재할 것이고, 그렇다면 그런 객체는 예술 작품이 아니다. 그는 그것을 다음과 같은 방식으로 말하고 있다(이는 단토가 자신의 논증을 만들기 위해 사용하는 기술技術적인 철학적 담론을 맛보게 해줄 것이다):

> 나는 이제 서로 관련된 갑론을박요소들의 쌍을 "대조적인 것들opposites"로 간주할 것이지만, 솔직히 이러한 **시대에 뒤진** 용어의 모호함을 인정한다. 양립불가한contradictory 갑론을박요소들은 대조적인 것은 아닌데 왜냐하면, 그것들 각각은 반드시 그 영역의 모든 객체에 적용되어야 하지만, 대조적인 쌍은 어느 한 쪽이 그 영역의 어떤 객체에 반드시 적용될 필요는 없기 때문이다. 어떤 객체는 대조적인 한 쌍 중 한 쪽이 그 객체에 적용되기 전에 먼저 어떤 종류의 것이어야만 하고, 그런 다음 대조적인 쌍 중 하나(많아도 하나 적어도 하나)는 그 객체

"opposite"를 번역하기 앞서, 그것과 비슷한 의미를 가지는 "contradictory", "contrary", "antithetical"과 어떤 의미 차이를 가지는지를 살펴볼 필요가 있다. 먼저, opposite는 위의 단어 중 가장 포괄적인 의미를 가지지만, 현저한 대조sharp contrast나 완벽한 적대를 나타내는 추상적인 것을 기술할 때 전형적으로 사용된다. 이런 의미에서 달걀의 속성의 날 것과 익힌 것은 대조되는 것이다. 두 번째로, "contradictory"는 서로가 싱대빙을 완전히 부성함으로써 하나가 참이거나 타당하면 다른 것은 반드시 거짓이거나 타당하지 않게 되는 것을 언급할 때 사용된다. 세 번째로, "contrary"는 정반대의 형식 논리학 의견과 같이 극단적인 불일치를 언급할 때 사용된다. "antithetical"은 아주 명료한 정반대 성향을 강조할 때 사용된다(참조: *Webster's New College Dictionary*, G. & C. Merriam Company, 1979: 799). 따라서, opposite는 "대조적인 것", contradictory는 "양립불가", contrary는 "대립적", "antithetical"은 "정반대"로 번역하겠다 ─ 옮긴이.

에 반드시 적용되어야 한다. 또한, 대조적인 쌍은 대립적인 것contraries 과도 다른데, 대립되는 쌍은 양쪽 모두 그 영역의 몇몇 객체에 거짓이 될 수 있지만, 대조되는 쌍은 양쪽 모두 거짓이 될 수 없다. 어떤 객체에 있어, 만일 그 객체가 맞는 종류가 아니라면 대조적인 한 쌍 중 어느 쪽도 **사리에 맞게**sensibly 적용되지 않는다. 그 때 만일 그 객체가 요청된 종류의 것이라면, 대조되는 쌍은 양립불가한 것처럼 작용한다. 만일 F와 F아님이 대조적인 쌍이라면, o라는 객체는 그 쌍 중 어느 한쪽이 사리에 맞게 적용되기 전에 어떤 종류의 K임에 틀림없다. 그러나 만일 o가 K의 구성 요소라면, o는 다른 것을 제외할 만큼 F또는 F아님이어야 한다. 그런 부문의 대조되는 쌍은 내가 **K-관련 갑론을박요소**K-relevant predicates의 부문이라고 칭하는 (ô)K에 사리에 맞게 적용된다. 그리고, 어떤 객체가 K라는 종류가 되기 위한 필요조건은 K-관련 대조적인 쌍 중 최소한 한 쪽이 사리에 맞게 그 객체에 적용되어야 한다는 것이다. 그러나, 사실상 만일 어떤 객체가 K라는 종류의 것이라면, K-관련 대조적인 쌍 중 적어도 그리고 많아도 하나는 그 객체에 적용된다.

이렇게 어떤 것을 신중하게 기술技術적으로 표현하는 방식은 나의 엉성한 공식화가 빠지기 쉬운 언어적 함정을 피하게 한다. 하지만, 그런 엉성한 것이 여기의 우리 목적을 위해서는 충분히 좋은 것이 된다.

그리고 나서 단토는 그러한 대조적인 용어의 쌍—그는 이것을 "K라는 부문의 예술작품에 대한 **K-관련 갑론을박요소**"라고 부른다—이 있다는 흥미로운 가능성을 고찰하는데, 그것은 아무도 예술작품에 적용할 생각을 한 적은 없지만 예술작품에 합리적으로 적용될 수 있는 것이다. 또한, 대조되는 용어의 쌍 중에서 예술작품을 취급하는 데 관련된 사람들은 어느 한쪽만을 알고 있는데 그 밖의 다른 대조되는 용어도 있을 것이라는 마찬가지의 흥미로운 가능성을 고찰했다. 이런 경우, 그 용어의 대조되는 쌍들이 존재하고 있는 것조차 알지 못하기 때문에, 그 사람들은 아마 단독의 속성이 예술 작품의 특성을 정의한다고 결론내릴 것이다. 그러한 속성들이 그것을 예술로 만들었다고 추정하는 것이다. 첫 번째 경우는, 어떤 이도 그 속성이 존재하는지를 알지 못한다. 두 번째 경우는, 모든 사람이 그것에 관해 알고는 있지만, 예술작품이 그런 속성을 지니지 않을 수도 있음을 상상할 수는 없다.

F와 F아님을 그러한 대조적인 갑론을박요소의 한 쌍이라고 하자. 이제 모든 시대에 걸쳐 모든 예술 작품은 F아님이라는 사실이 있을 수 있다. 그러나, 지금까지는 어느 것도 예술작품이면서 동시에 F인 것이 없었기 때문에, F아님이 예술에 관련된 갑론을박요소라는 생각은 그 누구에게도 아마 떠오르지 않을 것이다. 작품의 F아님은 눈에 띄지 않는 것이다. 반대로, 어느 주어진 시점까지 모든 작품은 G일 수 있는데, 그런 생각은 어떤 것이 예술작품이며 동시에 G아님일 때까지는 누구에게도 결코 떠오르지 않는다. 참으로, G는 사리에 맞게 예술작품의 갑론을박요소가 되기 전 실상 어떤 것이 먼저 예술작품이 되어야만 했을 때 예술작품을 **정의하는 흔적**defining trait이었다고 생각될 수 있다. 이 경우, **G아님** 또한 예술 작품의 속성을 단정할 수 있고 그리고, 이번에는 G 지체가 그 부문을 정의하는 흔적이 될 수 없을 것이다.

이것은 꽤 추상적인데, 이제 그는 논리적인 뼈대 위에 다음과 같이 어떤 예술사적인 살을 붙이고 있다:

G는 "구상주의representational"이고 F는 "표현주의expressionist"라고 하자. 정해진 어느 시점에, 그것과 그 대조적인 것들은 아마 일반적으로 행해지고 있는 비평에서 유일한 예술 관련의 갑론을박요소들이 된다.

"구상주의具象主義"—사람이나 객체 혹은 풍경을 정확하게 나타냄—는 모든 사람들이 줄곧 예술작품에는 필연적이어서 그것이 없는 작품은 결코 예술이 아니라고 생각해 왔던 그 무엇을 예증한다. 그리고 "표현주의"—예술 작품이 예술가의 주관적 경험을 표현하는 데 가지고 있어야 할 특질—는 그때까지 그 누구도 예술작품과 연관시켜 고려하지 않았던 어떤 것, 누군가가 동의하여 그것을 중요한 것으로 만들기까지 예술 작품에 관해 가능한 사고로써 진정으로 존재하지 않았던 어떤 것을 예증한다.

이제 "+"는 어떤 정해진 갑론을박요소 P를 나타내고 "–"는 그것의 대조되는 P아님을 나타낸다고 하면, 우리는 대체로 다음과 같은 양식 행렬style matrix을 구축할 수 있다:

그가 "양식 행렬"이라고 칭한 것은 내가 앞서 진리표라고 칭한 것이다. 그것은 "표현주의"와 "구상주의" 두 특성의 논리적으로 가능한 조합을 보여주는 장치이다.

표현주의(F)	구상주의(G)
+	+
+	–
–	+
–	–

따라서, 한 작품은 고유성 모두를 가지거나 어느 하나만을 가지거나 또는 아무 것도 가지지 않을 수 있다. 이것은 그 두 개가 조합하여 가능한 방식을 모조리 추출해 낸다. 이러한 조합은 단지 논리적 호기심만이 아니다. 단토가 이러한 조합을 만들어 낸 이유는 그것이 인식될 수 있는 예술적 양식과 상응하기 때문이다.

행렬의 행들은 활용할 수 있는 결정적인 어휘가 주어진다면 이용 가능한 양식을 결정한다. 예를 들면, 구상주의이면서 표현주의[야수파 Fauvism], 구상주의이면서 비표현주의[앵그르Ingres(19세기 프랑스의 신고전파 화가—옮긴이)], 비구상주의이면서 표현주의[추상적 표현주의], 비구상주의이면서 비표현주의[하드에지 추상화hard-edge abstraction]이다. 알기 쉽게 말하자면, 예술관련 갑론을박요소들을 첨가함에 따라 이용 가능한 양식의 수는 2^n 비율로 증가된다.

즉, 만약 어떤 예술 작품이 지닐 수 있는 제3의 것—말하자면, 개념적인 내용—을 추가한다면, $2^3=8$이므로 4개의 이용 가능한 조합이 추가되는 것이다.

총체적인 취지에 어떠한 결정적인 용어를 첨가해야 할지를 지시하는 것이 논리는 아니다. 그것은 예술계에 종사하는 사람들에 달려있는 것이다. 논리는 단지 새로운 용어(또는, 갑론을박요소)—예술 작품에 관해 말할 수 있는 새로운 어떤 것—를 첨가시킬 때 예술 작품으로 인지될 수 있는 유형의 수기 두 배가 된다는 것을 말한나.

물론, 어떤 갑론을박요소들이 그 대조적인 것에 의해 추가되거나 대치될 것인지를 미리 보는 것은 쉽지 않다. 그러나, 어떤 예술가가 이제부터 H를 자신의 그림에 예술적으로 관련된 것으로 정한다고 가정해 보자. 그리고 나면, 실제로 H와 H아님은 둘 다 **모든** 그림에 있어 예술적으로 관련되며, 또한 만약 그의 그림이 H인 최초이자 유일한 그림이라면, 존재하고 있는 다른 모든 그림은 **H아님**이 되고, 회화계 전체는 이용가능한 양식의 기회가 두 배로 증가됨으로써 풍요로워진다. 바로 이와 같은 예술계의 배후에 있는 풍요로운 실재들이 라파엘 Raphael(1483-1520년의 이탈리아 화가─옮긴이)과 데 쿠닝De Kooning(1904년생, 네덜란드 태생의 미국 추상 표현주의 화가─옮긴이) 또는 리히텐슈타인Lichtenstein과 미켈란젤로Michelangelo를 함께 토의하는 것을 가능하게 해주는 것이다. 예술적으로 관련된 갑론을박요소들의 종류가 많으면 많을수록, 예술계의 개별 요소는 더욱 복잡해진다. 그리고, 예술계의 전체 집단에 대해 더 많이 알수록, 그 세계의 구성원과 나누는 경험은 더욱 풍부해진다.

이 분석에서 좀 놀라운 결과는, 이런 새로운 갑론을박요소나 속성이 혁신적인 예술 작품에 추가될 때, 과거의 예술 작품은 전에 결코 가지지 못했던 고유성을 획득한다는 데 있다.

이런 점에서, 만약 예술적으로 관련된 m개의 갑론을박요소들이 있다면, 맨 아래의 행은 항상 m개의 ─를 가진다는 사실에 주목하라. 그 행은 순수주의자의 차지가 되기 쉽다. 그들은 캔버스에서 필수적이지 않다고 간주하는 것을 깨끗이 제거함으로써, 자신이 예술의 정수를 추출하는 자라고 생각한다. 그러나, 그것은 단지 그들의 착각일 뿐이다. 많은 예술적으로 관련된 갑론을박요소들이 그 사각 단생화square monochromes에서 참인 것처럼 똑같이 예술계의 어떤 구성요소에도 참이며, 또한 그것은 오직 "순수하지 않은impure" 한에 있어서 예술작품으로서 **존재할 수 있다**. 엄밀히 말하자면, 라인하트Reinhardt의 검은 사각은 티티안Titian의 ≪신성하면서도 세속적인 사랑Sacred and Profane Love≫과 마찬가지로 예술적으로 풍부한 것이다. 이것은 좀 더 작은 것이 어떻게 좀 더 많아지는지를 설명한다.

단토가 상기시키는 바와 같이, 어떤 고유성의 부재는 아무 것도 아닌 것이 아니며, 부재하고 있는 것은 그것이 결핍된 객체의 진정한 고유성이라는 사실을 명심해야 한다.

공교롭게도, 유행은 양식 행렬 중 어떤 특정 행을 선호한다. 박물관, 미술품 감정가, 기타 등등은 예술 세계의 균형을 잡아주는 것들이다. 아마 특별히 명성이 있는 전시의 입장권을 획득하기 위해 모든 예술가들이 구상주의가 된다고 주장하거나 이를 추구하는 것은 이용 가능한 양식 행렬을 반토막내는 것이다. 그리고 나면, 그 요구사항을 만족시키는 방식은 $2^n/2$ 이 되며, 그러면 박물관은 그것이 정해 놓은 테제에 대한 이러한 "접근방식" 모두를 전시할 수 있다. 그러나, 이것은 거의 순전히 사회학적 관심사일 뿐이다. 행렬에서 한 행은 또 다른 행과 마찬가지로 적법하다. 어떤 예술적인 획기적 발전은 행렬에 한 열의 가능성을 추가하는 것으로 이루어진다고 나는 생각한다.

단토는 예술계의 여러 기관의 후견인이 그러한 일련의 대안 중 단지 하나만을 인정함으로써 예술의 정의를 제한해야 함을 고집할 때마다, 그 기관이 수용할 수 있는 가능한 양식의 수는 반으로 줄어든다는 것을 "거의 순전히 사회학적" 사고라고 가볍게 취급하면서 끝내고 있다. 이 말은 흥미롭지만 명확하지 않은 결과이며, 또한 순전히 논리적인 조작의 결실이다.

단토는 단지 철학적인 구분의 재미만으로 이런 분석을 산출한 것은 아니다. 그가 추상적 언어로 서술한 것은 정확하게 마르셀 뒤샹Marcel Duchamp(그리고 그의 추종자와 동료들)이 예술계에 등장했을 때 예술평론가와 비평가들과 미학자들에게 일어났던 바로 그것이다. 이런 예술가들은 당시 예술 작품이 알리고 있는 특질 중 어느 것도 전혀 지니지 않았지만(이를테면, 그들은 구상주의도 아니었고 인상주의도 아니었다), 당대 예술계의 중요한 관계자들이 진짜 작품이라고 인정하는 작품을 만들었다. 대표적인 사례는 뒤샹의 눈치우는 삽이다. 그는 철물점에서 눈치우는 삽을 사서 거기에 서명을 하여 그것으로 예술 작품을 만들었다(이론상으로, 그는 예술가였기 때문에 그가 서명한 것은 무엇이든지 예술 작품이 될 것이다). 많은 사람들은 그와 달리 생각했지만, 수집가들은 그런 작품을 구입했고, 주요 박물관에 그것이 전시되었으며, 비평가들은 그것에 대한 진지한 논문을 썼다. 그래서, 그것은 실질적인 의미에서 예술이**되었던 것이다**were. 미학자들은 반박할 수 있었지만, 예술계는 이미 결정을 해버렸다. 따라서, 미학의 위기는 그 시점까지 어떤 것을 예술 작품으로 만들 수 있던 요소 중 그 어느 것도 지니지 않은 객체가 예술작품으로 되는 것을 해명하는 데 있었다. 그것은 F도 G도 아니었다. 그것에게 있었던 것은 H였고, 그것이 현존하건 부재하건 간에 상관없이, 그때부터 줄곧 어느 예술 작품의 필연적 특징(또는, 갑론을박요소)으로 간주되었음이 틀림없는 개념적 특성이다.

내가 분석하려고 하는 세 가지 방법은 단토적인 것Dantoese으로 표현될 수 있다. 여기 그의 방법의 핵심이 있다. 우리는 어떤 객체를 키 또는 무게(또는 구상주의인 것이나 표현주의인 것)와 같이 어떤 특성을 지니는 것으로 밝힌다. 이로써 우리는 모든 객체(관련된 종류의)가 그런 특성의 어느 값—비록 그 값이 영일지라도—을 가지고 있음을 알게 된다. 우리는 결코 어떤 것이 지닐 수 있는 특성 모두를 알지는 못하지만, 단지 다른 객체들이 우리의 주목을 끄는 방식과는 사뭇 상이한 방식으로 고유한 특성을 지니는 어떤 객체를 발견할 때는 그러한 특성을 인식하게 된다. 그러한 특성이 존재한다는 사실을 일단 알면 우리는 그때부터, 다른 객체들도 그런 흔적trait—견해나 정도에 따라 다르겠지만(극단적으로는 그것이 부재하는 경우까지)—을 보여주고 있음을 알게 된다.

내가 앞으로 논의하려는 방법은 어떤 공통 부문에 속하는 객체들에 대한 그러한 개념화에만 의존하고 있고, 각 공통 부문은 관련된 흔적의 현존 혹은 부재를 말하는 어떤 조합에 의해 특징화된다. 그 부문은 권위주의적 인물 유형에 대한 라자스펠트의 고유성 공간 분석이 될 수 있는데, 거기서 특성은 가족 성원에 의해 권위가 행사되고 승인되는 방식이 된다. 그것은 아마 라긴과 그의 동료들이 연구했던 부문의 개인이 될 수 있는데, 그 구성원은 정부의 관료제가 바뀌는 수준의 이동을 경험하고, 그리고 연령, 상급자, 교육 등등의 흔적은 그런 바뀐 결과에 관련된다. 또한, 그 부문의 파업strikes—어떤 것은 성공했지만 다른 것은 실패했다—은 폭등하는 생산 시장, 동정 파업의 위협, 그리고 막대한 파업 자금의 존재에 대한 흔적과 관련된다. 이것은 불리언Boolean 방법의 예들이다. 또, 그것은 내가 사용할 분석적 귀납법에 대한 예 가운데 하나인 마약중독에 대한 린드스미스의 고전적인 연구(1947)에서와 같이, 아편에 중독된 사람들의 부문이 될 수 있고, 또한 그 흔적은 그런 상태로 그들을 이끈 이전의 경험일 수도 있다—적합한 조합으로 제시될 때—. 각 경우, 진리표는 모든 가능성을 생성하고, 다음으로 그 가능성은 조합되어 분석

303

자가 작업하는 유형을 만든다.

　이러한 각각의 방법은 가능한 한 많은 종류를 발견하고 또한 진기한 현상들을 체계적으로 찾는 것을 강조함으로써 산출되는 복잡성을 다루기 위한 일군의 술책이다. 나는 이러한 방법의 논리를 상술하는 데 있어 최대한 주의를 기울일 것이다. 그러한 방법에서 나오는 술책은, 어떤 특정 연구 프로젝트의 특유한 상황 안에 그러한 방법을 적용한 것에 불과하다. 그래서 그 술책은 방법이 지니는 명칭 이외의 어떤 특별한 이름을 가지고 있지 않다. 속지 말아라. 그것은 우리의 가장 유용한 술책 중에서도 여전히 유용한 술책들이다.

고유성 공간분석 Property Space Analysis: PSA

　설문조사 연구자는 "응답자"에게 설문지에 응답을 작성하게 하거나, 면접자가 응답자와 면접을 통해 그들의 응답을 설문지에 기입함으로써 자료를 얻는다. 그리고 나면 연구자는 많은 사람에 관한 구별된 사실—즉, 다양한 피실험자에 관한 연령, 수입, 학력, 의견 등과 같은—을 알게 된다. 파울 라자스펠드와 그의 동료는 여러 가지 사회현상에 대한 자신의 사회학적 결론의 기반으로써 설문조사를 일상적으로 사용했는데, 그러한 연구는 미국 국채를 팔기 위한 라디오 캠페인의 이용Merton, 1946, 투표자가 어느 대통령 후보에게 투표할지를 결정한 방식Lazarsfeld, Berelson, and Gaudet, 1948, 그리고 미군의 조직Stouffer et al., 1949 등에서 볼 수 있다. 그들은 그러한 복잡한 현상을 기술하는 문제를 여러 차원—이런 조작의 논리를 탐구하기 위해 가치가 있다고 라자스펠드가 생각했던—이 조합되거나 함축되어 있는 유형학을 구축함으로써 곧잘 해결했다. 라자스펠드와 그와 함께 일하는 사람들은 범주와 차원 그리고 유형의 구축을 위한 일군의 관련된 방법과 개념을 개발하였다.

라자스펠드는 너무나 많은 복잡성을 포함하고 있는 특성화 작업은 심각한 모호함을 미해결의 상태로 남겨놓음으로 인해, 그 결과의 분석 내용은 애매하며 혼란을 야기시킬 수 있음을 보았다. 또한, 그는 새로운 발견을 위해 연구를 밀어 부치는 작업에서 아마 더 중요할 것으로, 어떤 유형학에 내재되어 있는 논리적 가능성이 대개 완벽하게 탐구되지 않아, 유용한 힌트가 계속되는 경험적 작업을 위해 숨어있는 상태로 남아 있음을 보았다.

그는 개별 속성을 유형으로 조합하는 문제의 해결책으로 진리표 구성의 체계적인 절차를 개작하였다. 그는 논리적 가능성을 경험적 현실과 사리에 맞게끔 조합시키는 방식—그가 "축소reduction"라고 일컬은 조작—과, 역으로 그 유형이 구축되었던 특별adhoc 유형학에서 속성을 추출하는 방식—그가 "하위구조화substruction"라는 어색한 명칭을 붙인 작업—을 정의하였다.

이러한 작업을 위해, 그는 "고유성 공간property space"—속성 공간attribute space이라고도 하였다—에 대한 아이디어를 이용했다. 우리는 그 전체 기획과 거기에 관련된 조작을 "고유성 공간분석Property Space Analysis: PSA"이라고 부를 것이지만, 사실 내가 아는 한에 있어 라자스펠드 자신은 그런 용어를 결코 사용한 적이 없었다.

고유성 공간

라자스펠드는 많은 곳에서, 종종 동일한 언어를 사용하고 동일한 실례를 들면서(경솔한 성차별의식은 그 실례를 좀 곤란하게 만든다), 고유성 공간에 대한 기본 아이디어를 다음과 같이 서술했다:

많은 객체에 있어, 여러 속성이 고려되고 있다고 가정하자. 키, 미모

305

그리고 대학학위라는 세 개의 속성이 있다고 하자. 분석 기하학의 준 거틀과 매우 유사한 어떤 것을 시각화하는 것은 가능하다. 예를 들어, X축은 크기에 대응할 것이고, 이 방향의 객체는 실제 인치inch(1인치는 2.54cm—옮긴이)로 측정될 수 있다. Y축은 미에 대응할 것이며, 이 방 향의 객체는 일련의 순서로 정렬되어 각 객체는 서열 명칭, 이를테면 1번은 가장 아름다운 것과 같은 서열번호를 가진다. Z축은 학위에 대 응할텐데, 여기서 각 객체는 학위가 있거나 없다. 그 두 가능성은 +와 −로 표시될 것이고, 또한 이 시스템의 중심을 기준으로 하여 Z축의 반대편 두 점에 의해 임의적으로 나타날 것이다. 그러면, 각 객체는 그 속성 공간 내의 어떤 점으로, 이를테면 "66", 87%, +"와 같은 기 호로 표시된다. 만일 묶여야 할 객체가 어떤 표본의 여성들이라면 이 때, 그 특정 여성의 키는 5피트 6인치66인치(약 168cm—옮긴이)이고, 미모 점수는 평균보다 좀 낮게 평가되며, 대학 학위를 가지고 있을 것 이다. 각 개인은 그 공간의 어떤 한 점에 대응할 것이고(물론 모든 점 이 어느 한 개인에게 대응하지는 않을 것이다)……당연히 각 공간은 분류도식classifying scheme에 있는 속성과 같은 수의 차원을 가질 것이다 (Boudon, 1993: 212).

이 예에서, 각 사례는 3차원의 고유성 공간에 위치시킨다. 첫 번째 고유 성인 키는 연속변수continuous variable이며 숫자로 측정될 수 있는 것이다. 두 번

연속변수는 키나 몸무게와 같이 실수의 값으로 측정될 수 있는 변수를 말한다. 반면, 불 연속변수는 변수로 취할 수 있는 값이 유한한 변수를 말한다. 이를테면, 불연속변수는 대개, 170.32273과 같은 소수를 택하지 않는다. 따라서, 독자들은 소수점을 취할 수 있는 변수를 연속변수로, 유한한 범위 내에서 소수점 숫자를 취하지 않는 변수를 불연속변 수로 보면 큰 실수는 없을 것이다—옮긴이.

째 고유성인 미모 역시 변수의 특질을 측정하기는 하나, 진정한 의미의 숫자를 부여하기란 쉽지 않다. 다만 그 사례를 그런 특질이 얼마나 있느냐에 따라 정해지는 순서로 배치하며, 그 결과는 서열 변수로 칭해진다. 세 번째 고유성은 대학 학위의 소유로, 단순히 "예" 아니면 "아니오"로 응답되는 변수이며 이분 변수dichotomy라고 불린다. 모든 사례가 어떤 특정 물리적 장소를 차지할 실제 물리적 공간에 대해 이야기하는 3차원의 고유성 공간을 시각화하는 일은 쉽다. 컴퓨터 프로그램은 삼차원 공간에 분포되어 있는 사례에 대한 그래프를 순식간에 생성하고, 게다가 그 그래프 그림을 "회전시킴rotate"으로써 비슷한 사례의 군집을 "볼see" 수 있는 공간적 도해illusion를 만들어 낸다.

사례가 몇 개의 범주(최소 2개의 범주까지) 중 하나에 속할 때 라자스펠드가 유용하다고 생각했던 방식으로 그것을 조종하는 일은 쉽다. 그것은 단토의 분석에서 예술적 형태의 특성을 다루던 방식으로서, 그 특성은 미모나 학위처럼 서열변수나 이분 변수가 된다. 이 때 고유성 공간은 그런 "변수들variables"의 교차분류로써 만들어진 표로 쉽게 나타날 수 있다. 표의 칸들은 그러한 분석을 구성하는 변수의 어떤 조합에 의해 특성화되는 사례를 포함하고 있다(키나 소득과 같은 연속 변수와 서열변수는 몇 개의 집단으로 나눔으로써 대개 그러한 분석을 행한다. 이를테면, 정확한 수입을 알고 있는 사람들을 편의상 부자와 가난한 자 그리고 중간으로 나눌 수 있다. 이런 것들이 바로 "범주화 된categorical" 변수이다. 그런 자료를 가지고 상관관계와 같은 통계 기법을 사용하는 것은 항상 가능하며, 이것은 정보 상실 같은 것을 야기하지 않는나).

로버트 머튼은 이런 조작(머튼을 존경하는 의미에서, 이를 4겹의 표 술책four-fold table trick이라고 부를 수 있다)을 유명하게 만들었는데, 이는 몇 개의 범주로 나누어진 특성을 교차분류시킴으로써 모든 종류의 유형을 산출하는 것이다. 나는 아마도 가장 익숙한 예에서, 비행의 유형학을 구축하기 위해 가장 간단한 형태를 사용했을 것이다. 일련의 규칙을 어기거나 어기지 않는 사람들, 그리고 규칙을 어기는 사람으로 인식되거나 인식되지 않은 사람들에 대해 가능한 조합(두 개의 이분법 변수임을 주목하라)을 고려함으로써, 나는 다음의 간단한 표를 산출했다.

일탈행위의 유형

	규칙을 준수하는 행동	규칙을 어기는 행동
일탈자로 인식됨	잘못 기소된 사람	전적인 비행자
일탈자로 인식되지 않음	순응적 사람	숨은 비행자

나는 이러한 유형학을 가능한 상태가 오직 두 개로만 인식되는, 두 개의 특성이 이루는 조합을 펼쳐 보임으로써 도표의 형태로 만들어냈다.

좀 더 일반적으로 말해, 이 술책은 사례를 기술記述하기 위해 사용하고자 하는 특성을 밝혀내는 것이다. 사례를 어떤 방식으로든지 합당해 보이는 것 (가령 눈동자 색깔, 머리카락 색깔과 같이 숫자로 나타낼 수 없는 차이나, 혹은 단순히 어떤 것의 존재유무)으로 분리한 다음, 한 특성의 범주는 표의 행에 대한 제목이 그리고 다른 특성의 범주는 열의 제목이 되는 표를 만든다. 이 때 각 칸은 그 밖의 다른 칸에 있는 유형과 논리적으로 구분되는 어떤 유형이 포함된다. 일괄적으로 말하면, 칸 목록cell entries은 논리적으로 존재 가능한 모든 유형을 만들어낸다.

(나 또한 단토가 했던 것처럼 그러한 아이디어를 진리표 형태로 나타낼 수 있다:

규칙의 준수	일탈자로 인식
+	+
+	−
−	+
−	−

맨 위의 행은 잘못 기소된 유형으로, 규칙을 준수했는데 규칙을 어긴 것으로 기소된 사람들이다. 두 번째 행은 규칙을 준수하고 다른 사람들에게도 그렇게 보이는 순응자confirmist이며, 세 번째 행은 규칙을 따르지도 않고 다른 사람들도 일탈자로 간주하는 전적인 일탈자를 보여주고, 마지막 행은 규칙을 어기지만 다른 사람은 그것을 알지 못하는 숨은 일탈자를 내포한다).

그래서 표의 구축 논리는 유형을 +와 −로 특성화하는 진리표와 동일하다. 유형을 생성해 내는 표의 방식에는 몇 가지 이점이 있다. 그것은, 일탈의 유형에서 한 것처럼, 생성된 유형에 명칭을 기입할 물리적 공간을 제공한다. 더욱이 표의 칸에는 그러한 조합의 특성을 구성하는 사례의 절대 수가 기입될 수 있고, 또 그 밖의 다른 특성에 대한 그러한 사례의 백분비와 같은 정보도 포함될 수 있다. 이것은 두 개의 변수로 만든 하나의 공간에 세 개의 변수를 전시하는 것이다. 그리고 나면 칸의 숫자는 비교될 수 있고 가설은 평가된다. 만약 나에게 그러한 정보가 있다면, 일탈의 유형 각각에서 남자와 여자의 백분비, 흑인과 백인의 백분비, 또는 25세 이상의 사람이나 대도시에 사는 사람의 백분비를 비교할 수 있고, 따라서 그러한 칸에 사람을 집어넣는 과정에서 성차별 또는 인종차별이 존재하고 있었다는 흥미로운 사고를 조사할 수 있다. 이것은 설문조사 연구자가 선호하는 분석 유형이다. 라자스펠드(그는 진리표를 잘 알았고, 실제로 내가 인용하려는 자료에서도 그 장치를 사용했다)가 표의 형태를 선호했던 이유도 아마 그것일 것이다.

이 절차의 커다란 이점은, 사용하는 형태가 어느 것이든 간에, 논리는 그것이 정의하는 유형 이외에는 어떤 유형도 존재하지 않고 존재할 수도 없다는 것을 보장한다는 사실에 있다. 분석에 반드시 포함되어야 하는 것을 경험적으로 잘못 할 수 있는데, 그 경우에는 그 유형학이 진짜 세계의 어떤 것에 대응하지 않을 것이다. 그러나, 만약 정의했던 것이 관련된 것으로 고찰되기만 한다면, 표의 칸이나 진리표의 행은 거기에 있어야 할 모든 것이 될 것이다.

그러나, 그래픽 장치는 낱말과 같이 현실을 보여주는 단순한 창이 아니므로 불이익 또한 있다. 자료와 아이디어가 재현하는 모든 형태에서와 같이, 그래픽 장치는 그 외의 것을 모호하게 만든 대가로 어떤 것을 명료하게 만든다. 라자스펠드가 선호한 표의 형태는 연속 변수를 조합함으로써 생성되는 고유성 공간을 종이에 옮겨놓기 힘들게 한다. 게다가 고유성 공간을 네 개 이상의 변수로 확장시키는 것은 솔직히 논리적으로는 가능하지만, 그 그림은 금방 어색한 것으로 드러난다(앞에서 내가 언급한 컴퓨터 그래픽 기능에도 불구하고). 라자스펠드가 선호한 하나의 예는, 인종, 교육 그리고 출생지라는 세 변수를 단순히 이분 변수(종종 설문조사에서 수집되는 자료의 유형)로 취급한 것인데, 이를 분명하게 보여준다. 여덟 칸으로 된 표는 그러한 세 개 항목의 모든 가능한 조합을 보여주고, 또한 시각적인 표현의 복잡함(아직까지 그리 압도적이지는 않지만)이 설명되고 있다:

	미국 태생		외국 태생	
	백인	비백인	백인	비백인
대학 학위				
학위 없음				

여기에 도시 또는 농촌 거주지를 네 번째 변수로 추가하고자 할 수 있다. 라자스펠드는 이것을 두 가지 방법으로 행했다. 내가 이미 지적했던 바와 같이, 그 추가 변수를 표의 각 칸 안에 도시 거주자의 비율로 나타낼 수 있다. 또는, 이와 같은 표를 도시거주자용과 농촌거주자용으로 구분하여 두 개 만들면 된다. 변수가 네 개를 넘으면, 사실상 그런 표는 판독 불가능해진다. 즉, 그런 표는 존 터키John Tukey가 기본 통계조작으로 기술한 것—그것이 동일한 것인지 또는 어떤 하나가 다른 하나보다 큰 것인지를 보기 위해 두 숫자를 비교하는 것—을 쉽게 하지 못하도록 만든다. 그래서, 여러 개의 변수를 사용한 분석에서 산출된 거대한 표는 단지 분석적으로는 유용하지 않다(바튼 Barton, 1955: 55-56의 논의는 좋은 예들을 제시하고 있다).

우리가 살펴본 바와 같이, 표를 진리표로 그리고 진리표를 표로 쉽게 전환시킬 수 있다. 여기 동일한 집합의 조합이 있다. 이번에는 라자스펠드의 것이 진리표로 표현되었는데, 단순히 "예" "아니오"로 된 세 항목의 가능한 조합 모두가 전시되어 있고, 나중의 논의를 위해 번호가 붙여졌다:

조합번호	학위	백인	미국태생
1	+	+	+
2	+	+	−
3	+	−	+
4	+		−
5	−	+	+
6	−	+	
7	−	−	+
8	−	−	−

311

5. 논리

보편적인 표의 칸이건 진리표의 행이건 간에, 이렇게 논리적으로 창출된 조합은 계속되는 분석에서 사용할 수 있는 유형이며, 설명되지 않는 어떤 다른 유형도 있을 수 없음을 확신시킨다(단토의 예에서와 같이, 새로운 특성이 도입되지 않는다면). 단토가 언급한 것처럼, 새로운 특성이 도입될 때마다 분석될 유형의 수는 두 배가 된다는 사실에 주목하라. 하지만, 두 배가 되는 것도 새로운 특성이 모두 이분 변수일 때 국한되지, 만약 특성이 셋 이상의 차원으로 구성된다면 상황은 더 악화된다. 반대로 어떤 속성을 제거할 때마다, 유형의 수는 반으로 줄어든다.

축소

라자스펠드는 변수를 교차분류시켜 너무 많은 유형을 창출하면 여러 난점이 창출된다는 점을 인식했고, 그에 대한 해결책을 제시했다. 그가 "축소reduction"라고 칭한 조작은 그런 표에서 상이한 조합을 하나의 부문class으로 합치는 것이다. 여기에 그것에 대한 방법이 있다.

우리가 앞의 진리표와 그것이 구체화된 유형학을 창출했다고 가정하자. 현재 우리에게는 필요하다고 생각하는 것(물론, 그것이 왜 필요한지는 중요한 질문이다)보다 더 많은 유형이 있다. 라자스펠드는 앞에서 언급한 세 변수——인종, 출생지, 교육——를 사회적 이득을 다양하게 생성하는 세 가지 요인들로서 고려할 것을 요청했다. 흑인임("흑인"과 "비백인"을 동일하게 취급했다. 물론 그들은 동일하지는 않다)은 압도적으로 지배적인 사회적 불이익이 되기 때문에, 우리는 "흑인"이라는 변수를 포함하고 있는 4개의 범주(3, 4, 7, 8번) 모두를, 아무런 정보의 손실 없이, 한 부문으로 결합할 수 있다. 즉, 그 표의 어느 한 칸에 할당된 사람이 흑인일 때마다, 그가 외국이 아닌 미국 태생이라는 사실이나, 또 교육 수준이 어떠한지는 중요치 않다는 것을(과거 경험으로부터 그 연구에 가져온 지식에서) 알게 된다. 그들 모두는 출생지와 교육 변수에서 어떤 서열에 있든지 간에 실질적인 사회적 불이익을 감수할 것이다. 흑인을 포함하고 있는 4개의 칸을 결합해도 사회적 이득에 관한 정보(어떤 이는 예측 값이라고 말하기도 한다)는 놓치지 않을 것이다. 같은 방식으로, 또한 같은 근거로, 외국태생 백인의 두 범주(2번과 6번)를 결합할 수 있다. 외국태생이라는 것은 사회적으로 유리한 입장으로 가는 데 있어 교육의 차이를 중요하지 않게 만드는 실질적인 불이익이다. 미국태생의 백인은 교육에 의한 구분이 유용할 것이고, 그런 구분은 아마 그들의 사회적 이득에서 차이를 만들 것이므로, 그래서 우리는 1번과 5번을 각기 구분된 부문으로 남긴다(이 예는 가설적인 것이며 그 방법을 잘 보여주기 위해 만들어졌다. 라자스펠드와 우리는 그런 것은 실제 만든 것보다 훨씬 더 복잡하다는 것을 알고 있다).

그러한 범주를 이런 상식적인 방식에서 결합함으로써 여덟 개의 범주를 네 개의 부문으로 축소시켰다. 계속 알고 있어야 할 것의 수를 축소시키면서 우리가 계획한 분석에 필요한 어떤 것도 상실하지 않았다. 우리에게 좀 더 다루기 쉬운 유형학이 있지만, 거기에는 만약 축소하지 않았더라면 그 차원이 산출했을 모든 가능성이 사실상 내포되어 있는 것이다. 라자스펠드는 우리가 함께 작업해야 할 유형의 수를 축소하는 세 가지 방식을 서술하고 있다. 비록 그 각각은 약간의 귀찮은 일을 하게 하지만, 혼란을 줄이게 하는 유용한 술책들이다.

기능적 축소 ······························· 축소는 어떤 경험적 기반에서 이미 알고 있는 것을, 앞의 예에서와 같이 이용한다.

기능적 축소에는 조합의 수를 줄이는 두 개의 속성 사이에 사실적인 관계가 존재하고 있다. 이를테면, 만약 흑인이 대학 학위를 취득할 수 없다면(가령, 법률적으로) ……변수들의 조합은 실제로 일어나지 않을 것이다. 이런 방식으로, 조합의 체계는 축소될 수 있다. 조합의 제거가 완성될 수 있고, 또는 이런 조합이 거의 일어나지 않을 수 있기에 어떤 특별한 부문도 그것을 위해 설정될 필요가 없을 것이다 (Boudon, 1993: 161).

그래서, 기능적 축소는 두 종류의 조합의 제거를 수반한다. 하나는 논리적으로나 사회적으로 불가능한 종류의 조합이고, 다른 하나는 거의 일어날 일이 없는, 아무런 관련이 없는 종류의 조합이다.

따라서, 기능적 축소는 경험적 문제이다. 우리는 표의 칸 안에서 조합이 얼마나 드물게 발생하는지를 살펴봄으로써 어느 칸을 조합해야 할지를 결정한다. 일어날 가능성이 없는 것을 위해 칸을 만들어 놓는 것은 아무런 의미가 없다. 그러나 가능한 조합의 목록을 만드는 것은 연구자에게 어떤 특정 조합의 사례의 존재여부는 정말로 경험적인 문제라는 것과, 그래서 연구자는 "모든 사람이 아는 것"을 토대로 어떤 조합을 무시하기보다는 실제의 빈도를 반드시 점검해야 한다는 것을 상기시킨다. 가능성 없는 사례(3장에서 우리가 추구해야 할 것으로 추천한 유형)를 찾는 회의적인 현장연구가들은 고유성 공간분석을 통해 논리적으로 가능한 속성의 모든 조합을 산출할 것이고, 그리고 나면 일반 상식으로는 일어나지 않는다고 하는 조합, 즉 기능적 축소의 그럴듯한 후보군으로 보여질 수 있는 것을 특히 열심히 찾게 된다. 그 조합은 실제로는 존재하고 있지만, 사회적으로 용납되지 않거나 인식되지 않아 사회적으로 "보이지 않는" 것이다. 이를테면, 미시시피주 나치즈Natchez

에서 구체화되었던 옛 남부Old South의 사회 체계에서, 모든 사람은 두 종류의 피부색 카스트two color castes 중 어느 하나에 속해 있었고, 두 카스트 사이에는 어떤 합법적인 형태의 이동(노동자 계급이 중간 계급이 될 수 있는 방식으로 흑인은 백인이 될 수 없다)이나 결혼(다른 카스트 사람의 성적 관계로부터는 어떤 아이도 합법적으로 태어날 수 없었다)이 존재하지 않았다Davis, Gardner, and Gardner, 1941. 그러나, 부모들의 가능한 인종적 조합 모두를 고려하는 것은 조사자에게 단지 낌새로 두리번거리는 것만으로도 무엇인가를 보여줄 수 있음을 경고할 것이다. 즉, 사회적 논리가 말하는 것과 상관없이 그런 아이들이 있다는 것을 보여준 것이다. 이런 사실을 아는 것은 연구자에게 사람들이 진짜로 인종 카스트 체계의 사회적 논리를 어떻게 다루는지, 그리고 사회적으로 "불가능한impossible" 그런 아이들을 분류하는 데 있어 그들이 어떤 규칙을 따르는지를 조사하도록 만들 수 있다.

임의적 축소 ······························· 임의적 축소는 상이한 조합의 속성에 지수index들을 할당하는 것을 언급하는데, 대개 다양한 특정 경험적 조건을 동등한 것으로 취급하기 위해 그렇게 한다. 이를테면, 다음과 같은 주거 조건에 대한 분석과 같다:

> 연관 공사, 중앙난방, 냉장설비 등과 같은 여러 항목은 (주택의 "품질"을) 특별히 나타내는 것으로 선정되고, 그리고 그 각각에는 어떤 기중치가 주어진다. 중앙난방과 냉장고는 있지만 연관 공사가 없는 것은 다른 두 개가 없이 연관 공사만 있는 것과 동등하게 된다. 그러므로 두 사례는 둘 다 동일한 지수를 갖는다.

다른 말로 하면, 그 유형의 요소들은 '나쁜 주택'과 같이 직접적이거나 구체적으로 측정할 수 없는 내재된 추상적인 질을 공통적으로 가지고 있다. 사람들에게 냉장고의 존재유무, 중앙난방의 존재유무, 또 주택의 질을 잘 나타내는 지표indicator로 생각되는 항목에 대해 점수를 매기게 함으로써 임의적으로 점수를 창출할 수 있다. 그리고 나면, 비록 표의 칸에는 실제적 특성을 서로 다르게 가진 사례들이 조합될 수 있지만, 그 결과로 생성된 임의적 점수들은 유형을 정의하게 한다. 이런 절차는 가구 설비에 있어 특정 항목을 동일하게 취급함으로써, 가능한 조합의 수를 축소한다. 그것이 "임의적"인 이유는 계산하고 있는 항목이 좀 불확실한 일련의 추론에 의해 내재적인 속성에만 관련되기 때문이고, 또한 다른 항목들을 선택할 수 있고 그로 인해 상이한 조합의 항목들을 동등하게 할 수 있기 때문이다.

실용적 축소 Pragmatic Reduction ....라자스펠드는 실용적인 축소의 예로서 앞서 언급한 인종, 출생지, 그리고 교육의 예를 인용하는데, 그것은 연구의 목적—이 경우는, 사회적 이점을 연구하기 위해—에 비추어 만들어진 것이다. 사회학적 분석에서 흑인을 모두 한꺼번에 묶어서 다루지 않는 것이 좋은 이유도 많이 있을 수 있겠지만, 그것이 사회적 이득을 가져올 때는 또한 그렇게 할 수도 있다. 흑인이라는 것은, 에버렛 휴즈Hughes, [1971]1984: 141-150가 제안한 분석적 용어로 말하자면, 다른 어떤 입장에서 그 밖의 다른 것을 압도하는 "주된 신분적 흔적master status trait"이 되기 때문에, 어떤 이의 사회적 불이익에 결정적인 것이다(반복하자면, 그런 진술은 전형적으로 교육적인 목적을 위한 간단한 예를 제공하고자 만들어진 것이다. 이런 것을 세상은 어떠한 것인가에 관한 진술로 취급하지 말아라. 제임스 볼드윈James Baldwin은 미국에서 흑인이 되는 것보다 더 나쁜 유일한 것은 파리에서 가난한 자가 되는 것이라는 글을 쓴 적이 있다). 따라서, 이런 특정 목적을 위해 그것을 조합할 수 있다.

실용적인 축소의 두 번째 예는 "결혼의 성공marital success"에 영향을 미칠 수 있는 두 변수의 조합을 포함한다. 각각의 속성이 3개의 서열로 나누어진 두 개의 속성(예를 들면, 남편에 대한 부인의 태도와 남편의 경제적 성공으로서, 그것이 어떻게 측정될지라도 상관없다)을 생각해 보자. 그것이 하나의 고유성 공간에 조합되면, 아홉 개의 유형을 생산한다(즉, 그 결과표에는 아홉 개의 칸이, 또 진리표에는 아홉 개의 행이 있다). 라자스펠드는 다음과 같이 말한다:

> 생각해보자…… 만약 남편에 대한 부인의 태도가 우호적이라면 경제적 성공이 결혼 관계에 영향을 미치지 않을 것인 반면, 만약 부인이 남편에 대해 중간적 태도를 가지고 있다면 결혼을 성공적으로 만들기 위해 최소한 중간적 성공을 필요로 할 것이고, 부인의 태도가 전적으로 부정적인 경우에는 오직 대성공만이 결혼을 유지할 수 있다는 사실을 발견한다. 만일 문제가 모든 결혼을 두 집단으로 분류하는 데 있다면—한 집단은 그런 태도와 성공의 조합이 좋은 결혼 관계에 우호적인 집단이고, 다른 집단은 그 조합이 비우호적인 집단—, [다음과 같은] 축소에 대한 도식diagram이 계속 생겨날 것이다(Boudon, 1993: 161-162).

위의 예에 따르는 표의 아홉 개 칸 중 여섯 개는 우호적인 조합을 가리키는 것으로 변화되었고, 세 개의 칸(낮은 성공과 중간 태도, 낮은 성공과 낮은 태도, 중간 성공과 낮은 태도)은 부정적인 결합을 나타내는 것으로 변화되었다. 남자의 성공과 그것에 대한 여자의 반응에 대한 아홉 개의 가능한 조합은 실용적으로 전환되어 두 개가 되었다.

축소 술책은 그 다양한 형태가 어떠하든지 간에, 많은 범주를 더 적게 만드는 것인데, 논리적으로 구분된 조합을 동일한 부문에 끼워 넣고, 분석적 목적을 위해 거기에 동일한 명칭을 부여한다.

하위구조화

라자스펠드가 "하위구조화substruction"라는 어색한 명칭을 부여했던 술책은 축소와 반대되는 논리이다. 축소는 단순화simplicity를 위해 여러 조합을 함께 모아놓는 것이다. 반면 하위구조화는 발견을 위해 그것들을 따로 떼어놓는 것이다.

사회과학자들은 유형을 만들기 좋아하지만, 좀처럼 그것을 논리적으로 만들지 못하며, 그래서 항상 자신이 만들어 온 귀중한 것을 완벽하게 이용하지 못한다. 그러나, 유형과 고유성 공간은 논리적으로 연계되어 있음을 기억하라. 유형은 교차분류된 변수로써 만들어진 표의 칸에 대한 일련의 명칭이고, 그리고 그러한 표의 칸이 유형이다. 라자스펠드는 그런 논리적 연계를 사용하여 어떤 특별adhoc 유형에 내재하고 있는 차원을 발견할 수 있는 방법을 창출했고, "전문 연구자가 어떤 체계의 유형을 설정할 때, 그 체계가 논리적 구조에서, 어떤 속성 공간을 축소한 결과물이 될 수 있음은 항상 증명될 수 있다Lazarsfeld and Barton, 1951: 162"고 주장했다. 그는 대부분의 유형들을 아마 불완전하다고 생각했을 것이다. 복잡한 고유성 공간은 우리가 방금 논의해 왔던 방식 중 하나로 그 표의 몇몇 칸을 결합함으로써 축소해 왔는데, 유형학자는 아마 바로 그것을 실행해 왔음을 이해하지 못하고 있을 것이다. 결과로 생기는 유형학은 그것에 잠재하고 있는 모든 가능성에 명칭을 부여하지 못하거나 혹은 그러한 가능성의 존재도 인식하지 못한다. 그래서 라자스펠드는 일련의 유형을 어떻게 축소시킬 수 있는지를 설명한 후에, 축소를 원래대로 되돌리는 방식과 축소를 생산했던 모든 고유성 공간full property space과 차원을 재발견하는 방식을 고안했다:

> 주어진 체계의 유형에 대해, 그 체계가 속하고 있는 속성 공간과 함축적으로 사용되어 온 축소를 발견하는 과정은 실제적인 중요성을 가지고 있어, 특정한 명칭, 즉 **하위구조화**substruction라는 용어가 제시되어야 한다.
> 주어진 체계의 유형에 대해 그것이 연역될 수 있는 속성 공간과 축소를 하위구조화할 때, 그 유형을 만든 자가 그런 절차를 진정으로 마음속에 담고 있었다고는 결코 가정하지 않는다. 그가 어떻게 그런 유형을 실제로 발견했건 간에, 그는 그런 하위구조화에 의해 그것을 논리적으로 발견할 수 있었다는 것이 주장될 뿐이다.

라자스펠드는 이 술책의 실제적 중요성을 정확하게 주장했다. 이것은 포함하고 있는 것 이외의 것에 대해 논리적으로 도달하지 못했던 (극소수만이 그런 것이다) 아이디어와 통찰력을 짜내는 방식이다. 이 술책을 이용함으로써, 연구자는 "어떤 사례를 못보고 넘어갔는지를 볼 것이다. 그는 자신의 유형 중 몇몇은 중복되지 않음을 확신할 수 있고, 또한 아마 그 분류화classification를 사실적인 경험적 연구를 위해 더 유용하게 만들 것이다"(앞의 책: 163). 그는 하위구조화의 효용성에 대한 예로서, 에릭 프롬Erich Fromm이 수행한 가족 내의 권위 구조에 대한 연구를 제시하고 있다.

프롬은 네 종류의 권위 상황, 즉 완벽한 권위, 단순 권위, 권위의 결핍, 그리고 반항 등을 구분했다. 라자스펠드는 프롬의 특별 유형에 함축되어 있는 조합 전부를 재정렬시키기 위해 부모와 아이들 양쪽에게 제기했던 질문 항목을 사용했다. 첫째, 그는 아이의 행동에 대하여 처벌과 간섭을 사용한 것—이 잣대measure는 부모의 권위 행사에 대한 지수로서 사용된다—에 대해 가능한 조합의 수를 다음 세 가지로 축소했다: (1) 부모는 체벌과 간섭 모두를 실행했다 (2) 아무 것도 하지 않았다 (3) 둘 중의 하나(둘 다 동등한 것으로 취급했다)를 실행했다. 그는 부모가 아이들에게 행한 것에 대한 아이의 수용acceptance도 마찬가지로 세 개의 형태로 축소했는데, 아이들이 부모와의 갈등을 보고했는지에 대한 범주와 아이들이 부모를 신뢰했는지에 대한 범주를 합침으로써 그렇게 했다. 3×3의 표는 권위 행사와 수용에 대한 논리적으로 가능한 아홉 개의 조합을 펼쳐 보인다:

부모의 권위 행사	자녀의 수용		
	높 음	중 간	낮 음
강 함	1	2	3
보 통	4	5	6
약 함	7	8	9

이 아홉 개 중 일곱 개의 조합은 프롬의 4개 유형과 명백한 관계를 가진다. 1과 2는 완벽한 권위, 4와 5는 단순 권위, 8은 권위의 결핍, 그리고 3과 6은 반항이다. 하지만, 7과 9의 조합은 프롬의 유형학에서 설명되지 않았고, 그리고 최소한 하나(7)는 프롬이 명백히 생각하지 못했던 한 가능성을 제시하는데, 그것은 부모가 많은 권위를 행사하지 않았던 어린아이들이 부모가 권위를 행사하기를 바랬다는 것이다. 논리는 그러한 가능성을 제시하고, 연구

학계의 술책

는 그것이 실체인지를 본다. 바로 그것이 하위구조화의 술책을 사용하는 방식이다.

(모든 유형학 뒤에는 단지 하나의 속성공간과 하나의 축소만이 존재하는가? 라자스펠드는 아마 그렇지 않을 것이라고 말한다. 유형학은 대개 막연하고 인상적이며 따라서 모호하므로, 대개 유형학으로부터 차원의 집합을 둘 이상 추출해 낼 수 있다. 동일한 유형학에서 비롯되는 상이한 속성 공간은 서로에게로 전환될 수 있다. 이것은 "결과 해석하기interpreting a result"의 논리로, 두 변수 사이의 관계를 강화시키는 제3의 변수를 도입함으로써 처음 두 변수 간의 관계에 대한 "의미meaning"를 발견하는 라자스펠드의 유명한 절차이다. "그러한 해석은 논리적으로 어떤 체계의 유형에, 축소에 의해 추론되었던 속성 공간과는 다른 속성 공간을 하위구조화하는 것과, 그러한 새로운 공간에서 유형의 체계를 이끌어낼 축소를 찾는 것으로 구성되어 있다. 바로 이것이 변형이 의미하는 바이다"앞의 책: 167. 나는 여기서 이런 가능성을 추구하지 않을 것이지만, 거기에는 찾아내야 할 몇 가지 흥미로운 것이 있다).

라자스펠드의 진리표 사용과, 유형 생성의 방식으로서 진리표를 표로 변형하는 것, 그리고 분석자가 가지고 작업할 유형의 수를 변화시키는 방식으로서 축소와 하위구조화에 기울였던 그의 세심한 주의는, 자료를 수집하는 방식으로서 설문조사 면접과 질문지에 대한 그의 집착 정도를 보여준다. 그는 유형학을 창조했고, 설문조사에서 측정된 변수 사이의 관계를 발견하기 위하여 표의 구축, 축소, 그리고 하위구조화에 대한 술책을 사용함으로써 유형학을 좀 더 복잡하게 만들었다. 공화당원 동네에 사는 것은 아일랜드 가톨릭 노동자가 민주당에 투표할 성향에 어떤 영향을 미치는가? 만일 형제자매는 민주당에 투표했지만 동료 노동자가 공화당에 투표했다면, 선거일에 이런 "상반된 압력"을 받았을 당사자는 어떻게 했을까? 그는 유형이 본래 범주를 정의하는 방식으로 유용함을 발견했는데, 그리고 나서 그 방식은 변수 사이의 관계에 도달하는 데 사용될 수 있었다. 그를 만족시켰던 대답은 "이론적으로 정의된 일련의 관찰에서 원인에 대한 평균 영향Ragin, 1983: 63"을 제공했다. 그것은 많은 사회과학자들이 찾고 있던 어떤 것이다.

질적 비교분석 Qualitative Comparative Analysis: QCA

그렇지만 다른 많은 사회과학자들은 무언가 다른 것을 찾고 있으며, 그리고 보편적인 설문조사 방법에 관련된 분석절차의 사용이 그들에게 문제를 일으킨다. 찰스 라긴Charles Ragin은 질적 비교분석 (때로는 "불리언 분석Boolean analysis"이라고 일컬어지는데, 그 이유는 나중에 밝혀질 것이다)을 발전시켜 보편적인 분석 방법에서는 다루기 힘든 그러한 문제들을 처리하고자 했다. 그에 따르면 보편적 분석 방법의 문제점은 (a) 매우 많은 수의 사례에 비해 상대적으로 매우 적은 사실을 포함하고 있는 대규모의 자료(설문조사와 행정적 목적을 위해 수집된 통계치에 의해 산출된 전형적인 유형의 자료)를 다루는 데서와, (b) 소수의 역사적 사례, 특히 특정 나라의 역사와 그런 역사 내의 특정 사건의 설명[이를테면, 국제금융자금(IMF)의 지원을 받는 나라에서는 어떤 상황 하에서 폭동이 일어나는가?]에 연루되는 분석에서 생긴다.

첫 번째, 즉 매우 많은 자료가 있는 경우, 보편적인 분석 방법은 조금이나마 어떤 과학적 결과를 얻는 대가로서 개업의들practitioners에 의해 무시되고 있는 만성적 질병의 문제를 생산했다. 문제를 공식화하고 해결하는 전형적인 방식은 어떤 통계치를 개발하는 것에 의존하는데, 그 통계치는 0과 1사이에서 변하는 숫자로 연구자로 하여금 종속변수의 변이에 대한 어느 특정 독립변수 혹은 독립변수들의 "기여contribution"라고 칭하는 무언가를 추정하도록 허용한다. 즉, 라긴이 사용했던 예Ragin, Meyer, and Drass, 1984를 들면, 인종은 라긴과 그의 동료들이 연구했던 연방 관료제에서의 어떤 사람이 승진할 가능성에 X% "기여했고", 반면 교육은 Y%, 연공서열seniority은 Z% "해명했다accounted for"고 말할 것이다(자료를 얻을 수 있는 기타 여러 변수들이 있다).

그러나, 그런 숫자들은 직관적으로 이해될 수 없는 것이고, 그런 연유로 나는 그런 표현들을 따옴표 안에 집어넣었다. 교육이 승진의 Y%를 해명한다고 진술하는 것은 그 "해명"이 어떻게 일어났는지에 대해 아무 것도 말해주지 않는다. 승진 고려 객체자들의 Y% 내에서, 의사 결정자가 교육을 그 기준으로 삼았다고 이해해야 하는가? 혹은 의사결정자는 교사들이 시험에 몇 점, 보고서에 몇 점, 수업참여에 몇 점을 주는 방식으로 점수를—인종에 몇 점, 교육에 몇 점, 연공서열에 몇 점, 그리고 기타에 몇 점—합계하고, 만약 그 점수가 충분히 높으면 그 사람을 승진시킬 때, 그 결과에 "기여" 한 교육의 점수로 이해해야 하는가? 또는 거기에는 복잡한 절차가 있는데, 말하자면 의사결정자는 먼저 어떤 교육 수준을 충족시키고 있는 후보자를 결정하고, 그 다음 그 가운데 연공 서열에서의 어떤 기준을 충족시키는 자를 결정하고, 이렇게 결정된 자 가운데서 계속하여 인종과 그 밖의 변수를 고려하여 결정하는 복잡한 절차에서, 교육이 승진에 미치는 영향을 설명하는 것으로 이해해야 하는가? "해명하는 것"은 순전히 통계학적이다. 숫자를 사회적으로, 진짜 사람들의 의미 있는 행동으로 전환시키는 것은 구축된 집합심상에서의 상상적 연습이며, 그것은 대개 연구중인 입장에 대한 진지한 숙지에 의해 구속되지 않는다.

나아가, 그러한 분석이 대답하는 질문은 보통 사람들의 답변을 원하는 질문이 아니다. 승진의 분포에 대한 특정 변수의 기여를 아는 것은 연령, 성별, 인종 그리고 다른 속성에 대한 어떠한 조합이 관료제 규칙이 자격을 부여하는 승진을 얻도록 유도하는지를 말해주지 않는다. 그런 것은 이를테면 인종 차별을 연구하는 학생들이 알고자 하는 것을 말해주지 않는다. 이런 경우, 우리는 어떤 결과에 대한 그것들의 개별적 "기여"보다, 오히려 현상들의 상관위치configurations of phenomena를 찾고 있는 것이다.

역사적 분석의 경우에는, 많은 수의 사례를 분석하도록 기획된 방법은 작동하지 않고, 대개 작동할 수도 없다. 보편적인 경험법칙은 통계적 분석을 행하기 이전에 표의 칸에는 얼마만큼의 사례들이 반드시 있어야만 하는데, 나라의 수가 그것을 충족시킬 만큼 충분히 많지 않다. 또한 구 소련former Soviet Union이 결국 얼마나 많은 나라로 변하든 간에, 그런 분석을 하기에 충분히 많은 나라들이 있을 것 같지 않다. 전형적인 해결책은 충분한 사례를 산출하면서도 본래 문제의 특수성은 상실하지 않는 좀 더 일반적인 방식으로 문제를 재정의하는 데에 있다(여기는 물론, 이 장의 다른 곳에서, 나는 1987년 라긴의 책과 1984년 라긴과 그의 동료의 글에 있는 논거와 예에 상당히 의존하고 있다).

게다가, 역사적 분석은 흔히 특정 사건을 이해하는 데 관심이 있는데, 그것은 대개 이전의 역사적 연구가 이미 많은 사실을 밝혀낸 것으로, 예를 들면 러시아 혁명, 1929년 대공황, 과학 발달에 대한 청교도정신의 영향 등과 같은 것이다. 많은 전통적인 사회학 문제들은 이런 형태를 취한다. 이런 사건에 대한 매우 상세한 지식은 이미 이용 가능한 것으로 보편적 분석 기법에는 곤란한데, 왜냐하면 그렇게 많은 변수, 시간의 연쇄, 그리고 그와 비슷한 것을 다룰 수 있는 좋은 방법이 없기 때문이다. 우리가 원하는 것은 우리가 가지고 있는 모든 지식을 이용하게 할 수 있는 기법이다.

좀 더 근본적으로, 질적 비교 분석 방법은 사회과학 작업에 대해 생각하기 방식을 구체화하는 것으로, 그것은 라긴이 "변수지향적variable oriented" 분석 방법이라고 칭했던 것과 실질적으로 다른 것이다. 이미 설명했듯이, 변수지향적 분석 방법은 이론을 변수의 상대적 중요성에 대한 진술, 즉 해명하고자 원하는 어떤 결과의 설명으로 취급한다. 그런 설명은 위대한 일반성을 가진 사회학 법칙, 사회적·역사적 맥락과는 독립적으로 영향력을 행사하는 변수와 같이 보편적이 되기를 의도한다. 이런 견해에서, "자료 경연대회data contest"를 창출하는 연구를 하기도 하는데, 여기에서 어떤 사회 현상에 대한 경쟁적 해석들은 그것이 선호하는 변수에 의해 나타나며 설명되는 것의 변이를 가장 많이 설명하는 변수(변수들)가 승리의 월계관을 쓸 때까지 끝까지 싸운다. 아마 가장 중요한 것은 해명되어야 할 사건이 실제로는 여러 조합의 인과적 조건 중 어느 하나에서 야기되고 있을 때 이러한 접근방식은 설명해야 할 문제에 대한 하나의 대답을 찾고 있다는 것이다. 라긴은 이와 같이 말한다:

> 비교적 좁은 부문의 현상에 관해(이를테면, 국가 폭동의 유형에 관해) 질문하는 대신에, 그들[사회과학자들]은 자신의 문제를 개정하여 보다 넓은 범주(정치적 불안정의 수준을 국가 간 비교하는 문제)에 적용하는 경향이 있다. 어떤 원인이 어떤 결과에 영향을 주는 상이한 맥락을 결정하려는 노력 대신에, 그들은 다양한 환경(되도록이면 다양성이 있는 하나의 표본)을 가로지르는 어떤 원인의 평균 영향력을 평가하려는 경향이 있다(Ragin, 1987: vii).

라긴은 보편적인 다변량 통계 분석을 폐지하기를 원하지 않았지만, 사회과학자들이 해결하고자 하는 문제에 좀 더 적합한 대안을 제시하고자 했다. 그는 집합과 논리의 연산에서 그런 대안을 구성할 수 있는 도구들을 발견했는데, 그것들은 종종 불리언 연산Boolean algebra으로 인용된다(19세기에 그것을 발달시킨 영국 수학자이자 논리학자였던 조지 불리언을 따서). 우리가 이미 토의해 왔던 그런 종류의 진리표를 구성하는 것은 그 연산의 기본이다. 사실상, 그 연산에서부터 그것들이 시작되었다. 나는 단지 그런 문제에 대한 가장 개략적인 견해만을 제시할 것인데, 그것만으로도 충분히 그 방법에 내재된 논리를 우리가 고려해왔던 다른 것과 비교되기에 충분히 명확하게 만들 수 있다. 라긴의 저술들은 그 방법에 대한 여러 서술과 그 방법을 적용한 많은 예를 포함하고 있다. 그와 동료들은 그 방법을 사용하여 특히 제3세계 나라에서의 폭동Walton and Ragin, 1990, 고용에서의 차별 형태Ragin, Meyer, and Drass, 1984, 그리고 인종정책Ragin and Hein, 1993을 연구했다. 그 재료들은 충분히 기술적technical이라서, 하나 혹은 그 이상의 예를 가지고 혼자 작업해보면 철저한 이해를 얻을 것이다. 이 장에서 고찰하고 있는 세 가지 방법 가운데, 불리언의 방법이 분명 가장 "논리적"이다.

이 방법은 관심의 현상에 내재된 입장의 복잡성을 보존하면서, 가능한 그 입장을 단순화시킨다. 그것은 설명되어야 할 결과를 산출하는(연계해서 일어나는) 변수의 조합(변수의 조합 하나가 하나의 유형이라는 사실을 기억하라)들을 가장 적은 수로 발견함으로써 그렇게 한다. 결과적으로 다음과 같다:

전체의 부분들 사이의 관계는 전체적인 맥락 속에서 이해되어야 하며, 비교할 수 있는 단위들로 된 모집단의 구성성분들을 특징짓고 있는 변수들 간에서 일반화된 형태의 공변이共變異, covariation라는 맥락 속에서 이해되어서는 안 된다. ……인과성은 접속적으로conjucturally 이해된다. 결과물은 조건의 교차점intersections of conditions 내에서 분석되고,

조건의 여러 조합 중 어느 하나가 아마 어떤 결과물을 산출할 것이라고 보통 가정된다. ……다변량 통계 기법은 변수로서의 원인과 그것의 교차관계Interrelation에 대한 가정을 단순화함으로써 시작된다. 대조적으로, 질적 비교 방법은 최대한의 인과적 복잡성을 전제하면서 출발한 다음 그런 복잡성에 맹공격을 가하는 것이다(앞의 책, 1987: x).

불리언 방법은 흥미로운 방식에 있어 고유성 공간분석과 유사한 점도 있지만, 그것들은 상당히 다르다. 나는 때에 따라, 이 두 방법 사이의 유사점과 차이점에 대해 언급하겠다.

절차

불리언 분석의 기본 단계는 간단하다(잠시 간단한 예를 들겠다):

1. 조사하고자 하는 결과가 무엇인지, 그리고 그 결과를 "설명하기" 위해 사용할 "변수들"이 무엇이지를 결정하라.
2. 각 변수 또는 결과를 범주형categorical 변수로 정의하라. 그것은 전형적으로 어떤 요소의 존재 또는 부재로 정의된다. 그것을 단순한 이분(예, 백인 또는 비백인)으로 취급할 수 있고, 또는 각각의 가능성을 변수의 범주 중 하나에 존재 또는 부재하는 것(백인 또는 비백인, 흑인 또는 비흑인, 아시아인 또는 비아시아인, 등등)으로 취급할 수도 있다(연속적인 숫자로 된 자료를 그러한 범수로 전환하는 방식도 있는데, 그것이 이 방법에 유일한 것은 아니다).
3. 자료 행렬data matrix, 즉 행과 열이 그런 변수의 모든 조합에 칸을 제공하는 표를 만들어라. 양적 자료의 표준이 되는 이러한 유형은 질적 자

327

료에도 쉽게 적용된다.

4. 그 자료행렬을 그러한 속성의 존재 또는 부재에 대해 가능한 모든 조합을 열거하는 진리표로써 재구성하라.

5. 두 입장 사이의 차이점이 설명되어야 할 결과에 영향을 미치지 않을 때, 그 차이점은 입장을 다르게 할 이유가 될 수 없고, 따라서 그런 차이점을 걱정할 필요가 없다. 한 예로, 만일 한 인종으로만 현저하게 구성된 노동조합이 파업을 성공적으로 이끌고, 또 실제로 다양한 인종으로 구성된 노동조합 역시 파업을 성공적으로 이끈다면, 노동조합을 구성하고 있는 인종 분포는 파업 성공의 원인이 될 수 없다. 바로 이것은 분석자가 진리표를 "최소화"할 수 있는 경우로서 다음의 규칙을 사용하고 있다. "만약 두 가지 불리언 표현[예, 변수의 값과 결과의 조합]이 단 하나의 인과적 조건에서는 다르지만 동일한 결과를 산출한다면, 그 두 표현을 구분하는 인과적 조건은 무관한 것으로 고려될 수 있고, 또 좀 더 단순하게 조합된 표현을 창출하기 위해 제거될 수 있다."

6. "최상의 함축성prime implicants"을 발견하기 위해 라긴의 책에 서술된 체계적인 절차(연산방식)를 이용하라. 그것은 결과에 대한 적합한 설명을 구성하기 위해 필연적인 변수의 최소한의 조합으로서, 논리적으로 필수적이지 않은 것은 제거하는 것이다. 여기서 그 기법을 서술하지는 않겠다. 그것은 라긴의 책과 다른 곳에서 자세하게 서술되어 있으며, 라긴과 동료들은 우리가 그 작업을 할 수 있게끔 컴퓨터 프로그램도 만들어 놓았다. 단지 필요한 것은 그 성과가 우리에게 관심 있는 결과를 "다룰"(설명할) 변수의 존재 또는 부재와의 조합을 열거하는 연산방식의 표현이라는 것을 이해하는 것이다.

7. 결과로서 생기는 방정식을 해석하라. 그것은 매우 쉽다. 예를 들어, X라는 결과는 변수A와 B는 모두가 존재하면서, 동시에 변수 C나 D는 둘 중의 하나가 존재할 때, 혹은 그와 유사한 표현으로 나타나는 변수의 여러 조합이나 관심의 결과를 수반하는 변수의 부재에서 발생한다(특히, 라긴이 설명한 바와 같이[1987: 99-101], 방정식은 관심을 가지고 있는 것의 필요 충분 원인을 밝히고 구분하는 것을 쉽게 해준다).

라긴은 어떤 연구의 한 가설적인 예를 들고 있는데, 거기서 분석가는 다음과 같이 성공적인 파업의 원인 세 가지를 고찰한다(자세한 것은 1987년 라긴의 책 96쪽 이하를 보라). 첫 번째는 산업제품이 급속히 발전하는 시장으로서 A로 표시되고, 두 번째는 다른 노동조합의 동정 파업의 심각한 위협으로서 B로 표시되며, 그리고 세 번째는 C로 표시되는 노동조합의 많은 파업 자금이다. 그는 파업이 성공인지(S) 아닌지를 부호화한다(조건의 부재는 소문자로 표시된다. 이를테면, 비성공적인 파업은 s로, 그리고 노동조합의 많은 파업 자금의 부재는 c로 부호화된다). 이러한 세 가지 원인의 존재 혹은 부재에 대한 여덟 가지 가능한 조합(Abc, aBc, abC ABc, AbC, aBC, abc, ABC) 중에서, (이 가설적인 예에서는)단지 네 가지만 성공적인 파업을 이끈다(AbC, aBc, ABc, ABC). 이런 추상화를 명칭으로 다시 바꾸면, 파업은 급속히 발전하는 시장과 많은 파업 자금이 있지만 동정 파업의 위협이 없을 때[AbC], 급속히 발전하는 시장도 많은 파업 자금도 없지만 동정 파업의 위협이 있을 때[aBc] 성공한다. 그리고 나머지 두 가지는 직접 작업해보는 것이 자신을 위해 좋을 것이다.

연산은 그 입장의 단순화simplication를 허용한다. 수학적으로 상세히 기술하지 않으면서, 방정식은 세 가지 입장으로 축소될 수 있다(AC, AB, Bc). 더 나아가 이것은 다음에 $S = AC + Bc$라는 연산식으로 축소되는데, 이는 성공적인 파업은 급속히 발달하는 시장과 많은 파업 자금 **또는**(+는 불리언 표기법notation에서 더하기를 의미하기보다는 논리적 조작표시인 '또는OR'을 의미한다) 동정 파업의 위협과 적은 파업 자금이 있을 때 일어난다. 또 다른 조작을 통해 파업이 실패할 조건을 특정화할 수 있으나, 여기서 그 작업을 행하지는 않겠다.

이런 것 모두는 꽤 추상적이면서 놀랍도록 수학적인 것 같지만, 연산은 실상 간단하여, 나도 따라갈 수 있을 정도로 매우 쉽고, 그래서 누구도 두려워할 필요가 없으며, 진짜 자료에 적용하는 것도 쉽다. 라긴은 많은 예를 제공하고 있다(그 예들은 수학적인 것을 포함하고 있으나 스스로 해결할 수 있다). "어떤 원인의 조합을 공유하는 사례들이 서로 다른 결과를 얻을 때 어떻게 해야 할까?", "그런 조합의 일부에 대한 실제 삶의 예가 이 세상에서 생산되지 않을 때 어떻게 해야 할까?"와 같이 난감해 보이는 문제도 해결될 수 있다(이를 위해 나는 앞의 라긴의 책을 다시 추천한다).

다른 사고 방식

질적 비교분석QCA은 고유성 공간분석PSA과 매우 많은 특징(진리표와 그 유사한 것들의 사용과 같이)을 공유하므로, 이 두 방식은 동일한 것에 대한 약간 다른 변형처럼 보일 수 있다. 하지만 그렇지 않다. 라긴이 반복적으로 지적한 바와 같이, 그 방법들은 서로 다른 결과를 추구하고, 다른 이미지의 사회과학 목표를 가지고 있으며, 추구하는 답변 유형 또한 다른 이미지를 가지고 있다. 어떤 방식에 있어서(모든 방식에서는 아니지만), 그것은 다른 패러다임이다.

원인들 ······················· 불리언 연구는 보편적인 양적 연구와는 눈에 띄게 다른 방식으로 인과성을 고찰한다. 보편적인 양적 연구자들은 광범위하게 다양한 입장들에 걸쳐 있는 여러 다른 변수에 대한 어떤 변수의 영향을 찾는다. 성공적인 보편적인 프로젝트는, 이를테면 파업의 성공적인 결과가 급속히 발달하는 시장, 동정 파업의 위협, 많은 파업 자금이라는 세 가지 변수 각각에 어느 정도 기인하는지 설명하는 방정식을 산출한다. 연구자는 그 방정식이 파업 때마다 변하지 않을 것을 기대한다. 만약 변수의 영향이 입장들에 따라 변화한다면, 그것은 믿을 수 없는 것이 되고 그리고 연구자는 어떤 결과를 얻지 못한다.

다른 한편, 불리언 연구자들은 위의 방식과 달리, 원인이 서로 독립적으로 작동할 것을 기대하지 않는다. 오히려, 그들은 여러 원인의 영향이, 다른 요소의 존재 또는 부재에 의존하면서, 원인이 작용하는 맥락에 따라 변화하는 것을 보고자 한다. 설명은 전형적으로 "다수의 접속적multiply conjunctural"이 된다. 그 원인에서 "접속적"은 요소의 조합으로서 이해되고, "다수"란 많은 그러한 조합이 동일한 결과를 산출할 것이라는 점에서 그렇다. 불리언 연구자는 두 가지 이상의 주된 인과적 경로, 즉 설명되어야 하는 결과는 일어날 조건의 집합이 두 개 이상이 되기를 기대한다. 요인들이 서로 다르거나 때로는 상충된 방식으로 결합하여 유사한 결과를 산출하기도 한다. 완벽한 설명에 필요한 조건 모두를 조사할 수 없기 때문에, 설명으로 모든 사례를 해명하지는 못할 것이다.

아편중독의 문제를 생각해 보자. 아편 중독자들이 도시에 거주하는 젊은 흑인이거나 라틴 아메리카Hispanic 남성이리는 깃은 20세기 후반 미국의 여러 도시에서 공통적으로 발견되는 사실이다(물론, 20세기 말 아편은 헤로인이다). 이러한 비교적 불변하는 발견은 원인으로 간주되는 중독자의 연령, 성별, 민족, 그리고 거주지와 결과로 취급되는 마약중독 사이의 어떤 연계에 대한 증거로서 인용되고 있다. 그 연계는 연구자가 지녔던 그런 사람의 삶에 대한 집합심상과 일치하는 방식에서 설명되고 있다. 기억해야 할 것은, 그런 집합심상이 전혀 경험에 근거하는 것이 아니며, 주로 하류층의 삶에 대한 중산층 연구자의 환상에 근거한다는 것이다. 그러한 집합심상은 절망적인 삶의 상황에서 마약이 주는 "도피"를 갈망하는 사람들은 중독이라는 냉혹한 길을 가게 된다는 사실을 제시한다.

알프레드 린드스미스[1965]는 그런 이론이 지니는 중요한 한 가지 문제점을 발견했다. 19세기 후반기, 마약중독은 매우 다양한 인구학적 특성과 관련되어 있었다. 그 당시 전형적인 중독자는 백인 여성이며, 대개 소도시나 농촌 출신의 중년이었다. 그 차이점은 마약을 쉽게 입수할 수 있었던 사람들이 어떤 유형인지에 대한 결과로써 쉽게 설명된다. 당시는 미국 역사에서 정부가 아편 유통에 대해 거의 통제력을 행사하지 못했었다. 의약품과, 특히 "여성들의 불평"—당시 생리와 간혹 관련된 장애에 대한 완곡한 표현—을 위해 특별히 조제된 약에는 흔히 꽤 많은 아편 성분이 포함되어 있었고, 또한 누구나 길거리 약국에서 구입할 수 있었다. 여성들은 그런 약을 샀고 복용했다. 어떤 여성은 중독될 만큼 충분히 많은 양을 자주 복용했다.

1911년, 미국 정부는 헤리슨 마약 법령Harrison Narcotic Act을 통과시켰다. 그것은 합법적인 상거래에서 아편이 포함된 약물투약을 효율적으로 제거했다. 길거리의 약국에서 약을 더 이상 구입할 수 없게 된 여성은 때때로 처방전을 써줄 마음씨 좋은 의사들을 찾았다. 많은 여성이 금단으로 인한 고통을 받았고, 그 금단의 문제는 생리의 문제에 의해 기인된 것이었는데, 왜냐하면 생리의 문제가 마약을 복용하게 한 일차적 요소였기 때문이다.

헤리슨 마약 법령의 통과 후 수년에 걸쳐, 지하시장이 발달되었고 마약 사업의 침투에 스스로 대항할 방어능력이 없었던 동네에 그 본거지가 세워졌다. 놀랄 필요도 없이, 그 곳은 대개 흑인과 라틴 아메리카인이 살던 동네였다. 마약 거래는 불법이었기 때문에, 마약 유통의 끝머리 똘마니로 십대 후반이나 이십대 초반—중간 관리자가 되기는 어리지만 범죄행위가 가장 빈번히 발생하는 연령—의 남성들이 일할 가능성이 높았다. 그리고, 만약 당신이 그 유통에 있거나, 혹은 그 유통이 당신 주변의 길거리와 아파트에서 일어나고 있다면, 당신은 마약에 쉽게 접근할 수 있고 또한 당신이 본 것이 당신의 어떤 호기심을 자극하든지 간에 마약에 빠질 수 있으며, 그것은 마약 중독 과정에서 매우 중요한 단계가 된다.

연령, 성별, 인종, 민족, 그리고 도시 거주와 같은 마약 중독의 "원인들"은 영향력이 상당히 가변적이므로 역사적으로 고려되어야 하고, 또한 그것들의 인과적 영향은 요인들의 접속에서 하나의 요소가 되는지에 달려있다. 인과적이 되는 것은 조합, 즉 접속이지 중독되는 성향에 점수를 약간씩 보태는 개별적인 요소들이 아니다. 그것은 누구나 그 "약"을 쉽게 살 수 있었을 **때** 미국에서 생리 나이의 여성이 된 것이었다. 혹은 법령에 의해 마약의 유통이 불법적 사업으로 바뀌어 자신이나 그 이웃이 그 일자리를 얻을 수 있었을 **때**, 그 사람은 매우 가난한 동네**의** 젊은 흑인 남자였다는 것이다. 이렇게 매우 상이한 접속들이 동일한 결과, 즉 마약중독을 산출할 수 있다. 좀 더 일반화하여 약간 다른 표현으로 하면, 상이한 조건들이 동일한 인과적 요구사항을 충족시킬 것이다. 달리 말해, 좀 더 일반적인 어떤 특성—이용가능성과 같은—이 피상적인 인구학적 특성들 저변에 깔려 있었고, 그 결과 그것은 마약중독에 있이시의 변이를 실멍하시 못했다고 할 수도 있다.

라긴은 "환각적 상이점illusory difference"을 함축하고 있는 그런 문제를 다음과 같이 서술하고 있다:

내재된 공통성commonalities을 규명하는 일은 대개 공통 특성에 대한 간단한 도표작성과 분석을 의미하지 않는다. 연구자들은 상이한 것으로 보이는 특성[질적으로 상이한 (입수가능성) 체계와 같은]이 동일한 결과를 가져올 가능성을 항상 염두에 두어야 한다. 이것은 좀 더 추상적인 수준에서는 인과적으로 동등하지만, 직접 관찰될 수 있는 수준에서 그렇다는 것은 아니다. 그러므로 좀 더 추상적인 수준에서는 두 객체들이 실제로 하나의 내재된 공통 원인이 되지만, 그 사이에는 "환각적 상이점"이 존재하고 있을 수 있다(Ragin, 1987: 47).

일탈 사례 ┄┄┄┄┄┄┄┄┄┄ 질적 비교분석QCA과 고유성 공간분석PSA은 "일탈 사례"를 다루는 방식에서도 역시 다르다. 일탈 사례(다음의 분석적 귀납법의 논의에서 두드러진 역할을 수행하는 표현)는 분석자가 생각하고 예측했던 것을 행하지 않고, 따라서 자신이 만들고자 하는 결론에 도전하는 것이 된다. 연구를 하고 자료를 수집하고, 그리고 대부분의 사례가 "맞는 것으로 나타나지만" 몇 개의 사례는 그렇지 않아서 다른 모든 사례가 지지하는 결론에 의문을 던진다. 전형적인 설문조사 분석, 즉 고유성 공간분석이 발달되고 발달시킨 것에서, 어떤 이론이 두 변수를 원인과 결과로써 연결시킬 때, 그 이론이 특정화한 값의 조합을 포함하는 표의 칸은 모두 사례를 포함하는 반면, 그렇지 않은 조합을 지니는 칸은 비어야 한다(표가 짜여지는 방식 때문에, 예측되고 기대되는 사례는 "주 대각선main diagonal 위에 놓인다"고 한다. 진리표에서, 그런 사례는 연구자들이 모든 사례를 포함할 것으로 기대하는 행에 의해 서술될 것이다). 보편적인 양적 연구자들은 그런 일탈(또는 "부정적") 사례를, 이 세상의 무작위 변화가 갖는 특성의 예측된 결과로, 또는 불가피하게 그 변수의 완벽한 측정이 불가능한 데에서 생기는 결과로, 그렇지 않

으면 분석에 포함되지 않았던 변수들의 작용에 기인하는 것으로 받아들이는데, 왜냐하면 아무도 그 변수를 측정하는 방식을 알지 못했기 때문이거나, 그 변수들이 존재했는지 혹은 그 문제에서 어떤 역할을 했는지를 알지 못했기 때문이라는 것이다. 빠진 변수missing variables들을 탐색하는 것(측정을 향상시키려는 시도와 함께)은 이런 전통적 연구자들이 그 연구의 후반부에 행하는 것이다. 그러나, 그들은 모든 일탈 사례가 영원히 사라지는 것을 기대하지는 않으며, 그리고 확률적 진술—이를테면, 결손가정의 어린이들은 온전한 가정의 아이들보다, 어느 정도는 비행자가 될 가능성이 높다—에 완벽하게 만족한다. 온전한 가정의 일부 아이들이 비행자가 되고 결손 가정의 일부 아이들은 비행자가 되지 않는다는 사실은 두 변수에 관련되어 있는 기본명제의 부당성을 증명하지 않는데, 그것은 대부분의 아이들이 그 분석자의 이론이 특정화하고 있는 조합을 보이는 점에서 그렇게 된다.

다른 한편, 불리언 분석가는 동일한 접속의 요인들이 항상 동일한 결과를 산출하는 관계, 어떤 예외도 어떤 일탈 사례도 존재하지 않는 관계의 발견을 지향한 연구를 한다. 그들은 궁극적으로 (요즘 들어서) 연구 중인 현상의 모든 사례를 해명하고 설명하기를 의도한다. 그런 불변의 관계를 들춰내려는 시도를 통하여, 그들은 그들 방식대로, "일탈 사례"를 발견하기를 희망하고 기대하는데, 그런 사례로써 분석의 예리함을 성장시킬 것이다. 불리언 연구자들은 이론적으로 예기치 않은 사례에 초점을 맞춘다. 왜냐하면, 그들은 그것을 통하여 아직까지 알지 못했던 어떤 새로운 패턴의 원인과 결과를 볼 수 있기를 기대하기 때문이다. 그들이 찾는 결과는 아마도 패턴화된 다양성patterned diversity이라고 일컫는 것이다. 그것은 상이한 입장 속에서 상이한 방식으로 작동하는 원인들의 연결망에서부터 성장하는 관련된 유형의 복잡성을 일컫는다(4장에서 논의했던 남녀 교도소의 문화에 대한 원인, 조건, 결과의 연결망은 좋은 예가 된다). 그들은 좀 더 많은 조건을 발견하여 설명하려는 공식에 추가하고자 하며, 그리고 좀 더 많은 결과를 발견하여 설명해야 할 것의 목록에 추가하고자 한다.

결과적으로, 그들은 종종 진지한 설문조사 연구자들에게 엄격하게 금지된 어떤 것을 곧잘(실제로는 종종 행해지고 있지만) 행한다. 그들은 자신이 발견해온 일탈 사례가 자신의 이론에서 예외적인 것이 아니고, 여태까지는 미처 생각하지 않았지만 그 자체의 범주를 가질 가치가 있으며 그렇게 되어야 할 현상으로 판단한다(우리는 분석적 귀납법을 고찰할 때 이런 움직임을 다시 볼 것이다). 연구자들은 연구 과정에서, 그들이 설명하고자 했던 범주에 속할 것이라고 생각했던 것 중의 일부가 거기에 속하지 않음을 자주 인식한다. 그것은 어떤 중요한 방식에서 그 범주에 속한 다른 것과 다르다. 불리언 방정식에서 그 모습을 드러낸 예기치 않았던 항에 의해 자극을 받은 연구자들은 아마 성공적인 파업 모두가 다 같지는 않을 것이라고 판단한다. 보편적인 연구자들은 그런 일이 일어날 때, 그것은 단지 나쁜 일이며, 그 위반되는 사례를 재분류할 수 없고 그런 것이 작동하도록 가설을 다시 고쳐 말할수 없다고 주장하기가 쉬울 것이다. 그런 금욕주의자 같은 연구자들은 그런결과에 직면하면, 통찰력을 이용하기 전에 반드시 새로운 표본에서 새로운자료를 얻어야 한다고 주장한다. 그런 비현실적인 요구사항은 새로운 표본을 얻을 수 없기 때문에 질적인 역사적 연구를 종결시킬 것이고, 또 발견하기어려운 마약 중독자와의 면접에 근거한 린드스미스의 연구와 같은 것을 실질적인 의미에서 불가능하게 만든다. 보다 정확하게 말하면, 그것은 실상 주된 과학적 가치인 경험에 비추어 생각하기를 개선하려는 의도, 곧 라긴Ragin, 1987: 164-171이 그토록 강조하고 있는 증거와 아이디어 간의 변증법을 죄악으로 취급하는 것이다.

사회생활의 복잡성을 모형화하려는 시도에서 또 다른 결과는, 불리언 분석자들이 표의 칸들에 있는 사례의 수에 관해서는 그다지 신경쓰지 않는다는 점이다. 만약 이론적으로, 젊은 흑인남자는 마약 중독자가 틀림없다고 하는데, 그들 중 일부는 그렇지 않고, 반면 중년 백인 여성이 중독자라면, 각 칸에 발견된 사례가 얼마나 많이 있는지는 그다지 중요하지 않다. 어떤 이론이 어떤 중요한 가능성을 설명하고 있지 않다는 것을 논증하는 데 있어 하나의 예도 백 개의 예만큼 좋은 것이다. 따라서, 라긴은 다음과 같은 사실을 지적한다:

> 표본추출sampling과 표집분포의 개념은 이러한 접근방식과 별로 관련이 없는데, 그것은 이 방식이 상이한 패턴의 원인과 결과를 지닌 사례의 상대적 분포에 관한 것이 아니기 때문이다. 상대적 빈도보다 더 중요한 것은 의미 있는 원인과 결과의 패턴들이 **다양하게** 존재하고 있다는 것이다(Ragin, 1987: 52).

이때 이 접근방식의 효과가 만발하기 위해서는, 우리가 3장에서 토의했던 가장 완벽한 다양성을 지닌 사례를 표집하는 유형이 요구된다.

분석적 귀납법 Analytic Induction: AI

많은 연구자들은 고유성 공간분석과 질적 비교분석의 설명이 시도하는 바와 같은 그러한 광범위한 잠재적 결과물을 설명하는 데 목적을 두지 않는다. 그들이 관심을 가지는 것은, 이 모든 알려지지 않은 분야와 가능성이 아니라, 이론적이거나 실용적 이유로 인해 유일하게 진짜 관심을 갖는 결과물이라고 간주하는 하나의 특정 결과일 뿐이다. 우리가 사용해왔던 언어에 끼워 맞춰 설명하면, 그것은 연구자가 진리표의 단 몇 행만을(극단적인 경우는 단 하나의 행만으로도 실지로 충분하다) 진짜로 신경쓴다는 것을 의미한다. 그들은 진리표 분석에서 예민하게 만들었던 그 밖의 조합을 "우리가 관심을 가지지 않는 것"이라는 잔여 범주로 집어넣는다. 연구자와 이론가들은 설명되어야 할 현상을 "중요한 문제"로 볼 때 종종 그렇게 하는데, 왜냐하면 그것이 사회의 모든 사람이 관심을 갖거나 또 그래야만 할 것이기 때문이거나, 혹은 그것이 특별한 이론적 우월성priority을 가지기 때문이다. 마약중독은 이런 양쪽의 요구사항을 충족시킨다. 마약중독은 장기간 지속되는 "사회문제"이면서, 동시에 상당한 고통과 강력한 형벌 제재에도 불구하고 지속적으로 행해온 흥미로운 어떤 예가 된다. 그래서 마약중독은 그 사회의 풍속과 이론에 따르면 이미 오래 전에 중독자가 끊어져야 했던 모욕적인 것이다.

몇몇 사회학자들이 그와 같은 문제를 다루기 위해 사용해온 방법은 "분석적 귀납법(AI)"이라고 일컬어지며, 또한 속된 말로, AI의 대표적 예가 그런 화제에 관련이 있는 것은 우연이 아니다. AI는 우리가 방금 검토했던 다른 방법에 대하여 보완적인 것이기보다는 보통 대조적인 것으로 간주된다. 그것은 대개 진리표를 포함하는 것으로는 이해되지 않고 있다. 그러나, 실제로 AI는 진리표의 항에 그것의 논리를 펼칠 때 명백해지는 방식에 있어 PSA와 QCA와 닮아 있다(그런 보편적인 견해에 대한 중요한 하나의 예외는 "가난한 변호사" 경력에 관한 잭 카츠Jack Katz, 1982의 연구에 대한 찰스 라긴Ragin, 1994: 93-98의 분석이다. 라긴과 나는 그 문제에 대한 생각이 비슷하다. 이 장과 함께 라긴의 분석을 참조하는 것이 좋다).

로버트 쿨리 앤젤Robert Cooley Angel, 1936이 사회학 연구에서 AI를 첫 번째로 사용한 사람으로 인정받을 때도 있지만, 이 방법의 계보는 존 스튜어트 밀의 일치법과 간접적 차이법으로 거슬러 올라가며 확대된다(이에 대한 간단한 설명은 라긴의 1987년 책 36-42쪽에서 볼 수 있다). 좀 더 가까운 선배학자로는 조오지 허버트 미드George Herbert Mead와 그의 해석자 허버트 블루머이다. 미드와 블루머 모두 부정적인 사례, 즉 가설의 잘못을 입증하는 예의 중요성을 강조했고, 이를 과학적 지식을 진보시키는 열쇠로 간주했다. 그 핵심 논거는 자신의 생각이 틀렸음을 발견하는 것이 새로운 것을 배우는 최선의 방책이라는 것이다Mead, 1917; Lindesmith, 1947: 12.

"고전적인" 분석적 귀납법의 좋은 예는 내가 이미 이 책 어딘가에서 이야기했던, 알프레드 린드스미스의 아편중독 연구이다. 크레시Cressey, 1953와 베커Becker, 1963는 각기 횡령과 마리화나 사용의 연구에 대한 모형으로써 린드스미스의 예를 사용했다. 이들 세 연구는 각기, 그것을 만들어내는 하나의 과정에 있는 여러 단계를 기술함으로써, 흥미로운 하나의 특정 결과물—아편중독, 금융 신탁에 대한 형법 위반, 쾌락을 위한 마리화나 사용—이 나오고 있음을 설명하고 있다. 결과에 대한 설명은, QCA에서와 똑같이 불변의invariant 것이다. 그것은 설명되어야 하는 현상의 정의에 적합한 모든 사례에 적용된다.

분석적 귀납법을 쓸 때, 사례별로 이론을 발달시키고 점검해야 한다. 첫 번째 사례에 대해 자료를 수집하자마자 거기에 대한 설명을 체계화해야 한다. 두 번째 사례에 대해 자료를 수집했을 때 그 이론(첫 번째 사례에서 얻은—옮긴이)을 서기에 적용한다. 만일 그 이론이 두 번째 사례를 적절하게 설명하고, 따라서 그 이론을 확증하면 문제가 없다. 계속해서 세 번째 사례로 가면 되는 것이다. 그런데, "부정적인 사례", 즉 설명 가설이 설명하지 못하게 되는 사례에 부딪칠 때, 문제가 되는 사례의 사실이 어떤 새로운 요소를 제시하든지 간에 그것을 설명하고자 하는 것에 통합시킴으로써 어떤 설명을 변경시키거나, 그렇지 않다면 설명해야 할 것의 영역에서 껄끄러운 사례를 제거시키기 위해 설명하려는 것의 정의를 변경시킨다. 연구자들은 대개 이런 방식으로 많은 사례를 제외시켜 버리며, 그리고 일단 사례가 이론이 설명하고자 하는 종류의 것이 아니라고 재정의하고 나면, 어느 정도는 그것을 무시해 버린다. 이런 두 가지 가능성은 라긴이 불리언 방법 사용자에게 유용한 것으로 제시하는 것과 동일하다.

방금 서술한 형태의 그 방법은, 내가 언급한 세 개의 표준적 예로써 예시되는 연구 유형에서 효과가 좋은데, 거기서 연구자는 일탈 방식으로 행동한다고 여겨지는 사람들을 한번에 한 명씩 면접함으로써 보편적으로 일탈로 낙인된 어떤 형태의 행동을 연구한다. 만일 이 방법을 설문조사 면접방식으로 행한다고 생각한다면 그 관계를 볼 수 있을 것이다. 설문조사에서는, 한번에 또는 거의 그 수준에서 모든 자료를 수집하며, 그리고 자료에 대해 질문해야 하는 것과 질문하는 방식을 바꿀 수 없는데, 그렇게 하면 동시에 그 자료를 수집함으로써 가능해지는 사례의 비교가능성comparability을 상실하기 때문이다. 다른 한편, 한번에 한 명씩 면접하여 자료를 수집하면, 새로운 변수(이런 유형의 연구에서는, "변수"로서 보다는 "과정의 단계"로서 흔히 더 잘 나타난다)의 발견과 그 변수의 중요성 탐구가 쉽고 자연스러우며, 계속되는 사례에서도 그 변수의 작동이 기대된다. 이런 방법은 그 자체의 설명을 요구하고 있는 개별적인 이론적 실체로서 취급받을 만한 가치가 있는 현상 그 자체에서의 그러한 변이를 다루기 쉽게 만든다.

PSA의 강점은 논리적 가능성을 조작함으로써 유형을 창출하고 분석하는 방법에 있다. QCA의 강점은 접속적인conjunctural 설명의 강조, 독특하고 불변적인 결과물을 산출하는 요소의 조합을 탐구하는 데 있다. AI의 강점은 어떤 설명에서 추가되거나 빠져야만 잘 작동될 그런 것을 발견하는 방법이다.

연구자들은 좀처럼 AI를 고전적인 형태로 사용하지 않는데, 왜냐하면 그것은 일탈의 과정에 관련되어 있는 매우 제한된 부문의 연구 문제에만 적합한 것으로 보이기 때문이다. 그런 문제에 있어서 이것은 선택의 방법이라고 말할 수 있다. 그러나, 그렇게 말하면 이 방법은 그런 특정된 사례를 제외한 다른 것에는 무용한 것 같다. 사실상, 별로 "엄격하지" 않고 하나의 목적을 지닌 견해에 있어서, 이것은 광범위하게 사용되는데, 특히 부부의 결별과 같은 과정을 서술하고자 하는 연구자Vaughan, 1986들과, 조직화된 활동―"제도"나 "조직체", 혹은 (에버렛 휴즈의 견해)"지속적인 관심사"라고 다양하게 칭해지는 것―의 복잡성을 연구하고자 하는 연구자에 의해 사용된다. 민간방법론자들은 보통 AI의 기본 논리를 사용하여, 조직화된 활동의 부분과 그런 활동의 교차연관interconnection에 대한 서술을 발달시킨다. 이러한 덜 엄격한 형태에서, AI는 "그 사람들이 어떻게 X를 합니까?"에서와 같이 이 "어떻게How"라는 질문에 답변하는 데 있어 더할 나위 없이 적합하다. 설명해야 할 그 X는 농업 공동체에서의 토지 경작의 체제, 공장 작업 관계의 체제, 학교 조직, 사회 조직의 학생들이 관련을 맺는 기타 다른 문제일 수 있다.

엄격한 분석적 귀납법

아편중독 .... 허버트 블루머(그의 연구 견해는 2장에서 논의되었다)와 에드윈 서들랜드(화이트칼라 범죄의 개념을 창출한 범죄학자로, 그 역시 검토된 적이 있다)의 제자였던 알프레드 린드스미스는 이후의 AI 전문가practitioners들이 모방했던 모형을 창조했다. 박사학위논문―나중에 ≪아편 중독*Opiate Addiction, 1947*≫이라는 제목으로 출판되었다―에서, 린드스미스는 수년에 걸쳐 작업했었던 "60~70명의 중독자(몰핀과 헤로인)"와의 면접을 분

341

석했다. 그는 마약 중독에 관해 출판된 문헌의 사례와 자료 역시 의존했다. 그가 목표로 한 것은 다음과 같다:

> 아편중독자의 행위에 대한 합리적인 이론적 설명을 이해하고 제공하는 것과, 중독 행위에 관한 도덕적·윤리적 판단을 피하는 것에 목표를 둔다. 조사에서 주된 이론적 문제는 중독에 노출되어 있으면서 모르핀이나 헤로인의 효과를 경험한 사람 가운데 어떤 사람은 중독자가 되는 반면, 같은 조건 하에 있는 것 같지만 중독을 피하는 사람들이 있다는 사실에 의해 제기된다. 이런 차별적 반응을 설명하려는 시도는 앞으로 보겠지만, 중독의 본질적인 특성과 그 근원에 대한 조건을 고찰하도록 만든다(Lindesmith, 1947: 5).

그는 자신이 면접한 사람으로부터 배운 것에 부응하여(라긴은 "대화를 통해서"라고 말할 것이다) 자신의 이론을 발달시켰고, 그리고 그 사례의 어떤 것이 자신의 이론이 부정확하거나 불완전하다고 보여줄 때마다 자신의 이론을 개정하였다.

린드스미스의 중독 이론은 사람들이 세 단계의 과정(3장에서 이에 대해 간략히 논의했다)을 경험함으로써 중독자가 된다고 주장한다. 그들은 먼저 마약을 충분히 오래도록 많이 복용하여 생리적 습관으로 발달될 때까지, 다시 말하여 그들의 몸이 지속적인 마약에 적응되어 정상적으로 기능하기 위해서는 반드시 마약이 필요하게 될 때까지 가는 것이다. 그런 다음, 어떤 이유에서든 간에(이를테면, 유용성의 결핍, 경험을 통한 흥미의 감소), 마약 복용을 멈추는 순간 금단 현상이 나타나게 된다. 그것은 불유쾌함(콧물이 계속해서 나오거나 독감과 같은 증상)에서부터 지독한 충격(근육 경련, 정신

산만)까지 가로지르는 여러 징후의 특성적 조합으로써, 좀처럼 프랭크 시나트라Frank Sinatra가 넬슨 알그렌Nelson Algren의 영화 ≪황금팔을 가진 사나이The Man With The Golden Arm≫에서 했던 유명한 말처럼 그다지 극적이지는 않다(린드 스미스는 그러한 효과를 요약하고 있다1947: 26-27). 마침내, 그들은 그러한 금단현상이 마약을 복용하지 않기 때문이라고 해석하고, 자신이 마약중독자가 된 것으로 해석하는데, 그들은 이것을 앞으로 육체적·심리적 정상 상태를 위해 정기적인 마약 투여가 필요할 것이라는 의미로 이해한다. 그리고 나면 그들은 자신에 대한 이러한 새로운 이해에 근거해 또다시 주사를 맞고 금단의 증상을 경감시키는 행동을 한다. 이런 점에서, 그들은 중독자의 "정상적" 행위에 진입하기 시작하는데, 이는 다시 금단 현상을 경험하지 않기 위해 필요한 마약을 얻을 수 있다면 입장이 허락하는 한 무엇이든지 한다는 것이다. 그들은 항상 성공하지는 않지만—자주 금단 현상을 경험한다—, 확실히 시도한다.

린드스미스의 이론은 그런 세 단계를 거치는 자는 중독자가 될 것이고, 그리고 그런 것을 경험하지 않은 중독자는 없을 것이라고 말한다. 그의 모든 사례가 그 이론을 뒷받침하고 있으며, 또한 저서와 삶을 통해서, 비평가들로 하여금 자신의 이론을 개정하도록 강요할 수 있는 부정적 사례를 산출하라고 도전장을 보냈다. 그 이론은 폭넓게 논쟁되고 비평되었지만, 아무도 그러한 사례를 산출하지는 못했다(비평가들이 아주 열심히 그것을 시도했는지는 확실치 않다).

그 최종적인 이론은 처음에 시작했을 때와는 몇 가지 점에서 달랐다. 그의 연구는 사실에 반하는 자신의 아이디어를 점검하는 것과 자신이 옳았는지 아닌지를 보는 것으로 단순히 이루어져 있지 않았다. 피면접자들은 린드스미스에게 그 당시 그의 이론적 견해가 틀렸다는 점을 보여주는 어떤 것을

말해줌으로써 때때로 스스로를 "부정적인 사례"로 전환시켰다. 예를 들면:

> 조사의 두 번째 가설은 사람들은 자신이 경험하고 있는 금단의 고통
> 의 심각성을 인정하거나 파악할 때 중독자가 된다는 것이었으며, 그
> 리고 만약 금단의 고통을 인정하지 않으면, 다른 어떤 조건에 상관없
> 이 중독자가 되지 않는다는 것이다.
> 이런 공식화는……증거 검사에서 지지되지 않았고 또한 가장 극심한
> 형태의 고통은 아닐지라도 금단의 고통을 경험했으면서 그 고통을 경
> 감시키기 위해 마약을 사용하지 않았고 그래서 전혀 중독자가 되지
> 않았던 개인을 사례에서 발견했을 때는 수정해야만 했다
> (Lindesmith, 1947: 8).

그런 부정적인 사례를 발견했을 때, 린드스미스는 그 이론을 수정했거나(앞의 예에서와 같이), 혹은 좀 더 논쟁적으로 자신이 설명하려고 시도했던 것을 재정의했다. 이는 그가 연구한 바와 같이, 어떤 사례는 결국 점차 그것을 이해하는 과정에서 중독에 대한 사례가 아니라고 판단함으로써, 때로는 그러한 부정적인 사례를 버리기도 했음을 의미했다. 그가 찾아내고 있던 것과 설명하고자 한 것을 정의하는 방식 사이에는 본질적이면서 꾸준한 문답이 있었던 것이다.

린드스미스는 또한 그의 이론에서부터 논리적으로 추론할 수 있는 함축들을 문헌에 있는 자료에 대조함으로써 자신의 이론을 점검했다. 예를 들면, 그의 이론은 자각과 인과적 추론을 행하는 능력에 중요한 역할을 부여한다. 중독자가 될 가망성이 있는 자는 자신의 고통이 마약의 결핍에 인해 야기되었음을 합리화할 능력이 틀림없이 있다. 만약 인과성의 개념을 이해하지

못해 조건문의 연계if-then connections를 만들 수 없다면, 그와 같은 인과적 추론을 할 수 없다. 그러므로, 너무 어려서 인과적 합리화를 할 수 없는 아이들과 (이를테면 피아제Piaget의 이론), 동물(확실하지는 않지만 추측하건대, 인과적 추론을 할 수 없다)은 마약중독자가 될 역량이 없다고 그는 판단하였다. 그는 심리학과 의학 문헌들을 통하여 어린아이(이를테면, 마약중독된 어머니에게서 태어난 유아)와 동물(마약중독 실험의 객체이던)은 육체적으로 길들어 있음을 알게 되었다. 그런데, 아이들과 침팬지는 어른이 중독자가 되는 유형의 행동으로 결코 중독자가 되지 않는다.

린드스미스의 마약중독 이론은 정치적으로 논란이 되었다(이후 1965년의 그의 저서에서 설명하고 있다). 마약 연방 당국과 캔터키 주 렉싱톤 Lexington, Kentucky에 있는 마약중독자를 위한 공공보건 의료서비스 의사들은 린드스미스의 이론이 틀리다고 생각했는데 왜냐하면, 그 이론에 따르면 우선, 마약 중독은 나약하거나 범죄적인 인성의 산물이 아니라, 오히려 누구에게나 일어날 수 있음을 시사하는 것처럼 보였기 때문이다. 다음으로, 무지하고 부주의한 대중의 일이라고 치부해왔던 마약중독의 "문제"를 처리하는 최선의 방책은 의사들로 하여금 중독자에게 마약을 처방하게 하는 것이라는 결론으로 다다를 수 있었고, 그래서 연방 기관은 도덕적 근거에 상당히 기반해서 그 이론을 굳세게 반대했다Lindesmith, 1965.

정치적으로 논란이 되는 결론은 방법론적 근거에 있어서 공격을 받는다. 나는 표본추출의 고려사항에 기초하여 린드스미스 연구를 비평했던 앞선 논익를 다시 되풀이하지는 않겠다. 여기서 우리의 화제와 관련되는 것은 그가 자신의 연구 객체을 정의했던 방식에 대한 비평이다. 연구자는 어떻게 그것을 하는가? 연구 도중에, 연구하고 있는 것의 정의와 설명하려고 하는 것의 사례를 구성하고 있는 것을 바꾸어도 되는가? 보편적인 관행은 안 된다고 하고, 또 그렇게 할 수 없다.

그러나, 린드스미스는 그것을 할 수 있을 뿐만 아니라 반드시 해야 한다고 생각했다. 그가 연구를 시작했을 때, 중독에 관한 생각이 잘못 정의되었고 자의적이었으며, 또한 마약중독의 과정 또는 마약중독자의 세계에 관한 진짜 지식에 근거하지 않았다고 생각했다. 그러므로, 그는 자신의 연구 문제를 단순히 사람들이 **어떻게** 마약중독자가 되는지 또는 무엇이 마약중독을 "야기하는지"를 이해하는 것뿐만 아니라, 마약중독과 마약중독자가 무엇**이었는지**에 대한 정의를 분명하게 하는 것이라고 보았다. 만약 그것이 자신이 연구하고 있는 동안 연구하고 있는 것에 관해 자신의 생각을 바꾸는 것이라면, 좋다. 고전적 견해와 이후의 견해 모두에서, AI는 항상 어떤 연구 문제(가령, 사람들이 어떻게 중독자가 되는지)에 대한 개념적 해결책의 상호 명료화와, 그 문제를 구성하고 있는 것에 대한 정의, 그리고 현실생활에서 그것의 구체화 같은 것을 포함하고 있다.

곧 인정하겠지만, 이것은 라긴이 불리언 방법에서 본질적인 것이라 주장하고 있는Ragin, 1994: 93-100 자료와 이미지의 문답법과 동일한 것인데, 여기에서 연구자는 연구되고 있는 것을 재정의하면서 동시에 그 설명에 대한 자신의 이해를 다듬는 것이다. 자료와 이미지에 대한 라긴의 서술에서 이 두 방법의 유사성을 볼 수 있다. 그가 진술하기를, "분석적 귀납법은 이미지를 세우는 것과 모순되는 증거를 찾아내는 것 모두를 위해 사용되는데, 왜냐하면 그 방법은 그런 증거가 최초의 이미지를 개선시키기 위한 최고의 기본재료로 보기 때문이다"앞의 책: 94. 이와 비슷하게 우리가 불리언 방법을 사용할 때는, "증거에 근거한 이미지가 사례의 하위집합을 차별화시키는 여러 조건의 상관배치의 형태로써 진리표의 단순화시키는 과정에서 출현"하는 방법앞의 책: 130을 기술한다.

린드스미스가 행했던 것을 진리표 항으로 평가해 보자. 관심 있는 결과를 설명하는 데 사용하고 있는 이론을 바꿀 때, 원인의 목록에 새로운 요인이나 변수 혹은 과정 내의 단계를 추가한다. 그것은 또한 진리표에 +나 ―를 포함시킬 수 있는 새로운 행을 추가하는 것을 의미한다. 이는 표에서 행의 수, 즉 모든 요소에 대해 가능한 조합의 수를 두 배로 만든다. 그리고, 그것은 모든 사례―그 변화로 야기된 새로운 것과 그 전에 있던 것 모두―가 이제 그러한 속성의 어떤 값을 가지고 있는 것으로 간주되어야 하는 것을 의미한다. 어떤 중독자가 자신은 금단 징후가 있었지만 그 징후를 완화시키기 위해 또다시 마약을 투여하지 않았다고 말했을 때, "고통 완화를 위해 마약을 투여함"이라고 명명된 하나의 행을 추가했고, 그 행에서 모든 사례는 + 또는 ―를 가질 것이다.

다른 한편, 하나의 사례 또는 한 부류의 사례를 제거할 때 두 가지를 하게 된다. 과정의 결과를 기술하는 목록에 새로운 변수를 추가하는데, 그것은 원인의 목록에 새로운 하나의 가능성을 추가하는 것―각 사례를 서술하기 위해 + 또는 ―를 집어넣은 새로운 한 행―과 동일한 결과를 가진다. 그런 다음, 정의한 새로운 행에서 +를 지닌 모든 조합을 제거한다. 부정적 사례를 자신이 설명할 의무가 있는 영역 밖의 것으로 정의한다.

이 때 AI의 기본 절차는 진리표를 하나의 행으로 축소하는 것으로, 그 행은 설명해야 할 결과에 대한 사례를 포함하고 있고 모든 행에 +를 지닌다. 모든 다른 조합은 관련이 없고 흥미롭지 않은 것으로 간주된다. 그것이 어떤 관점에서 흥미롭지 않기 때문이 아니라, 만약 원하는 것이 아편중독과 같은 어떤 특정 결과를 설명하는 것이라면 다른 것은 조사될 가치가 없기 때문이다. 아니면 최소한, 그것은 그런 방식으로 보여질 수 있다. 사실, 그 행을 명료하게 만드는 데 다른 많은 자료가 필요하며, 또한 바로 거기서 문제는 AI의

347

엄격한 견해로 발생된다.

린드스미스의 작업은 그러한 문제를 보여주었다. 그는 자신이 찾고 있던 설명, 즉 아편중독에 대한 보편적인 이론을 발견했고, 그 이론이 결코 성공적으로 반박되지 않았던 것도 사실이다. 하지만 그는 대가를 치렀다. 그는 마약중독에 대한 다른 많은 양상, 특히 한편으로는 마약에 대한 법적 · 문화적 정의들의 상호작용과, 다른 한편으로는 중독에 관련 있는 사람에 대한 전문가였다. 그러나, AI의 절차에 대한 그의 엄격하고 절대적인 집착은 자신이 잘 알고 있었던 많은 것에 대해서, 마약중독 과정을 다루었던 강력한 논리적 방식으로는 말할 방식이 전혀 없음을 의미했다. 그런 과정에서 기능했던 논리 유형의 진리표는 마약 세계와 법의 집행이라는 좀 더 복잡한 연결망의 집합활동을 다루지 못할 것이다. 바로 그것이 이런 식의 작업에 대한 문제로, 가령 어떻게 하면 사회조직의 복잡성에 충분한 비중을 실으면서 한편 논리의 장점을 보존할 수 있을까라는 것이다.

횡령Embezzling·····················도날드 크레시Donald Cressey는 제2차 세계대전 후 인디아나 대학에서 린드스미스와 서들랜드의 학생이었으며, AI의 또 다른 초기 옹호자였다. 나중에 ≪다른 사람들의 돈Other people's Money≫이라는 제목으로 출판된 그의 박사학위논문은 횡령에 관한 연구이다. 그는 아마 "횡령"을 조사하려고 의도했으나, 곧 심각한 자료수집 문제에 부딪쳐 연구하고 있던 것을 재정의해야 했다고 하는 것이 더 나을 것이다. 그런 문제와 그의 해결책은 AI 형태의 진리표 분석의 사용에 대한 또 다른 시각을 우리에게 제시해준다.

린드스미스의 화제인 마약 중독은 많은 경우 집단 행위이다. 마약 중독자의 세계는 친목 동아리, 시장, 상호원조 체계를 가지고 있다. 헤로인 사용자는 서로를 알고 있으며, 그리고 자신이 좋아하는 연구자에게 면접하게 할 수 있는 사람을 소개시켜줄 수 있다. 하지만 횡령은 혼자서 하는 비밀스런 행위이다. 함께 빠지는 악행이나 전문 형태의 범죄가 아니기 때문에, 횡령은 친구와 동료의 사교계를 만들어 내지 않으며, 그래서 우리가 면접한 횡령 범죄자는 소개시켜줄 수 있는 다른 횡령 범죄자를 전혀 알지 못한다. 한 명의 중독자(혹은, 한 명의 전문 도둑이라고 하자)를 찾는 것은 더 많은 중독자의 발견에 문을 열어 준다. 그러나, 한 명의 횡령 범죄자를 발견할 때, 그 한 명이 발견한 전부이고, 따라서 다시 추적을 시작해야 한다.

그래서, 크레시가 면접할 횡령 범죄자를 발견할 수 있는 유일한 길은 감옥에 가서 횡령죄를 선고받은 사람을 면접하는 것이었다. 다른 범죄의 경우에서와 달리, 그것은 그리 심각한 표본추출의 문제점을 산출하지는 않았다. 그럴만한 이유가 있다. 말하자면, 감옥에 수감중인 강도들은 모든 강도 집합체pool에서 무작위 추출된 자들이 아니며, 오히려 강도질에 잘 익숙하지 않은 사람Conwell and Surtherland, 1937, 또는 전문 사건 브로커와 적절한 타협을 보지 못했던 사람으로 구성된다. 달리 말해, 수감중인 강도는 감옥에 전혀 간 적이 없는 자들과는 같지 않으며, 이 사실은 결국 그들의 범죄 이야기가 비전문가의 이야기와 매우 다를 수 있다는 것을 의미한다. 하지만, 거의 대부분의 횡령 범죄자는 결국 감옥으로 귀결된다. 회계감사관은 항상 돈이 없어졌음을 발견하고 폭로하며, 또 누가 그 돈을 가져갔는지를 쉽게 알아낼 수 있다. 그때는 너무 늦어 해외로 도망치는 것 외에는 아무 것도 할 수 없다(물론, 횡령 범죄자들은 이따금 해외로 도망친다). 그래서, 감옥에 있는 횡령 범죄자들은 아직까지 감옥에 들어오지 않은 횡령 범죄자와 아마 상당히 비슷할 것이다.

그러나, 감옥에서 발견하는 표본에는 좀 더 실질적인 어려움이 있다. 그것은 AI의 실행자들로 하여금 표본으로부터 사례를 내버리게끔 하는 정의의 문제에 핵심을 찌른다. 횡령이 무엇인지는 누구나 알고 있기 때문에 정의의 문제가 있어서는 안 되는 것이 아닐까? 분명히 그러하다. 횡령이란 누군가가 회사의 돈에 손을 대고 힘이나 무기에 의존하지 않고, 대신에 어떤 금융 사기수법을 이용하여 돈을 취할 때 일어난다. 그러나, 그런 일반적인 정의와 다소 일치하는 방식으로 고용주에게서 돈을 횡령한 사람들이 항상 유죄를 받고 횡령죄로 감옥에 보내지는 것은 아니었다. 그 범죄의 법적 정의는 검사가 그런 고발을 하기 위해 반드시 갖추어야 할 요구 사항을 늘어놓는다. 그러나, 검사는 비록 자신이 수감시킨 사람이 돈을 삥땅친 것을 알고 있을지라도, 그런 법적 요구사항에 맞출 수 없는 경우가 있다. 그렇지만 그와 비슷한 다른 혐의에 대한 요구사항에는 맞출 수 있다. 결국, 보편적으로는 횡령으로 생각될 수 있는 일을 범한 사람이 "수탁에 의한 절도lacency by bailee", "신용사기" 또는 "위조"라고 칭하는 범죄를 범했다는 이유로 감옥에 보내는 것으로 종료될 수 있다. 크레시는 다음과 같이 설명한다:

> [횡령의] 법적 범주는 동일한 부문의 범죄 행위를 기술하지 않았다.
> 자신의 행위가 횡령의 정의에 의해 적합하게 기술되지 않는 사람들이
> 횡령죄로 수감되어 있는 것이 발견되었고, 자신의 행위가 그 정의에
> 의해 적합하게 기술되는 사람들이 다른 죄를 범한 것으로 감금되어
> 있었다(Cressey, 1951).

그래서, 횡령죄로 기소된 범죄는 일련의 사실에 대해 기계적이고 불변하는 정의의 반응보다는 오히려 검사가 기소에서 승소할 수 있는 능력을 반영하고 있다.

따라서, 크레시는 그러한 그 밖의 표제들headings에 속해 있는 사례 모두를 점검하여 그가 원하는 이야기를 가지고 있는지를 확신하고자 했다. 진리

표 항에서, "횡령죄로 선고됨"이라고 명명된 행을 제거해야만 했고, 그리고 그의 관심을 끄는 사례를 구별할 수 있게 할 다른 어떤 기준(들)의 존재유무를 기록하고 있는 새로운 행(들)을 삽입해야만 했다. 내가 앞 단락에서 이야기했던 일반 상식적인 정의를 적용하여 면접할 사람(여러 범주의 범죄에 있는 사람)을 선정했기 때문에, 그는 여전히 또 다른 문제점을 가졌다. 상식적인 정의에 의해 체포된 사람들은 그 행위에 있어서 오직 하나의 불변적인 설명이 존재하는 것 같지 않았다는 점에서 명백히 달랐다(비록 그들이 고용주의 돈을 착복했다는 점에 있어서는 결국 그 행위는 모두 "동일"했지만). 감옥에 있는 몇몇 사람들은 착실하게 일하다가 어떤 어려움을 만나서 곧 되돌려줄 의도를 가지고 돈을 훔쳤다가 붙잡힌 사람도 있는데, 이들은 어쩌다가 범죄자가 된 선량한 사람들이었다. 하지만, 감옥의 다른 횡령 범죄자들은 어쩌면 은행에서 일자리(또는 금융신탁의 어떤 자리)를 얻을 수도 있는 전문 범죄자들이었다. 그들에게는 훔치려는 충분한 의도가 있었다. 이러한 두 입장에는 서로 다른 설명이 요구되었다. 크레시는 첫 번째 유형의 사람, 즉 그럴 의도는 없었지만 훔쳤던 사람에게만 관심을 가졌다. 두 번째 유형은 전문 기술의 의도적인 적용—수술을 수행하고 있는 외과의사를 설명하려는 방식—으로써 충분히 쉽게 설명될 수 있다. 후자는 이미 다른 사람에 의해 연구되었기 때문에 그에게는 이론적 흥미를 주지 않았다(그의 스승인 서들랜드가 도둑의 전문적 행동을 분석했었다Conwell and Sutherland, 1937).

그래서, 크레시는 자신의 연구 주제를 신용이 좋았던 금융신탁 직책의 범죄 위반으로 다시 정의했고, 기소되었던 범죄의 공식적인 명칭은 무시했으며, 새로운 정의에 부합되지 않았던 사례는 버렸다(다른 말로, "훔치려는 의도로 일을 함"이라는 표제의 열에서 +쪽의 진리표의 모든 행을 제거했다). 그런 사람들의 신용범죄에 대한 설명이 여기의 논거에서는 사실 필요한 것은 아니지만, 말하지 않으면 매정할 것 같다. 크레시는 그들의 활동은 세 단계를 거친다고 설명했다. 첫 번째, 횡령 범죄자가 된다는 것은 공유할 수 없는 재정적 문제를 발전시켰는데, 그 문제는 다른 이에게는 해가 되지 않을 수 있지만 신용금융업무에 종사하는 사람들에게는 독이 되었다. 대학교수가 경마를 해서 돈을 잃는 것은 괜찮지만, 은행원이 그럴 때는 괜찮지 않다. 그래서 은행원은 여유 분의 현금이 필요하고 그래서 합법적인 방식으로 그 돈을 취한다는 사실을 어느 누구에게도 말할 수 없다. 또는, 최소한 그들은 자신이 그렇게 할 수 있다고 생각하지 않는다. 비록 공유할 수 없던 것이 달라질지라도 핵심은 비공유성이지, 특정 활동이 아니다. 이 때 그들은 성공적인 절도를 위해 요구되는 기술을 배웠다. 그것은 그다지 어렵지 않은데, 왜냐하면 그 기술은 우선적으로 일하는 데 필요했던 기술과 동일한 것이고, 일을 배우는 과정에서 그 기술을 이미 배웠기 때문이다. 끝으로, 이제는 그것을 수행하는 과정에서, 한때 자신이 금지된 것이고 범죄라고 간주했을 어떤 것을 행하는 것이 결국 왜 정당했는지에 대한 설명, 그 합리화를 전개했다. 이를테면, "여기는 큰 회사이고 그들 역시 사기를 치고 있어"라고 생각할 수 있다.

마리화나 사용························· 나는 린드스미스 책이 출판되었을 때 그 책을 읽고, 그의 AI 사용을 매우 좋아하게 되었다. 나의 생각에, 그것은 이전에 충분히 알고 있던 주제에 접근할 수 있는 좋은 방법이 될 것이라고 생각했고, 나의 댄스 음악가 경력과 인생 경험을 통해 린드스미스의 이론의 흥미로운 변형—마리화나 사용Becker, 1963: 42-78에 대한 또 다른 AI—을 자극시킬 수 있는 좋은 방식일 거라고 생각했다.

아편과 달리, 마리화나는 중독을 야기하지 않는다. 그것은 무심결에 사용하는 경향이 훨씬 강한데, 때로는 많이, 때로는 전혀 사용하지 않는다. 나는 그런 사용 패턴이 린드스미스가 이미 마약 중독의 사례를 위해 파괴해버 렸던—나의 견해로는—표준적인 생리 또는 심리 이론으로 설명될 수 있다 고 생각하지 않았다. 그렇다고 마리화나 사용은 금단 고통에 대한 적응을 기 초로 하는 린드스미스식의 과정을 빌려서는 설명될 수 없었는데 왜냐하면, 마리화나 사용자에게는 금단의 고통이 없었기 때문이다. 설명해야 할 것은 강박 관념적 중독 행위가 아니라, 내가 "쾌락을 위한 마리화나의 사용"이라 고 표현했던 자발적 행위였던 것이다. 나의 설명 역시 세 단계로, 세 단계의 학습 과정이 있었는데, 생리적 결과가 일어날 수 있도록 마리화나를 흡입하 는 것을 배우는 것과, 마약의 효과(왜냐하면, 그것은 비교적 포착하기 어렵 고, 쉽게 무시되고, 또는 갈증과 같은 "정상적인" 상황의 탓으로 돌려지기 때 문이다)와 속성을 인식하는 학습, 그리고 "분명하게" 즐길만한 것은 아니지 만 그 증상을 즐기는 학습(입술이 마르거나 정신이 몽롱해지는 데 있어 반드 시 대단히 재미있어야 하는 것은 아니다)으로 이루어진다.

나는 그 이론의 재형성과 그 현상의 재정의를 요청할만한 부정적인 사 례를 발견했다. 가장 흥미롭고 중요한 것이 내가 다양한 밴드활동을 할 때 함 께 일했던 음악가를 면접했을 때 일어났다. 그가 고백하기를, 자신은 황홀한 몽롱함high을 경험한 적이 전혀 없으며 사람들이 그런 표현을 사용했을 때 무 슨 말을 하는지를 몰랐다는 것이었다. 나는 그에게 법적인 제재가 있을 것을 생각하면서, 왜 군이 마리화나를 계속해서 피우려고 안달인지를 물었다. 그 는 다른 사람도 다 그렇게 하고 자신만 고지식한 사람으로 보이고 싶지 않았 다고 실명했나. 나는 그의 사례(이후 그 연구에서 이런 사례가 또 한 건 나타 났다)와 같은 것은 내가 말하고자 했던 것이 아니라고 판단했다. 그런 사례 는 말하자면 동료의 강압과 같은 연구에서는 흥미로운지 모르지만, 내가 설 명하고자 했던 것은 아니었다. 그래서 그 사례를 나의 표본에서 빼어버리고,

그것을 "마리화나가 단지 위신의 가치, 즉 자신이 어떤 종류의 사람이라는 상징으로써 사용될 뿐, 마리화나의 사용으로 파생되는 쾌락은 전혀 없는 Becker, 44" 사례로 서술했다. 결과적으로, 황홀한 몽롱함은 결핍되어 있고 위신이라는 동기에는 +로 결합된 사람들이 있는 행 모두를 진리표에서 제거했다. 그러나 위신과 황홀한 몽롱함의 능력의 행(사례)들은 남겨두었다.

나는 린드스미스와 크레시의 방식과 동일하게 AI를 사용했다. 나도 그들만큼 자아 개념의 발달과 개인적인 활동 노선에 관심이 있었다. 이는 사람들이 어떻게 마리화나를 쾌락을 주는 것으로 보게 되었는지, 그리고 그들 자신을 그런 쾌락을 얻고 즐기기 위해 마리화나 사용 방식을 알고 있는 사람들로서 어떻게 보게 되는지를 이해하고자 한다는 것을 의미했다. 하지만, 나는 그들보다 더 한층 나의 설명에 그 활동의 사회적 맥락을 도입함으로써, 사람들이 좀 더 경험이 많은 사용자의 가르침에 의해 그들이 배워야 할 것을 전형적으로(필수적인 것은 아니지만) 배웠다는 사실을 강조하고자 했다.

그리고, (나의 작업이 린드스미스의 작업 그리고 크레시의 작업과 가장 중요한 차이)나는 하나의 과정으로 만족하지 않았다. 나의 분석은 또한 사회 통제 이론을 통합하였는데, 그것은 마리화나 사용이 전형적으로 사용자의 관습적인 삶을 방해하지 않았다는 나의 관찰에 근거한 것이었다. 사용자들은 그런 방해를 회피하기 위해, 마리화나 사용의 법적인 금지의 결과를 피할 수 있는 방법, 그리고 그들이 정규적으로 만나는 사람들이(부모, 고용주, 친구 등) 마리화나 사용자가 되는 것은 나쁜 일이라는 믿음의 결과를 피할 수 있는 방법을 찾아야만 했다. 이런 문제들은 또 다른 필수적인 적응—이번에는 사회 통제력에 대하여—을 도입했다.

그래서 나는 다소간 AI 형태로 두 번째 과정을 서술하면서, 마리화나 사용을 시작하고 계속할 수 있는 경우는, 오직 그런 행위를 일탈이라고 정의하면서 관련된 문제를 성공적으로 다룰 때라고 결론을 내렸다. 예를 들면, 마리화나의 소유와 판매는 불법적이기 때문에 얻기가 매우 어렵고, 만약 얻을 수 없을 때는 마리화나를 사용할 수 없다. 마찬가지로 마리화나 사용자는 그것을 들키면 어떤 방식으로든 자신을 응징할 법률 시행관, 친척, 고용주, 그리고 기타 다른 사람 몰래 마리화나 사용을 계속할 방법을 찾아야만 했다. 그리고 사용자는 마리화나 흡연에, 가끔씩 책임이 전가되곤 하는 그런 나쁜 영향이 실상은 없다고 스스로 확신해야만 했다. 만약 이런 조건 중 어느 하나라도 맞지 않는다면, 그 사용은 계속되지 않을 것이다.

나는 그 두 과정을 하나의 모형으로 통합했으므로, 나에게는 셋이 아니라 여섯 단계의 과정이 있어야 했다. 조합된 여섯 단계가 진리표의 행을 구성했다. 이들 행에 기입된 +와 −의 조합은 마리화나 사용을 야기한 입장과 그렇지 않은 입장을 기술했다. 왜냐하면, 린드스미스가 면접한 사람은 어떤 외부의 힘이 개입했을 때만 마약 사용을 중지했지만, 내가 이야기했던 사람은 항상 중지했다가 다시 시작했기 때문이다. 나는 중지했다가 우연히 다시 시작하게 하는 조합을 다루었다. 내가 지금 알 수 있는 바는, 만약 내가 그 가능성을 이해했더라면, 그러한 분석을 체계화할 수 있었을 질적 비교분석QCA 양식의 진리표를 구축했을 거라는 사실이다. 나는 크레시와 린드스미스가 만들었던 것보다 훨씬 더 복잡한 집합의 열과 행을 가질 수 있었고, 그것은 AI의 가능성이 과거의 연구가 제시했던 것보다 더 대단하다는 것을 보여주었을 것이다(가난한 변호사의 경력에 대한 카츠Katz, 1982의 연구를 분석한 라긴의 것Ragin, 1994: 94-98은 무엇이 가능한 것인지를 잘 보여주는 예이다).

내가 황홀한 몽롱함을 배우는 것과 사회 통제 체제의 적응이라는 두 문제를 따로 했던 데에는 이유가 있었다. 그 두 과정은 연결되어 있지만, 마리화나를 얼마나 자주 그리고 얼마나 많이 피는지에 대해서는 동일한 방식으로 영향을 미치지 않았다. 마약의 효과를 즐기는 학습은 그 사회의 마리화나에 대한 법적 입장이 무엇이든지 간에 발생할 수 있는 것이었다. 황홀한 몽롱함을 얻는 것은 그 행동의 법적인 상태와는 상관없이 그 자체이다. 다른 한편, 마약 사용의 부정적 정의를 다루는 과정은 역사적으로 부수적인 사건이었다. 그러한 사회 통제가 작동할 때만 분석자는 그런 일련의 마리화나 사용 억제를 취급하였다. 그리고, 역사적으로 그 문제들은 이러한 연구 후 수년 내에 어느 정도까지는 변하므로, 두 번째 과정에서 작동하는 몇 가지 부수적인 사건은, 최소한 어떤 사람과 어느 시점에서는 더 이상 존재하지 않는다.

고전적 AI에 대한 이 세 가지 예는 강박관념이라고 할 정도로, 그 방법이 적용된 방식은 엄격하다. 그것은 어떤 특정 결과를 설명하기 위해 고안된 하나의 주요 가설만을 고려하고, 다른 것은 설명해야 할 현상의 사례가 아닌 "무관한extraneous" 결과로서 엄격하게 배제했다. 따라서, 나는 마리화나를 즐기는 것을 결코 배운 적이 없지만 그래도 계속해서 피웠던 사람은 무시했는데, 왜냐하면 그런 집단의 행위를 설명하는 것이 흥미롭다고 생각하지 않았기 때문이다. 그 현상을 추적할 수 있었지만 그러지 않았다. 그것은, "동료 압력"에 대한 현시대의 관심이 시사하는 바와 같이, "흥미롭지 않은" 결과는 아니었다. 마찬가지로, 크레시는 금융 신탁의 지위에 있었기에 그런 범죄를 저지를 수 있었던 전문 범죄자의 사례를 배제했다. 그는 그런 전문 범죄자의 결과에는 관심을 가지지 않았다. 사회 조직체로서의 은행의 기능에 관심 있는 사람은 당연히 두 형태의 위반 모두를 고찰하고자 할 것이고, 이 둘의 유사한 그러나 똑같지 않은 결과에 대한 설명이 병행하여 전개되기를 바랄 것이다.

내가 이야기한 것은, 린드스미스나 크레시 혹은 내 자신이 그러한 선택을 했다는 데 대한 비평이 아니었다. 그러나, 그런 선택이 과학적인 고찰에 따른 것이 아니라, 우리가 해결하고자 하는 문제에 따른 것임을 인정해야만 한다. 우리는 더 광범위한 범위의 결과를 조사함으로써 더 광범위한 범위의 문제를 해결하도록 쉽게 선택할 수 있었다. 다양한 결과를 동시에 조사하는 데 관심 있는 연구자들은 피상적으로는 다르지만, 실제로는 매우 유사한 방법과 논리를 사용하고 있다. 그런 방법은 AI의 변형과 확장으로 간주될 수 있다.

그렇게 엄격하지 않은 분석적 귀납법

불가사의한 사례와 비교 ························· 어떤 사회학자들(내가 그 한 명이고 에버렛 휴즈가 다른 한 명이었다)은 모순되는 예를 가지고 누군가가 제시하는 모든 그럴듯한 합리적인 일반화를 반박함으로써 자신의 동료를 난처하게 하고, 그리고 특히 자신의 학위 논문을 단순화시키고 그래서 자신의 삶까지 단순화하려는 학생들을 괴롭힌다. 4장에서, 예술적인 재능 검사를 기획하고 또한 그림 그리기로 그런 능력을 측정하고자 하는 모임에 참석했던 것이 언급되었다. 그것은 표면상 비합리적으로 보이지 않았지만, 나는 그 즉시 다른 참여자들에게 사진을 시각 예술로 간주하는지, 그리고 그렇다면 (물론 그랬다) 그림 그리는 능력이 어떻게 해서 사진예술가가 될 수 있는 잠재성을 측정할 수 있는지를 질문함으로써 모든 것을 일시에 무너뜨렸다. 의과대학생들이 나에게 찐드기를 정신신체증 환자라고 말한 후에, 찐드기와 위궤양 환자를 대비시켰을 때도 나는 동일한 이론적 이동을 만들었다. 그들은 위궤앙이 정신신제승적 근원을 가지고 있음을 "알고" 있었지만(공교롭게도, 현재 위궤양의 원인은 정신보다는 세균으로 생각되고 있다), 위궤양 환자가 찐드기가 아니라는 것도 매우 확고하게 알고 있었다.

나의 동료들이 그림 그리기나 찐드기에 관해 만들었던 일반화에 예외를 제기한 것은 단지 그들을 골탕먹이기 위해서는 아니다―물론 그 것이 재미있었고 나의 장난기가 발동하긴 했지만―. 내가 그랬던 것은 귀를 기울여 왔던 말 속에 잠재되어 있었던 예술적 재능과 환자의 나쁜 행실에 대한 생각을 탐구하기 위해서였다. 만약 모든 사람이 예술적이라고 알고 있지만 모든 예술 활동의 속성으로 간주하는 특징을 가지고 있지 않은 어떤 활동을 매우 쉽게 생각해 낼 수 있다면, 그 특징은 시각 예술을 정의하는 특성이 될 수 없었다. 만약 내가 찐드기가 아니었던 정신신체증 질병 환자를 그렇게 쉽사리 찾아낼 수 있었다면, 정신신체증은 찐드기를 정의했던 것이 아니었다. 두 경우 모두에서, 나는 분석적 귀납법을 쓰는 사람이 하는 방식으로 그런 부정적인 사례를 사용하고 있었는데(왜냐하면 그 사례가 바로 그랬기 때문이다), 그 방법이란 새로운 변수, 분석할 것의 새로운 측면을 발견하는 것이다. 일반화가 이러한 불편한 부정적인 예를 다루어야 한다고 주장하는 것은, 이미 존재하고 있는 조합에 의해 설명되지 않는 사례를 발견할 때마다, 진리표에 행을 추가하는 것이다.

실제로 이런 목적에 부정적인 사례를 사용하기 위해 부정적인 사례를 조사해서는 안 된다. 만일 연구하고자 하는 것이 관심 있는 입장이나 과정에서 좀 더 많은 차원과 요소를 찾기 위해 그것을 사용하는 것이라면, 하나만 생각할 수 있어도 충분하다. 만일 우리가 틀리고, 가상의 사례는 아무 경험적 관련성이 없는 것으로 판명되는 요소를 만들어 낸다면, 그것이 비극은 아니다. 그것에 대해 생각하고 그런 다음 우리가 틀렸음을 발견하는 것은 그것에 대해 전혀 생각하지 않는 것보다 좋다. 바로 그것이 휴즈와 다른 사람들이 그렇게 열심히 소설을 읽었던 이유이다. 소설 작가들이 우리 대부분이 가지지 못한 탁월한 통찰력을 가졌기 때문에 그런 것은 아니다. 그들은 아마 무언가를 충분히 조심스럽게 서술할 수 있으므로, 거기서 우리 이론에 대한 부정적

학계의 술책

인 예를 추출할 수 있는 것이다. 사회과학자와 경험적 연구보다 훨씬 더 많은 소설과 소설가가 있기 때문에, 그들은 우리보다 훨씬 더 다양한 입장을 다루게 되어 있고, 그 결과 그렇지 않으면 우리가 알지 못했을 여러 가능성을 기술하고 있다.

민간방법론적 관행 Ethnographic Practice ....소설 또는 널리 알려진

것에서 불가사의한 사례와 비교를 끄집어냄으로써, 나는 새로운 아이디어를 생각해내고, 대화를 하고, 학생들도 그들의 사고를 지배하고 있는 상투적인 사고에서 빠져나오도록 도와주고, 그리고 나 자신에게도 그와 비슷한 상투적인 사고에서 빠져나오도록 돕고자 해왔다. 그러나 실은 민간방법론적 현장연구에서의 보편적인 관행은 흔히 같은 술책을 포함하고 있으며, 나는 그것이 어떻게 그런지를 설명하기 앞서 약간의 배경지식을 제공하겠다. 민간방법론자들은 린드스미스나 크레시와 달리, 좀처럼 한 가지 특정 문제에 대한 단 하나의 해결책만을 발견하는 데 그렇게 골몰하여 관심을 가지지 않는다. 그 대신, 그들은 전형적으로 그들이 연구하고 있는 조직이나 공동체의 많은 다른 측면에 대한 일련의 맞물려 있는 일반화를 발달시키는 데 관심을 가진다. 그리고 민간방법론적 기술의 많은 위력은 그 다양한 일반화가 서로서로 어떻게 뒷받침해주는지를 검토하는 데서 나온다.

그래서 휴즈는 산업화가 진행중인 한 캐나다 마을의 경험을 기술하면서, 성직자 소명이 불어를 사용하는 가족에서 발생하는 방식에 관한 복잡한 이야기를 다음과 같이 하고 있다:

아이는 동일한 성향이 있는 공동체에서 양육되는데, 거기에서 그 아이는 농장을 소유한 가족의 존경받는 지위를 공유한다. 그러나, 각 가족의 품 안에서 그 아이들 모두는 앞으로 도래할 다양한 운명을 받아들이도록 되어 있다. 어떤 아이는 농장 소유자가 되어 고향의 교구에서 가족을 이끌어야 할 것이다. 다른 아이들은, 농장에서 일을 할지라도, 결국에는 신부, 수녀, 의사, 선생, 장사꾼, 장인, 화가, 또는 산업화된 공장의 단순 일꾼이 될 것이다. [농장의] 성인 소유자들은 어떤 한 계급에 속하지만, 자식들은 도시의 산업 문명의 다양한 신분으로 분산될 운명에 놓여져 있다. 놀라운 것은 가족의 결속력이 의식적이건 무의식적이건 간에 사보타지sabotage(노동쟁의 전술의 하나로, 고의로 생산 설비 또는 생산품에 손상을 입혀 생산을 저해하는 행위—옮긴이)없이 여러 개인들을 일하게 한다는 사실이 아니라, 오히려 대부분의 아이들이 농장의 일부 또는 구획을 받지 못할 것이고 단지 추억 속에서나 그 곳을 "고향"이라고 부를 수 있을 것이라는 사실에도 아랑 곳 없이 그렇게 한다는 것이다(Hughes, 1943: 8).

[휴즈가 연구했던 도시인] 캔톤빌Cantonville의 성직자 거의 대부분은 농부의 아들이고, 어린 나이에 가족의 비용 부담으로 대학에 들어가고 그 다음 신학교에 갔다(앞의 책: 171).

[종교적] 소명의 주된 요인은 가족에 대한 그것의 역할이고 또한 가족의 성취를 가져다주는 가족의 노력과 같은 것이다. 성직자들은 일반적으로 도시 노동자 계급은 성직자를 배출해내지 않는다고 증언하고 있다. 그 공동체에서 우리의 주목을 끌었던 소명 사례 중 극히 일부만이 최고의 사회적 위치에는 올라가지 못했지만 자신의 분야에서는 꽤 성공한 소규모 사업가의 아들들이었다. 눈에 띄게 상류에 위치한 가

족들은, 오랜 가문이건 신흥 가문이건 간에, 성직자를 배출해내지 않았다고 연장자들은 기억하고 있다. 그 자료가 증거로서 적합하지 않을지라도, 어떤 이는 중·하층의 농촌사람 혹은 도시 사람의 깊은 신앙심이, 가족 기업의 지속에 의해 싹튼 가족 결속력과 함께 어울린다면, 이는 성직에 봉납하게 하는 데 가장 우호적인 조건이 된다고 제시할 수도 있다. 개인의 급료와 월급에서 생계비를 버는 것이 우호적인 조건은 아니다. 또한, 더욱 복잡미묘한 일련의 사회적 야망과 중산층 계급에 표현된 세속적인 생각이 많다고 해서, 그러한 가족들이 성공적 기업을 꾸릴 수 있을지는 모르지만, 성직에 우호적인 것은 아니다 (앞의 책: 185).

그래서, 장남에게 농장을 주지만 다른 자식들에게도 그와 동등한 생계수단을 나누어주는 (프랑스식의)유산 체제가 있다. 독립할 수 있는 나이에 도달할 때까지, 아이들은 농장에 노동력을 제공한다. 아들 또는 딸에게 제공하는 방식 중의 하나는(가부장제 사회에서는 아들의 운명에 더 많은 관심을 갖지만) 그들을 종교인이 되게 하는 것이다. 특히, 농촌 생활의 경건한 신앙심은 그런 감정이 잘 발달할 수 있는 적합한 토대를 제공한다. 이 책은 현장에서 수집한 다량의 사실(예를 들면, 아버지와 아들의 직업에 대한 가족별 인구조사), 즉 그 사회에 관한 강력한 경험적 진술의 모음collection에 대한 공들인 체계적 분석을 거쳐 도달한 세세한 증명을 제공하고 있다. 그 분석은 특정 계급과 지리적 위치에 있는 모든 가족의 정보를 포함하는 표로써 보강되고 있다. 종교, 토지 소유, 경제적 발달로 구성된 전체 시스템에 대한 하나의 복합적 초상이 이러한 상이한 부분 또는 양상에 대한 일반화의 맞물림으로써 세워진다.

휴즈와 같은 민간방법론자는 그런 일반화를 추구하기 때문에, AI에 필적하는 절차를 사용한다. 그는 가족 지위와 종교적 소명 사이의 관계와 같이, 특정 현상에 관한 잠정적인 가설을 진술한다. 그는 불일치하는 사례를 찾고, 그 일반화를 재고하여 그런 사례가 더 이상 불일치하지 않도록 만들며, 그리고 부정적 사례가 발생할 것 같은 장소에서 그러한 사례에 대한 탐색을 계속한다. 이것은 내가 "찐드기"라는 단어의 의미를 추구하면서 행했던 것이다. 이렇게 불일치하는 증거를 찾는 목적은 전체에 대한 그림을 다듬기 위한 것이다. 그럼으로써 결국, 그 복잡성과 다양성에 대한 설득력 있는 표현을 제공하려는 것이다.

그러나, 민간방법론자들은 사람들에게 자신을 위해 특별한 무언가— 질문지에 응답하게 하거나 면접 또는 초점 집단focus group에 참가하도록 하는—를 하도록 요구함으로써 자료를 창출하는 것이 아니다. 그 대신, 대개 "순간moment"에 좌우되며, 연구하는 동안 이론적으로 중요할 것 같은 사건이 발생하기를 기다려야만 한다. 그리고, 그들은 휴즈가 했던 것처럼, 전체에 대한 그림을 구축하려는 노력에서 시험할 많은 일반화를 가지고 있다. 그래서, 민간방법론자들은 현실적으로 고전적 AI 연구의 엄격하고 한 가지 목표에만 몰두하는 특성을 가진 하나의 일반화를 추구할 수는 없다. 또한, 그들은 그렇게 해서도 안 된다. AI에 대한 유사성은 다른 곳에 있다. 불일치하는 증거를 버릴 수 있는 유형의 변이로 간주하여 장부에서 지워버리는 것에 대한 거부에, 즉 그것을 이론적으로 설명되어야 하고 또 전체 이야기의 일부로 포함되어야 하는 증거로써 대신 선언하자는 주장에 있다.

그렇지만 민간방법론자들은 부정적인 증거를 찾는 술책을 적용한다. 블랜치 기어와 내가 캔사스 대학의 대학 생활을 연구했을 때Becker, Geer, and Hughes, [1968]1994, 우리는 캠퍼스 지도자들의 질문에 대하여 그 술책을 적용했

학계의 술책

다. 현장 연구에서 분업을 확립했던 것이다. 기어는 남학생 클럽과 여학생 클럽을 연구했고, 나는 무소속 대학생들을 연구했다. 어느 날, 기어는 남학생 단체 위원회Interfraternity Council: IFC의 우두머리를 면접했고 어떻게 그 자리에 도달했는지를 질문했다. 답변은 한 시간이나 걸렸는데, 거기에는 신입생으로서 입학하자마자 시작했던 정치적인 거래와 음모에 대한 장황한 설명을 포함하고 있었다. 우리는 그런 설명이 남자와 여자 모두에게 있어, 일반적으로 작동했던 방식인지를 보는 것은 흥미로울 것이라고 생각했다.

그래서, 우리는 가장 중요한 위치에 있는 약 이십 개 정도의 남학생과 여학생의 대학 조직체의 목록을 만들었고, 그들을 면접하기 시작했다. 기어는 계속해서 남학생을 면접했는데, 그들 모두의 이야기가 IFC 회장의 이야기와 닮았다. 나는 여학생들을 면접했는데 깜짝 놀랐다. IFC 회장과 대등한 위치에 있는 범그리스Panhellenic 조직의 우두머리에게, 어떻게 그 자리를 차지할 수 있었는지를 물었다. 그녀는 "잘 모르겠는데요"라고 말해 나에게 충격을 주었다. 나는 "'잘 모르겠는데요'가 의미하는 바는 무엇입니까? 어떻게 그것을 알지 못할 수 있습니까?"라고 물었다. 그리고 나서야 그녀는 여학생 담당 학장Dean of Women이 자신을 불러 축하한다고 했을 때 비로소 자신이 회장이 되었다는 사실을 알았다고 설명했다. 그녀가 생각하기에, 확실치는 않지만, 자신이 속한 여학생 단체가 회장이 될 차례였고, 자신이 속한 여학생 단체의 회장이 자신을 지명했거나 학장이 자신을 선택하기로 결정했을 것이라고 하였다. 거기에는 거래, 음모, 정치적 책동에 대한 이야기가 전혀 없었다. 그것은 단지 우연히 일어난 일이었다. 그리고 이것은 잘 변하지 않는 결과로 판정되었는데, 대학 행정처가 남학생과 여학생을 취급하는 방식에서의 진정한 차이이고, 그것은 결과적으로 대학에서 남자와 여자가 경험한 것의 진정한 차이가 되었다.

363

나는 여기서 민간방법론적 관행에 대해 말했지만, 역사적 자료를 가지고, 또는 유용한 자료로부터 취한 통계 자료의 조합을 가지고 작업하는 사람들에게도 이와 유사한 전략은 명백히 적합하다. 유용한 예로서 단지 한 예를 인용하자면, 리버슨Lieberson, 1980이 현시대 미국 흑인의 경제적 · 사회적 입장에 대한 원인 분석에서 부정적이면서 복잡한 정보의 탐구를 다루던 방식에서 볼 수 있다.

부정적 사례의 체계적인 탐구는 자료의 분석과 분류에 있어 많은 혹은 대부분의 민간방법론자들이 사용했던 절차에서 나타난다Becker, Gordon, and LeBailly, 1984. 요컨대, 이런 유형의 분석가들은 주어진 화제에 관계되는 자료 모두를 수집하며, 그런 다음 그 모든 자료를 해명할 수 있는 진술이 무엇인지, 거기에 있는 것을 가장 잘 포괄하는 일반화가 무엇인지를 살펴본다. 만약 자료가 일반화를 뒷받침하지 않으면, 분석가는 다루기 힘든 사실을 고려하도록 그 일반화를 복잡하게 만듦으로써 그 틀을 재편성하려고 노력해야 한다. 대안적으로, 분석가는 그 자료가 원래 할당되었던 현상과는 다른 새로운 부문의 현상을 창출하고자 시도하는데, 이로써 그 고유의 설명력 있는 일반화를 가질 수 있다. 따라서, 민간방법론적 분석이 이루어진 자료의 파편을 취급하는 데 있어, 분석자는 AI의 조작을 모방하고 있는 것이다.

조합에 내재하고 있는 논리

조합적 사고에서 중대한 술책은 "조합을 생각하라"이다(그것은 가장 일반적인 대안인, "변수를 생각하라"에 반대되는 것이다). 어떤 요소들을 제안하거나 더 낫게는, 수집한 자료 또는 덜 공식적으로 축적된 인상들impressions을 통해 세상이 그 요소들을 제안하게 만드는 것이다. 흥미로운 사례가 무엇으로 구성되고 있는지를 살펴 보라. 가능한 조합을 만들어 내라. 조합이 결국 어떤 방식으로 드러나는지, 왜 어떤 것은 존재하고 다른 것은 존재하지 않는지를 살펴 보라.

내가 장황하게 논의해왔던 세 가지 조합의 방법, 즉 고유성 공간분석, 질적 비교분석, 그리고 분석적 귀납법은 상당히 다른 것처럼 보인다. 그러나, 그 점에 대해 내가 여기저기서 지적한 것이 제시하는 바는, 피상적인 차이점 이면에 각각이 해결하고자 기획한 상이한 문제를 해명하기 위해 다양한 형태로 설계되어 있지만, 공통된 논리와 방법이 놓여 있다는 것이다. 그 세 가지 방법은 공통적으로 가치가 있는 모든 것에 대해 일련의 아이디어나 범주를 쥐어 짜내려는 의도가 있다. 그 방법은 명시적인 고찰을 위해 그런 집합에 내재되어 있는 모든 가능성을 추출해 내려는 것과 근본적으로 유사한 개념에 의존하고 있다.

각 방법이 취하는 방식은 각 방법의 특별 술책이며, 그리고 각각은 배우고 사용할 수 있는 술책(더 나아가, 일군의 관련된 술책)이 된다. 그 세 부류의 술책은 각기 다른 방식으로 진리표를 작업하는 것으로 간주하면 가장 잘 이해되며, 진리표의 행들은 연구되고 있는 사례이고 열은 사례의 속성이 되는 고유성들이다. 일단 열을 세우고 나면, 연구 사례에서 특정화되고 있는 각 특징의 존재 혹은 부재에 대한 어떤 조합을 통해 모든 사례들을 기술할 수 있다.

더 좋게는, 그러한 존재와 부재에서 가능한 모든 조합을 만들어 냄으로써, 사고 속에 사회 세계의 복잡성을 구체화시킬 수 있다. 이로써 경험적으로 발견하지 못했던 사례의 가능성을 인식하게 된다. 실제로 그런 사례는 결코 발견할 수 없을 것인데 왜냐하면, 그것이 존재할 수 없기—조사하고 있는 곳이나 혹은 그 어느 곳에도—때문일 것이다. 그러나, 그 사례들이 적어도 논

365

리적으로는 존재한다는 사실을—마치 원소 주기표에 물리학자를 위해 놓여진 가능성들처럼—알고, 또한 무엇을 찾아야 할지도 안다. 그리고, 어떻게 해야 찾을지도 안다. 만약 그것을 발견하지 못한다면 표에 잘못된 무언가가 있거나, 혹은 더욱 그럴듯하게는, 그 부재는 분석에 아직도 더 많은 요소를 추가함으로써, 즉 진리표에 더 많은 열을 추가함으로써, 창출될 것 같은 설명을 요구한다는 사실을 안다. 그런 열을 추가하는 것은 차례로, 찾아야 할 더 많은 잠재적인 유형을 창출할 것이다. 이런 방식에서, 진리표 분석은 모든 범위의 가능성을 위한 표본을 좀 더 공식적으로 요구하는 방법이 된다.

가능성을 배로 만드는 고유성 공간분석의 술책은 단순하면서도 쉽게 이해가 되며, 사회과학자들에게 잘 알려져 있다. 그 술책은 행들이 한 변수의 종류varieties가 되고 열들은 다른 변수의 종류가 되는 표를 만드는 것이다. 행과 열이 교차하여 창출한 칸들은 가능한 조합, 즉 유형을 정의한다. 그것은 진리표만큼 가능성을 펼쳐 보이는 데 있어 좋은 방식은 되지 못하는데, 왜냐하면 고유성 공간분석 방식은 혼란스러울 정도로 수많은 제목, 소제목 그리고 칸들을 생성하지 않고서는 몇 개 이상의 속성을 수용하기 힘들고, 그리고 수용하면 시각적으로 이해하기 어려운 결과물을 만들기 때문이다. 그러나, 그러한 표는 숫자를 적어 넣을 수 있는 물리적 공간을 제공한다는 이점을 갖는다. 여기서의 숫자는 어떤 특성의 조합을 지닌 사례의 수이거나, 강조하고자 하는 그 밖의 다른 특성을 지닌 조합의 사례에 대한 백분비이다. 많은 사회과학 분석, 특히 설문조사 자료나 그와 유사한 것에 근거한 작업은, 정확하게 이런 숫자의 비교를 통해 다른 변수에 미치는 어떤 변수의 상대적 영향을 평가하는 것이다. 고유성 공간분석PSA은 그러한 자료들을 다루기 위해 만들어진 것이고, 그리고 그것을 강조할 때 나타난다. 고유성 공간분석PSA은 그런 작업에 아주 적합하다.

라자스펠드와 바튼이 "축소"와 "하위구조화"라고 칭하는, 고유성 공간 분석PSA의 두 가지 보조 술책은 진리표의 열들을 조작하는 보조적 수단으로서 상식의 위배 없이 조합될 수 있는 것들을 조합함으로써 열들의 숫자를 줄이거나, 특별ad hoc 유형학이 구축되어야 하는 원칙을 탐색함으로써 열들을 더 늘릴 수 있다.

　　질적 비교분석은 사례의 숫자나 백분비에, 또한 개별적으로 고찰된 변수의 영향을 평가하는 데에 그다지 관심을 가지지 않는다. 그것은 다른 일을 하기 위해 만들어졌다. 즉, 단순한 답변을 받아들이기에는 우리가 너무 많이 알고 있는 역사적 사건에 대한 설명을 발견하기 위해 창조된 것이다. 이것은 전체로서 간주되는 요소의 조합을 기술하는 방향으로, 즉 일, 사람, 특성, 그리고 사건을 접속시키는 방향으로 향한다. 이 방식의 술책은 불리언 연산방식의 도구로서 순수한 형태의 진리표 술책이다. 이 방식은 분석자가 새로운 요소에 주목해 감에 따라, 그것들을 +와 −로 표시될 새로운 열의 형태로 진리표에 첨가함으로써 가능성을 배로 만든다. 이 분석은 어떤 조합의 요소들이 어떤 조합의 결과들을 산출하는지를 보기 때문에 숫자보다는 조합을 비교한다. 이 방식은 새로운 원인과 새로운 영향, 새로운 결과를 발견하도록 마련되어 있다. 질적 비교분석QCA은 최소화라고 칭하는 조작operation을 통하여 그런 복잡성을 모두 축소한다. 어떤 요소들이 설명되어야 할 현상에서 아무런 역할을 하지 못하고 그 결과 분석에서 누락될 수 있는지를 보며, 또한 그것들이 표의 열을 축소시키고 그 결과 다루어야 할 조합의 수를 축소시키는 시를 보는 것이다. 모든 수학적인 사고와 마찬가지로, 이 불리언 방식은 이미 효력이 나타났고 입증되어 있는 다양한 하위술책들을 가져온다. 이를테면, 흥미로운 결과를 산출하는 요소의 조합들을 안다면, 순전히 논리적 조작만으로 그 조합의 반면反面, obverse을 생산하는 조합을 얻는다.

하나의 결과, 그리고 그 결과를 생산하는 일련의 원인에 대한 편향된 주장을 하는 분석적 귀납법은 복잡성을 매우 성공적으로 축소시킨다. 이런 강조는 일탈 행위를 설명하는 방식으로서의 AI의 전개에 비추어 보면 이해된다. 그런 문제들을 연구하는 학생은 가능한 결과에 대한 전체의 논리적 구조보다는, 자신이 설명하고자 하는 것—마약중독자 또는 횡령 범죄자—이자 최후에는 사라질 마디에만 관심을 가진다. 그래서 AI가 표면적으로 가능성을 배가하는 데 매우 익숙한 것처럼 보이지 않는 것은 당연한 것이다. 그러나, 분석적 귀납법은 더 많은 유형을 창조한다. 부정적인 사례를 발견할 때, 분석가들은 그 사례의 존재를 설명하는 새로운 조건을 탐구한다. 그런 새로운 조건은 당연히 진리표의 새로운 열이 되고, 그래서 가능한 조합의 수는 배로 늘어난다. AI의 위대한 술책은 주된 관심사가 되는 단 하나만 남겨놓고 계속되는 고찰에서 다른 모든 가능성을 제거하는 데 있다. 이 술책은 그런 조합을 무관한 것으로 다시 정의한다. 그래서, 아무런 재미도 느끼지 못하면서 마리화나를 계속 흡연하는 사람을 발견했을 때, 나는 쾌락을 위해 마리화나를 사용하는 사람들의 행위를 설명하도록 분석을 재조명했고, 또한 사회적 특권을 얻기 위해 마리화나를 피운 사건의 가능한 모든 조합은 버렸다.

AI의 덜 엄격한 형태는 민간방법론과 역사적 연구에서 광범위하게 쓰이고 있으며, 전개하는 그림에 딱 들어맞지 않는 것에 초점을 맞추는 것으로 구성되어 있다. 이 방식은 단순하게 연구자에게 문제가 되는 것, 예외, 그리고 적합하지 않은 것을 찾도록 조언하며, 또한 그것을 발견했을 때는 불평하지 말라—오히려 행복하라—고 조언한다. 혼돈chaos에 빠지지 않고 분석을 복잡하게 하는 방식을 알게 된다.

6 매듭짓기

이제 내가 아는 술책 모두 혹은 대부분에 대하여, 어쨌든 많은 것을 알렸다. 하지만, 단지 이런 술책을 읽는 것만으로는 그다지 도움이 되지 않는다. 아마 재미는 있었을 것이다. 가르침도 받았을 것이다. 그러나, 어떻게 그것들을 실천해야 하는지는 정말로 알지 못할 것이다. 그것이 진정으로 당신의 것은 되어 있지 않을 것이다.

이런 술책을 배우고 소유하는 방식은 그것을 일상화하는 것이다. 다른 말로, 실천하라는 것이다. 피아노 연주가가 악보를 치는 방식, 골퍼가 스윙하는 방식으로 말이다. 그 술책 중 하나(여러 개라면 더 좋겠다)도 진지하게 행하지 않으면서 그냥 시간을 보내지 말아라. 내가 십대 초반, 재즈 연주를 배울 때, 깨어 있는 시간의 상당한 부분을 음악을 생각하면서 보냈다. 그리고, 그것은 일반적인 음악을 생각한다거나, 음악팬이 하듯이 특정 음악가에 대해서 생각한다거나 하는 것을 의미하지는 않는다. 알고 있었거나 알고자 했던 노래와, 내가 소유한 음반 중에서 좋아하는 연주가의 독주곡을 연습했다

는 것을 의미한다. 그 멜로디가 구성된 음계 사이의 음정을 들으며, 악보에
그 음을 적어 넣을 수 있거나 피아노로 그 음을 연주하기에 충분히 명확하게
그 음을 가려낼 수 있도록, 머리 속에서 그런 멜로디를 반복 연습했다. 준비
된 배경음악에서, 영화에서, 라디오에서 들었던 노래를 가지고도 그렇게 했
다. 그런 다음 멜로디 소리에 맞는 화음, 즉석 연주로 사용할 수 있을 화음을
얻었다고 확신하면서, 하모니harmony를 획득하려고 노력했다.

그러한 지속적인 정신 훈련의 즉각적인 결과는, 약간 정신 산만하게 콧
노래를 부르면서 나에게 전달된 것들에 빨리 반응하지 못한 채 거리를 방황
하는 약간 이상한 사람처럼 보인다는 것이다. 결국에는 누군가와 말을 할 때
도 배경에 깔리는 음악을 들을 수 있었고, 그리고 이후 어떤 의식적인 음악적
분석을 하지도 않고서도 그 음악을 앉아서 연주할 수 있게 되었다. 오늘날까
지도, 음식점이나 엘리베이터에서 들리는 배경음악—나는 "들었지만", 상
대방은 듣지 못했던—에 대해 말함으로써 상대방을 이따금 깜짝 놀라게 한
다. 이것은 데이비드 서드나우David Sudnow, 1978가 피아노 연주를 배웠을 때 자
기 두 손이 배운 것이라고 말했던 그런 종류의 기능skill이고, 또 다른 사람이
유사하게 신체부분을 지닌 기능을 말할 때, "신체적으로 구현화된 지식
embodied knowledge"이라고 일컫는 것이다. 그 명칭이 무엇이든지 간에 그 개념
은 명료하다. 그것은 너무나 잘 알아서 그것을 하는 데 있어 그것에 대해 생
각할 필요가 없다는 것이다.

음악을 가지고 어떻게 그것을 할 수 있는지 알기란 쉽지만, 생각하기 술
책을 실천한다는 것은 무엇을 의미하는가? 그것은 일상생활에서 나타나는
입장에 대해 그 술책을 일상적으로 적용하는 것을 의미한다. 이를테면, 사회
학적으로 사고하는 사람에게 있어, 그것은 발생하는 모든 것을 집합적 활동
의 예로서, 즉 많은 사람과 제도가 함께 작용하는 결과로서 본다는 것을 의미

할 수 있다. 때때로 내가 강의할 때, 항상 그 자리에 있는 오버해드 프로젝터 overhead projector를 가리키면서 "이것은 여기서 뭘 하고 있지? 어떻게 여기에 있게 되었지?"라고 질문한다(물론 이 말을 2장에서 토의하였던, 객체를 함께 행동하는 사람들의 잔여물로 보는 술책의 예로 인식할 것이다). 그 질문은 자연스럽게 대학의 조달부와, 이들이 다양한 입찰을 따내기 위한 행정적 자격 요건 모두를 논하도록 만든다. 그런 다음 우리는 왜 그들이 그것을 구매했는지를 물어보아야 한다. 그 조달부를 상대하는 관료제의 난투를 경험할 만큼 누가 그것을 원했었나? 그것은 또 다른 토론을 유도하는데, 학생들이 볼 수 있는 곳에 무언가를 적기 좋아하는 교사와 자기 공책에 무언가를 쉽게 옮겨놓기를 원하는 학생에 관한 토론, 그리고 거기에 함축되어 있는 교육 과정의 개념은 무엇인지에 대한 것이다. 나는 또한 옷에 백묵가루를 묻히고 싶어하지 않는 교사들에 관해 이야기할 수 있다. 사실 이 토론은 지난 이십 년 동안 교사들의 너저분한 의복관행에 관한 것으로 논점이 빠질 수 있지만, 그렇다면 그들이 백묵가루가 묻었는지 안 묻었는지에 신경을 쓰게 하는 것은 무엇인가? 거기서부터, 우리는 주요 분석 노선으로 되돌아가서 누가 오버해드 장치를 발명했는지, 그리고 그 장치 이전의 과거 발명품은 무엇이었는지를 질문할 수 있고, 그것은 전기의 발달과 그것에 익숙해진 것(전기에 관한 부분의 설명은Kuhn, 1970: 13-14), 그리고 광학의 과학 기술의 발달을 배제하지 않을 것이다. 나는 교실의 대다수 학생들이 청바지를 입고 있다는 사실에 주목하면서, 그리고 누군가가 허락하는 한, 또는 종이 울릴 때까지 그 이야기의 구성성분을 유사하게 거슬러 올라가면서 같은 일을 했다.

나는 이것을 부분적으로는 에버렛 휴즈의 강의에 주목하면서 배웠을 뿐 아니라, 또한 위대한 민간음악학자인 찰스 시거Charles Seeger가 "컨트리 뮤직country music"에 대한 연구를 행하는 데 관심이 있었던 한 세미나에서 어떤 학생이 시험삼아 던진 소견에 대해 응답했던 것을 관찰하게 된 좋은 경험에서도 배웠다. 시거는 컨트리 뮤직이 최초로 녹음되었던 것에 대해 두 시간 동안 이야기를 진행하였다. 그는 녹음이 이루어졌던 가게의 주인 이야기를 했고, 레코드 제작비와 그 배포에 대하여 무언가를 이야기했다. 음악가의 이름을 말했고 경력을 서술함으로써 그 음악가들이 어떻게 해서 녹음을 했던 바로 그 날, 그 가게에 와 있게 되었는지가 명료해졌다. 그는 음악가들이 미국과 영국에서 초기 민속 음악을 모델로 삼아 녹음했던 노래의 진화를 추적했다. 짧지만 걸작인 그의 박사학위논문에서 음표의 표기법에 대하여 작성했는데(여기서, 실제 음조는 지휘자의 지휘봉에 의해서가 아니라 인쇄된 음표의 형태에 의해 나타난다) 왜냐하면, 그런 형태로 쓰여진 찬송가들은 음반 예술가들이 만들고 있던 것을 하기 위해 의존했던 전통을 이루고 있었기 때문이다.

나는 휴즈와 시거가 나를 위해 만든 예를 따르고, 학생들이 하고 있는 작업과 진척하는 데 매우 어려움이 보이는 그들의 연구, 그리고 어떤 유형의 사회학적 의미도 만들 수 없는 재료에 관한 것에 관해 그와 같은 질문을 제기한다. 내가 질문을 하고 그리고 나의 엉뚱한 생각에 깊이 몰두할 때, 학생들은 흔히 내가 어떤 마술적 술책을 행하고 있는 것처럼, 즉 모자에서 어떤 이론의 토끼를 끄집어내고, 학생들이 결코 발견할 수 없었던 자료의 의미를 발견했던 것처럼 행동한다. 그들은 자신 스스로 그것을 어떻게 할 수 있는지에 대해서는 말할 것도 없이, 그것이 어떻게 이루어졌는지도 보지 않는다.

나는 그것이 어떻게 그렇게 되었는지를 설명한다. 나는 그들이 내민 자료의 단편을 취했고, 내가 여기서 서술한 술책을 거기에 적용했다. 그것이 전부다.

누구도 내가 하는 방식과 동일하게 그것을 할 수 있지만, 그것은 실천을 요구한다. 그것도 많은 실천을. 그리고, 그것은 온종일 혹은 감당할 수 있는 만큼, 보고 들으면서 다룬 모든 것에 관해 그런 질문을 제기하는 것을 의미한다. 당신이 입고 있는 청바지, 벽에 걸린 그림, 학교 식당의 불결한 음식, 방금 나온 의사의 진찰실, 코너에 있는 집의 새로운 정원. 기억할 수 있는 한 최대한 나의 제안을 많이 따르면서, 진지하게 그렇게 해 보라. 그리고, 무엇보다도 자신만의 술책을 창출하고 그것을 기억하라.

물론, 모든 이러한 성찰을 연구하면서 따라하지는 않을 것이다. 그러나 자신만의 연구 자료나 친구와 동료의 연구 자료를 대할 때 필요한 진지한 작업에 적합해져 있을 것이다. 만약 이런 사고 습관에 길들여지고, 그리고 내가 제시한 바와 같이 그 습관을 체계적으로 실천하면 궁극적으로 프로가 될 것인데, 프로에게 사회과학의 사고는 숨쉬는 것마냥 자연스러운 것이다. 바로 이것이 챔블리스Chambliss, 1989가 말했던 수영 챔피언들의 마음의 틀frame이다. 그들이 챔피언이 되는 이유는 체력이 강하다거나 심지어는 항상 훈련을 했기 때문이 아니라, 시합에서 반드시 필요한 행동 방식이 제2의 본성으로 굳었기 때문이다. 그러한 제2의 본성은 실천에서 나오지만, 또한 자신이 행하고 있던 것에 관해 항상 진지해지는 것에서, 즉 결코 지름길을 취하지 않는 것에서 비롯된다. 챔피언은 수영장의 결승점에 도착했을 때, 심지어 연습 차 한바퀴 돌 때조차, 시합에서 요구하는 바와 같이 항상 양손으로 벽을 터치한다. 그런 방식은, 시합 당시 자신이 시합규칙에 맞는 방식으로 행동하고 있는지 기억하는 노력을 할 필요가 없게 한다. 그것이 무엇이든지 간에, 그들은 맞는 방식으로 행동을 했었고, 시합 때나 연습 때나 차이가 없었다. 이런 점에서 챔피언은 제법 뛰어난 수영선수와는 달랐는데, 제법 뛰어난 선수들은 시합이 없을 때 약간 긴장이 풀려져 있었고, 그래서 시합에서 제대로 하고 있는지 기억하는 노력을 했어야만 했다. 챔블리스는 그런 진지함이 그들을 챔

375

피언으로 만드는 것이라고 생각한다.

일상생활에서 사회과학에 관해 진지해지는 것은 필경 다른 사람을 성가시게 할지 모른다. 사람들은 자신이 원하고 행하고 말하는 것을 전체적인 사회적 맥락에서 이해하려는 고집에 대하여 항상 고마워하지는 않을 것이다. 나는 어디선가 다음과 같이 말했었다:

> 대학의 학과 또는 연구 기관에서 일상적으로 일어나는 사건을 사회학적 현상으로 해석하는 것은 그런 제도를 운영하는 사람이나 그런 제도에 의해 생존하고 이득을 얻는 자들에게 기분 좋은 일은 아니다. 왜냐하면, 모든 제도와 마찬가지로 대학과 연구소는 그 성원들이 회의적인 사회학적 시각에 종속되기를 원하지 않는다는 성스러운 신화와 믿음을 가지고 있기 때문이다(Becker, 1994: 180-181).

나는 어떤 선禪 학자가 이렇게 이야기하는 것을 들은 적이 있다. 그는 일본에서 왔고 영어를 어지간히는 하지만 그다지 잘 하지는 못했다. 처음에는 질 높은 유머로 나에게 깊은 인상을 주었다. 언어의 문제에도 불구하고 밝은 표정으로 웃었으며, 우리에게 말하는 가운데 그의 기쁨이 전염되고 있었다. 그리고 나서 그는 다음과 같은 이야기를 했는데 지금 생각건대, 그것이 바로 그가 하고자 의도했던 이야기로 깨달음의 경지를 말하는 선종의 사고에 관한 설명이었다. 그것은 사회과학적 사고방식을 뼈 속 깊이 집어넣었음을 뜻하는 상당히 좋은 비유이다. 나는 그 이야기의 출처를 말해주는 사람을 발견할 수 없기 때문에, 오직 기억으로만 그 이야기를 풀어야겠다.

바다 한 가운데, 용의 문Dragon Gate이란 특별한 장소가 있다. 그곳은 다음과 같은 아주 놀라운 속성을 가지고 있다. 그곳을 통과하여 지나가는 물고기는 즉시 용으로 변한다는 것이다. 하지만, 용의 문은 바다 속의 다른 부분과 전혀 구별이 되지 않는다. 그래서 당신은 눈으로 결코 그 것을 찾을 수 없다. 용의 문이 어디에 있는지를 아는 유일한 길은 그곳을 지나가는 물고기가 용이 되는 것에 주목하는 것이다. 하지만, 그 물고기가 용의 문을 지나 용이 될 때, 그 물고기의 모습은 결코 달라지지 않는다. 그 물고기는 이전의 모습과 똑같이 보인다. 그래서, 그런 변화가 일어나는 곳을 단지 열심히 찾기만 해서는 용의 문이 어디 있는지를 말할 수 없다. 더구나 물고기가 용의 문을 지나 용이 될 때, 물고기 자신도 아무런 차이점을 못 느끼고, 그래서 용으로 변했다는 사실을 알지 못한다. 그저 그 물고기들은 그 때부터 용이 되었을 뿐이다.

당신도 용이 될 수 있다.

Abbott, Andrew. 1992. What do cases do? Some notes on activity in social analysis. In *What is a case? Exploring the foundations of social inquiry,* ed. Charles C. Ragin and Howard S. Becker, 53–82. Cambridge: Cambridge University Press.

Agee, James, and Walker Evans. 1941. *Let us now praise famous men.* Boston: Houghton Mifflin.

Alicea, Marisa. 1989. The dual home base phenomenon: A reconceptualization of Puerto Rican migration. Ph.D. diss., Department of Sociology, Northwestern University.

Angell, Robert Cooley. 1936. *The family encounters the Depression.* New York: Charles Scribner's Sons.

Barker, Roger G., and Herbert F. Wright, in collaboration with Louise S. Barker and others. 1966. *One boy's day; a specimen record of behavior.* Hamden, Conn.: Archon Books.

Barton, Allen H. 1955. The concept of property-space in social research. In *The language of social research,* ed. Paul F. Lazarsfeld and Morris Rosenberg, 40–53. Glencoe, Ill.: Free Press.

Bateson, Gregory, and Margaret Mead. 1942. *Balinese character: A photographic analysis.* New York: New York Academy of Sciences.

Becker, Howard S. 1963. *Outsiders: Studies in the sociology of deviance.* New York: Free Press.

———. 1970. *Sociological work: Method and substance.* Chicago: Aldine.

———. 1982. *Art worlds.* Berkeley and Los Angeles: University of California Press.

———. 1986a. *Doing things together.* Evanston, Ill.: Northwestern University Press.

———. 1986b. *Writing for social scientists.* Chicago: University of Chicago Press.

———. 1994. Sociology: The case of C. Wright Mills. In *The democratic imagination: Dialogues on the work of Irving Louis Horowitz,* ed. Ray C. Rist. New Brunswick, N.J.: Transaction Publishers.

Becker, Howard S., Blanche Geer, and Everett C. Hughes. [1968] 1994. *Making the grade: The academic side of college life.* New Brunswick, N.J.: Transaction Publishers.

Becker, Howard S., Blanche Geer, Everett C. Hughes, and Anselm L. Strauss.

[1961] 1977. *Boys in white: Student culture in medical school.* New Brunswick, N.J.: Transaction Publishers.

Becker, Howard S., Andrew C. Gordon, and Robert K. LeBailly. 1984. Fieldwork with the computer: Criteria for assessing systems. *Qualitative Sociology* 7:16–33.

Becker, Howard S., and Michal McCall. 1990. Performance science. *Social Problems* 37:117–32.

Becker, Howard S., Michal McCall, and Lori Morris. 1989. Theatres and communities: Three scenes. *Social Problems* 36:93–112.

Bellos, David. 1993. *Georges Perec: A life in words.* Boston: David R. Godine, Publisher.

Bittner, Egon, and Harold Garfinkel. 1967. "Good" organizational reasons for "bad" organizational records. In *Studies in ethnomethodology,* ed. Harold Garfinkel, 186–207. Englewood Cliffs, N.J.: Prentice-Hall.

Blacking, John. 1967. *Venda children's songs: A study in ethnomusicological analysis.* Johannesburg: Witwatersrand University Press.

Blumer, Herbert. 1969. *Symbolic interactionism.* Englewood Cliffs, N.J.: Prentice-Hall.

Boudon, Raymond, ed. 1993. *Paul F. Lazarsfeld on social research and its language.* Chicago: University of Chicago Press.

Burawoy, Michael. 1979. *Manufacturing consent: Changes in the labor process under monopoly capitalism.* Chicago: University of Chicago Press.

Burroughs, William. 1966. *Naked lunch.* New York: Grove Press.

Cahnman, Werner. 1948. A note on marriage announcements in the New York *Times. American Sociological Review* 13:96–97.

Candido, Antonio. [1964] 1987. *Os parceiros do Rio Bonito: Estudo sobre o caipira paulista e a transformação dos seus meios de vida.* São Paulo: Livraria Duas Cidades Ltda.

Chambliss, Dan. 1989. The mundanity of excellence: An ethnographic report on stratification and Olympic athletes. *Sociological Theory* 7:70–86.

Chapoulie, Jean-Michel. 1996. Everett Hughes and the Chicago tradition. *Sociological Theory* 14:3–29.

Clifford, James, and George E. Marcus. 1986. *Writing culture.* Berkeley and Los Angeles: University of California Press.

Cohen, Patricia Cline. 1982. *A calculating people: The spread of numeracy in early America.* Chicago: University of Chicago Press.

Cole, Stephen. 1975. The growth of scientific knowledge: Theories of deviance as a case study. In *The idea of social structure: Papers in honor of Robert K. Merton,* ed. Lewis Coser, 175–220. New York: Harcourt Brace Jovanovich.

Conwell, Chic, and Edwin H. Sutherland. 1937. *The professional thief, by a professional thief; annotated and interpreted by Edwin H. Sutherland.* Chicago: University of Chicago Press.

Cressey, Donald R. 1951. Criminological research and the definition of crimes. *American Journal of Sociology* 56:546–51.

———. 1953. *Other people's money.* New York: Free Press.

Danto, Arthur. 1964. The artworld. *Journal of Philosophy* 61:571–84.

David, Paul A. 1985. Clio and the economics of QWERTY. *AEA Papers and Proceedings* 75:332–37.

Davis, Allison, Burleigh B. Gardner, and Mary R. Gardner. 1941. *Deep South: A social anthropological study of caste and class.* Chicago: University of Chicago Press.

Davis, Kinglsey. 1937. The sociology of prostitution. *American Sociological Review* 2:744–55.

De Quincey, Thomas. 1971. *Confessions of an English opium eater.* Harmondsworth: Penguin.

Dexter, Lewis Anthony. 1964. On the politics and sociology of stupidity in our society. In *The other side: Perspectives on deviance,* ed. Howard S. Becker, 37–49. Glencoe, Ill.: Free Press.

Driscoll, James P. 1971. Transsexuals. *Trans-Action* 8 (March-April):28–37, 66–68.

Edwards, Lyford P. 1927. *The natural history of revolution.* Chicago: University of Chicago Press.

Elias, Norbert. 1970. *What is sociology?* London: Hutchinson and Co.

Foucault, Michel. 1965. *Madness and civilization.* New York: Random House.

Freidson, Eliot. 1994. *Professionalism reborn: Theory, prophecy and policy.* Chicago: University of Chicago Press.

Frisch, Max. 1969. *Biography: A game.* New York: Hill and Wang.

Gagnon, John H., and William Simon. 1973. *Sexual conduct.* Chicago: Aldine Publishing Co.

Garfinkel, Harold. 1967. *Studies in ethnomethodology.* Englewood Cliffs, N.J.: Prentice-Hall.

Geertz, Clifford. 1995. *After the fact: Two countries, four decades, one anthropologist.* Cambridge: Harvard University Press.

Giallombardo, Rose. 1966. *Society of women.* New York: John Wiley and Sons.

Glaser, Barney G., and Anselm L. Strauss. 1967. *The discovery of grounded theory.* Chicago: Aldine.

Goffman, Erving. 1961. *Asylums.* Garden City, N.Y.: Doubleday.

———. 1963. *Stigma: Notes on the management of spoiled identity.* Englewood Cliffs, N.J.: Prentice-Hall.

Goody, Jack. 1977. *The domestication of the savage mind.* Cambridge: Cambridge University Press.

Gordon, Andrew C., John P. Heinz, Margaret T. Gordon, and Stanley W. Divorski. 1979. Public information and public access: A sociological interpretation. In *Public access to information,* ed. Andrew C. Gordon and John P. Heinz, 280–308. New Brunswick, N.J.: Transaction Publishers.

Gould, Stephen Jay. 1989. *Wonderful world: The Burgess Shale and the nature of history.* New York: W. W. Norton.

Hatch, David A., and Mary Hatch. 1947. Criteria of social status as derived from marriage announcements in the *New York Times. American Sociological Review* 12:396–403.

Hennessy, Thomas. 1973. From jazz to swing: Black jazz musicians and their music, 1917–1935. Ph.D. diss., Department of History, Northwestern University.

Hennion, Antoine. 1988. Comment la musique vient aux enfants: Une anthropologie de l'enseignement musical. Paris: Anthropos.

Herndon, James. 1968. The way it spozed to be. New York: Bantam.

Hobsbawm, E. J. 1964. Labouring men; Studies in the history of labour. London: Weidenfeld and Nicolson.

Holt, John. 1967. How children learn. New York: Pitman.

Horowitz, Helen Lefkowitz. 1987. Campus life: Undergraduate cultures from the end of the eighteenth century to the present. New York: Alfred A. Knopf.

Hughes, Everett C. 1943. French Canada in transition. Chicago: University of Chicago Press.

———. [1971] 1984. The sociological eye. New Brunswick, N.J.: Transaction Books.

Hunter, Albert. 1990. Setting the scene, sampling, and synecdoche. In The rhetoric of social research: Understood and believed, ed. Albert Hunter, 111–28. New Brunswick, N.J.: Rutgers University Press.

Jackson, Philip W. 1990. Life in classrooms. New York: Teachers College, Columbia University.

Katz, Jack. 1979. Legality and equality: Plea bargaining in the prosecution of white-collar and common crimes. Law and Society Review 13:431–59.

———. 1982. Poor people's lawyers in transition. New Brunswick, N.J.: Rutgers University Press.

Kornhauser, Ruth Rosner. 1978. Social sources of delinquency: An appraisal of analytic models. Chicago: University of Chicago Press.

Korzenik, Diana. 1985. Drawn to art: A nineteenth-century American dream. Hanover, N.H.: University Press of New England.

Kuhn, Thomas. 1970. The structure of scientific revolutions. Chicago: University of Chicago Press.

Latour, Bruno. 1987. Science in action. Cambridge: Harvard University Press.

———. 1995. The "pédofil" of Boa Vista: A photo-philosophical montage. Common Knowledge 4:144–87.

Latour, Bruno, and Steve Woolgar. 1979. Laboratory life: The social construction of scientific fact. Beverly Hills, Calif.: Sage Publications.

Lazarsfeld, Paul. 1972. Some remarks on typological procedures in social research. In Continuities in the language of social research, ed. Paul F. Lazarsfeld, Anne K. Pasarella, and Morris Rosenberg, 99–106. Glencoe, Ill.: Free Press.

Lazarsfeld, Paul, and Allen H. Barton. 1951. Qualitative measurement in the social sciences: Classification, typologies, and indices. In The policy sciences: recent developments in scope and method, ed. Daniel Lerner and Harold D. Lasswell, 155–92. Stanford, Calif.: Stanford University Press.

Lazarsfeld, Paul, Bernard Berelson, and Hazel Gaudet. 1948. The people's choice: How the voter makes up his mind in a presidential campaign. New York: Columbia University Press.

Lewontin, R. C. 1994. A rejoinder to William Wimsatt. In *Questions of evidence: Proof, practice, and persuasion across the disciplines,* ed. James Chandler, Arnold L. Davidson, and Harry Harootunian, 504–9. Chicago: University of Chicago Press.

Lieberson, Stanley. 1980. *A piece of the pie: Blacks and white immigrants since 1880.* Berkeley and Los Angeles: University of California Press.

————. 1985. *Making it count.* Berkeley and Los Angeles: University of California Press.

————. 1992. Small n's and big conclusions: An examination of the reasoning in comparative studies based on a small number of cases. In *What is a case? Exploring the foundations of social inquiry,* ed. Charles Ragin and Howard S. Becker, 105–18. Cambridge: Cambridge University Press.

Lindesmith, Alfred. 1947. *Opiate addiction.* Bloomington: Principia Press.

————. 1952. Comment. *American Sociological Review* 17:492.

————. 1965. *The addict and the law.* Bloomington: Indiana University Press.

Lohman, Joseph D., and Deitrich C. Reitzes. 1954. Deliberately organized groups and racial behavior. *American Sociological Review* 19:342–44.

Ludlow, Fitz Hugh. 1975. *The hashish eater.* San Francisco: Level Press.

Lynch, Michael. 1985. *Art and artifact in laboratory science.* London: Routledge.

Marcus, George E. 1986. Ethnographic writing and anthropological careers. In *Writing culture,* ed. James Clifford and George E. Marcus. Berkeley and Los Angeles: University of Calfiornia Press.

McCall, Michal M., and Judith Wittner. 1990. The good news about life history. In *Symbolic interaction and cultural studies,* ed. Howard S. Becker and Michal M. McCall. Chicago: University of Chicago Press.

McEvoy, Arthur F. 1986. *The fisherman's problem: Ecology and law in the California fisheries.* Cambridge: Cambridge University Press.

Mead, George Herbert. 1917. Scientific method and individual thinker. In *Creative intelligence: Essays in the pragmatic attitude,* ed. John Dewey et al. New York: Henry Holt and Co.

Merton, Robert K. 1946. *Mass persuasion: The social psychology of a war bond drive.* New York: Harper and Brothers.

————. 1957. *Social theory and social structure.* New York: Free Press.

Molotch, Harvey. 1994. Going out. *Sociological Forum* 9:229–39.

Morgenstern, Oskar. 1950. *On the accuracy of economic observations.* Princeton, N.J.: Princeton University Press.

Morris, Lori Virginia. 1989. The casting process within Chicago's local theatre community. Ph.D. diss., Department of Sociology, Northwestern University.

Moulin, Raymonde. 1967. *Le marché de la peinture en France.* Paris: Editions de Minuit.

————. 1992. *L'artiste, l'institution, et le marché.* Paris: Flammarion.

Nunes, Marcia B. M. L. 1984. Professional culture and professional practice: A case study of psychoanalysis in the United States. Ph.D. diss., Department of Sociology, Northwestern University.

Parsons, Carole W. 1972. *America's uncounted people: A report of the National Research Council Advisory Committee on Problems of Census Enumeration.* Washington: National Academy of Sciences.

Peirano, Mariza G. S. 1995. *A favor da etnografia.* Rio de Janeiro: Relume Dumará

———. 1991. *Uma antropologia no plural: Três experiências contemporâneas.* Brasilia: Editora Universidada de Brasília.

Peneff, Jean. 1988. The observers observed: French survey researchers at work. *Social Problems* 35:520–35.

———. 1995. Mesure et contrôle des observations dans le travail de terrain: L'exemple des professions de service. *Sociétés Contemporaines* 21:119–38.

Perec, Georges. 1980. Stations Mabillon (tentatives de description de quelques lieux parisiens, 5). *Action Poétique* 81:30–39.

Petersen, Osler, et al. 1956. An analytical study of North Carolina general practice, 1953–1954. *Journal of Medical Education* 31, part ii.

Rabinow, Paul. 1986. Representations are social facts: Modernity and postmodernity in anthropology. In *Writing culture,* ed. James Clifford and George E. Marcus. Berkeley and Los Angeles: University of California Press.

Ragin, Charles C. 1987. *The comparative method: Moving beyond qualitative and quantitative strategies.* Berkeley and Los Angeles: University of California Press.

———. 1994. *Constructing social research.* Thousand Oaks, Calif.: Sage Publications.

Ragin, Charles C., and Howard S. Becker. 1988. How microcomputers will affect our analytical habits. In *New technology in sociology: Practical applications in research and work,* ed. Grant Blank, James L. McCartney, and Edward Brent. New Brunswick, N.J.: Transaction, Inc.

Ragin, Charles C., and Jeremy Hein. 1993. The comparative study of ethnicity: Methodological and conceptual issues. In *Race and ethnicity in research methods,* ed. John H. Stanfield II and Rutledge M. Dennis, 254–72. Newbury Park, Calif.: Sage Publications.

Ragin, Charles C., Susan Meyer, and Kriss Drass. 1984. Assessing discrimination: A Boolean approach. *American Sociological Review* 49:221–34.

Robinson, W. S. 1951. The logical structure of analytic induction. *American Sociological Review* 16:812–18.

Roth, Julius. 1965. Hired hand research. *American Sociologist* 1:190–96.

Roy, Donald. 1952. Quota restriction and goldbricking in a machine shop. *American Journal of Sociology* 57:425–42.

———. 1953. Work satisfaction and social reward in quota achievement. *American Sociological Review* 18:507–14.

———. 1954. Efficiency and the "fix": Informal intergroup relations in a piecework machine shop. *American Journal of Sociology* 60:255–66.

Sacks, Harvey. 1972. On the analyzability of stories by children. In *Directions of sociolinguistics,* ed. J. J. Gumperz and Dell Hymes, 325–45. New York: Holt, Rinehart and Winston.

Sacks, Oliver W. 1987. *The man who mistook his wife for a hat and other clinical tales.* New York: Simon and Schuster.

Said, Edward. 1978. *Orientalism*. New York: Pantheon.

Schaps, E., and C. R. Sanders. 1970. Purposes, patterns and protection in a campus drug-using community. *Journal of Health and Social Behavior* 11:135–45.

Simmel, Georg. 1950. *The sociology of Georg Simmel*. Glencoe, Ill.: Free Press.

Spector, Malcolm, and John I. Kitsuse. 1977. *Constructing social problems*. Menlo Park, Calif.: Cummings Publishing Co.

Stouffer, Samuel A. et al. 1949. *The American soldier*. Princeton, N.J.: Princeton University Press.

Strong, Samuel. 1946. Negro-white relations as reflected in social types. *American Journal of Sociology* 52:23–30.

Sudnow, David. 1978. *Ways of the hand: The organization of improvised conduct*. Cambridge: Harvard University Press.

Sutherland, Edwin H. 1940. White collar criminality. *American Sociological Review* 5:1–12.

Suttles, Gerald D. 1972. *The social construction of communities*. Chicago: University of Chicago Press.

Sykes, Gresham. 1958. *The society of captives*. Princeton, N.J.: Princeton University Press.

Szasz, Thomas. 1961. *The myth of mental illness*. New York: Paul B. Hoebler, Inc.

Thorne, Barrie. 1993. *Gender play*. New Brunswick, N.J.: Rutgers University Press.

Turner, Ralph H. 1953. The quest for universals in sociological research. *American Sociological Review* 18:604–11.

Vaughan, Diane. 1986. *Uncoupling: Turning points in intimate relationships*. New York: Oxford University Press.

Velho, Gilberto. 1973. *A utopia urbana*. Rio de Janeiro: Zahar Editores.

———. 1974. *Desvio e divergência*. Rio de Janeiro: Zahar Editores.

Vianna, Hermano. 1988. *O mundo funk carioca*. Rio de Janeiro: Jorge Zahar Editor.

———. 1995. *O misterio da samba*. Rio de Janeiro: Jorge Zahar Editor.

von Wright, Georg Henrik. 1971. *Explanation and understanding*. Ithaca, N.Y.: Cornell University Press.

Walton, John, and Charles Ragin. 1990. Global and national sources of political protest: Third World responses to the debt crisis. *American Sociological Review* 55:876–90.

Ward, David, and Gene Kassebaum. 1965. *Women's prison: Sex and social structure*. Chicago: Aldine Publishing Co.

Waterman, Christopher Alan. 1990. *Jùjú: A social history and ethnography of an African popular music*. Chicago: University of Chicago Press.

Weschler, Lawrence. 1982. *Seeing is forgetting the name of the thing one sees: A life of contemporary artist Robert Morris*. Berkeley and Los Angeles: University of California Press.

Wildavsky, Aaron B. 1993. *Craftways: On the organization of scholarly work*. New Brunswick, N.J.: Transaction Publishers.

참고문헌

Wittgenstein, Ludwig. 1973. *Philosophical investigations: The English text of the third edition.* Englewood Cliffs, N.J.: Prentice-Hall.

Zinberg, Norman E. 1984. *Drug, set, and setting: The basis for controlled intoxicant use.* New Haven, Conn.: Yale University Press.

찾아보기

[용어편]

찾아보기

학계의 술책

학계의 술책

391

찾아보기